Carl-Auer-Systeme

Fritz B. Simon
Christel Rech-Simon

Zirkuläres Fragen

Systemische Therapie in Fallbeispielen: Ein Lernbuch

Vierte Auflage, 2001

Carl-Auer-Systeme im Internet: **www.carl-auer.de**

Bitte fordern Sie unser Gesamtprospekt an:
Carl-Auer-Systeme Verlag
Weberstr. 2
D-69120 Heidelberg

Satz u. Grafik: Drißner-Design u. DTP, Meßstetten
Umschlaggestaltung: WSP Design, Heidelberg
Unter Verwendung des Bildes „Trois femmes sur fond rouge"
von Fernand Léger (1927)

Printed in Germany
Druck und Bindung: Kösel, Kempten (www.Koeselbuch.de)

Vierte Auflage, 2001
ISBN 3-89670-219-X

Die Deutsche Bibliothek - CIP-Einheitsaufnahme

Ein Titeldatensatz für diese Publikation ist bei
Der Deutschen Bibliothek erhältlich.

Inhalt

1. Vorbemerkung

Was würde Ihre Tochter sagen, wenn ich sie fragen würde, ob ihre Eltern sich noch lieben? Wenn Sie wollten, daß Ihre Frau sich einen Freund sucht, wie könnten Sie das am ehesten schaffen? Stellen Sie sich vor, eine gute Fee käme und würde Ihnen Ihr Problem wegzaubern, was würden Sie dann morgen früh anders machen als an den Tagen zuvor? Was denkt Ihr Mann, wenn Sie mit Ihrem Sohn gemeinsam in den Judo-Kurs gehen? Wenn Sie so weinen, wie fühlt sich Ihre Schwiegermutter?

Dies sind nur einige – und zudem noch harmlose – Beispiele des Typs von Fragen, mit denen alltäglich systemische Therapeuten oder Berater ihre Klienten oder Patienten überraschen. Ihr Interviewstil scheint vielen Regeln psychotherapeutischer Orthodoxie zu widersprechen. Der Therapeut ist aktiv, übernimmt, ohne daran allzuviel Zweifel zu lassen, die Leitung der Sitzung und fragt seinen Kunden Löcher in den Bauch. Meist hat er mit mehreren Personen zu tun: Familien, Gruppen, manchmal auch mit Einzelnen. Dabei zeigt er wenig Respekt auch gegenüber heiklen oder peinlichen Themen. Er fragt – was den gewohnten Regeln des guten Benimms widerspricht – den einen der Beteiligten über den anderen, das Kind über die Interaktion der Eltern, den Vater über die Beziehung von Mutter und Tochter, den Sohn über den Umgang von Vater und Großmutter usw. –, obwohl oder gerade weil diejenigen, über die hier „geklatscht" wird, mit im Raum sind. Seine Fragen sind manchmal schamlos, gelegentlich absurd und oft banal.

Diese Methode – das sogenannte *Zirkuläre Fragen*[1] – bildet eines der wichtigsten Instrumente im Handwerkskoffer des systemischen Therapeuten oder Beraters. Sie ist in ihrer Wichtigkeit für die systemische Praxis eigentlich nur mit der Bedeutung der Traumdeutung für die Psychoanalyse vergleichbar. Beides sind Methoden, die den Blick auf einen Bereich von Phänomenen eröffnen, der üblicherweise nicht systematisch beobachtet wird und daher nicht ins Bewußtsein tritt. Beides

1 Dieser Begriff wurde ursprünglich vom Mailänder Team um Mara Selvini Palazzoli geprägt, um damit den Typ von Fragen zu bezeichnen, bei dem ein Familienmitglied über zwei andere Auskunft geben soll [vgl. Selvini Palazzoli, M., L. Boscolo, G. Cecchin, G. Prata (1981): Hypothetisieren – Zirkularität – Neutralität: Drei Richtlinien für den Leiter der Sitzung. *Familiendynamik* 6, S. 123–139]. In der Literatur wird er in uneinheitlicher Weise gebraucht: Neben der genannten Weise wird er auch als Oberbegriff für systemische Interviewtechniken im allgemeinen verwendet [vgl. Penn, P. (1983): Zirkuläres Fragen. *Familiendynamik* 8, S. 198–220; Tomm, K. (1994): Die Fragen des Beobachters. Heidelberg (Carl-Auer-Systeme)]. Hier soll er gewissermaßen als Markenzeichen des systemischen Therapeuten genutzt werden, d.h. als umfassende Bezeichnung für systemische Interviewtechniken und nicht nur für einen einzelnen Fragetypus.

sind Methoden, die es dem außenstehenden Beobachter erlauben, Ideen über diejenigen Prozesse zu entwickeln, die dafür sorgen, daß ein System so funktioniert, wie es funktioniert. So, wie die Traumdeutung es dem außenstehenden Beobachter ermöglicht, einen Blick auf die Logik intrapsychischer Prozesse zu richten, ermöglicht es das Zirkuläre Fragen, Ideen über die Logik der Spielregeln sozialer Systeme zu entwickeln. Und so, wie die praktische Arbeit mit den Träumen der Patienten zur Weiterentwicklung vielfältiger psychodynamischer Theorien und Methoden geführt hat, hat das Zirkuläre Fragen zur Weiterentwicklung theoretischer und praktischer Konzepte der systemischen Therapie und Beratung geführt.

Dieser Zusammenhang zwischen Theorie und Praxis ist demjenigen, der nur (etwa durch eine Einwegscheibe) beobachtet, was systemisch arbeitende Therapeuten tun, oder nur ihre Theorien studiert, häufig nicht unmittelbar erkennbar. Beides gehört jedoch untrennbar zusammen: Die Theorie kann nur im harten Praxistest ihre Nützlichkeit erweisen, und die Praxis gerät ohne theoretische Aufarbeitung der Erfahrung früher oder später in einen Entwicklungsstillstand. Diese Überlegungen liefern den sachlichen Hintergrund für das Verfassen dieses Buches.

Es gibt aber noch ein sehr persönliches Motiv: Dieses Buch ist das Gemeinschaftsprodukt eines Koautoren-Paares. Wir beide sind Psychotherapeuten, die eine unterschiedliche theoretische und praktische Orientierung haben. Der eine von uns, Fritz B. Simon (FS), hat seine berufliche Identität als systemischer Therapeut und Berater gefunden; er hat eine ganze Reihe von Büchern und Artikeln veröffentlicht, in denen er seine Erfahrungen theoretisch zu konzeptualisieren versucht hat. Überblickt man das, was er geschrieben hat, so erscheint es vielen Leuten (auch der Koautorin) eher theorielastig. Das ist erstaunlich, denn er sieht sich selbst als Praktiker, für den Theorie nicht mehr (aber auch nicht weniger) als ein Handwerkszeug ist, das dabei helfen kann, die alltägliche praktisch-therapeutische Arbeit zu erledigen. Dieser Unterschied zwischen Außenwahrnehmung und Selbstbeschreibung wurde und wird in der nicht zu vermeidenden Auseinandersetzung mit der zweiten Autorin dieses Buches, Christel Rech-Simon (CRS), immer wieder besonders deutlich. Sie selbst ist analytische Kinder- und Jugendlichentherapeutin und verfolgt den „Rummel" und die „Aufregung" um die systemische Therapie – häufig auch von ihrem Partner/Ehemann/Koautor mitveranstaltet – mit kritischer Distanz. Wenn für sie auch der Reiz des abstrakten systemischen „Theoriegeschwätzes" immer nur sehr begrenzt war, so konnte sie sich doch einer gewissen Faszination, die von der praktischen systemischen Methodik, wie sie durch die Einwegscheibe oder per Video beobachtbar war, nur schwer entziehen. Auf jeden Fall erschien ihr dieser Teil der systemischen Therapie weit bedeutsamer als all die „sterilen" theoretischen Erörterungen. (Daß wir hier nicht ganz einer Meinung sind, bedarf wohl keiner besonderen Erwähnung.)

Auf jeden Fall ist so die Idee und die Verfahrensweise für die Herstellung dieses Buches entstanden: CRS hat Video-Bänder von Familientherapien, die in den letzten 15 Jahren von FS (manchmal gemeinsam mit anderen Heidelberger Kollegen) durchgeführt wurden, gesichtet und eine Auswahl von Therapien und Sitzungen bzw. Sitzungsausschnitten gewählt, die aus ihrer Sicht von prinzipiellem Interesse sind; entweder weil sie methodisch aufregend (in welchem Sinne auch immer) sind, oder aber weil die Dynamik der Familie bzw. die Therapeut-Familie-Interaktion spannend (oder auch entspannend) ist. Wo immer sie Fragen, Einwendungen oder Kommentare hatte, wurde über Sinn und Unsinn der Maßnahmen des/der Therapeuten diskutiert. Es ging dabei nicht um die Frage, ob psychoanalytische oder systemische Therapieansätze „besser" oder „schlechter" sind, sondern um den Versuch, die häufig überraschend, unorthodox, ja, manchmal ausgesprochen „falsch" erscheinenden Methoden der systemischen Therapie all denen zu erklären und verständlich zu machen, die ihre Erwartungen an einem traditionell psychotherapeutischen Rollenverständnis orientieren.

Da es nicht Ziel dieses Buchprojektes war, das Protokoll eines ehelichen Selbsterfahrungsexperiments zu liefern, haben wir darauf verzichtet, die Dialoge und Auseinandersetzungen, die sich so ergaben, zu dokumentieren. Statt dessen haben wir uns damit begnügt, ihre Resultate abzudrucken. Ergebnis ist eine Sammlung kommentierter Transkripte. Auf diese Weise kann der Leser der Konversation, dem Frage- und Antwortspiel zwischen Therapeut(en) und Klienten, dem gegenseitigen Drehen und Wenden, folgen und anhand der eingefügten Kommentare nachvollziehen, wie sich das Geschehen aus einer systemischen Perspektive verstehen läßt.

Eines der Merkmale von Theoriebüchern besteht darin, daß in ihnen im allgemeinen versucht wird, einen roten Faden zu spinnen. Das eine Argument führt zu einem anderen, das andere ergibt sich aus dem einen. Auf diese Weise wird ein in sich schlüssiges, im Idealfall logisch widerspruchsfreies Modell konstruiert. Der Weg, den der Leser zu beschreiten hat, folgt der Argumentationslinie des Autors (natürlich nur, wenn er ihm folgen will oder kann). Die Ordnung des Ganzen ist geradlinig: Die einzelnen Themen sind gemäß einem inneren, sachlichen (objektiven) Zusammenhang nacheinander geordnet. Das heißt, die Reihenfolge der behandelten Themen wird von sachlichen Erwägungen des Autors bestimmt.

Wer diese Art der Ordnung sucht, wird beim Lesen dieses Buches verzweifeln. Da es in seiner Struktur weitgehend vom Ablauf von Therapiesitzungen bestimmt wird, hängen die jeweils behandelten Fragen ebenfalls von der Dynamik und Ordnung dieser Sitzungen ab. Das heißt, die Reihenfolge der behandelten Themen wird von persönlichen (subjektiven) Erwägungen der Klienten, Patienten oder Therapeuten bestimmt.

Als Therapeut kann man dabei zwar – je nach Methode – mehr oder weniger direktiv Einfluß auf die Richtung des Gesprächs nehmen, man hat aber keine Kontrolle über das, was die Gesprächspartner sagen. Jede Therapiesitzung entwickelt daher ihre eigene, unverwechselbare Dynamik und Ordnung. Der während der Sitzung unter Handlungsdruck stehende Therapeut braucht – wenn er nicht nur seiner Intuition folgen will – einen anderen, nicht geradlinig hintereinander geordneten Zugang zur Theorie. Wie jeder andere Handwerker auch muß er direkten und schnellen Zugriff auf die Werkzeuge haben, die er aktuell braucht. Und welche er benötigt, kann von Sekunde zu Sekunde wechseln.

Dieser Tatbestand spiegelt sich in der Struktur dieses Buches. Der Ablauf der jeweiligen Sitzungen bestimmt die behandelten Themen und Frageformen, das heißt, die einzelnen Themen werden dann und dort behandelt, wo sie praktisch relevant werden. Da der Abdruck kompletter Sitzungen den Umfang des Buches sprengen würde, haben wir in sich geschlossene Abschnitte ausgewählt. Sie sind so ausführlich, wie es uns zur Illustration einer Fragestrategie oder einer Familiendynamik nötig erschien. Wenn am Beispiel der einen Familie ein Thema abgehandelt wurde, haben wir die Behandlung der analogen Themen bei der nächsten Familie nicht abgedruckt. Wie beim Zusammensetzen eines Puzzles werden von Sitzung zu Sitzung einzelne Bausteine scheinbar ungeordnet aneinander gefügt. Erst im Laufe der Zeit fügt sich dann das Ganze (so hoffen wir zumindest) zu einem Gesamtbild. Die thematische Gliederung des Buches folgt dabei thematisch dem idealtypischen Ablauf einer Therapiesitzung. Um die unvermeidliche Verwirrung des Lesers in erträglichen Grenzen zu halten, haben wir die in den einzelnen Kapiteln behandelten Themen durch die Stichworte und den Namen der jeweiligen Familie gekennzeichnet. Auf diese Weise kann sich der Leser entscheiden, sich entweder an den genannten Inhalten zu orientieren oder aber einer Falldarstellung von Anfang bis Ende zu folgen. Die Transkripte sind redaktionell mit wenigen Einschränkungen die wörtliche Wiedergabe dessen, was Therapeuten und Klienten sagten. Redaktionell wurden sie nur soweit geglättet, wie es der Lesbarkeit wegen nötig erschien (d. h. aus „nö“ wurde „nein“, manche „Ähs“ und „Ohs“ wurden gekürzt). Dennoch sollte klar sein, daß jede rein sprachliche Wiedergabe eine Reduktion der Komplexität menschlicher Kommunikation darstellt, da die non- und paraverbale Kommunikation nicht angemessen dokumentiert werden kann.

Am Ende des Buches haben wir, um die in den Fallbeispielen illustrierten Methoden und Techniken der systemischen Therapie zusammenzufassen, schematisch darzustellen versucht, wie eine idealtypische Sitzung abläuft, welche Frageformen dem Therapeuten zur Verfügung stehen und welche Interventionsmöglichkeiten er hat.

Bleibt zum Schluß noch anzumerken, daß die Namen und persönlichen Daten der Patienten und Familien so geändert wurden, daß ihre Anonymität gesichert ist.

Diejenigen Leser, die sich nach dem Lesen dieses in seiner Form und Entstehung eher experimentellen Buches mit der bewährten akademischen Frage quälen: „In der Praxis funktioniert es, aber tut es das auch in der Theorie?“, seien auf die in ihrer Form traditionelleren Erörterungen der theoretischen Grundlagen des hier dargestellten systemischen Therapieansatzes in den Büchern *Unterschiede, die Unterschiede machen* und *Die andere Seite der Gesundheit*[2] verwiesen.

2 Simon, F. B. (1988/93): Unterschiede, die Unterschiede machen. Klinische Epistemologie – Grundlage einer systemischen Psychiatrie und Psychosomatik. Frankfurt (Suhrkamp), 2. Aufl. 1995. Simon, F.B. (1995): Die andere Seite der Gesundheit. Ansätze einer systemischen Krankheits- und Therapietheorie. Heidelberg (Carl-Auer-Systeme).

I. DAS INTERVIEW

2. Die Bedeutung der Therapie / Kontextklärung / Die Neutralität des Therapeuten (Familie Schneider)

Wer als Psychotherapeut arbeitet, hat im allgemeinen ziemlich klare Vorstellungen davon, was unter „Therapie"zu verstehen ist. Schließlich hat er Jahre seines Lebens damit zugebracht, therapeutische Theorien und Techniken zu erlernen. Für seine Patienten oder Klienten stellt sich die Situation ganz anders dar: Es beginnt damit, daß es eine Reihe von Berufen und Berufsbezeichnungen gibt, die alle ziemlich ähnlich klingen und für den Laien kaum zu unterscheiden sind (Psychotherapeut, Physiotherapeut, Psychologe, Psychopath, Psychiater, Psychotiker usw.), so daß bereits hier die Verwirrung beträchtlich sein kann. Aber selbst wenn klar ist, daß von Psychotherapie die Rede ist, weiß eigentlich keiner genau, was sich hinter dieser magischen Formel verbirgt. Zwischen dem, was Therapeuten unterschiedlicher Schulen über die Entstehung von Symptomen denken, was sie für therapeutisch nützlich oder schädlich halten, und dem, was sie im Umgang mit ihren Kunden tun, gibt es nur begrenzte Übereinstimmung.

Eine der Konsequenzen solcher Unklarheiten ist, daß Patienten eigentlich nie wissen, was sie in der Therapie erwartet, und Therapeuten eigentlich nie wissen, was Patienten oder Familien in der Therapie erwarten. Die Beziehung zwischen Therapeuten und Klienten beginnt nicht erst in dem Moment, in dem sie sich zum ersten Mal von Angesicht zu Angesicht begegnen, sondern sie hat eine Vorgeschichte, die sich in Hoffnungen, Befürchtungen und Vorurteilen der Klienten zeigen. Sie bilden den Ausgangspunkt einer jeden Psychotherapie.

Bei der Paar- und Familientherapie zeigt sich im Vergleich zur Einzeltherapie eine Besonderheit: Wo der Therapeut es mit mehreren Personen zu tun hat, findet er sich eigentlich immer in einer Situation, in der seine Klienten der „Therapie" ganz unterschiedliche Bedeutungen zuweisen; verbunden damit sind verschiedene, manchmal gar widersprüchliche Erwartungen an den Therapeuten und sein Handeln.

Die Ausschnitte aus dem folgenden Erstgespräch sollen zeigen, wie wichtig die Klärung dieses Kontextes der Therapie für die Entwicklung der therapeutischen Beziehung ist.

In die Therapie kommt ein Ehepaar, beide etwa gleich alt (Mitte 40); er arbeitet als Ingenieur in leitender Stellung in einem international tätigen Großunternehmen; sie hat bis zur Geburt der Kinder als Sozialpädagogin gearbeitet. Die beiden haben drei Kinder im Alter zwischen 12 und 5 Jahren. Identifizierte Patientin ist die Ehefrau, die schon mehrfach in stationärer psychiatrischer Behandlung war. Vor dem Gespräch haben beide einen Fragebogen ausgefüllt, aus dem die wenigen hier genannten Daten ersichtlich sind. Das Gespräch findet in einem Raum mit Einwegscheibe und Videokameras statt. Die Therapeuten in dieser Sitzung sind Fritz B. Simon (FS) und Gunthard Weber (GW). Die Kommentare des Transkriptes sind durch Kursivdruck hervorgehoben und durch ein K am Rand gekennzeichnet.

***

Das Paar und die Therapeuten nehmen Platz. Die beiden schauen sich um.

FS FRITZ SIMON Ja, Sie schauen sich um. Ich möchte Ihnen zuerst einmal diesen Raum und unsere Arbeitsweise erklären. Ich weiß nicht, ob Sie unseren Brief bekommen haben? Normalerweise schicken wir einen Brief, in dem wir schreiben, wie wir arbeiten.

K *Da unsere Arbeitsweise – Teamarbeit, Videoaufzeichnung, Beobachter hinter einer Einwegscheibe – von dem abweicht, was üblicherweise bei einem Arztbesuch zu erwarten ist, informieren wir unsere Patienten im voraus, um ein Gefühl der Überrumpelung zu vermeiden. Das heißt, eigentlich senden wir solch einen Brief ... Da dies hier – warum auch immer – offenbar nicht geschehen ist, bedarf es längerer Erklärungen.*

H SCH HERR SCHNEIDER *(hastig, ins Wort fallend)* Nein, überhaupt nicht. Da gab's also überhaupt einige Unklarheiten, und wir würden das auch erstmals als Vorgespräch auffassen.

FS FRITZ SIMON Das wollte ich Ihnen auch gerade sagen, daß wir das wollen. Aber bevor wir überhaupt über irgend etwas reden, muß ich Ihnen den Raum erklären, damit Sie wissen, ob Sie überhaupt den Mund aufmachen wollen ... Sie sehen, wir haben hier einige Apparate. Wir arbeiten hier im Rahmen eines Forschungsprojektes in einem Viererteam. Das heißt, zu dem Viererteam gehört noch der Herr Weber, den sehen Sie hier neben mir, der Herr Stierlin, der hinter dieser Scheibe sitzt, und der Herr Retzer, der auch hinter der Scheibe sitzt.

K *Solch eine Teamzusammensetzung mit zwei Personen im Raum und zwei Personen hinter einer Einwegscheibe ist natürlich ein Luxus, der im*

FS Fritz Simon
H SCH Herr Schneider
F SCH Frau Schneider
GW Gunthard Weber
K Kommentar

allgemeinen nur im Rahmen von Forschungsprojekten finanziert werden kann. Im Alltagsbetrieb einer Klinik oder Praxis ist ein derartiger Aufwand sicher nicht nötig, manchmal auch nicht sinnvoll. Auch als einzelner Therapeut kann man Familientherapie betreiben. Dennoch besteht kein Zweifel, daß sich durch Teamarbeit – mit oder ohne Einwegscheibe – therapeutische Optionen ergeben, die einem einzelnen Therapeuten verschlossen bleiben. Dazu später mehr ...

FS FRITZ SIMON Wir machen von solchen Sitzungen immer Videoaufnahmen, damit wir es uns noch einmal anschauen können und damit Sie es sich noch einmal anschauen können – wenn Sie wollen. Das hat sich bewährt. Das ist etwas, was häufig vorkommt, daß Familien sagen: Wir wollen uns das gern noch einmal anschauen. Wenn Sie am Ende so einer Sitzung, dieser Sitzung, dieses Vorgesprächs, das Gefühl haben sollten, da ist irgend etwas gesagt worden, was Sie auf gar keinen Fall auf Band haben wollen, dann sagen Sie es. Dann löschen wir das gleich.

K *Hier stellt sich natürlich die Frage nach der Vertraulichkeit und Intimität psychotherapeutischer Sitzungen. In der Familientherapie entsteht von Beginn an eine andere Situation als in der Einzeltherapie, da die Zweierbeziehung zwischen Patient und Therapeut die Ausnahme darstellt. Wer sich in der Sitzung äußert, weiß, daß mehrere Personen zuhören. Er wird daher von Anbeginn vorsichtiger und zurückhaltender sein, manches nicht sagen, was er in der Intimität und Vertraulichkeit einer Zwei-Personen-Situation offenbart hätte. Das hat weitreichende Folgen für die therapeutische Beziehung: Jeder Teilnehmer an solch einer Sitzung behält die Verantwortung für die Bewahrung seiner Geheimnisse. Der Therapeut wird nicht in gleichem Maße wie in der Einzeltherapie zum Vertrauten einer einzigen Person. Seine Verantwortung gilt allen, den beiden Partnern, der ganzen Familie. Sie ist daher sowohl umfassender als auch begrenzter als in der Einzeltherapie.*

Einwegscheibe und Videokamera haben aber noch eine andere Wirkung: Es wird stillschweigend und ohne Worte eine Außenperspektive eingeführt. Wer sich beobachtet weiß, verhält sich anders, als wenn er sich unbeobachtet fühlt. Das mag einer der Gründe sein, warum Therapeuten sich häufig scheuen, sich filmen zu lassen. Ihre Arbeit würde dann auf einmal überprüfbar, mehr oder auch weniger wohlmeinende Kollegen oder gar die Öffentlichkeit könnten die Videobänder anschauen und ihr Urteil über die Qualität der Therapeut-Patienten-Beziehung oder die Arbeitsweise des Therapeuten abgeben. Traditionellerweise ist die Einstellung von Psychotherapeuten zur Kontrolle ihrer Arbeit seltsam gespalten: Auf der einen Seite wird die Wichtigkeit regelmäßiger Supervision und einer ausführlichen Reflexion der Therapeut-Patienten-Beziehung betont und daher zu einem wichtigen Bestandteil der Ausbildung gemacht, auf der anderen Seite hat aber jeder Therapeut das Privileg, vollkommen unbeobachtet zu arbeiten. Was er macht, findet hinter gepolsterten Türen statt, so daß kein Kollege zufällig hören kann, was tatsächlich in der Sitzung geschieht. Die Kontrolle seiner Arbeit beschränkt sich darauf, daß er selbst erzählt, was er meint, was wer wie gesagt hat, was passiert ist, was wichtig war usw. Der Patient ist daher immer irgendwie dem Therapeuten ausgeliefert: Ein anerkannter Experte steht jemandem gegenüber, der psychische Probleme hat. Das ist ein wenig so, als wenn sich Geschwindigkeitskontrollen darauf beschränkten, Autofahrer zu befragen, wie schnell sie denn gefahren seien. Um solch einer Situation zu entgehen, kommen gelegentlich Patienten gerade deswegen zu uns, weil sie wissen, daß jemand zuschaut bzw. Videoaufnahmen gemacht werden. Die Frage des Schutzes der Intimität und Vertraulichkeit ist also doppelbödig, und die Schweigepflicht schützt erfahrungsgemäß nicht nur die Patienten, sondern auch die Therapeuten.

Das Mit-nach-Hause-Geben der Videobänder hat aber noch eine andere Wirkung. Werden die Bänder von Familien später noch einmal betrachtet, so entfalten sie eine über den Augenblick hinausgehende, längerfristige Wirkung. Oft werden dadurch zu Hause weitere Diskussionen und Auseinandersetzungen ausgelöst, die keinerlei Kontrolle durch die Therapeuten unterworfen sind. Wer dies nicht möchte, sollte keine Videobänder nach Hause mitgeben. In jedem Fall ist für die Entwicklung einer vertrauensvollen Beziehung wichtig, von Beginn an ganz deutlich zu machen, daß die Patienten das Recht haben, die Aufnahme zu verweigern oder sie löschen zu lassen.

GW GUNTHARD WEBER Es kann sein, daß die Kollegen hinter dem Spiegel mal vorkommen und mal an die Tür klopfen – wenn wir zum Beispiel parteilich werden und einen besonders berücksichtigen und den anderen vernachlässigen –, daß die dann kommen und uns zur Ordnung rufen. Es kann sein, daß wir mal eine Pause machen. Auf alle Fälle machen wir nach so einem Gespräch von etwa einer bis anderthalb Stunden auf alle Fälle eine Pause, wo wir uns noch einmal zusammensetzen, sehen, was ist im Gespräch gelaufen, was können wir Ihnen raten angesichts der Situation, in der Sie im Augenblick stehen.

K *Die hinter der Scheibe sitzenden Kollegen haben zwangsläufig eine andere Perspektive auf den Sitzungsverlauf, die Therapeut-Patienten-Beziehung oder die geäußerten Inhalte als die Therapeuten in der Sitzung. Wann immer sie denken, die Einführung dieser Außenperspektive könnte für den Verlauf der Therapie von Nutzen sein, so unterbrechen sie die Sitzung, geben Kommentare oder diskutieren die Situation mit den Kollegen vor der Scheibe. Vor Abschluß der Sitzung empfiehlt es sich immer, eine Pause zu machen – auch wenn man allein arbeitet –, da häufig erst ein gewisser Abstand vom Handlungsdruck während der Sitzung ermöglicht, in Ruhe das Gehörte und Gesehene zu überdenken. Ohne Pause fällt den meisten Therapeuten erst auf dem Weg nach Hause ein, was sie noch hätten fragen oder sagen sollen. Mit Pause kann dies noch unmittelbar in der Sitzung getan werden.*

FS FRITZ SIMON Wir verstehen das Ganze erst einmal als ein klärendes Vorgespräch, um herauszufinden, ob Sie hier überhaupt an der richtigen Adresse sind, ob wir Ihnen überhaupt behilflich sein können, in der einen oder anderen Art. Da sind wir offenbar einer Meinung. Sie verstehen es auch so …

Ist dieser äußere Rahmen, den ich, den wir Ihnen erklärt haben, ist der für Sie klar, und ist das so akzeptabel für Sie? Das ist die erste Frage. Weil … es ist etwas ungewohnt, und deswegen erklären wir es am Anfang ausführlich; damit Sie nicht das Gefühl haben, Sie stolpern da in irgendwas hinein, was Sie gar nicht wollen.

F SCH FRAU SCHNEIDER Doch, das ist soweit, glaube ich, klar.

H SCH HERR SCHNEIDER Ich meine, wir sollten mal sagen, wie die augenblickliche Situation ist, und ob man nicht vielleicht noch was warten sollte, weil …

F SCH FRAU SCHNEIDER *(unterbricht ihn)* Also im Moment bin ich ja in einer psychiatrischen Klinik … wegen einer Depression, ja. So daß es im Moment sicher auch nicht günstig wäre, damit anzufangen.

H SCH HERR SCHNEIDER Ja, wir haben diesen Termin jetzt mal angeboten bekommen und uns gesagt, wir können mal zu dem Vorgespräch gehen. Aber die Ärzte dort meinten auch, man sollte doch warten.

FS FRITZ SIMON Also, der richtige Zeitpunkt für dieses Vorgespräch ist es nicht, oder für die Therapie ist es nicht …?

H SCH HERR SCHNEIDER Nein, also das Vorgespräch kann man durchaus machen!

FS FRITZ SIMON Ah ja! Das war mir nur jetzt nicht klar. Ja, Sie sprachen es eben schon an, der Termin wurde angeboten … Das denke ich ist der

Punkt, wo wir am Anfang mal anfangen sollten. Wie sind Sie denn überhaupt hierher gekommen? Wie war der Weg hierher?

F SCH FRAU SCHNEIDER Über meine Psychotherapeutin. Ja, und die sagte eben, daß hier im Institut an einem Projekt mit Manisch-Depressiven gearbeitet wird, und ich hab, ja, manische Phasen gehabt ... *(einige Sekunden Zögern)* ... nach Meinung anderer.

(Bei der letzten Bemerkung lächelt sie, ihr Mann lächelt dann – wenn auch etwas verzögert und etwas gequält – auch.)

FS FRITZ SIMON Nach Meinung anderer ... Sie meinen, wir sollten auf die Formulierung, die Sie eben gewählt haben, achten?

F SCH FRAU SCHNEIDER Ja, ich bin mir da nicht sicher, ... also ich bin da nicht mehr so sicher.

FS FRITZ SIMON Hm, hm.

GW GUNTHARD WEBER Ihre Psychotherapeutin, denkt die denn, wenn sie Sie zu unserem Projekt schickt, bei dem wir uns ja gerade mit solchem Verhalten beschäftigen, denkt die denn, Sie haben ...

F SCH FRAU SCHNEIDER Deshalb sagte sie, sollten wir mal hierherkommen.

FS FRITZ SIMON Heißt das, daß Ihre Therapeutin denkt, daß das manisches Verhalten war? Gehört die zu den anderen, die meinen, das sei eine manische Phase..?

F SCH FRAU SCHNEIDER Nein, ich hab sie, glaub ich, angerufen, weil ich merkte, daß ich in eine Depression kam. Und ich wollte von ihr gerne wissen, welchen Psychiater sie mir empfehlen könnte, und daß für mich die Frage offen ist, ob es eine manische Depression ist. Und dann hat sie uns hierher verwiesen.

K *Interessant ist hier der Gebrauch des Begriffs „manische Depression". In der medizinischen Terminologie gibt es zwar die manisch-depressive Erkrankung, bei der manische Phasen und depressive Phasen in zeitlich gegeneinander abgegrenzten Phasen auftreten, aber es gibt keine manische Depression – das wäre ein Widerspruch in sich selbst. Es handelt sich hier also um eine Art privatsprachlicher Verwendung eines aus dem Kontext gelösten medizinischen Fachausdrucks, der im familiären Gebrauch eine spezifische Bedeutung erhalten hat.*

FS FRITZ SIMON Wie waren Sie zu Ihrer Therapeutin gekommen?

F SCH FRAU SCHNEIDER Na ja, wegen Eheproblemen. Ich hatte mehrere Depressionen und ich meinte ... also, ich war halt der Meinung nach längeren eigenen Überlegungen, daß das ... also, daß ein Grund dafür eben Eheprobleme sein könnten.

FS FRITZ SIMON Und wie waren Sie gerade auf diese Therapeutin gekommen?

F SCH FRAU SCHNEIDER Ach so, die war mir vom Hausarzt empfohlen worden.

K *Die Frage nach dem Überweisungsweg kann sehr aufschlußreich sein, da manchmal Empfehlungen mit Kommentaren versehen werden. Frühere Patienten berichten darüber, was ein bestimmter Therapeut oder eine bestimmte Therapeutin in ihrer eigenen Therapie gemacht haben, was geholfen hat usw. Auf diese Weise werden Erwartungen geschaffen, die immer irgendwie den Auftrag an den Therapeuten mitbestimmen. Und es ist immer gut zu wissen, welche „Versprechen" andere gegeben haben, die man dann selbst zu erfüllen hat. In diesem Fall scheint der Überweisungsweg allerdings nicht sehr bedeutungsträchtig.*

GW GUNTHARD WEBER Und dann waren Sie allein bei der Therapeutin?

F SCH FRAU SCHNEIDER Dann war ich allein bei ihr, und mein Mann auch.

H SCH HERR SCHNEIDER Ich war einmal auch da!

GW GUNTHARD WEBER Unabhängig voneinander?

BEIDE EHELEUTE *(gleichzeitig)* Ja, unabhängig voneinander.

GW GUNTHARD WEBER Ah ja! Wie kam's, daß Sie nicht zusammen hingegangen sind?

H SCH HERR SCHNEIDER Ja, die Situation war damals etwas schlimm, und wir hielten es eigentlich alle für gut, erst einmal einzeln zu reden. Dann war natürlich auch ein gemeinsames Gespräch geplant, aber dann kam jetzt die Depression dazwischen.

K *„Die Depression kam dazwischen" – eine Formulierung, die so klingt, als ob die Depression ein handelndes Subjekt oder ein Ding wäre, das autonom – unabhängig von dem, was interaktionell geschieht – kommt oder geht, wann immer es will.*

GW GUNTHARD WEBER Ah ja, Sie hatten grundsätzlich vor, später auch gemeinsame Gespräche ...

H SCH HERR SCHNEIDER Ja, das war erst einmal auf Eis gelegt. Es war schon grundsätzlich geplant, aber das haben wir jetzt erst einmal alles verschoben.

FS FRITZ SIMON Hat Ihnen Ihre Therapeutin gleich am Anfang empfohlen, hierher zu gehen, oder erst nach diesen Gesprächen?

F SCH FRAU SCHNEIDER Nein, nein, erst nachdem ich sie angerufen hatte wegen der Depression.

FS FRITZ SIMON Ah ja. Was denken Sie, wieso Ihre Therapeutin Sie hierher weiter empfohlen hat?

F SCH FRAU SCHNEIDER Ja, weil ich ihr gesagt hatte, daß es offen wäre, ob das eine manische Depression ist.

GW GUNTHARD WEBER Hieße das, daß der Auftrag an uns auch ein bißchen wäre zu sagen: Wer hat nun recht? Ist es nun eine manische Depression oder nicht?

K *Da es in diesem Gespräch nicht um die Klärung medizinischer Diagnosen geht, sondern um die Bedeutung solcher Diagnosen für die familiäre Interaktion, wird der angebotene Begriff „manische Depression“ aufgenommen; es bleibt zu klären, was er für wen bedeutet.*

F SCH FRAU SCHNEIDER *(lacht)* Na ja, das wird ja wohl in der Klinik auch noch abgeklärt werden.

GW GUNTHARD WEBER Was denken die denn? Auf welcher Seite stehen die denn da?

K *Die nonverbalen Reaktionen des Mannes auf die Erwähnung von Eheschwierigkeiten und die in der Klinik zu klärende Frage, ob es eine „manische Depression“ sei oder nicht, legen die Hypothese nahe, daß hier unterschiedliche Erklärungsmodelle miteinander konkurrieren, die mit unterschiedlichen therapeutischen Konsequenzen verbunden werden. Falls es darüber einen Konflikt zwischen den Partnern gibt, laufen die Therapeuten Gefahr, vom einen oder anderen als parteilich erlebt zu werden.*

F SCH FRAU SCHNEIDER Also Seite? Ja, gut. Der mich aufnehmende Arzt war schon der Meinung, daß es wohl sein könnte, als ich jetzt mit ihm geredet habe, ja gut ...

GW GUNTHARD WEBER Zu welcher Seite zählen Sie Ihren Mann dabei?

F SCH FRAU SCHNEIDER Ja, mein Mann ist eindeutig sicher, daß es eine manische Depression ist ... war. Nach Gesprächen, die er mit anderen hatte.

GW GUNTHARD WEBER Ah ja!

FS FRITZ SIMON Was denken Sie, wie die Therapeutin das einschätzt?

F SCH FRAU SCHNEIDER *(schweigt, nestelt an ihrem Taschenriemen)*

H SCH HERR SCHNEIDER Sie hat sich dazu nicht geäußert. Ich glaub, aus gutem Grund, nicht? Sie hat zwar ... ich hab zwar offen mit ihr darüber geredet, wie ich es sehe. Aber sie hat weder ja noch nein gesagt.

FS FRITZ SIMON Vermuten Sie mal!

K *Da das Verhalten von Menschen nicht von dem bestimmt wird, was andere Leute tatsächlich denken, sondern von dem, was sie denken, was die anderen denken, empfiehlt es sich, ganz direkt und ungeniert nach Vermutungen und Spekulationen über andere zu fragen. Wenn die dann auch noch im Raum sind, so erhalten sie eine einzigartige Rückmeldung darüber, was andere über sie denken, wie sie wahrgenommen werden, welches Bild sich die anderen von ihnen machen usw. Aber – das sollte klar sein – solche Fragen widersprechen den Regeln guten Benehmens. Auf Cocktailparties sollte man solche Fragen besser nicht stellen ...*

H SCH HERR SCHNEIDER Das ist, glaube ich, auch gut so. Denn sie wollte ja erst einmal mit beiden reden und nicht gleich einen vor den Kopf stoßen. Sie hätte entweder ... Na, ja, sie wollte halt nicht sagen: Der hat recht oder der! Das wäre in der Situation ...

FS FRITZ SIMON Aber was schätzen Sie, was sie denkt?

H SCH HERR SCHNEIDER Ja, wenn ich jetzt sage, sie denkt, daß ich da schon recht habe, wäre es vielleicht auch nicht gut, denn ich finde auch, daß sie das sehr schön macht; und ich möchte auch nicht *(mit unsicherem Seitenblick zu seiner Frau)*, daß du jetzt zu ihr das Vertrauen irgendwie verlierst, wenn du meinst, daß sie auch so ...

FS FRITZ SIMON *(unterbricht)* Meinen Sie denn, daß Ihre Frau das einfach übernehmen würde, wenn Sie sagen, die Therapeutin denkt so und so?

H SCH HERR SCHNEIDER Da haben Sie auch wieder recht. Das bestimmt nicht!

F SCH FRAU SCHNEIDER Na ja, ich hab das ja von dem aufnehmenden Arzt in der Klinik schon übernommen ... Jetzt bin ich da eigentlich nicht mehr so sicher. Wo hört normal auf, wo fängt manisch an? Kann man das wirklich als manische Phasen sehen? Oder waren das in gewisser Weise Verzweiflungsphasen meinerseits? Gut, ich mein, ich bin da im Moment für mich selber sehr unsicher.

H SCH HERR SCHNEIDER Du solltest dir auch klar sein, daß du schon mehrfach Ärzte gewechselt hast, die dir was gesagt haben, was dir nicht gefiel, nicht? Da mußt du auch mal auf Leute hören!

GW GUNTHARD WEBER Wie ist das weiter mit den Kontakten mit Ihrer Therapeutin geplant? Haben Sie da mit ihr irgendwelche Vereinbarungen?

K *Es kommt gar nicht so selten vor, daß mehrere Therapeuten oder Helfer mit einer Familie oder gar einem Patienten zu tun haben. In solch einem Fall ist es wichtig zu wissen, welche Position er vertritt, welche Sichtweisen er propagiert, wessen Partei er einnimmt usw. Er kann dann wie ein weiteres Familienmitglied betrachtet werden, das sein fachliches Gewicht in die Waagschale wirft. Es ist unserer Erfahrung nach nützlich, stets davon auszugehen, daß die Kollegen – auch wenn sie vielleicht ganz andere Ansichten als wir vertreten – ihre guten Gründe dafür haben. Diese Gründe lassen sich ebenfalls erfragen. Auf jeden Fall sollte vermieden werden, andere Therapeuten oder Methoden abzuwerten, da dies die Familienmitglieder in Loyalitätskonflikte bringen könnte. Außerdem erweist sich immer wieder, daß derjenige, der heute abwertet, morgen selbst abgewertet wird. Aus diesem Grund erscheint es auch nicht sinnvoll, die Patienten oder Familien vor die Alternative „Entweder der andere Therapeut oder ich/wir" zu stellen. Statt dessen gilt es herauszufinden, welche unterschiedlichen, sich ergänzenden oder konkurrierenden Funktionen beiden zugedacht sind.*

F SCH FRAU SCHNEIDER Nein, an sich hatten wir ja vor, ein Gespräch zu dritt zu führen. Aber das würde jetzt wohl auch von der Situation hier abhängen. Ich weiß nicht, ob sich das dann erübrigt oder …

GW GUNTHARD WEBER Ah ja. Weil das sich so anhörte, was Ihr Mann sagte, daß Sie ja auch eine Vertrauensbeziehung zu Ihrer Therapeutin haben … Also würden Sie eher davon ausgehen, daß die Gespräche mit Ihrer Therapeutin weitergehen, daß sie Ihnen weiter zur Verfügung steht, oder wie?

F SCH FRAU SCHNEIDER Nein, eigentlich nicht. Sie sagte eben nur, wenn es manisch-depressiv ist, dann könnte ich mich eventuell diesem Projekt hier anschließen. So in etwa hab ich das verstanden.

K *Hier ist von der Überweiserin eine Markierung des Kontextes vorgenommen worden: Wenn es manisch-depressiv ist … Zumindest ist sie so von der Patientin verstanden worden. Das könnte für die Therapeuten ein Problem schaffen, da die Eheleute offenbar nicht einig sind, wie das Verhalten von Frau Schneider einzuordnen ist. Da Herr Schneider ganz eindeutig der Meinung ist, daß seine Frau manisch-depressiv ist, und die Therapeuten in einem Projekt arbeiten, das sich dieser Erkrankung widmet, besteht die Gefahr, daß die Therapeuten als parteilich für die Sichtweise des Mannes („Meine Frau ist krank") erlebt werden. Dem stehen zwei Faktoren entgegen: Zum ersten ist die Überweisung durch die Psychotherapeutin von Frau Schneider erfolgt, und sie genießt das Vertrauen der Patientin; zum zweiten findet das Projekt in einem Institut für Familientherapie statt; dadurch ist ein Kontext markiert, der mehr der Sichtweise von Frau Schneider entspricht („Meine Verhaltens-*

weisen sind das Resultat von Eheproblemen"). Das Zusammentreffen dieser gegensätzlichen Zuschreibungen macht es für die beiden unentscheidbar, auf wessen Seite die Therapeuten stehen.

FS FRITZ SIMON Hm, hm. Das heißt also wenn ...

F SCH FRAU SCHNEIDER *(unterbricht)* Ich meine, als ich in der Depression war, sehr stark, ja gut, da war ich selber dann irgendwo überzeugt: Das wird wohl stimmen, dann werden wohl alle recht haben, und es ist manisch-depressiv.

FS FRITZ SIMON Also, wenn wir zu dem Schluß kämen, es wäre nicht manisch-depressiv, dann würden Sie wieder zu Ihrer Therapeutin zurückgehen? Heißt es das?

F SCH FRAU SCHNEIDER Nein, nicht unbedingt.

FS FRITZ SIMON Hm, ja. Was macht denn für Ihre Frau diesen Unterschied aus zwischen manisch-depressiv und nicht manisch-depressiv? Das ist ja offensichtlich eine Frage, die im Raume steht, die wichtig zu sein scheint. Was wäre, wenn das so etikettiert werden würde: Es ist manisch-depressiv? Was ist der Unterschied zu: Es ist nicht manisch-depressiv?

K *Nur wenn man nach Unterschieden fragt, gewinnt man Informationen. Gerade wenn Begriffe verwendet werden, die scheinbar klar in ihrer Bedeutung sind, besteht die Gefahr, daß man seine Patienten zu schnell zu verstehen glaubt. Was für einen biologischen Psychiater manisch-depressiv bedeutet, muß überhaupt nichts mit dem zu tun haben, was es für Frau Schneider oder ihren Mann bedeutet.*

Hier wird nun Herr Schneider über die Sichtweise seiner Frau befragt. Mit solch einem Fragetyp sind zwei Absichten verbunden: Auf der einen Seite soll das häusliche Muster der Kommunikation über dieses Thema gestört werden; Herr Schneider dürfte seine persönliche Sichtweise zu Hause schon tausendmal geäußert haben, und da sie von seiner Frau nicht geteilt wird, dürfte es wahrscheinlich über dieses Thema zu Auseinandersetzungen gekommen sein; die Wiederholung dieses Musters in der Therapiesitzung hätte keinen Neuigkeitswert, sie würde nichts verändern und obendrein die Therapeuten in die Rolle des Richters bringen. Beide Protagonisten würden um die Durchsetzung ihrer „Wahrheit" kämpfen. Wird Herr Schneider hingegen über die Sichtweise seiner Frau befragt, wird seine Fähigkeit, sich in ihre Position einzufühlen, genutzt. Er mag zwar nicht mit seiner Frau übereinstimmen, aber er weiß aller Wahrscheinlichkeit nach ziemlich genau, was sie meint, wie sie es sieht, ja, meist sogar, wie es ihr geht. Wenn er die Perspektive wechselt und sagt, was seine Frau meint, kann sie überprüfen, wie sie von außen gesehen wird, und eventuell Korrekturen vornehmen. Allerdings werden solche Fragen nicht immer gleich beantwortet, da sie den gewohnten Mustern zuwiderlaufen. Dann bedarf es beharrlichen Nachfragens.

H SCH HERR SCHNEIDER Na, der Unterschied ist: Wenn es manisch-depressiv ist, kann man es behandeln. Das haben uns die Ärzte versichert.

FS FRITZ SIMON Ist das jetzt Ihre Meinung oder die Ihrer Frau?

H SCH HERR SCHNEIDER Das ist auch die Meinung der Ärzte in der Psychiatrie ...

FS FRITZ SIMON Was denken Sie, was für Ihre Frau den Unterschied macht?

H SCH HERR SCHNEIDER Ja, meine Frau hat vielleicht zu viele Bücher auch gelesen, und fällt dann *(zu seiner Frau gewandt)* – ich sag dir ja nichts Neues – von einem Extrem ins andere. Nachdem sie ein halbes Jahr überhaupt nie gehört hat oder wissen wollte, wie ich die Sache sehe, ist sie jetzt teilweise ins andere Extrem gefallen und sagt dann: „Ich bin halt verrückt oder irre." Was sonst kein Mensch verwendet. Weil sie der Meinung ist, das wäre eine Geisteskrankheit, statt zu sagen, das ist eine psychische Krankheit, die man behandeln kann.

FS FRITZ SIMON Also manisch-depressiv hieße für Ihre Frau, sie ist geisteskrank?

H SCH HERR SCHNEIDER Ja, sie sieht es jetzt halt so ...

F SCH FRAU SCHNEIDER Ja, psychische Krankheit oder Geisteskrankheit ist im Grunde nur eine andere Übersetzung!

H SCH HERR SCHNEIDER Ist eine Krankheit und eine Krankheit, die man behandeln kann.

FS FRITZ SIMON Und im anderen Fall? Was hieße es im anderen Fall für Ihre Frau?

H SCH HERR SCHNEIDER Ja, im anderen Fall hieße es, daß ich an all den Sachen offenbar Schuld war *(zuckt die Achseln, schaut seine Frau an)*.

F SCH FRAU SCHNEIDER Nein ... also für mich hieße das im anderen Fall, daß du versucht hast ... oder daß du meine Versuche – die durchaus aggressiv waren –, in unserer Ehe etwas zu verändern, unter dem Gesichtspunkt manisch-depressiv abgeschoben hast. So würde ich das sehen!

FS FRITZ SIMON Und was wäre für Ihren Mann der Unterschied, aus Ihrer Sicht? Wenn Ihr Verhalten manisch-depressiv war, wenn wir das so etikettieren oder diagnostizieren müßten, könnten, sollten ...?

F SCH FRAU SCHNEIDER Na ja, daß ich dann behandelt werde und daß diese Phasen der Aggression nicht wiederkommen, und dann, ja, ein Eheleben wieder möglich ist.

FS FRITZ SIMON Und im anderen Falle, was hieße es im anderen Falle? Wenn es nichts Krankhaftes in diesem Sinne ist?

F SCH FRAU SCHNEIDER Ja, daß das dann eben unerträglich wäre für ihn.

FS FRITZ SIMON Und das hätte welche Konsequenz, langfristig?

F SCH FRAU SCHNEIDER Daß man überlegen müßte, ob man überhaupt zusammenbleibt!

FS FRITZ SIMON Denkt er eher, daß er derjenige wär, der sich trennt, oder daß Sie dann eher diejenige wären, die sich trennt?

F SCH FRAU SCHNEIDER Er denkt dann, daß wir uns trennen und er die Kinder kriegt.

FS FRITZ SIMON Hm, hm. Und denkt er denn, daß Sie das so mitmachen würden …?

F SCH FRAU SCHNEIDER Ich meine, er hofft, daß alles wieder voll behebbar ist und wir wieder ein friedliches Leben führen.

FS FRITZ SIMON Also gibt er Ihrer Ehe bessere Chancen, wenn es manisch-depressiv ist.

F SCH FRAU SCHNEIDER Ja!

FS FRITZ SIMON *(an den Mann gewandt)* Wie sieht's Ihre Frau? Wann sieht sie bessere Chancen für Ihre Ehe? Wenn es manisch-depressiv ist oder wenn es nicht manisch-depressiv ist?

H SCH HERR SCHNEIDER Ich glaub, das wechselt im Moment alles noch etwas sehr, nicht?

F SCH FRAU SCHNEIDER Das kann sein, ja!

H SCH HERR SCHNEIDER Wir wollen ja auch nicht vergessen, sie steckt noch in der Depression drin. Und ich weiß nicht, ob wir das jetzt alles auf einmal aufarbeiten können. Ich kann klar sehen. Ich seh sehr gute Chancen. Wenn es wirklich krankhaft ist, kann es behandelt werden.

FS FRITZ SIMON Und Ihre Frau, denken Sie, sie schwankt eher, ob sie mehr Chancen sieht, wenn es krankhaft ist?

H SCH HERR SCHNEIDER Da würde ich im Moment sagen, sie schwankt sehr, ob sie es überhaupt akzeptiert oder nicht.

K *In diesem Abschnitt zeigt sich, daß die Diagnostizierung einer Krankheit nicht nur vergangenheitsbezogen im Blick auf die Schuld an den gemeinsam durchgestandenen Problemen weitreichende Bedeutung hat, sondern auch zukunftsbezogen. Allerdings sind die beiden in einer Sackgasse: Herr Schneider kann sich nur eine Zukunft für die Ehe vorstellen, wenn seine Frau krank ist. Nur dann hat er die Hoffnung auf eine erfolgreiche Behandlung, das heißt, daß sie ihr Verhalten ändert und das Zusammenleben wieder so wird wie früher. Frau Schneider hingegen will gerade dieses Zusammenleben ändern, das heißt, sie möchte, daß ihr Mann sein Verhalten ändert. Wenn er anerkennen würde, daß ihr Verhalten das Ergebnis von Eheproblemen ist, dann bestünde wieder Hoffnung für die Ehe. Beide miteinander konkurrierenden Diagnosen sind also mit unterschiedlichen Änderungsforderungen an ihn bzw. sie verbunden. Falls aber keiner sich ändert, hat die Diagnose Auswirkungen auf das Schicksal der Kinder. Es könnte „Gewinner“ und „Verlierer“ geben.*

***

In dieser Sequenz wird eine der grundlegenden Fragestellungen deutlich, der sich jeder systemische Therapeut ausgesetzt sieht. Wer mit mehr als nur einem Patienten oder Klienten arbeitet, läuft immer Gefahr, zwischen die Fronten von Konfliktparteien zu geraten. Im Gegensatz zur Einzeltherapie, wo er sich als parteilich für seinen Klienten sehen kann, ist der Therapeut nun mit mehreren Personen konfrontiert, die nicht nur unterschiedliche Weltbilder und Werte haben, sondern auch nur zu oft widersprüchliche Ziele, Wünsche und, eng damit verbunden, unterschiedliche Aufträge an ihn.

In der Geschichte der Familientherapie finden sich unterschiedliche Ansätze, mit diesem Problem technisch umzugehen. Als Allparteilichkeit wird eine Haltung des Therapeuten bezeichnet, bei der er sich mit jedem Familienmitglied verbündet. Wo es um Konflikte geht, ist dies allerdings ein hoher Anspruch, zumal der Therapeut sich dabei sehr widersprüchlichen Forderungen ausgesetzt sehen kann. Daher kann Allparteilichkeit sicher nicht in jedem Moment der Sitzung realisiert werden, sondern lediglich im Laufe der Zeit, wenn nacheinander jeder der Beteiligten sich und sein Anliegen vom Therapeuten vertreten sehen kann.

Weit geringere Forderungen stellt das Konzept der Neutralität an den Therapeuten. Hier wird nicht verlangt, daß sich jeder der Teilnehmer vom Therapeuten vertreten sieht, es reicht, wenn keiner den Eindruck hat, der Therapeut sei parteilich für einen anderen.

Beiden Konzepten, dem der Allparteilichkeit und dem der Neutralität, ist gemeinsam, daß sie sich auf Personen bzw. Koalitionen, Parteien oder Subsysteme beziehen, die aus Personen gebildet werden. In unserer

Arbeit hat sich ein anderes, weitergehendes Modell der Neutralität als nützlich erwiesen. Es umfaßt nicht nur die Positionen der Allparteilichkeit und Neutralität im dargestellten personenbezogenen Sinn, sondern es bezieht sich auch auf miteinander in Konflikt stehende Inhalte der Kommunikation. Der Therapeut nimmt auch gegenüber Sichtweisen, Bewertungen, Erklärungen (z. B. der Frage, ob Veränderung gut oder schlecht ist usw.) eine neutrale oder allparteiliche Position ein.

Am Beispiel des Gesprächs mit dem Ehepaar Schneider läßt sich dies verdeutlichen. Beide haben offensichtlich einen persönlichen Konflikt, so daß sich die Frage ergibt, auf wessen Seite der Therapeut steht. Es geht

Abb. 1: Tetralemma

aber nicht nur um die persönliche Beziehung zu Herrn oder Frau Schneider, sondern auch um die Sachfrage, ob das Verhalten von Frau Schneider Symptom einer Erkrankung oder einer Eheschwierigkeit ist. Wenn er keinen der beiden Klienten verlieren will, scheint der Therapeut im Dilemma. Bei näherer Betrachtung zeigt sich allerdings, daß er in einem Tetralemma steckt, das heißt, sein Handlungsspielraum ist nicht auf zwei Optionen begrenzt, sondern er hat vier unterscheidbare Verhaltensmöglichkeiten.

Wie die Familienmitglieder steht er vor der Frage, sich auf die Seite der einen Partei (Pro) zu stellen, auf die der anderen Partei (Kontra), eine „neutrale“ Weder-Pro-noch-Kontra-Position einzunehmen oder eine „allparteiliche“ Sowohl-Pro-als-auch-Kontra-Position zu wählen. In unserem Fall hieße Pro beispielsweise, die Partei des Ehemanns zu ergreifen oder, weniger personenbezogen, die Sichtweise zu vertreten, Frau Schneiders Verhalten sei krankheitsbedingt. Kontra hieße dagegen, ihr Verhalten als Ausdruck ehelicher Not zu deuten und/oder ihre Partei zu ergreifen (s. Abb. 1).

Es gibt aber noch die beiden, keiner Partei zuzuordnenden Positionen des Weder-noch (neutral) und des Sowohl-als-auch (allparteilich). Die Sowohl-als-auch-Position ist allerdings damit verbunden, daß sich der Therapeut sehr ambivalent, womöglich auch widersprüchlich oder paradox zeigt. Wenn – wie im vorliegenden Fall – zwei Therapeuten als Team arbeiten, ergibt sich die Möglichkeit des Splitting. Einer vertritt die Auffassung, es handle sich um eine organische Erkrankung, der andere vertritt die Ansicht, alles, was passiert sei, lasse sich durch die Eheprobleme erklären. Wenn beide sich – in Anwesenheit der Klienten – darauf einigen können, daß die Frage, wer recht hat, nicht zu entscheiden ist, eröffnet sich die Chance, einen dritten, pragmatischen Weg zu suchen, jenseits der Parteilinien oder Weltanschauungen des Entweder-oder.

3. Das Ziel der Therapie (Familie Bastian, Teil 1)

Die Situation eines Familientherapeuten ist in mancher Hinsicht mit der eines Taxifahrers zu vergleichen, zu dem mehrere Personen in den Wagen steigen, die unterschiedliche Fahrtziele angeben. Der eine möchte zum Bahnhof, der andere zum Flughafen, ein dritter sagt, ihm sei es egal, wohin die Fahrt gehe, er wolle nur weg von hier, und ein vierter will eigentlich da bleiben, wo er ist, wird aber von den anderen in den Wagen gezerrt. Aber selbst wenn alle sich einig sind, ist meist nicht klar, wohin sie wollen. Schon zur Orientierung des Therapeuten ist es daher wichtig, sich zu Beginn einer jeden Therapie geraume Zeit damit zu beschäftigen, wohin die Reise denn gehen soll. Solch eine „Zielklärung" ist – konstruktivistisch betrachtet – eigentlich eine Zielerfindung, da die Beteiligten sich häufig erst Gedanken über das Ziel einer Therapie machen, wenn sie danach gefragt werden. Der sich so entwickelnde Dialog ist mühsam und scheint sich auf den ersten Blick mit nebensächlichen Themen zu beschäftigen, bedenkt man, welch dramatische und manchmal tragische Begebenheiten berichtet werden. Doch wenn das Ziel der Therapie nicht thematisiert wird und der Therapeut sich sofort in die angebotenen Inhalte „verliebt", kann dies dazu führen, daß er sich – vorauseilend verstehend – seinen Auftrag selbst gibt. Und der muß nicht immer der sein, der ihm von seinen Klienten gegeben würde, wenn er genau nachfragen würde.

Die gemeinsame Beleuchtung der Frage, was das Ziel der Therapie sein könnte, ist im allgemeinen ein wichtiger Aspekt des therapeutischen Prozesses, da die Beziehung zwischen Therapeut und Klient bzw. Klientensystem eben doch einige Unterschiede zu der zwischen Taxifahrer und Passagier aufweist: Die Passagiere des Therapeuten müssen selbst fahren. Damit sie das tun zu können, sollten sie wissen, woran sie merken würden, daß sie dort sind, wo sie hinwollen (siehe Abb. 2).

Dieser Teil des therapeutischen Prozesses ist wenig spektakulär und erscheint ziemlich kleinkariert. Die Hauptschwierigkeit liegt darin, daß die meisten Therapeuten sich zu schnell mit irgendwelchen Abstraktionen abspeisen lassen oder zu schnell glauben, sie wüßten, was ihre Klienten meinen. Entscheidend ist, daß die Klienten konkrete und von mehreren Personen beobachtbare Merkmale benennen, an denen man die „Lösung" erkennen kann. Da die Gefühle und Gedanken menschlicher Individuen von außen nicht direkt beobachtbar sind, sollte immer nach Verhaltensweisen gefragt werden. Da individuelles Verhalten fast

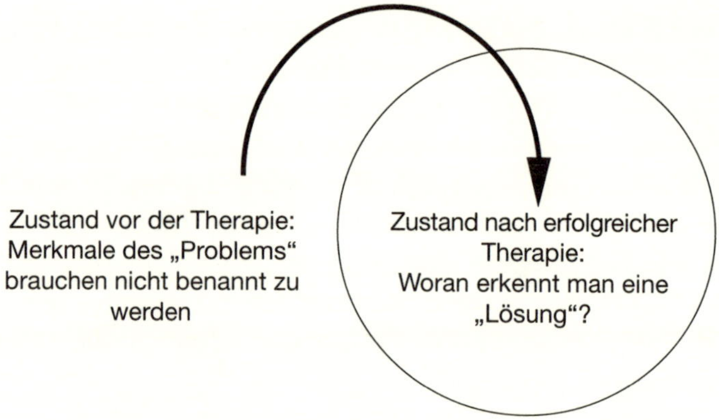

Abb. 2: Veränderungsrichtung bei positiv definiertem Therapieziel

immer als Element von Interaktionsmustern betrachtet werden kann, kommen so auch die Mitspieler und Beziehungspartner ins Blickfeld, die für den Therapieerfolg von Bedeutung sind.

Solch eine Ziel- oder Auftragsklärung sollte nicht mit einem juristischen Kontrakt verwechselt werden, da sich im Laufe der Therapie die Ziele verändern können. Sie stellt aber einen Maßstab zur Verfügung, an dem gemeinsam überprüft werden kann, ob überhaupt Bewegung in der Therapie ist. Die Fokussierung auf ein hypothetisches Ziel, das obendrein in der Zukunft liegt, hilft auch deutlich zu machen, daß therapeutische Beziehungen aufgabenorientiert und zeitlich begrenzt sind.

Zur Illustration solch eines Zielklärungsprozesses hier einige Ausschnitte aus dem Erstinterview mit Familie Bastian.

Zum Gespräch erscheinen drei Familienmitglieder: Frau Bastian, 64 Jahre alt, ihr Sohn Ernst, 33 Jahre alt, und ihre Tochter Helga, 42 Jahre, das älteste Kind der Familie. Der Vater und zwei weitere Brüder sind nicht zum Gespräch erschienen. Sie wissen zwar davon, aber der Mutter erschien es besser, erst einmal nur mit dem Sohn und der Tochter zu kommen. Die drei sind von weit her angereist: Mutter und Sohn leben zusammen mit dem Vater im elterlichen Haus in Norddeutschland. Die zwei nicht anwesenden Brüder wohnen in derselben kleinen Stadt, nicht weit vom Elternhaus entfernt. Die Schwester, das älteste Kind, lebt mit ihrer eigenen Familie (sie hat zwei Kinder) in der Schweiz.

Überweiserin ist die Schwester, die einen psychosozialen Beruf ausübt und vor einiger Zeit Teilnehmerin an einem Seminar über Psychosen-

Therapie bei FS war. Sie hat telefonisch einen Termin vereinbart, weil sie sich solche Sorgen um ihren Bruder macht. Er habe vor einigen Jahren eine Lebertransplantation erhalten; da er immer wieder Alkohol trinke, befürchte sie das Schlimmste; sie sei mit ihrem Latein am Ende; wenn er nicht aufhöre zu trinken, sei sein Leben ernsthaft bedroht – wie ihr die behandelnden Ärzte mitgeteilt hätten. Ernst, der identifizierte Patient, ist das dritte von vier Kindern.

Der hier wiedergegebene Ausschnitt des Interviews beginnt nach der Klärung des Überweisungskontextes (Was hat die Schwester über den Therapeuten erzählt? Welche „Versprechungen" hat sie gemacht, die der Therapeut jetzt halten soll? Welche Vorerfahrungen gibt es mit Therapeuten? Antwort: „Schlechte, die zwei bislang aufgesuchten Psychologen waren immer nur an der Frage der Honorierung interessiert" usw.) mit Fragen zum Ziel dieses Gesprächs. Bis dahin war bereits deutlich geworden, daß die Mutter von allen Anwesenden die größten Hoffnungen an das Gespräch knüpft.

***

FS FRITZ SIMON *(zur Schwester)* Ja, ich fange einmal bei Ihnen an. Das haben Sie nun davon, daß Sie da so aktiv waren! *(Mutter lacht)* Also, wenn das hier optimal liefe, woran würde Ihre Mutter es merken? Also, was wäre das Wunschziel Ihrer Mutter für das Gespräch hier und heute? Was denken Sie?

K *Wer Informationen gewinnen will, muß nach Unterschieden fragen. Nur wer eine Vorstellung davon hat, was der Unterschied zwischen dem Zustand oder der Situation vor und nach bzw. mit und ohne Therapie sein soll, kann entscheiden, ob er sich darauf einlassen will. Das gilt für die Familienmitglieder ebenso wie für Therapeuten. Durch Fragen nach diesem Unterschied wird außerdem stillschweigend mitgeteilt, daß Therapie ein begrenztes Unternehmen ist. Wenn es Merkmale der Unterscheidung für den Therapieerfolg gibt, so droht keine unendliche Behandlung, und beide Seiten, Klienten wie Therapeuten, können gemeinsam überprüfen, wie weit man auf dem Weg zu diesem Ziel schon fortgeschritten ist. Das gilt natürlich nur, wenn solch ein Ziel konkret auf einer beobachtbaren Ebene, d. h. im allgemeinen: auf der Verhaltensebene, beschrieben wird und nicht in irgendwelchen Abstraktionen verschwimmt (z. B. „Bessergehen", „Glück", „Reife"). Deswegen empfehlen sich Fragestellungen wie „Wenn ich jetzt eine Videokamera*

FS Fritz Simon
SCH Schwester
E Ernst
M Mutter
K Kommentar

einschalten würde und Ihre Situation filmen würde und wenn ich dasselbe nach einer erfolgreichen Therapie machen würde, was wäre der Unterschied zwischen den beiden Filmen?" oder „Wenn heute nacht eine gute Fee käme und Sie an Ihr Ziel brächte, was wäre morgen früh anders?"

Eine solche Fokussierung der Aufmerksamkeit auf die „Lösung" bringt häufig erst den Prozeß der Suche nach solchen Merkmalen der Unterscheidung in Gang. Das ist oft an sich schon eine Veränderung. Meist kommen ja Personen in Therapie, die einigermaßen genau sagen können, woran sie ihr „Problem" erkennen, nicht aber, woran sie merken würden, daß es „gelöst" ist.

Noch komplizierter ist die Situation, wenn sich die Therapiewünsche auf einen Angehörigen beziehen. Es gibt häufig voneinander abweichende Therapieziele, in unserem Beispiel wird die Außenperspektive der Tochter über die Wünsche der Mutter erfragt. Das Interesse des Therapeuten gilt erst in zweiter Linie den tatsächlichen Wünschen und Zielen der Mutter; im Vordergrund steht, wie diese Wünsche und Ziele von den anderen gesehen werden. Denn die Mitglieder einer Familie reagieren – das kann nicht oft genug wiederholt werden – nicht auf die Gefühle und Gedanken des jeweils anderen, sondern darauf, wie sie denken und fühlen, daß der andere fühlt und denkt ...

SCH SCHWESTER Na, für das Gespräch heute ist das Wunschziel, würd ich sagen, daß eine ernsthafte Beschäftigung mit den ganzen anstehenden Problemen einfach ins Rollen kommt. Daß dann Schritt für Schritt einerseits das Klima zu Hause offener, freundlicher und herzlicher wird, daß der Ernst sicherer auf neue Situationen zugeht, daß er weniger Angst hat und daß sie ihn weniger antreiben muß ...

FS FRITZ SIMON Aber das wären nicht alles Ziele für das heutige Gespräch, oder?

SCH SCHWESTER Nein, das wär so ein Ansatz, ein Schritt in die Richtung.

FS FRITZ SIMON Ja, bleiben wir einmal bei dem heutigen Gespräch ... Was wäre denn für Ihre Mutter ein Zeichen, daß es in die richtige Richtung geht ... Woran wird es Ihre Mutter im Alltag merken? Morgen zum Beispiel! Was wird morgen anders laufen als gestern, wenn dieses Gespräch sinnvoll ist? An wessen Verhalten wird sie es merken, an *(zum Bruder gewandt)* Ihrem oder an wessen Verhalten?

M MUTTER Soll ich jetzt darauf antworten?

FS FRITZ SIMON Nein, ich frag Sie gleich, ob Sie sich da wiedererkennen und ob Ihre Tochter das richtig sieht, aber ich bin erst einmal an Außensichten interessiert!

SCH SCHWESTER Ja, an Ernsts Verhalten.

FS FRITZ SIMON Und was wäre das für ein Verhalten, wenn das jetzt hier die sensationellste Sitzung der Welt wäre, wie wird er sich verhalten – aus Sicht Ihrer Mutter?

SCH SCHWESTER Er würde morgen früh ins Büro gehen. Er würde sagen: Der Chef ist zwar ein Arsch, aber mit dem komme ich schon irgendwie klar! Ich mache die Prüfung, ja, ich gehe das an. Soviel kann mir da ja gar nicht jetzt passieren. Das werde ich schon schaffen! Und für Samstag nehme ich mir dann vor, daß ich einen Freund anrufe, den ich schon lange nicht mehr angerufen habe, und gehe mit dem irgendwo spazieren, oder sowas, also ich nehme mir von mir aus etwas vor für das Wochenende mit dem Freund.

M MUTTER *(lacht)* Das hat sie sehr schön gesagt.

K *Einen Außenstehenden über die Beziehung zweier anderer zu fragen hat nicht nur den Vorteil, daß die Betroffenen eine Rückmeldung darüber erhalten, wie ihre Beziehung von außen gesehen wird, sie erhalten auch die Chance, sich verstanden zu fühlen …*

FS FRITZ SIMON *(zur Mutter)* Sie strahlen, daraus folgere ich, daß Sie sich da ganz gut beschrieben fühlen.

M MUTTER Daß ich mich sehr, sehr freuen würde, wenn dieser Erfolg schon mal eintreten würde!

FS FRITZ SIMON *(zur Schwester)* Und Ihr Bruder, was ist für ihn ein Erfolg dieser Sitzung? Woran wird er das merken?

SCH SCHWESTER Daß die Augen vielleicht einmal weniger gelb sind, wenn er morgens in den Spiegel schaut, daß die Streßsituation mal einfach weg ist.

FS FRITZ SIMON *(zum Sohn)* Das heißt, Sie schauen morgen in den Spiegel und wissen, ob das hier eine gute Sitzung war?

(Bruder und Schwester lachen)

FS FRITZ SIMON *(zur Schwester)* Was noch?

SCH SCHWESTER Was noch? Ja, so das Gefühl: Eigentlich kann ich's angehn! Neue Situationen können mich gar nicht so aus der Bahn werfen, daß sie nicht bewältigbar sind … Einfach so dieses Stück: Ich kann! Ja, ich probier's!

FS FRITZ SIMON Und was wird Ernst dann tun, wenn er das Gefühl hat: Mich kann nichts aus der Bahn werfen?

SCH SCHWESTER Was wird er tun? Ja, das sind zwei Situationen. Einmal schauen, was sind die positiven Aspekte der Arbeitssituation, die mir eigentlich auf den Nerv geht. Was hab ich da eigentlich? Ist es nur nervig, oder kann ich dem auch etwas abgewinnen? Und das andere wär halt, mal wirklich zu schauen, wo sind Freunde? Oder wen kann ich ansprechen und es dann auch tun?

K *Der Indikativ in den Fragen des Therapeuten ist grammatikalisch natürlich falsch. In gutem Deutsch hätte hier der Konjunktiv verwendet werden müssen. Der Indikativ hat aber eine gewisse suggestive Wirkung, er nimmt das, was sein könnte, als bereits geschehen voraus.*

Die Anworten der Schwester zeigen, daß sie die „Einladung" zum Perspektivwechsel angenommen hat. Ihre Aussagen über die potentielle Sichtweise des Bruders sind in der Ichform, das heißt, sie nimmt die Position des Bruders ein und spricht für ihn.

FS FRITZ SIMON Wird er es in erster Linie im Arbeitsbereich merken, im Umgang mit irgendwelchen Kollegen und Chefs, oder eher im Bereich mit Freunden?

SCH SCHWESTER Ich vermute mal, daß es jetzt vordergründig mehr Auswirkung im Arbeitsbereich hätte und in der Familie. Bei Freunden kenn ich mich zu wenig aus. Also ich seh momentan keine …

FS FRITZ SIMON Ja, würde er es eher daran merken, daß er etwas anders macht oder daß die anderen etwas anders machen?

SCH SCHWESTER Daß er es anders macht.

FS FRITZ SIMON Und wie säh es aus?

SCH SCHWESTER Das Sehen von etwas Positivem oder das Schauen auf etwas Positives …

FS FRITZ SIMON Das heißt, er würde eine rosa Brille tragen, damit man das Gelb im Auge nicht mehr sieht?

(Schwester lacht, Bruder schmunzelt)

K *Der Umgang mit den körperlichen Symptomen ist hier eher locker flockig und wahrscheinlich nicht der tatsächlichen Lebensbedrohung, die damit verbunden ist, angemessen. Aber ein ängstliches Nicht-drüber-Sprechen eröffnet im allgemeinen keine neuen Optionen. Daher empfiehlt sich eher der respektlose Umgang mit ansonsten respekteinflößenden Themen.*

FS FRITZ SIMON Also, er würde eher optimistisch, positiv …?

SCH SCHWESTER *(zustimmend)* Hm!

FS FRITZ SIMON Aha. *(zum Sohn)* Hat Ihre Schwester da nun über sich geredet oder über Sie, was die Wünsche an die Sitzung angeht? Erkennen Sie sich da wieder in dieser Beschreibung?

E ERNST Teilweise ja.

FS FRITZ SIMON Wo da?

E ERNST Irgendwann hat man keine Lust mehr, die Leute anzurufen. Also, in der Beziehung war ich schon sehr tätig, aber dann ist keine Rückmeldung gekommen. Und dann heiraten die Burschen und sitzen den ganzen Tag daheim. Und dann irgendwie ... geht man nicht mehr irgendwohin. Da ist eigentlich nur noch einer gekommen, und der hat gesagt: Komm, wir gehen ein Bier trinken! Und das war mir zu blöd!

K *Die Antworten von Ernst und seiner Schwester legen die Idee nahe, daß Ernst im Moment eher isoliert zu sein scheint. Der Kontakt zu seinen früheren Freunden ist reduziert. Diese Antwort zeigt, daß man auf die Frage nach dem Ziel häufig Hinweise auf die gegenwärtige Lebenssituation erhält, zu der durch die Therapie ein Unterschied hergestellt werden soll. Also, eine gute Antwort, wenn auch nicht auf die gestellte Frage ...*

FS FRITZ SIMON Ja, dann frag ich Sie doch noch einmal direkt. Nehmen wir an, dieses Gespräch hier läuft gut oder auch weitergehende Gespräche laufen gut, wie sieht es denn am Ende einer Serie von gut gelaufenen Gesprächen aus?

E ERNST Ja, wenn ich überzeugt davon bin, dann würde ich auch noch einmal sagen, ich ergreif noch einmal die Initiative.

FS FRITZ SIMON Wo werden Sie etwas anders machen? Sind Sie überhaupt derjenige, der am meisten anders machen würde?

E ERNST Ich denke mal, daß immer zwei Seiten dazu gehören. Aber dadurch, daß ich alleinstehend bin und zum großen Teil auf die Leute zugehe, und es kommt einfach nichts zurück ... Ich weiß nicht, wie oft ich Leute anrufe und die sagen: Ich hab jetzt keine Zeit, ich ruf zurück! Und dann kommt nichts. Dann mache ich mir natürlich auch meine Gedanken. Warum ruft er oder warum ruft sie nicht zurück?

FS FRITZ SIMON Also, ich möchte es noch einmal zuspitzen. Sie müssen entschuldigen, wenn ich da so penetrant nachfrage. Sie haben eine lange gemeinsame Geschichte und wissen sehr vieles, was ich nicht weiß, und deswegen bin ich etwas hartnäckig. Das bin ich auch sonst, aber da ganz besonders! Also, nehmen wir an, es käme eine gute Fee, die berühmte gute Fee aus dem Märchen, Sie haben auch schon von ihr gehört ... Nehmen wir an, die würde alle Probleme beseitigen, die Sie haben; die

Sie in der Familie haben, nicht nur Sie als Person, sondern alles, was Sie hierhergeführt hat! Wie sähe das dann morgen früh aus? Was wäre anders im Leben der Familie, in Ihrem Leben?

K *Bei der Zieldefinition ist eine gewisse Penetranz unverzichtbar, da man leicht durch irgendwelche blasigen Formulierungen abgespeist wird. Als gut erzogener Mensch würde man im Alltag nicht so beharrlich nachfragen, das gehört sich einfach nicht. In der Therapie ist es aber nötig, damit der Therapeut eine Vorstellung davon erhält, was denn eigentlich seine Aufgabe sein soll.*

E ERNST Ich denke mal, daß ich dann doch … Ich bin eigentlich relativ selten richtig schlecht gelaunt, aber …

FS FRITZ SIMON Das heißt, Sie wären meistens gut gelaunt?

E ERNST Na ja, gut, normal gelaunt halt.

FS FRITZ SIMON Für manche ist normal gelaunt schlecht gelaunt. Deswegen: eher normal oder gut? … *(zur Mutter)* Sie schütteln den Kopf?

M MUTTER Ja, das „gelaunt" gefällt mir nicht. Wir sind eigentlich Morgenmuffel, aber der Tag bringt dann eigentlich, wenn er gut läuft, die sogenannte gute Laune sowieso …

K *Hier zeigt sich bereits in ersten Ansätzen, daß die Mutter eine Tendenz zum „positiven Denken" hat – wie immer man das bewerten mag.*

E ERNST Also ich bin normalerweise kein Morgenmuffel! Normalerweise, aber wenn es nicht so läuft … Unter der Woche ist das unheimlich schwer, weil ich schon die ganze Nacht ständig immer aufwache, da denk ich an den nächsten Tag.

FS FRITZ SIMON Aber wie ist dieser Tag nach der Fee … dieser Tag, wenn die Fee da war?

E ERNST *(klopft sich mit beiden Händen auf die Schultern)* Dann könnte er mich …!

FS FRITZ SIMON Wer?

E ERNST Mein Chef!

FS FRITZ SIMON O.K. Also, wie läuft es dann bei der Arbeit ab? Was ist anders?

E ERNST Ja, dann würde ich ihn gar nicht sehen, ich mein …

FS FRITZ SIMON Wie ist er denn, was macht er denn überhaupt, daß er Ihnen so auf die Nerven geht?

E ERNST Der redet nichts!

FS FRITZ SIMON Der redet nichts.

E ERNST Überhaupt nichts!

FS FRITZ SIMON Und was ist daran das Problem?

E ERNST Na ja, ich bin halt so ein Mensch, der ... Die ganzen anderen Leute, die sind so nett zu mir und zuvorkommend: „Wenn du dies brauchst und wenn du jenes brauchst ...“ Das ist vollkommen ideal!

FS FRITZ SIMON Bei der Arbeit?

E ERNST Bei der Arbeit, ja! Aber zu denen kann ich nicht den ganzen Tag gehen, die haben auch was zu tun. Und er sitzt mir halt genau im Nebenzimmer und ist ein absolut launischer Kerl, und das sind halt Sachen, die mich nerven! Normalerweise, wenn ich nicht fertig werde, also, ich bin noch in der Ausbildung. Also ich brauche ihn noch.

FS FRITZ SIMON Wie lange brauchen Sie noch?

E ERNST Bis September.

FS FRITZ SIMON Also, wenn die gute Fee da war, dann verhalten Sie sich wie? Wenn er launisch ist ...?

E ERNST Ja, ich brauch mich nicht anders zu verhalten, nur dann ist da oben *(läßt die Hand an der Stirn rotieren)* auch ein bißchen anderes Denken drin.

FS FRITZ SIMON Würden Ihre Kollegen das merken?

E ERNST Mit Sicherheit!

FS FRITZ SIMON Und woran?

E ERNST An meinem Verhalten!

FS FRITZ SIMON Und an welchem?

E ERNST Na ja, ich würde dann öfters Strahlen! Schätz ich mal.

FS FRITZ SIMON Ah, Sie würden öfter strahlen.

E ERNST Also, Lachstrahlen, nicht gelb strahlen! Schätz ich mal!

FS FRITZ SIMON Aha. Und Sie ließen sich nicht durch die Launen des Chefs erschüttern?

E ERNST Vermutlich nicht. Öfters mal schon, wenn er mich direkt angreift, aber ... Ich mein, ich hab den ganzen Tag zu lernen ... Natürlich auch etwas, was mich nervt mit 33! Man hat Abitur und Studium hinter sich, und dann muß man noch einmal ...

FS FRITZ SIMON Was müssen Sie denn lernen jetzt? Was ist das für eine Ausbildung?

E ERNST Finanzbeamter.

FS FRITZ SIMON Aha. Und wie kommt es, daß Sie da jetzt in dieser Ausbildung sind?

E ERNST Ich hab mich beworben und bin genommen worden. Das heißt, ich bin lebertransplantiert und hab eine ziemliche Ausfallzeit durch diese Operation gehabt, na, ja. Jetzt bin ich schwerbehindert, und da hat man es bei der Ausbildung unheimlich schwer. Die öffentlichen Verwaltungen haben vor eineinhalb Jahren noch Schwerbehinderte eingestellt, damit sie die Quote erreichen, und die privaten Unternehmen zahlen lieber diese Strafe, nein, diese Abgabe, na ja!

FS FRITZ SIMON *(zur Schwester)* Das klingt eher so, als wäre er nicht ganz zufrieden mit seinem beruflichen Werdegang. Zumindest höre ich das so raus. Ich weiß nicht, vielleicht höre ich es auch hinein. Was meinen Sie, wenn er jetzt den idealen Chef hätte, wäre er dann im Moment mit seinem beruflichen Werdegang zufrieden?

SCH SCHWESTER *(an den Bruder gerichtet)* Na ja, vor dieser Leberzirrhosengeschichte hast du sicher andere Träume gehabt als dieses Finanzdienstdingens. Ich weiß gar nicht genau, wie das heißt. Deine Träume waren andere!

E ERNST Sicher, ich hab Auslandspraktikum gemacht. Ich wollte eigentlich ins Ausland. Ich war voll mobil, was damals unheimlich gefragt war! Und dann ist halt die Lebergeschichte gekommen ...

FS FRITZ SIMON Wie kam die? Aus heiterem Himmel oder wie?

E ERNST Na ja, nicht ganz. So Alkohol und solche Dinge ... von einer Reise hab ich mir irgend etwas mitgebracht, was erst nicht erkannt worden ist. Und dann bin ich viel zu spät zum Arzt gegangen, und dann hab ich mich auch wieder nicht vernünftig verhalten.

K *An dieser Stelle wird deutlich, wie schnell man sich durch die berichteten – ja zweifellos wichtigen – Geschehnisse in der Vergangenheit von der Klärung des Ziels abbringen läßt. Es ist aber nicht weiter problematisch, ein paar Schleifen zu drehen, Hauptsache man kommt wieder zu der ursprünglichen Frage zurück. Da mag es von Nutzen sein, eine Art Checkliste im Hinterkopf zu haben, was man alles während einer ersten Sitzung erfragen möchte (sie findet sich am Ende des Buches).*

FS FRITZ SIMON Vielleicht kommen wir darauf noch einmal zurück, aber ich würde gern erst einmal bei dieser Zielvorstellung bleiben, wo es eigentlich hingehen könnte oder sollte, weil das ja auch für mich Konsequenzen hat. Ich muß ja einschätzen: Kann ich überhaupt von Nutzen beim Erreichen solcher Ziele sein. Also: Sie würden dann im Alltag den Chef nicht so wichtig nehmen, auf Deutsch gesagt.

K *Der Patient mag ja ohne Therapieziel auskommen, der Therapeut braucht es. Andernfalls kann er nicht überprüfen, ob er sinnvoll arbeitet oder nicht.*

E ERNST Und dies nicht nur einmal!

FS FRITZ SIMON Hätte das Auswirkungen auf das Familienleben zu Hause?

E ERNST *(zur Mutter)* Ich glaube, momentan ist es nicht so schlimm, oder?

FS FRITZ SIMON Na ja, das ist ja so schön bei diesen Gedankenexperimenten: Man kann an allen möglichen Schrauben drehen, irgend etwas verändern und die Maximalvorstellung angucken. Wenn das Wünschen helfen würde – was es manchmal tut, nebenbei gesagt! –, *(zur Mutter)* was wär's, aus Ihrer Sicht? Wenn eine gute Fee käme und alle Probleme beseitigen würde, wie sähe dann Ihr Leben aus, das Leben Ihres Sohnes, das Familienleben?

K *Gedankenexperimente sind eines der nützlichsten Instrumente menschlichen Denkens. Sie sind ökonomisch sinnvoll (d. h., sie kosten wenig), laden ein zu kreativem Denken, geben der Phantasie eine Chance und aktivieren den Möglichkeitssinn.*

M MUTTER Als Mutter muß ich sagen, daß ich ihn eigentlich am besten von allen kenne. Er war ein sehr strebsamer junger Mann, der mit sehr viel Optimismus und Strebsamkeit im Studium war, bis diese Sache mit der Zirrhose kam.

K *Eine gute Antwort, wenn auch wiederum nicht auf die Frage des Therapeuten. Also: eine neue Schleife. Hier zeigt sich, daß sich beim Versuch, die Merkmale einer zukünftigen Lösung zu erfahren, viel über die Vergangenheit und Gegenwart erfahren läßt. Das ist nicht so erstaunlich, da die Lösung meist am besten durch den Unterschied zu dem als problematisch erlebten Zustand definiert werden kann.*

FS FRITZ SIMON Wann war das?

M MUTTER Das war ja dann *(wendet sich zum Sohn)* im wievielten Semester?

E ERNST Im achten!

M MUTTER Im achten Semester.

FS FRITZ SIMON *(zum Sohn)* Wie alt waren Sie da?

E ERNST Da war ich 26 Jahre alt.

M MUTTER Dann kam die Transplantation und die letzten zwei Semester nach der Transplantation, und eigentlich war es dann ein Rückschritt. Er hat den Mut verloren, er hat den Lebenswillen verloren, und er hat gedacht, es geht auch so. Dann war er fertig mit dem Studium, und dann kamen die Bewerbungsschreiben. Die Antworten waren alle negativ. Er war immerhin organtransplantiert, und in der öffentlichen Wirtschaft gab's da keine Möglichkeit. Ja, zurück zur guten Fee. Ich würde ihn mir so wünschen, wie er gewesen ist: als erfolgreichen, netten, strebsamen Menschen. Optimistischer vor allen Dingen. Das ist das Ausschlaggebende; er müßte mehr Selbstvertrauen kriegen, mehr mit Optimismus in die Zukunft schauen; daß er wirklich die passiven Dinge auf der Seite liegen läßt und die positiven Seiten mehr schätzen würde.

K *Die Mutter hat offensichtlich in der Familie die Rolle derjenigen übernommen, die stets an allem die positive Seite sieht. Das dürfte für sie in ihrem Leben eine nützliche Überlebensstrategie gewesen sein. Bezogen auf die anderen Familienmitglieder kann dies eine Vorbildfunktion haben, es kann aber auch zu einer Rollenaufteilung kommen, bei der ein oder mehrere andere Familienmitglieder auf die andere Seite der Ambivalenz gehen (fast alles hat schließlich – mindestens – zwei Seiten) und eine pessimistische Sichtweise vertreten. Die Balance zwischen Optimismus und Pessimismus ist dann innerhalb der Familie durch unterschiedliche Protagonisten gesichert.*

FS FRITZ SIMON Ich würde mir das gern genauer vorstellen können, wie das dann weiterginge. Also nehmen wir einmal an, heute Nacht kommt die gute Fee und gibt ihm eine große Injektion Optimismus, Strebsamkeit, Erfolg! Wie würde es dann weitergehen?

M MUTTER Es ist so ... ich weiß nicht, ob das in Ordnung ist, wenn ich jetzt dieses Thema anspreche ... Er leidet unter Prüfungsangst. Und diese Prüfungsangst oder Streßsituationen, die meint er dann mit einem Schluck aus der Flasche bewältigen zu müssen. Ich würde mir dann als gute Fee wünschen, daß er überhaupt keine Lust mehr, kein Verlangen mehr auf so etwas hätte. Daß er sagt: „Alkohol brauche ich nicht! Es geht auch so! Ich bin, wer ich bin. Ich kann das! Ich komme ohne aus!" Und es würde seiner Gesundheit gut tun. Es würde ihn nicht immer wieder zurückwerfen. Mit der transplantierten Leber, ein Schluck Alkohol oder zwei oder drei verschlechtert die Laborwerte. Und dann ist der positive Weg wieder unterbrochen. Es geht ab in die Klinik. Es ist immer ein gewisser Rückschritt.

FS FRITZ SIMON Das klingt so, als wenn Sie da schon Erfahrungen haben mit „Einen Schluck nehmen" ... Kann man das so sagen?

M MUTTER *(zum Sohn)* Ja, kann ich doch so sagen?

(Sohn zuckt die Achseln)

FS FRITZ SIMON Es ist Ihrer Mutter jetzt etwas unangenehm. Soll sie darüber reden oder nicht?

K *In Familiensitzungen werden häufig Themen angesprochen, die im Alltag aus gegenseitiger Rücksichtnahme oder zur Vermeidung von Konflikten eher tabuisiert sind. Als Therapeut läuft man immer Gefahr, solche Tabus entweder zu stabilisieren, indem man sich an sie hält und manche Themen ausklammert, oder aber Geheimnisse zu „knacken", was immer einen Hauch von Gewalttätigkeit gegenüber der Familie hat. Beide scheinen keine guten therapeutischen Strategien zu sein, da sie im allgemeinen die familiären Muster eher bestätigen. Wer Geheimnisse knackt, wird als Eindringling erlebt und früher oder später ausgegrenzt, wer in Tabus einsteigt, bestätigt die familiären Kommunikationsregeln. Daher sollte die Familie stets die Verantwortung dafür behalten, was besprochen und worüber geschwiegen wird. Aus diesem Grund wird hier der Sohn um Erlaubnis gefragt, das „unheimliche" Thema anzusprechen.*

E ERNST Ich kenne das ja schon.

FS FRITZ SIMON Sie sind ja dabei, wenn sie trinken!

M MUTTER Eben!

FS FRITZ SIMON Aber Sie haben ein bißchen Sorge.

M MUTTER Ich sehe das als eine psychische Sache. Ich kann erkennen, daß dies eine Sucht ist. Ja, ich will sagen: Sucht. Es ist nicht Alkoholismus in dem Sinn, daß man Bier und Schnaps und alles in sich reintrinkt, aber es ist Sucht in Streßsituationen, um da eine Hilfe zu finden. Und ich nehme das als eine psychische Sache, als Krankheit, und versuche von meiner Seite, ihm hier weiterzuhelfen. Und das mache ich in Gesprächen, mit dem Wunsch, daß er offen zu mir ist, sich mir öffnet und mit mir darüber spricht. Und das ist in der Vergangenheit eben weniger gewesen!

FS FRITZ SIMON *(zum Sohn)* Wer in der Familie sieht das denn so, daß Sie die Entscheidung haben, ob Sie etwas trinken oder nicht, und wer denkt, das ist, was weiß ich, irgendwie eine höhere Macht, eine psychische oder sonstige Krankheit? Was schätzen Sie?

E ERNST Ich schätze, höchstens mein kleiner Bruder ...

FS FRITZ SIMON Was denkt der? Daß es eine Sucht ist? ... Ihre Entscheidung ist?

E ERNST Was heißt Sucht? Er sagt, das ist Blödsinn. Und ich hör das auch so oft! Du bist doch intelligent. Du bist doch der einzige in der Familie mit Abitur. Das höre ich auch immer von den Ärzten: „Das haben Sie doch gar nicht nötig!" Aber, gerade in diesen Situationen. Das war vorher nie! Ich habe das Abitur gemacht mit zwei Tagen Vorbereitung, weil ich einfach vorher gut gelernt hab. Ich habe mich intensiv darauf vorbereitet, bin ohne Angst reingegangen. Das war überhaupt kein Thema. Aber ich vermute halt auch, daß die Medikamente, die ich jetzt nehmen muß, sehr dazu beigetragen haben.

FS FRITZ SIMON Da würde ich gern noch einmal nachhaken. Ich weiß nicht, ob das der wichtigste Punkt ist. Aber es ist ja offenbar wichtig, diese Prüfungsgeschichte, wenn ich Sie richtig verstanden habe. Denken Sie, es ist der wichtigste Punkt, oder gibt es noch andere wichtige?

M MUTTER Nein, ich meine, das würde alle Probleme dann lösen, wenn dieser Punkt erreicht wird, daß er keine Prüfungsangst mehr hat, daß er die Streßsituation nicht mit einem Glas Sekt überbrücken muß, daß er sagen kann: „Ich kann das, und damit gehe ich in die Prüfung und fertig".

FS FRITZ SIMON Na ja, ich frag, weil wir ja nur eine begrenzte Zeit haben und wohl oder übel eine Auswahl treffen müssen. Deswegen würde ich gerne wissen, wenn wir nur ein Thema hätten, was wir hier behandeln, wär es dieses? Wäre das auch aus Ihrer Sicht *(zum Sohn)* das Wichtigste?

E ERNST Ja!

SCH SCHWESTER Ja!

***

Das unmittelbare Ziel der Therapie soll also der Verlust der Prüfungsangst sein. Auch wenn jetzt viel Zeit darauf verwendet wurde, ist solch eine Festlegung nicht als verbindlich zu betrachten. In dieser Phase des Interviews zeigt sich ein Phänomen, das in fast jeder Therapie zu beobachten ist. Die Beteiligten nehmen irgendwelche Verhaltensweisen wahr (das Schluck-aus-der-Flasche-Nehmen), bewerten sie als „problematisch", suchen nach einer Erklärung (Prüfungsangst) und versuchen dann, eine Lösung dafür zu finden. Würde man solch eine Isolation des Symptoms akzeptieren, läge es nahe, ein Trainingsprogramm für Prüfungsangst anzubieten. Das kann in vielen Fällen auch sinnvoll sein. Hier hören wir jedoch, daß Ernst früher nie Probleme mit Prüfungen hatte; insofern sind Erklärungen, die nahelegen, er hätte irgendein Lerndefizit, nicht sehr plausibel. Vielmehr muß erklärt werden, wie er seine Fähigkeit, locker und selbstbewußt in Prüfungen zu gehen, wieder verloren hat. Und der Verdacht liegt natürlich nahe, daß die schwere Krankheit, die Lebertransplantation und die nachfolgenden Schwierigkeiten, eine Stelle in seinem erlernten Beruf zu finden, das Selbstbild von Ernst massiv beeinträchtigt haben. Auch stellt sich die Frage, wie sich erklären läßt, daß er offenbar schon vor der Lebererkrankung verstärkt zum Alkohol gegriffen hat.

Das hier benannte Ziel („keine Prüfungsangst etc.") ist also eher als ein Symptom für eine veränderte Gesamtsituation zu verstehen. Es wäre – technisch betrachtet – sicher sinnvoll gewesen, das Verhalten ohne Prüfungsangst noch konkreter abzufragen. Denn derartige negative Zielformulierungen sind aus praktisch-therapeutischer Sicht immer ungünstig. Wenn ein Verhalten eine Zeitlang nicht mehr gezeigt wird, so kann man nie sicher sein, ob es nicht am nächsten Tag wieder auftritt. Das ist eine Schwierigkeit, die sich zum einen bei allen Symptomen zeigt, die als Ausdruck einer „Sucht" interpretiert werden, und zum anderen bei abweichendem Verhalten. Es gibt in diesen Fällen kein positiv definiertes Merkmal der Unterscheidung für den Therapieerfolg.

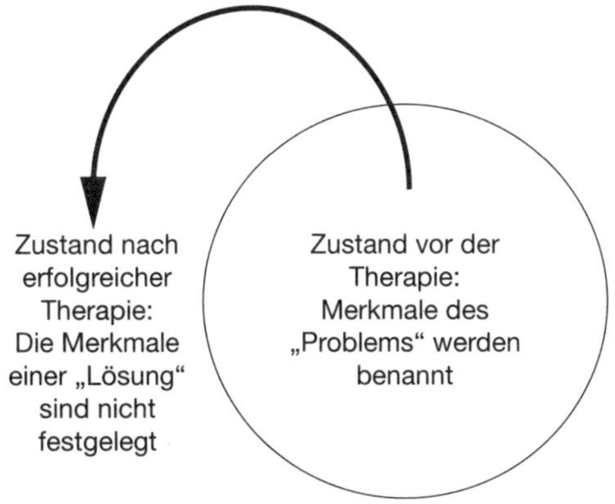

Abb. 3: Veränderungsrichtung bei negativ definiertem Therapieziel

Ein Vergleich mag diese Schwierigkeit illustrieren: Wenn jemand Klavier spielt und dies von seiner Umgebung oder auch ihm selbst als „Problem" gesehen wird, so ist die Tatsache, daß er im Moment nicht musiziert, kein Beweis dafür, daß er nicht im nächsten Moment wieder in die Tasten greift. Wird der Erfolg hingegen positiv definiert, wird die Fähigkeit, den Flohwalzer auf dem Klavier zu spielen, als Merkmal der Unterscheidung für den Therapieerfolg bewertet, so ist das erstmalige und womöglich sogar einmalige Spielen dieses großen Stückes der europäischen Musikgeschichte der Beleg dafür, daß das Ziel erreicht wurde.

Die therapeutische Schwierigkeit ist, daß solche negativen Zieldefinitionen unendlich viele Optionen und Freiheitsgrade eröffnen. Wenn man nicht weiß, wo man hin will, kann man auch nicht feststellen, ob man angekommen ist. Aber manchmal ist ja bekanntlich der Weg das Ziel ... Das gilt allerdings im allgemeinen nicht für Kurztherapeuten.

(Fortsetzung des Transkripts des Interviews mit Familie Bastian in Kapitel 4)

4. Erklärungen / Dekonstruktionen und Konstruktionen / Die „positive Kraft des negativen Denkens" (Familie Bastian, Teil 2)

Die Reaktion der Familienmitglieder auf das Verhalten ihrer Angehörigen hängt zu einem guten Teil davon ab, wie sie es erklären und bewerten. Genauer gesagt: Die Art und Weise, wie das Verhalten erklärt wird, bestimmt, wie es bewertet wird, und die Art und Weise, wie es bewertet wird, bestimmt, wie es erklärt wird. Verhaltensweisen, die üblicherweise als „schlecht", ja, manchmal gar als „kriminell" bewertet werden, verändern ihre Bedeutung radikal, wenn sie als Ausdruck oder Symptom einer „Krankheit" erklärt werden. Je nachdem, wie das Verhalten eines Familienmitglieds bewertet und erklärt wird, werden innerhalb der Familie andere Spielregeln angewandt. Von „Kranken" verlangt man nicht, daß sie in die Schule oder zur Arbeit gehen; ganz im Gegenteil, sie haben – allgemein akzeptierten gesellschaftlichen Werten entsprechend – Anspruch auf Fürsorge und Rücksichtnahme. Wer hingegen einfach „aus freier Entscheidung" beschließt, den Tag im Bett zu verbringen, hat mit den (neidischen?) Sanktionen seiner Mitmenschen zu rechnen.

Wann immer ein Verhalten von den familiären Erwartungen abweicht (in der Familie Bastian z. B., wenn Ernst in Streß- und Prüfungssituationen einen Schluck aus der Flasche nimmt), werden von den Familienmitgliedern Hypothesen darüber erstellt, wie dieses Verhalten entsteht. Wenn biologische Mechanismen als ursächlich identifiziert werden, dann wird der Betreffende zum „Patienten", dem weitgehend die Schuld und Verantwortung für sein Verhalten abgesprochen wird. Will man jemanden von Schuld und Verantwortung entlasten, so empfiehlt es sich also, ihn für „krank" zu erklären. Er ist dann das „Opfer" einer höheren Macht, der Krankheit. Ihm gebührt Hilfe. Ist er hingegen „Täter", so muß er bestraft und irgendwie „erzogen" werden.

Was für Krankheiten im allgemeinen gesagt werden kann, kann auch für die sogenannten „psychischen Krankheiten" gesagt werden. Allerdings ist die Unsicherheit, wie auf diese Art von Krankheit zu reagieren ist, viel größer. Schließlich ist auch „gesundes Verhalten" irgendwie psychisch bedingt, so daß die Grenzziehung zwischen Schuld und Nichtschuld, Verantwortung und Nichtverantwortung, Einflußmöglichkeit und Einflußlosigkeit uneindeutig ist.

Jeder Familie mit einem identifizierten Patienten – und in der Folge jedem Therapeuten – stellt sich die Frage: Wer kann was bewirken? Ist es der Patient selbst, sind es seine Angehörigen oder die Ärzte? Stets geht es um die Zuschreibung von Verantwortung – für die Entstehung des „Problems" wie für die Entstehung der „Lösung".

Von den jeweiligen Erklärungen (d. h. der gedanklichen Konstruktion von Mechanismen, die das „Problem" oder die „Lösung" entstehen lassen) hängt es ab, wo und mit welchen Mitteln nach einer Lösung gesucht wird. Mutter Bastian hält das Verhalten ihres Sohnes zum Beispiel für eine Sucht oder zumindest eine Art psychischer Krankheit. Das heißt, daß sie ihm keine oder nur wenig Verantwortung für sein Verhalten zuschreibt. Es ist die Sucht, die den Alkohol (irgendwie) in ihn hinein- schüttet. Also braucht er Hilfe gegen diese höhere Macht. Als verantwortungsbewußte Mutter fühlt sich Frau Bastian nun aufgerufen, ihm zu helfen. Logischerweise macht sie das, was ihrer Meinung nach eine heilsame Wirkung hat: Sie versucht ihn zu verstehen, in ihn „einzudringen", mit ihm zu reden. Denn bei psychischen Problemen hilft Vertrauen und Verständnis, so ist offenbar ihre Lösungsidee bzw. die daraus abgeleitete Lösungsstrategie. Ob sie erfolgreich ist, bleibt zu überprüfen.

Aber auch Therapeuten kommen nicht umhin, Hypothesen darüber zu entwickeln, wie ein Problem entsteht oder zumindest, wie eine Lösung entstehen könnte. Auch sie müssen sich Gedanken darüber machen, in welchem Bereich der Wirklichkeit – dem Organismus, der Psyche, dem Kommunikationssystem – sie versuchen sollen, Veränderungen herbeizuführen. Im Gegensatz zu Vertretern manch anderer Therapieschulen richten systemische Therapeuten ihre Aufmerksamkeit vor allem auf problemerhaltende oder lösungsfördernde Interaktions- und Kommunikationsmuster. Wenn es gelingt, ein Therapieziel positiv zu definieren (z. B. neue Verhaltensweisen oder Kommunikationen, die vor der Therapie nicht gezeigt wurden), dann empfiehlt sich die Fokussierung der Aufmerksamkeit auf die interaktionellen und kommunikativen Mechanismen, die zu solch einer Lösung führen können. Wenn aber – wie bei Familie Bastian – das Ziel negativ definiert ist („Ernst soll nicht mehr zur Flasche greifen"), ist es günstiger, sich auf die Mechanismen zu konzentrieren, die sich mit diesem Verhalten verknüpfen lassen. Auf diese Weise lassen sich eher Ideen entwickeln, wie dieses Muster unterbrochen („gestört") werden kann und wie alternative Muster an ihre Stelle gesetzt werden können.

Ein weiterer Ausschnitt aus dem Erstinterview mit Familie Bastian soll zeigen, wie sich mit familiären Erklärungen umgehen läßt. Ganz allgemein kann man sich als Therapeut an die Einsicht halten, daß es eine der wichtigsten Wirkungen von Erklärungen ist, weiteres Fragen zu verhindern. Wenn der Therapeut dieselben Erklärungen verwendet wie der Klient oder die Klienten, dann fällt ihm auch nichts Neues mehr ein. Er „weiß" dann genausoviel (oder -wenig) wie seine Gesprächspartner. Und wer weiß, stellt bekanntlich keine Fragen. Wer weiterfragen will, darf die ihm angebotenen Erklärungen nicht zu schnell verstehen ...

***

FS FRITZ SIMON *(zur Schwester)* Wie erklären die beiden sich denn dieses Verhalten? Man sucht ja nach Erklärungen. Warum macht er das? Intelligenter Mensch! Erfolgreich! Warum macht er das? Ihre Mutter denkt, wenn ich das richtig verstanden habe, es ist eher etwas, wo er nicht selber die Verantwortung hat, etwas Psychisches ... Denkt sie, er könnte es anders, wenn er wollte?

K *Die Unterscheidung zwischen „gesund" und „krank" hat für die Spielregeln der Interaktion eine ähnliche Bedeutung wie die zwischen „Erwachsener" und „Kind". Im einen Fall hat man es mit jemandem zu tun, der für sich selbst sorgen kann und der schuldfähig ist; im anderen Fall mit einem hilfsbedürftigen Wesen, das nicht voll und ganz für sein Verhalten zur Rechenschaft gezogen werden kann. Dementsprechend bestimmen diese Zuschreibungen, welche Erwartungen von den jeweiligen Interaktionspartnern an den oder die so etikettierte Person gerichtet werden. Kann er etwas ändern oder nicht?*

SCH SCHWESTER Daß es überhaupt soweit mit dieser Leberzirrhose gekommen ist, das war für mich eine schleichende Form von Selbstmord. Und da ist die Trennung von einer Freundin vorausgegangen, die er sehr geliebt hat, und diese Trennung war lange nicht bewältigt. Ich weiß nicht, ob sie es jetzt ist. Wir haben heute morgen einmal darüber geredet, *(zum Bruder gewandt)* da hast du gesagt, daß du das Gefühl hast, du kannst zumindest die Dinge, die ihr gemeinsam angeschafft habt, anschauen.

K *Die Schwester des Patienten bringt eine neue Hypothese für sein Verhalten zur Sprache: seine selbstzerstörerischen Tendenzen. Betrachtet man die abzusehenden Wirkungen seines Trinkens, so läßt sich solch eine Interpretation sicher nicht von der Hand weisen.*

FS FRITZ SIMON Wann war diese Trennung von der Freundin?

E ERNST Vor zehn Jahren.

FS Fritz Simon
SCH Schwester
E Ernst
M Mutter
K Kommentar

SCH SCHWESTER Ja, ungefähr zwei Jahre vor der Transplantation. Und ich hab das Gefühl ... was für mich halt immer mitschwingt, ist, daß das so verletzend und zerstörend gewirkt hat, was sein Selbstwertgefühl betrifft, daß der Ernst da nie wirklich rausgekommen ist. Zum Teil hat er Abstand gewonnen, aber er ist nie wirklich rausgekommen.

FS FRITZ SIMON Sehen Sie das immer noch so, daß es jetzt auch noch eine schleichende Form von Selbstmord ist, wenn er mit dem Schlückchen Sekt spielt?

SCH SCHWESTER Ja, Ja!

FS FRITZ SIMON Daß er überlegt: Will ich überhaupt leben?

E ERNST Das ist so!

FS FRITZ SIMON *(zu Ernst)* Sie sehen es auch so? Das sieht sie richtig? Kennt sie Sie gut genug?

(Ernst nickt)

FS FRITZ SIMON Aha. *(zur Mutter)* Sehen Sie es auch so, daß das so ein Stück Spiel mit dem ...

M MUTTER ... mit dem Feuer! Ja, das seh ich auch so!

FS FRITZ SIMON Mehr als mit dem Feuer mit dem Feuerwasser, mit dem Tod. So ein bißchen Selbstmord auf Raten ...

M MUTTER Ich hoffe nicht, daß es diesen ernsthaften Hintergrund hat. Ich meine eher, daß Kleinigkeiten mit dem Alkohol bewältigt werden sollen. Er hat zwar schon manchmal gesagt, er wäre ganz froh, wenn's irgendwann mal zu Ende wäre. Aber ich meine, daß da noch andere Wege beschritten werden können, bis es soweit ist. Deswegen haben wir ja auch einen psychologischen Rat gesucht, um einen anderen Weg zu finden, denn eine Lösung ist das ja nicht.

K *Das Mienenspiel der Mutter erweckt den Eindruck, als sei ihr die Thematisierung der unglücklichen Liebe ihres Sohnes nicht angenehm.*

FS FRITZ SIMON *(zur Schwester)* Wenn ich Ihre Mutter richtig verstanden habe, wäre es ihr lieber, wenn es nicht so etwas Lebensbedrohliches – was die psychologischen Hintergründe angeht – wäre. Diese Trennungsgeschichte würde sie nicht gerne so wichtig nehmen? Habe ich das richtig verstanden? (...)

K *Hier ist eine Lücke im Transkript. Es wurde eine weitere Schleife gedreht, bei der darüber gesprochen wurde, wie die Familie, speziell die Mutter, mit schwierigen und belastenden Situationen umgeht. Es wird deutlich, daß aggressive Konfrontationen eher vermieden werden und alle Familienmitglieder leicht mit Schuldgefühlen darauf reagieren, wenn es einem anderen schlechtgeht. Die Vermeidung von Schuldgefühlen ist für alle Beteiligten wichtig und ein hoher familiärer Wert. Dies macht es schwierig, Themen anzusprechen, die andere kränken, verletzen oder traurig machen könnten. Das gilt auch für die autoaggressiven Tendenzen des Sohnes. Nach dieser vorübergehenden Fokusverschiebung erfolgt die Rückkehr zu den Erklärungen ...*

FS FRITZ SIMON *(zu Ernst)* Ihre Erklärung für die gegenwärtige Situation ist nun welche genau? Ich verstehe noch nicht, was die Freundin damit zu tun hat, daß Sie jetzt Schwierigkeiten haben. Das ist ja schon lange her!

E ERNST Sicher ... ich meine, wenn jetzt zum Beispiel meine Mutter meinen Vater verlassen würde, da würde er in 10 Jahren auch noch nicht drüber wegkommen. Die hängen so eng zusammen ...

FS FRITZ SIMON Wie lange waren Sie beide denn zusammen?

E ERNST Über vier Jahre!

FS FRITZ SIMON Und wie lange sind Ihre Eltern zusammen?

E ERNST Na ja, 40 Jahre oder so, nicht? Sicher, das ist etwas anderes. Sie haben Familie gehabt und ich nicht.

FS FRITZ SIMON Und Sie haben das Modell des Schnellklebers verwirklicht: Nach vier Jahren schon so eng zusammen wie nach vierzig!

K *Zugegeben: eine despektierliche Metapher.*

E ERNST Na ja, wenn man sich mit der Zeit verschiedene Sachen anschafft und auch Pläne macht, daß man zusammenzieht, und nur noch wartet, bis Madame mit dem Studium fertig ist, und auf einmal kriegst du von heute auf morgen gesagt: „Ich habe einen anderen!"

FS FRITZ SIMON Das kam vollkommen überraschend?

E ERNST Das hat mich vollkommen ... und das war drei Tage vor einer sehr, sehr wichtigen Prüfung!

FS FRITZ SIMON Das ist kombiniert mit diesen Prüfungen?

E ERNST Nein, nein, das hat damals keine Relevanz gehabt.

K *Die Hypothese, daß die Prüfungen möglicherweise durch die zeitliche Verknüpfung mit dem Verlassenwerden ihre traumatische und stressende Bedeutung gewonnen haben könnten, erweist sich als nicht plausibel für den Patienten.*

FS FRITZ SIMON Haben Sie die Prüfung bestanden?

E ERNST Nein, ich bin gar nicht erst angetreten. In dem Zustand konnte ich es nicht. Ich habe es halt ein Semester später gemacht. Das war auch nicht tragisch, aber das hat mich so absolut aus der Bahn geworfen. Ich habe dann gemerkt, wie ich mich in diesen mehr als vier Jahren total von den anderen abgekapselt habe. Und plötzlich wollte ich wieder auf die zugehen, und da haben die gesagt: „Nee, ätsch ätsch! Die ganze Zeit wollten wir dorthin und dorthin, und du bist nie mitgegangen!“ Na ja, und so hat sich das dann entwickelt, dann kommst du in einen blöden Kreis.

FS FRITZ SIMON Was ist denn aus Ihrer Ex-Freundin geworden?

E ERNST Die hat ein halbes Jahr später geheiratet und drei oder vier Monate später ein Kind bekommen.

FS FRITZ SIMON Das ging schnell. Weiß die, wie es mit Ihnen weitergegangen ist?

E ERNST Weiß ich nicht!

FS FRITZ SIMON Was schätzen Sie?

E ERNST Sie weiß es, mit Sicherheit!

FS FRITZ SIMON Und wenn sie es weiß, reagiert sie da eher mit Schuldgefühlen drauf? Oder reagiert sie darauf, indem sie sagt …

(Mutter nickt)

FS FRITZ SIMON *(zur Mutter)* Sie nicken?

M MUTTER Ich meine, ja. Aber nur so ganz im Hintergrund. Ich könnte mir es vorstellen. Ich kann das ja nicht einschätzen, ob sie mit dem Mann glücklich ist oder nicht. Ich kann auch nicht einschätzen, ob sie mit ihm *(macht Kopfbewegung Richtung Sohn)* glücklich geworden wäre.

FS FRITZ SIMON Es gibt ja verschiedene Möglichkeiten, wie man reagiert, wenn man so etwas hört. Sie könnte sagen: „Gut, daß ich mich von ihm getrennt habe. Ich wußte ja gleich, daß … oder …“

M MUTTER Nein, nein, nein, die hatten ein sehr gutes Verhältnis. Sie hat zu mir mehr Vertrauen gehabt als zu ihrer eigenen Mutter. So habe ich es jedenfalls immer von beiden gehört. Ich habe sie sehr gern gemocht. Wir waren genauso überrascht und erschüttert von der Trennung, aber …

K *Das Kommunikationsmuster der Familie Bastian entspricht dem, was in der Literatur als „bindend“ bezeichnet wird. Harmonie und Nähe sind die alles überragenden Werte. Trennung wird im Erleben mit Tod gleichgesetzt. Der einzelne sieht sich nur als Teil einer Paar- oder Familienbeziehung überlebensfähig. Solche familiären Muster haben üblicherweise eine hohe Anziehungskraft auf Kinder aus Familien, in denen eine eher kühle Atmosphäre vorherrscht und die Eltern-Kind-*

Beziehung distanziert ist. Man wählt dann gelegentlich den Partner wegen seiner Eltern, um von ihnen zu bekommen, was zu Hause gemangelt hat. So mag es hier auch gewesen sein (aber das ist natürlich Spekulation).

FS FRITZ SIMON *(fällt ihr ins Wort)* Entschuldigen Sie, wenn ich Sie unterbreche. Was glauben Sie denn, was diese Freundin veranlaßt hat, sich zu trennen?

M MUTTER Sich zu trennen?

FS FRITZ SIMON Ja! Warum ist sie ihm weggelaufen?

E ERNST Kann ich Ihnen sagen!

M MUTTER Ich kann das nur aus ihrem Munde nachsagen. Sie hat damals gesagt: „Er beeinflußt mich zu sehr!" Er wollte damals nicht, daß sie ins Ausland geht. Die beiden waren vielleicht viel zu eng zusammen, zu verknüpft, als daß einer dem anderen noch eine gewisse Freiheit gelassen hätte.

E ERNST Na ja, ich wollte ... Es ist ziemlich klar, wenn sie ins Ausland geht, das wird dann loser. Das wollte ich verhindern.

FS FRITZ SIMON Ah ja. Das war die Sorge vor der vollkommenen Trennung?

E ERNST Ja.

FS FRITZ SIMON *(zur Schwester)* Ist das so, daß er am liebsten 24 Stunden am Tag mit ihr zusammen gewesen wäre?

E ERNST Das nicht unbedingt!

FS FRITZ SIMON Mich interessiert dabei: Ist das so eine Nähe-Distanz-Kiste? Wieviel Nähe, wieviel Autonomie läßt man sich, wieviel Freiheit läßt man sich, und wie eng bindet man jemanden an sich? Das ist für die meisten Leute in Beziehungen ein wichtiges Thema.

K *Wenn man sich als Therapeut von Theorien leiten läßt, die auch von den für die Ratgeberspalten der Boulevardpresse verantwortlichen Kollegen oder in Call-in-Sendungen im Fernsehen vertreten werden, kann man sie auch gleich offen thematisieren und gemeinsam „fachsimpeln". Auf diese Weise nimmt man die Klienten gewissermaßen mit in die Außenperspektive der Experten, die von Kollege zu Kollege über einen Patienten oder eine Familie sprechen, die sich zufälligerweise unter den am Gespräch beteiligten Experten befinden.*

E ERNST Die war halt so, die Frau, wenn ich etwas unternehmen wollte, hat sie das große Jammern gekriegt.

FS FRITZ SIMON Wenn Sie etwas unternehmen wollten?

E ERNST Wenn ich etwas allein unternehmen wollte. Wenn ich gesagt habe: „Ich gehe jetzt mit dem XY ein Bier trinken!" Oder: „Ich mach da irgend etwas", dann sind sofort die Tränen gelaufen: „Ich habe den ganzen Tag auf dich gewartet!"

FS FRITZ SIMON Das heißt, Sie waren sich sehr ähnlich? Sie wollten sie nicht ins Ausland lassen?

E ERNST Zumindestens nicht für die Zeit, wo sie hinwollte!

FS FRITZ SIMON Sieht Ihre Mutter das denn richtig, daß das einer der Gründe sein kann, warum sie Sie verlassen hat?

E ERNST Nee!

FS FRITZ SIMON Nein? Was denn?

E ERNST Ich mein, das vielleicht auch ... daß ich da übertrieben hab mit der Fürsorge. Aber ich glaube eher, das war der Kreis, in den sie da reingekommen ist. Sie war mit lauter Medizinern und Juristen zusammen, und das ist ja sowieso ein eigenes Volk. Und da wollte sie dann öfters zu irgendeiner Feier. Und dann bin ich zweimal mit dabei gewesen und auch gefragt worden: „Ja, was machst denn du? Was studierst du denn? – Ach so, nur BWL!" Absolut die Nase hoch! Und da habe ich gesagt: „Da gehe ich nicht mehr mit! Weil mir das zu blöde ist." Du wirst sofort abgekapselt, wenn du nicht Jura oder Medizin studierst. Sie wollte da immer hin, weil das eben Leute waren aus dieser Studentenverbindung. Dann habe ich gesagt: „Da kannst du alleine hin, dann gehe ich halt meiner Wege am Samstagabend!" Na ja und ...

FS FRITZ SIMON Und dann hat sie etwas „Besseres" gefunden – in Anführungsstrichen.

M MUTTER Anscheinend ...

E ERNST Offensichtlich!

FS FRITZ SIMON Ich kapier immer noch nicht – und es mag ja sein, daß ich da zu blöd bin –, wie da nach der langen Zeit jetzt noch die Zusammenhänge sind. Wie ist das jetzt?

K *Sich zu seinem Nichtverstehen zu bekennen und als Konsequenz daraus weitere Fragen zu stellen ist eine der nützlicheren Interviewstrategien. Dem steht meist entgegen, daß Therapeuten meinen, sie würden ihre Qualitäten zeigen, wenn sie möglichst schnell – und manchmal gar ohne Worte – verstehen. Doch wenn sie ehrlich sind, tun sie das ja gar nicht, sondern sie tun nur so, als ob ...*

E ERNST Das ist ganz einfach! Wir haben uns, zum Beispiel, das eine Zimmer zusammen eingerichtet. Jedes Mal, wenn ich da heraufkomme, kommen die Erinnerungen. Also ich gehe sehr selten da rein.

FS FRITZ SIMON Das gibt es noch, das Zimmer?

E ERNST Ja, ich meine, das sind Sachen für fünf-, sechs-, sieben-, achttausend Mark, die schmeiß ich nicht hinaus deswegen!

K *Was ist mehr wert, fragt sich der außenstehende Beobachter natürlich gleich, Möbel für achttausend Mark oder die Befreiung von unangenehmen Erinnerungen? Aber vielleicht sind die Möbel ja nur der Vorwand, sich immer wieder schmerzlich erinnern zu dürfen …*

FS FRITZ SIMON Ich wollte nur wissen: Haben Sie etwas verändert, oder ist es immer noch so wie damals?

E ERNST Man kann nicht so viel verändern. Es ist ein relativ kleines Zimmer.

FS FRITZ SIMON Das ist wo? In der Wohnung *(blickt zur Mutter)* bei Ihnen?

(Mutter nickt)

E ERNST Ja!

FS FRITZ SIMON Das ist so etwas wie eine Hauskapelle?

K *Zugegeben, wieder eine etwas despektierliche Bemerkung angesichts der Gefühle, die mit diesem Ort verbunden sind. Aber Gefühle sind Bewertungen. Wer sie zu sehr respektiert und nicht irgendwie in Frage stellt, läuft Gefahr, diese Bewertungen zu bestätigen.*

E ERNST Kapelle würde ich das nicht nennen! Eine Kapelle, wo ich die Stereoanlage stehen habe, ist das …

K *Der Patient nimmt das Spiel mit der Despektierlichkeit an, indem er den Begriff Kapelle „mißversteht“ … Dadurch wird der Ernst (= Gegensatz zu „Spaß“ und = Patient) etwas aus der Situation herausgenommen. Wer humorvoll auf eine Situation blickt, ist emotional immer etwas distanzierter. Auf diese Weise wird es möglich, auch sehr belastende Themen relativ entspannt zu betrachten.*

FS FRITZ SIMON So meinte ich Kapelle nicht, wo Sie Ihr Schlagzeug stehen haben; … sondern daß das der Reliquienschrein für Ihre frühere, verlorengegangene Beziehung ist.

E ERNST Ja, sicher, das ist so. Jetzt beim Aufräumen bin ich an verschiedene Sachen gekommen, die mich da halt wieder total dran erinnert haben.

FS FRITZ SIMON Und wie hilft Ihnen da der Alkohol? Das versteh ich noch nicht!

K *Auch hier zielt das Nichtverstehen des Therapeuten erneut darauf, den Patienten mit in die Außenperspektive gegenüber sich selbst bzw. seinen psychischen Mechanismen zu nehmen. Es unterhalten sich zwei Experten, wobei nur einer von beiden – der Patient – die Prozesse, über die gesprochen wird, direkt beobachten kann. Der andere – der Therapeut – ist auf die Beschreibung des Patienten, d. h. auf Hörensagen, angewiesen. Ein Augen-, Ohren- und Bauchzeuge, der Experte für sein subjektives Erleben, konferiert mit einem Experten für allgemein menschliches Erleben.*

E ERNST Dann vergesse ich das. Dann wird es leichter. Das ist ja die Wirkung des Alkohols, daß er enthemmt. Dann kommt das Gefühl: die blöde Kuh, die blöde!

FS FRITZ SIMON Ah, das ist eher ein aggressives Gefühl ihr gegenüber?

E ERNST Ihr gegenüber, ja.

FS FRITZ SIMON Ah ja.

K *Die Äußerung aggressiver Gefühle gehört nicht zu den im Rahmen der Spielregeln der Familie Bastian erlaubten oder gar gebotenen Verhaltensweisen. Hier scheint die Funktion des Alkohols darin zu bestehen, etwas ansonsten Verbotenes zu ermöglichen.*

E ERNST Normalerweise nicht …

FS FRITZ SIMON Normalerweise, d. h. ohne Alkohol, haben Sie keine aggressiven Gefühle ihr gegenüber?

E ERNST Ohne Alkohol denke ich gar nicht dran. Also nur, wenn ich bestimmte Dinge sehe.

FS FRITZ SIMON Noch mal anders gefragt. Nehmen wir einmal an, Sie haben überhaupt keine Lust, etwas zu trinken, und Sie wollten die Chance erhöhen, daß Sie Lust dazu bekommen, dann müßten Sie in dieses Zimmer gehen und an Ihre ehemalige Freundin denken?

E ERNST Nee, das ist Quatsch. Das ist die falsche Reihenfolge. Absolut falsche Reihenfolge!

K *Da hat er natürlich recht. In unserem Alltagsdenken, in dem wir zwischen Ursachen und Wirkungen unterscheiden, hat die Ursache zeitlich vor der Wirkung lokalisiert zu sein. Eine der Möglichkeiten, Erklärungen zu dekonstruieren und die Option für die Konstruktion alternativer Erklärungen zu eröffnen, liegt daher in der Veränderung der zeitlichen Reihenfolge. In der vom Therapeuten gestellten Frage ist aber noch eine andere Neukonstruktion enthalten. Es wird – rein hypothetisch – das Erreichen eines negativ bewerteten Verhaltens („Trinken") als Resultat einer Entscheidung behandelt. Wenn der Patient die Absicht hätte ... dann müßte er ... Die Beschreibung aus der Außenperspektive führt zu der regelhaften Verknüpfung von In-den-Schrein-Gehen und Trinken. Solch eine Regel läßt sich in vielerlei Hinsicht nutzen, um das Trinken wahrscheinlicher zu machen oder um es unwahrscheinlicher zu machen. Die Wahl zwischen diesen beiden Möglichkeiten bleibt beim Patienten.*

FS FRITZ SIMON Das glaube ich Ihnen. Das habe ich aber bewußt so gesagt! Das ist ja nicht zufällig. Mich interessiert: Wie können Sie Einfluß darauf nehmen. Können Sie das so ...?

E ERNST Nein! Ich muß einfach mehr ...

K *Es widerspricht einfach den üblichen Denkgewohnheiten, sich mit der Frage zu beschäftigen, wie man ein Symptom oder sonst einen offiziell unerwünschten Zustand herbeiführen kann. Alle Welt schaut immer nur, wie Lösungen gefunden werden können. Daher besteht für lösungsorientierte Therapeuten die Gefahr, nur das zu sagen, was ein wohlmeinender Nachbar auch schon gesagt hat. Kehrt er die Perspektive hingegen um und schaut er darauf, wie das Symptom herbeizuführen oder zu verschlimmern ist, eröffnet er den Blick auf bislang ungeahnte oder zumindest ungenutzte Einflußmöglichkeiten. Aus diesem Grund wird der Versuch des Patienten, zu erzählen, was er eigentlich zur Lösung dieses Problems tun sollte, unterbrochen und erneut der Blick auf seine destruktiven Möglichkeiten gerichtet. Die Botschaft, die implizit gegeben werden soll, lautet: Auch selbstzerstörerische Verhaltensweisen lassen sich als Resultat von Entscheidungen verstehen.*

FS FRITZ SIMON Nein, mich interessiert jetzt nicht, wie Sie das Trinken wegkriegen können. Mich interessiert genau das Umgekehrte. Nehmen wir an, Sie haben ein Jahr lang nicht an Alkohol gedacht, überhaupt nicht ... Wie könnten Sie dafür sorgen, daß Sie wieder trinken. Nehmen wir an, Sie bekämen 100 000 DM dafür, daß Sie wieder trinken – für ein medizinisches Experiment: Lebertransplantation plus Alkohol vs. Lebertransplantation ohne Alkohol. Die Pharmaindustrie sponsert es. Und die brauchen jemanden, der Alkohol trinkt, auch wenn er weiß, daß es ihm nicht bekömmlich ist. Sie sind in der einen Vergleichsgruppe, die anderen sind in der anderen. Wie könnten Sie sich die Lust auf Alkohol erhöhen, wie können Sie sie herbeiholen, wenn sie eigentlich nicht von sich aus spontan kommt. Was müßten Sie tun?

(Ernst zuckt die Achseln)

K *Das ist die übliche Antwort, die man zunächst auf solche Fragen erhält. Das ist aber nicht weiter schlimm, weil Fragen ja immer auch dazu dienen, Ideen zu streuen und Sichtweisen in die Welt zu setzen, die nicht spontan in der Familie entstehen würden. In solch einem Fall ist Beharrlichkeit angesagt.*

FS FRITZ SIMON Wäre es eine gute Chance, in das Zimmer zu gehen?

E ERNST Nee!

FS FRITZ SIMON Alte Photoalben durchblättern?

E ERNST Dann wird vielleicht ... Es kommt immer darauf an ...

FS FRITZ SIMON Sich zu einer Prüfung anmelden? Was hilft am besten?

M MUTTER *(lacht)* Prüfung vor sich zu haben!

E ERNST Eventuell. Oder etwas vor sich zu haben, was mir wahnsinnig unangenehm ist.

K *Mutter und Sohn greifen auf die Hypothese zurück, daß die Prüfungsangst ursächlich für das Trinken ist. Sie scheint irgendwie angenehmer. Wahrscheinlich liegt sie aus alltagspsychologischer Sicht auch näher. Als Therapeut hat man zu akzeptieren, wenn die eigenen, implizit oder explizit angebotenen Deutungsschemata nicht angenommen werden. Es reicht, die Idee gestreut zu haben. Wenn sie von den Klienten als relevant erachtet wird, arbeitet sie weiter und taucht irgendwann wieder auf. Das ist eine der „störenden" Wirkungen von Fragen. Wenn die Beziehung zum Therapeuten für die Klienten eine gewisse Wichtigkeit erlangt hat (was man bei einem Erstinterview nicht voraussetzen sollte), werden sie das, was er sagt, nicht einfach zur Seite schieben. Sie setzen sich damit auseinander, und manchmal ändert sich im Verlaufe dieses Prozesses ihr Weltbild ein wenig: Sie verwerfen alte Erklärungen, konstruieren neue und verhalten sich anders (aber, wie gesagt: manchmal).*

FS FRITZ SIMON Und was ist das Unangenehmste, was Sie sich da vorstellen können?

K *Die Konfrontation mit schwarzen Phantasien ist ein gutes Mittel gegen Wunschdenken und Vermeidungsstrategien.*

E ERNST Pfffff ... was wär das Unangenehmste?
M MUTTER Die Angst, es nicht zu schaffen, vielleicht.
E ERNST Da muß ich bloß mal den alten Alptraum kriegen. Das ist: Ich geh in die Prüfung rein, habe das Blatt vor mir, habe die Aufgabe vor mir und habe von Tuten und Blasen keine Ahnung und weiß, das ist die entscheidende Prüfung, und ab da ist absolut keine Chance. Ab da ist alles versaut.
FS FRITZ SIMON Aber das ist ja mit diesen Alpträumen so eine Sache, die kommen ja nicht zuverlässig. Frage: Wie könnten Sie selber diesen Alptraum herbeiführen oder all solche Situationen? Haben Sie da schon Erfahrungen?

K *Erneut der Versuch, hypothetisch Einfluß zuzuschreiben.*

E ERNST *(schüttelt den Kopf)* Vielleicht ...
FS FRITZ SIMON Sie haben natürlich Erfahrung mit sich.
E ERNST Ja, sicher!
FS FRITZ SIMON Also, wenn Sie die Wahrscheinlichkeit erhöhen wollten, solch einen Alptraum zu bekommen?
E ERNST Vielleicht, wenn ich sie sehen würde.
FS FRITZ SIMON Mich?!

K *Ein Scherz! Eine Einladung, mit dem Therapeuten zu spielen bzw. mit der therapeutischen Beziehung.*

E ERNST Nein, die Frau mit ihren zwei Kindern und dem Mann!

K *Die Saat ist offenbar schneller als erwartet aufgegangen. Die ehemalige Freundin kommt zurück in den Fokus der Aufmerksamkeit, die Prüfungsangst tritt wieder in den Hintergrund.*

FS FRITZ SIMON Wissen Sie, wo sie wohnt?
E ERNST Ich weiß es, ja.
FS FRITZ SIMON Müßten Sie da öfter mal vorbeigehen und gucken?

E ERNST Nee.

FS FRITZ SIMON Na, ich mein ja nur, wenn Sie das wollten. Ich will Ihnen das nicht raten. Mich interessiert nur, wie Sie Einfluß nehmen können. Das wäre eine Möglichkeit. Dann hätten Sie eine größere Chance, daß Sie sie sehen.

E ERNST *(schüttelt den Kopf und zuckt die Achseln)* Ich war da noch nie!

FS FRITZ SIMON Das wundert mich. Ich würde da dauernd vorbeilaufen!

E ERNST Ja? Das geht zu weit! *(lacht)*

FS FRITZ SIMON Hätte jemand anderes in der Familie die Möglichkeit, Einfluß zu nehmen? Ich bin immer noch bei diesem Gedankenexperiment, Sie würden ganz viel Geld dafür kriegen, daß Sie mehr Alkohol trinken, als Sie sollten, und würden irgendeinen Grund dazu brauchen. Könnte irgend jemand anderes Ihnen noch behilflich sein in der Familie?

(Ernst lacht)

FS FRITZ SIMON Ich gebe zu, es ist absurd! Aber …

M MUTTER Das ist ja so, daß dann der Alkohol mit Gewißheit das restliche Leben zerstören würde.

K *Die hier verwendete Technik beruht auf dem Glauben des Therapeuten an „die positive Kraft des negativen Denkens". Für die Mutter, die all ihre Hoffnungen in die Kraft des positiven Denkens gesetzt zu haben scheint, ist es schwer erträglich, solch einer Fragestellung zu folgen. Hier besteht die Gefahr, die Mutter zu verlieren, da die Beziehung nach der kurzen Zeit wahrscheinlich noch nicht tragfähig genug ist. Diese Gefahr besteht immer, wenn der Therapeut Ansichten vertritt oder Verhaltensweisen zeigt, die nicht anschlußfähig sind, d. h. zu weit vom Weltbild und den Werten der Klienten abweichen.*

FS FRITZ SIMON Daß Sie das nicht wollen, ist ja klar. Darüber brauchen wir, glaube ich, jetzt gar nicht zu reden.

M MUTTER Nein, das wäre der reine Selbstmord. Aber da können wir ihm ja nicht zureden!

FS FRITZ SIMON *(zur Mutter)* Aber viele Leute machen selbstmörderische Dinge! Manche fahren Autorennen, was höchst risikoreich ist. Die kriegen viel Geld dafür und sagen: O.K., ich rechne mir das aus! Andere Leute machen Bungee-Springen an irgendeiner Kordel in die Tiefe. Die kriegen noch nicht einmal dafür Geld, sondern müssen dafür bezahlen. Also, das wäre für mich noch kein ausreichender Grund, warum er es nicht machen sollte. Aber ich denke, Sie sprechen einen wichtigen Punkt an. *(zum Sohn)* Sie haben gesagt, man vergißt, wenn man Alkohol trinkt, ja?

E ERNST Kurzzeitig.

FS FRITZ SIMON Kurzzeitig. Aber Sie wissen ja wahrscheinlich auch, daß das langzeitig nicht anhält.

E ERNST *(zustimmend)* Nee!

FS FRITZ SIMON *(zur Schwester)* Ich frage Sie. Sie können wahrscheinlich solche etwas abseitigen Fragen besser vertragen: Gibt es noch irgend etwas Gutes an diesem Verhaltensmuster? Immer mal wieder einen Schluck Alkohol zu trinken, wohlwissend, daß es nicht bekömmlich ist, daß es sogar gefährlich ist? Gibt es noch irgend etwas Gutes, auf das noch keiner geguckt hat, weil es eben nicht objektiv gut ist, sondern wohlmöglich nur aus einer sehr schrägen Perspektive gesehen gut ist?

K *Symptome können immer auch als Ausdruck und Ergebnis von Überlebensstrategien gesehen werden. Wer ihren Anpassungsaspekt übersieht, läuft Gefahr, den berüchtigten und von Therapeuten aller Richtungen so geschätzten „Widerstand" hervorzurufen. Die meisten Symptome haben für ihren Besitzer und Kreateur einen ambivalenten Gehalt: Er will sie irgendwie loswerden, aber das heißt auch, daß er möglicherweise auf einen funktionellen Überlebensmechanismus verzichten muß. Das ist aber – systemisch gesehen – kein pathologisches Phänomen, sondern vernünftig. Warum sollte man ein lebenswichtiges Handwerkszeug wegwerfen, das sich bewährt hat? Vor allem, wenn man noch keinen Ersatz hat, der seine Funktionalität bewiesen hätte.*

SCH SCHWESTER Ich hab da so Phantasien, die sich mir aufdrängen. Dieses Kindsein, dieses Unbeschwertsein, dieses Einfach-nicht-vernünftigsein-Müssen oder ... Das ist so eine Phantasie, die mir dazu kommt.

FS FRITZ SIMON Kinder machen ja häufig gefährliche Sachen und denken nicht langfristig. Meinen Sie, daß er ... nur jetzt im Verhalten oder auch in der Beziehung zu den Eltern noch Kind sein möchte?

SCH SCHWESTER Ich glaube auch, daß es so von der Beziehung her noch so dieses Kindsein ist. *(zur Mutter gewandt)* Also das ist einfach so eine Phantasie.

FS FRITZ SIMON Das heißt, daß er jetzt vielleicht auch etwas nachholt in der Mutter-Kind-Beziehung, was er früher nicht gehabt hat?

(Schwester nickt)

FS FRITZ SIMON Interessante Idee!

* * *

Im hier nicht abgedruckten Teil des Gesprächs wurde deutlich, daß die Kommunikationsregeln innerhalb der Familie Bastian am ehesten dem „psychosomatischen Muster“[1] entsprechen. Die Bindung aneinander und die Loyalität miteinander sind hohe Werte. Egoismus ist verpönt, im Zweifel hat man zugunsten der anderen zurückzustecken. Der Lohn dafür ist, daß man sich unbedingt auf die anderen Familienmitglieder verlassen kann. Jeder versucht, den anderen zu verstehen und sich maximal in ihn einzufühlen. Gleichzeitig versucht er aber geheimzuhalten, was in ihm vorgeht, damit er die anderen nicht belastet.

Eventuelle Trennungs- und Individuationswünsche sind ein tabuisiertes Thema, Abgrenzung ist eher schuldbeladen. Als potentielle(r) Schwiegersohn oder -tochter wird man mit offenen Armen aufgenommen, man kommt aber nicht mehr ohne weiteres aus der Familie raus. Interpersonelle Konflikte werden angesichts solcher Werte so gut wie nie aggressiv ausgetragen. Sie können nur individuell bewältigt werden. Das Auftreten körperlicher Symptome verstärkt dieses Muster meist noch.

All dies gilt es, bei der Entwicklung einer therapeutischen Strategie zu bedenken.

1 Vgl. Simon 1988/93 und 1995

5. Gegenseitiges Bedingen / „Schwarze Phantasien“ / Symptome als Machtmittel (Familie Gerlach, Teil 1)

Unter all den Erklärungsmöglichkeiten für das, was uns alltäglich geschieht (Schicksal, Zufall, Magie, der Stand der Sterne, Geister, göttliche Fügung usw.), erfreut sich in der westlichen Welt eines ganz besonderer Beliebtheit: das geradlinige Ursache-Wirkungs-Schema. Es hat seine Nützlichkeit in den meisten Bereichen der unbelebten Natur erwiesen, da es uns Voraussagen über die Folgen unseres Handelns mit einer beachtlichen Treffsicherheit erlaubt. Kausales Denken, so scheint es, eröffnet die Möglichkeit, sich die Erde untertan zu machen.

Inzwischen hat das strahlende Bild solch eines Denkens einige Kratzer erhalten. Ob die berechtigt sind, kann und soll hier nur Thema sein, soweit es soziale Systeme, zum Beispiel Familien, betrifft. Legt man ein Modell autonomer selbstorganisierender Systeme zugrunde, so müssen geradlinig kausale Erklärungen verworfen werden, weil sie schlicht und einfach nicht zu den beobachtbaren Phänomenen „passen“. Aus der Perspektive des außenstehenden Beobachters wird deutlich, daß innerhalb einer Familie jeder die Bedingungen für das Verhalten aller anderen (mit-)bestimmt. Es mag zwar sein, daß der eine die Bedingungen des anderen mehr bestimmt als umgekehrt, es ist aber nie so, daß tatsächlich eine berechenbare Ursache-Wirkungs-Beziehung zwischen den Handlungen des einen und denen des anderen besteht. Man regt sich gegenseitig an und auf, man setzt sich gegenseitig Grenzen, man eröffnet und verschließt sich gegenseitig Optionen.

Die meisten Menschen, die in Therapie kommen, beschreiben und erklären die Interaktion aber – unpassenderweise – so, als ob die Aktionen des einen die Ursache für die Reaktionen des anderen wären. Dementsprechend schreiben sie Schuld und Verantwortung dem jeweils Anderen zu, sich selbst sprechen sie frei von aller Verantwortung (das machen natürlich nicht alle Menschen, und schon gar nicht immer, aber doch viele, und das oft genug).

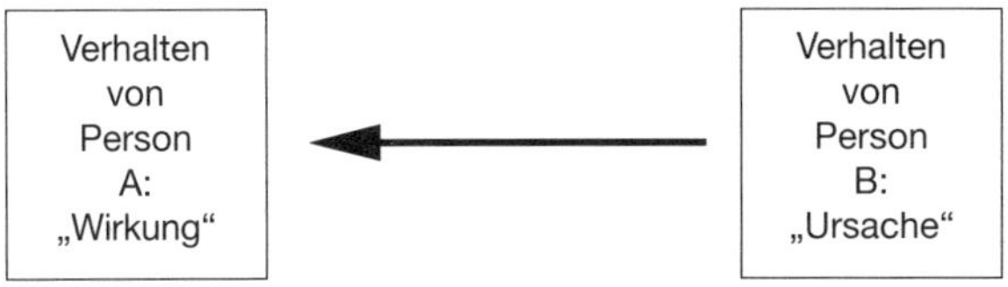

Abb. 4: Zuschreibung von Ursache und Wirkung aus der Innenperspektive von A

Der Wechselseitigkeit der Beziehung wird solch eine Erklärung nicht gerecht, vor allem aber: Sie verhindert Veränderung und führt häufig zur Chronifizierung des Interaktions- und Kommunikationsmusters. Wenn Frau A die Ursache für ihr eigenes Verhalten im Verhalten von Herrn B sieht und wenn Herr B die Ursache für sein Verhalten im Verhalten von Frau A sieht, dann fühlen sich beide durch das Verhalten des anderen jeweils in ihrer Sicht bestätigt. Beide fühlen sich ohnmächtig, sie können nichts verändern, da ja der andere die „Ursache" ist bzw. verwaltet, Macht über sie hat und schuld ist. Er ist der „Täter", sie selbst sind das „Opfer". Wer sich aber ohnmächtig fühlt, dem bleibt nichts anderes übrig als zu warten, bis der andere etwas ändert. Und wenn der das nicht tut, so fördert das im allgemeinen nicht gerade die zärtlichen Gefühle ihm gegenüber. Und wenn – tragischerweise – beide sich und ihr Gegenüber so beschreiben, dann chronifiziert das Muster ihres Zusammenlebens.

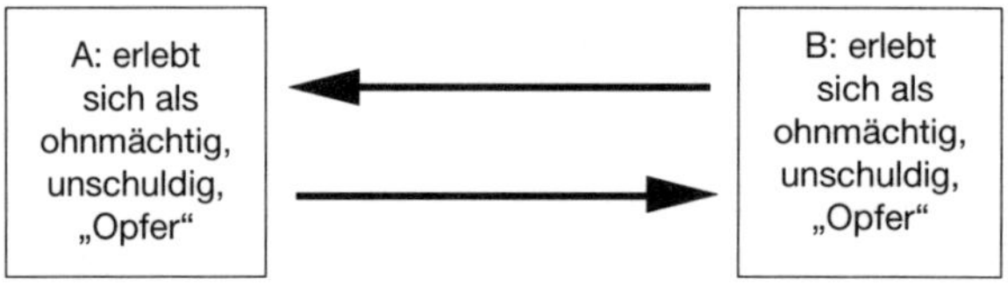

Abb. 5: Innenperspektive der Stabilisierung eines Interaktionsmusters (Nicht-Veränderung)

Eine der Hauptaufgaben des Therapeuten ist es daher, alle Beteiligten in eine Situation zu versetzen, in der sie wieder mächtig werden und sich ihnen neue Handlungsmöglichkeiten erschließen. Da der Therapeut im allgemeinen die Lebenssituation seiner Klienten nicht verändern kann (oder will), bleibt ihm nur, ihnen dabei zu helfen, die Beurteilung ihrer Situation zu verändern. Er kann seine Aufmerksamkeit darauf richten, wo und wie jeder Einfluß auf die Situation hat.

An den folgenden Ausschnitten aus einem Interview mit Familie Gerlach sollen die dazu verwendeten Techniken dargestellt und erläutert werden.

Die Familie war auf Überweisung eines niedergelassenen Kinderpsychiaters gekommen, bei dem die Familie wegen ihrer Tochter Monika zu einigen Gesprächen gewesen war. Die Familie besteht aus Herrn Gerlach, 48 Jahre alt, von Beruf Postbeamter, Frau Gerlach, Hausfrau, 44 Jahre alt, der Tochter Monika, Schülerin, 15 Jahre alt, und dem 12jährigen Heinz, der ebenfalls noch zur Schule geht.

Die Symptomatik, wegen welcher der Kinderpsychiater eingeschaltet worden war, bzw. die Angaben der Familie werden von ihm in seinem Arztbrief folgendermaßen geschildert: „(...) Monika habe begonnen, sich vor dem Urinieren zu ekeln, habe sich nicht mehr auf die Klobrille gesetzt, habe den Urin solange angehalten, bis sie eingenäßt habe, und habe dann auch einige Zeit nachts eingenäßt. Die Enuresis sei dann nach einigen Familiengesprächen in einer Beratungsstelle am Ort abgeklungen. Monika habe jedoch begonnen, sich zunehmend viel die Hände zu waschen, den Körper zu vernachlässigen, und habe auch sehr ‚verrückte' Verhaltensweisen gezeigt, wie z. B. Eßbesteck und verschmutzte Unterwäsche im Bücherschrank des Vaters zu verstecken. Insbesondere dann, wenn der Vater die Türklinke oder den Wasserhahn berührt habe, öffne sie diesen mit dem Schuh. Daneben bestehe ein Untergewicht aus unklarer Ursache, zuletzt ca. 47 kg bei einer Größe von 170 cm. Erst bei genauer Anamnese wird deutlich, daß Monika häufig auch relativ wenig esse. Ansonsten sei Monika zwar kein unkompliziertes, jedoch ein erfolgreiches Mädchen in der Schule. (...)"

Zum Erstinterview erscheinen nur die Eltern mit Monika, der Bruder ist zu Hause geblieben. Die Therapeuten sind Helm Stierlin (HS) und Fritz Simon (FS).

Im Verlauf des Gesprächs zeigt sich, daß es innerhalb der Familie zu häufigen Auseinandersetzungen kommt, an denen Monika immer beteiligt zu sein scheint. Die Anteile sind aber ungleich verteilt: Streit zwischen der Mutter und Monika (70 %), zwischen dem Vater und Monika (30 %). Der typische Ablauf solcher Streitigkeiten wird folgendermaßen geschildert: Monika reize die Mutter durch ihr „unmögliches" Verhalten, die Mutter rufe dann den Vater herbei und fordere ihn auf, ein Machtwort zu sprechen. Der Vater schimpfe, woraufhin Monika in ihr Zimmer gehe und die Eltern allein zurückblieben. Beide bekämen dann körperliche Beschwerden. Die Mutter sehe Monika als Siegerin.

Im Gespräch scheint deutlich, daß beide Eltern sehr wütend auf Monika sind. Den Vater ärgert vor allem die hohe Wasserrechnung, weil Monika manchmal stundenlang dusche. Beide Eltern betonen ihre eigene körperliche Verletzlichkeit. Über die anderen im Arztbrief erwähnten Symptome wird nur am Rande kurz gesprochen.

Auf die Frage, was ihrer Meinung nach in der Familie geschehen würde, falls sie ihr gegenwärtiges auffälliges Verhalten aufgebe, antwortet Monika, daß sich dann die Mutter mehr um sich selbst kümmern und ihrer eigenen Wege gehen würde. Sie glaube, daß dann die Wahrscheinlichkeit einer Trennung der Eltern größer werde.

Der folgende Ausschnitt stammt aus der zweiten Sitzung. Anwesend ist die ganze Familie, d. h. Mutter, Vater, Monika und Heinz.

Thema ist die Beziehung der Eltern. Wenn es zu Meinungsverschiedenheiten der Eltern kommt, zeigt der Vater häufig, daß es ihm körperlich schlechtgeht. Er hat Herzbeschwerden, die sich mit einer grüblerischen Traurigkeit abwechseln.

***

(...)

FS FRITZ SIMON Monika, was würdest du denn sagen, wann geht es denn der Mutter besser, wenn der Vater sich niedergeschlagen zeigt oder wenn er losbrüllt?

K *Die Tochter wird gefragt, um Beobachtungen aus der Außenperspektive gegenüber der Beziehung der Eltern zu erhalten. Das hat (mindestens) zwei Vorteile: Zum einen erhalten die beiden, über deren Beziehung gesprochen wird, eine sehr direkte Rückmeldung darüber, wie ihr Verhalten von außen, hier speziell von der Tochter, gesehen wird. Zum zweiten wird dadurch verhindert, in die logische Falle zu tappen, selbstbezügliche, das Muster verstärkende Schleifen zu erzeugen. Fragt man nämlich einen der an einer Beziehung Beteiligten in Anwesenheit seines Kommunikationspartners über das gemeinsame Kommunikationsmuster, so ist die Antwort auch ein Teil dieses Kommunikationsmusters, über das man etwas erfahren will. Denn auch die Versuche der Metakommunikation eines Paares sind Elemente ihres die Beziehung charakterisierenden Kommunikationsmusters.*

(langes Schweigen)

MO MONIKA Ist eigentlich egal.

FS FRITZ SIMON Das beeinflußt einen ja doch, wie es dem Partner geht. Das läßt einen ja nicht kalt.

MO MONIKA Wenn er mehr schimpft.

FS FRITZ SIMON Wenn er mehr schimpft, dann geht es ihr besser? Nehmen wir mal an, er ist niedergeschlagen und schimpft nicht, was würde dann die Mutter tun? Wie würde es ihr gehen? Würde sie dann auch niedergeschlagen werden? Würde sie eher auf ihn zugehen oder von ihm weggehen?

MO MONIKA Weg.

FS FRITZ SIMON Eher weggehen!

FS Fritz Simon
HS Helm Stierlin
MO Monika
M Mutter
V Vater
HE Heinz
K Kommentar

K *Diese Fragen zielen auf die tatsächlichen Reaktionen der Mutter auf das Verhalten des Vaters. Sehr häufig gibt es einen großen Unterschied zwischen der erhofften und der tatsächlichen Reaktion des Partners. Aus dem Erstinterview war bekannt, daß beide Eltern versuchen, sich und die Kinder dadurch zu beeinflussen, daß sie demonstrieren, wie schlecht es ihnen körperlich geht. Dies ist ein weit verbreiteter Kontrollversuch, der zu sehr destruktiven Eskalationen mit den erstaunlichsten körperlichen Symptombildungen führen kann. Die dahinterliegende individuelle Logik ist leicht einzusehen: Wer den anderen als schuldig an dem Elend erlebt, das er selbst erleidet, verhält sich nur konsequent, wenn er für sein Weltbild wirbt und versucht, dem anderen Schuldgefühle zu machen. Allerdings zeigt die Betrachtung aus der Außenperspektive, daß solch eine Strategie häufig als Erpressungsversuch erlebt wird, dem mit Widerstand und Trotz begegnet wird.*

FS FRITZ SIMON *(zu Frau Gerlach)* Ich möchte noch einmal vollkommen vom Thema abweichen und wieder auf etwas zurückkommen, wo wir schon waren. Nehmen wir an, Ihr Mann wollte verhindern, daß Monika ihre Kräfte aktiviert, sich ablöst, wie er gesagt hat, und nach draußen geht. Wie müßte er das anstellen? Was müßte er machen, damit sie sagt: „Ich bleib doch lieber hier!“ Sie ist ja sehr pflichtbewußt.

M MUTTER Was er dafür tun soll, damit sie zu Hause bleibt?

FS FRITZ SIMON Ob er das soll, ist eine andere Frage. Aber, nehmen wir mal an, ganz hypothetisch, er wollte, daß sie auf jeden Fall dableibt. Was müßte er tun? Was könnte er tun?

K *Die hypothetische Unterstellung einer Absicht im Gedankenexperiment sorgt für eine Umkehrung der Zuschreibung von Ursache und Wirkung. Im Idealfall eröffnet sie den Blick auf Einflußmöglichkeiten jedes Einzelnen. Wo die betrachtete Wirkung negativ bewertet wird, wird deutlich, welche Aktionen besser unterlassen werden sollten, wenn man nicht dazu beitragen will, daß genau das passiert, was man eigentlich nicht möchte (wieder die „positive Kraft des negativen Denkens“).*

M MUTTER Das wüßte ich schon: einsperren! Das heißt, daß sie überhaupt keinen Hobbies nachgehen kann.

HS HELM STIERLIN Sich selbst einsperren?

M MUTTER Nein, daß die Monika nichts mehr machen dürfte: Tanzkurs kommt nicht in Frage, ist noch zu früh.

FS FRITZ SIMON Würde das bei Monika eher Wünsche aktivieren: „Nein, ich will aber in den Tanzkurs!" Oder würde das bei ihr eher dazu führen, daß sie sagt: „Ich bleib zu Hause!"

M MUTTER Nein, ich würde sagen, im Moment würde sie sich wehren.

FS FRITZ SIMON Also wäre das wahrscheinlich keine so schlaue Möglichkeit ...

M MUTTER Auf keinen Fall!

FS FRITZ SIMON Aber, was müßte er tun, wenn er wollte, daß sie nicht geht ... daß sie nicht ihren Interessen nachgeht?

HS HELM STIERLIN Da sie ja sehr sensibel eingestimmt ist, was beide Eltern so im Grunde empfinden.

FS FRITZ SIMON Also müßte er sie eher einsperren oder bei ihrem Pflichtbewußtsein packen? Wie könnte er es am besten anstellen? Das ist ja jetzt auch eher Spinnerei, geb ich ja zu, aber ...

M MUTTER Ja, also wenn man's brutal sagen würde, könnte er sagen: „Hör mal, wenn du jetzt mit so Sachen anfängst, mach lieber deine Arbeit, mach diese Sachen nicht! Das macht mich noch mehr kaputt", so vielleicht auf diese Art. Daß er sich selbst als Opfer sieht.

FS FRITZ SIMON Wenn er sich niedergeschlagen zeigt, wäre das eine Möglichkeit, zum Beispiel?

M MUTTER Ja, wenn das der Grund wäre, schon.

HS HELM STIERLIN Noch ein bißchen mehr niedergeschlagen als jetzt, zum Beispiel? Entschuldigen Sie, wenn ich das so sage!

M MUTTER Na ja, klar, ich meine vielleicht als Druckmittel, eventuell.

HS HELM STIERLIN Also, wenn er sich jetzt noch ein bißchen mehr niedergeschlagen zeigen würde, würde das dann ausreichen, um die Monika zu veranlassen zu sagen: „Nee, zum Tanzkurs geh ich nicht, also jetzt bleib ich lieber bei ihm ..."

M MUTTER Könnte möglich sein. *(Pause, denkt offenbar nach)* Ob sie darauf reagiert? Könnte sein ... *(zögerlich)* könnte sein ...

FS FRITZ SIMON *(an den Vater gewandt)* Wie müßte es denn Ihre Frau anstellen, wenn die das wollte? Ist genauso hypothetisch wie bei Ihnen. Hätte sie denn auch irgendeine Möglichkeit ...?

K *Nun wird der Vater um seine Außenperspektive auf die Mutter-Tochter-Beziehung gefragt. Schon um der Neutralität willen ...*

V VATER Ganz einfach, sie flüchtet sich in Krankheit!

FS FRITZ SIMON Wenn die Mutter krank würde, was würde sie zum Beispiel ...

V VATER *(unterbricht)* Das ist bei Frauen allgemein. Ich will da niemanden beschuldigen. Die haben 365 Krankheiten im Jahr, die haben sie auch immer parat, also ...

HS HELM STIERLIN Aber welche von diesen 365 wäre ihre Spezialkrankheit, die sie wahrscheinlich nehmen würde?

V VATER *(schüttelt den Kopf)* Ach, da ist die Leber, da gibt es unwahrscheinlich viele ...

HS HELM STIERLIN Aber, was wäre die, auf die die Monika voraussichtlich – das ist ja alles, wie der Herr Simon schon sagt, spekulativ –, auf die sie voraussichtlich am ehesten anspringen würde?

V VATER Stolperndes Herz!

HS/FS HELM STIERLIN, FRITZ SIMON *(synchron, sich ins Wort fallend)* Stolperndes Herz! Wie wird sie das zeigen ...? Wie wird sie das vermitteln ...?

V VATER Dramatisch!

M MUTTER Das hab ich auch!

V VATER Na ja, da sieht man dann: Der eine, der ist in der Krankheit so ein bißchen zurückgezogen, und der andere macht halt da dahin ...

HS HELM STIERLIN Wie säh das aus: dramatisch? Können Sie das verdeutlichen, daß wir ein Bild bekommen können?

K *Ein Versuch, auf die Beschreibungsebene zu kommen. Schema: Was würde man auf dem Bildschirm sehen, wenn man das Ganze auf Video aufzeichnet?*

V VATER Ja, da geht man halt hin – an den Werkzeugkasten, hätte ich beinahe gesagt –, und *(Mutter lacht im Hintergrund)* dann guckt man halt so, was alles da ist. Dann steht die ganze Küche voller Medikamente; wir haben zwei Schränke, aber die Küche muß voll stehen mit Medikamenten. Das ist das Lieblingsspielzeug meiner Frau.

M MUTTER *(im Hintergrund, lacht)* Ach Gott!

V VATER Medizin ist das Lieblingsspielzeug meiner Frau!

FS FRITZ SIMON Wird die Monika mal Medizin studieren, oder?!

V VATER Ja, die braucht nicht mehr viel, die kann schon bald das Staatsexamen machen.

M MUTTER Wir haben zwei Kinder, die muß man erst einmal hochpäppeln, die muß man erst hochpäppeln!

HS HELM STIERLIN Ja also, wie ist das, meint Monika: „Jetzt macht Mutter ihr Medizin-Theater, ihr Pillen-Theater!“ oder: „Jetzt ist wirklich Not am Mann!“?

FS FRITZ SIMON *(sich einmischend)* Not an der Frau!

HS HELM STIERLIN „Not an der Frau! Sie braucht das, da bin ich gefordert, da muß ich einspringen."

FS FRITZ SIMON „... auch wenn ich jetzt vielleicht lieber etwas anderes tun würde ..."

V VATER Na ja, wenn das jetzt sehr dramatisch wird – bis jetzt ist ja dieser Fall noch nicht eingetreten – kann ich mir schon vorstellen, daß ... Der Heinz, da glaub ich nicht, daß der sich davon beeindrucken läßt.

FS FRITZ SIMON Was müßte denn die Mutter machen, wenn sie wollte, daß Heinz zum Beispiel nicht motzig wird? Daß er nicht, was er ja vorhergesehen hat, sich in zwei Jahren auch so ein Stück mehr von zu Hause entfernt?

K *Hier wird auf die zu Beginn des Gesprächs angesprochene Motzigkeit und die Zukunftspläne von Heinz Bezug genommen.*

V VATER Das ist sehr schwer. Dem Heinz gegenüber zeigt sie nicht so ihre Krankheiten, ihre Leiden, oder so.

FS FRITZ SIMON Ja, würde sie ihm denn einfach sagen: Bleib hier! Und er macht es dann?

V VATER Dem würde sie eher sagen: „Mach dir ein schönes Leben, Heinz, geh fort!"

FS FRITZ SIMON Ach, den würde sie ein bißchen ermutigen.

V VATER Ich glaub schon, ja.

HS HELM STIERLIN Ah ja.

FS FRITZ SIMON *(zur Mutter)* Eine Frage habe ich noch, da bin ich einfach sehr neugierig drauf. Die Monika ist ja sehr pflichtbewußt, haben wir gesagt. Pflichtbewußtsein gibt es ja nicht nur anderen gegenüber, sondern auch gegenüber sich selbst. Nehmen wir an, Sie würden sich krank zeigen, Ihr Mann würde sich niedergeschlagen zeigen, wohlmöglich beide beides gleichzeitig, und es gäbe eigentlich eine große Versuchung für Monika, jetzt ihrem Pflichtbewußtsein nachzugeben. Wann würde sie sich eher über dieses Pflichtbewußtsein Ihnen gegenüber hinwegsetzen und sagen: „Ich kümmere mich um meine ganz persönliche Entwicklung", wenn sie sich als gesund sieht oder wenn sie sich selber als irgendwie gestört betrachtet?

(Stille, ca. eine Minute)

FS FRITZ SIMON Also wann erwartet sie von sich selber mehr Pflichtgefühl, wenn sie gesund ist oder wenn sie nicht gesund ist?

(Stille, ca. halbe Minute)

M MUTTER Ooch, das ist schwierig ... *(überlegt)* vielleicht, wenn sie meint, sie wär gesund. Ja, eher ...

FS FRITZ SIMON Also, dann hat sie höhere Ansprüche an sich.

M MUTTER Ja, vielleicht, ja.

FS FRITZ SIMON Dann hat sie mehr Ansprüche an sich selber und kann sich dann auch weniger um ihre eigene Entwicklung kümmern ... *(zögernd)* Das heißt – wieder ganz hypothetisch –, wenn sie selber wollte, daß sie ihren eigenen Weg gehen kann und sich ein Stück ablöst, wie Ihr Mann das vorhin gesagt hat, dann wäre es schlauer, sie zeigt sich irgendwie krank und problematisch ...

HS HELM STIERLIN Ja, weil sie sonst überfordert wäre, nicht?

FS FRITZ SIMON Da muß man ja abwägen!

K *Solche Alternativfragen sind zugegebenermaßen nichts anderes als verkleidete psychodynamische Deutungen. Sie sind aber weniger brisant, da ein fragender Therapeut im Unterschied zu einem deutenden nicht implizit behauptet oder auch nur die Idee streut, er wüßte, wie es wirklich ist. Er stellt nur eine mehr oder weniger harmlose Frage, die von anderen beantwortet wird. Ein fragender Therapeut macht daher ein etwas anderes Beziehungsangebot als ein deutender Therapeut (was nicht heißen soll, daß das immer ein schlechtes Angebot wäre). Da derjenige, über den da gesprochen wird (hier: die Tochter) nicht selbst dazu Stellung nehmen muß, bleibt das Ganze in einem unverbindlich spekulativen Bereich. Er kann sich mit dieser Idee auseinandersetzen oder es sein lassen ... Ihren interventiven und suggestiven Charakter erhalten solche Fragen durch ihre Konstruktion: Sie transportieren Vorannahmen und verknüpfen sie in einer nicht zufälligen, sondern vom Therapeuten gezielt ausgewählten Weise. Es liegt daher in der Verantwortung des Therapeuten zu entscheiden, welche Ideen er streuen möchte und welche lieber nicht. Hier erweist sich in der systemischen Therapie die Empathie des Therapeuten (oder auch nicht).*

HS HELM STIERLIN Das strenge Pflichtgefühl ... Meine Fragen gehen noch ein bißchen weiter in die Richtung, wo wir aufgehört hatten: Was müßte denn die Mutter noch mehr tun, als sie es jetzt tut, damit die Monika wirklich sagt: „Also es geht nicht, ich muß meine Entwicklung einschränken, Tanzstunde und so weiter, das geht nicht!" Was müßte die Mutter dann tun, um die Moni ...

V VATER Also zur Zeit ist die Monika kaum zu halten, das muß man also schon sagen. Mit Tanzkurs und so, die hat also schon ein Programm. Und wir sind schon froh, daß sie das macht. Das ist nicht so zu verstehen, daß ich darunter leiden würde. Ganz im Gegenteil, ich bin sehr froh, daß sie das macht, im Tanzkurs ist und so. Das ist also sehr positiv für mich. Ich hab also sicher nicht die Absicht, die Monika hierzubehalten oder sonst irgendwas. Aber für alle Eltern ist das schwer, wenn die Kinder aus dem Haus gehen, und ich ...

K *Offenbar sind die mehrfach gestreuten Ideen, daß Monikas ganze Problematik etwas mit dem Erwachsenwerden zu tun haben könnte, beim Vater als Vorwurf angekommen, er würde seine Tochter festhalten.*

FS FRITZ SIMON Für die Kinder ist es auch schwer, aus dem Haus zu gehen. Das muß man auch sehen.

V VATER Ich seh da nur das Alleinsein für mich. Das ist dann schwer, das ist klar. Da muß man sich halt umstellen.

FS FRITZ SIMON Was denken Sie, wer hat am meisten Zutrauen in der Familie, daß Sie diese Umstellung letztlich schaffen?

V VATER Meine Frau, die schafft das leicht.

FS FRITZ SIMON Da haben Sie wenig Sorge, daß Ihre Frau das schafft. Ob zu Recht, ist eine andere Frage. Denn mit den Medikamenten, was Sie da geschildert haben ... Aber was denken Sie, wer hat denn am meisten Zutrauen, daß Sie beide als Paar das schaffen werden, wenn die Kinder mal aus dem Haus sind?

V VATER Hm, hm, meine Frau wahrscheinlich.

FS FRITZ SIMON Und wer am wenigsten, wenn Sie die Kinder mit einreihen?

K *Solche Mehr-oder-weniger-Fragen sorgen dafür, daß Unterschiede gemacht werden. Sie ermöglichen es, Informationen über das Beziehungsgeflecht einer Familie zu gewinnen.*

V VATER Das weiß ich auch nicht. Vielleicht ich?

FS FRITZ SIMON *(zur Tochter)* Monika, was befürchtet der Vater? Was könnte rauskommen, wenn sie es nicht schaffen?

MO MONIKA *(schweigt, lächelt verlegen, zuckt die Achseln)* Weiß nicht.

FS FRITZ SIMON *(zum Vater)* Haben Sie eine Ahnung?

V VATER *(mit Empörung in der Stimme)* Dann flüchtet sich meine Frau wahrscheinlich so viel in die Vereinsarbeit, daß sie überhaupt nie daheim ist.

HS HELM STIERLIN Das würde aber bedeuten, daß Sie noch mehr allein sind mit Ihrer Grübeltendenz.

V VATER Ja, ja, das ist ihr egal. Da leidet sie zwar darunter und so, aber da ist sie rigoros, in der Beziehung.

HS HELM STIERLIN Würde da eher zu erwarten sein, daß die Monika sich dann doch ein Herz faßt und sagt: „Da muß ich doch die Lücke füllen!"?

V VATER Das wollt ich nicht, das wollt ich also nicht riskieren, oder sonst irgendwas.

FS FRITZ SIMON Heinz, du bist ja so ein bißchen der Vertraute der Mutter. Was muß denn der Vater tun, wenn er will, daß die Mutter möglichst viel Vereinsarbeit macht?

K *Wie der Vater über den Verein spricht, signalisiert, daß dies ein höchst bedeutungsvolles Thema für ihn und damit die Familie ist. Sein Tonfall zeigt eine Mischung von Wut und Resignation, die Stimme klingt, als sei er den Tränen nahe ... Diese nonverbale Kommentierung seiner Worte läßt es angeraten erscheinen, ein bißchen genauer abzuklopfen, welche Bedeutung der Verein für Familie Gerlach hat. Auch hier wird wieder die Technik angewandt, einen relativ weit außenstehenden Beobachter zu fragen und obendrein demjenigen, der sich über das Verhalten eines anderen beklagt, die „Schuld" dafür zuzuschreiben. Das ist alles natürlich nur hypothetisch und ganz absurd ...*

HE HEINZ Was er machen muß, daß sie mehr zum Verein geht?

FS FRITZ SIMON Ja, nehmen wir mal an – es klingt jetzt sehr absurd, geb ich ja zu –, er wollte, daß sie 24 Stunden am Tag – oder meinetwegen auch noch die Nacht dazu – Vereinsarbeit macht, wie müßte er sich zeigen, wie müßte er sich verhalten?
(allgemeines Lachen)

HE HEINZ *(überlegt, kratzt sich am Kopf)* Ganz normal.

FS FRITZ SIMON Wie? Woran erkennt man, daß er sich ganz normal verhält? Müßte er sich eher lebenslustig oder eher niedergeschlagen, eher aktiv oder passiv verhalten?

K *Immer nach den konkret beobachtbaren Merkmalen der Unterscheidung fragen! Das gilt besonders für solche Allzweck-Leerformeln wie „normal".*

HS HELM STIERLIN Eher zu Hause oder weniger zu Hause sein?

FS FRITZ SIMON Genau, also zum Beispiel, wenn er mehr zu Hause ist, geht sie dann mehr zum Verein? Oder, wenn er öfter als einmal im Jahr, äh, im Monat ausgeht ... Nehmen wir einmal an, er würde jeden zweiten Tag weggehen. Würde die Mutter dann mehr zum Verein gehen oder weniger?

HE HEINZ Mehr!

K *Die Hypothese des Therapeuten war hier, daß es eine Art Gleichgewicht zwischen den beiden Partnern gibt, das dafür sorgt, daß die beiden sich häufig genug sehen. Wenn diese Hypothese stimmig gewesen wäre, dann würde häufigeres abendliches Ausgehen von Herrn Gerlach dazu führen, daß seine Frau weniger ausgeht. Um diese Hypothese, die Herrn Gerlach neue Handlungsoptionen eröffnen würde, der Familie näherzubringen, werden zunächst auf der Beschreibungsebene Wenn-dann-Beziehungen abgefragt. Die Antworten von Heinz scheinen aber bedauerlicherweise nicht diese Gleichgewichts-Hypothese zu bestätigen, sondern eher für ein Auge-um-Auge-Modell zu sprechen.*

FS FRITZ SIMON Wenn er gar nicht wegginge von zu Hause, würde sie dann mehr zum Verein gehen oder weniger?

HE HEINZ Weniger.

K *Gleiches wird mit Gleichem beantwortet. Der Therapeut ist unglücklich ...*

FS FRITZ SIMON *(zur Mutter gewandt)* Sieht er das richtig?

M MUTTER Ah ja, würd ich schon sagen.

HS HELM STIERLIN Wollen wir mal die Monika fragen, ob er das richtig sieht.

K *Beide Therapeuten sind unglücklich und wollen sich offensichtlich nicht mit dem Dahinscheiden ihrer Hypothese abfinden.*

(langes Schweigen)

MO MONIKA *(sehr leise)* Ja.

FS FRITZ SIMON *(zu Monika)* Also, ganz versteh ich es noch nicht, deswegen frag ich noch einmal nach. Wenn der Vater wollte, Monika, daß die Mutter noch mehr zu Vereinen geht und, was weiß ich, eigentlich fast dauernd weg ist, was müßte der Vater tun?

MO MONIKA Dann müßte er es genauso machen.

M MUTTER Er müßt auch soviel weggehen.

K *Die familiäre Wirklichkeitskonstruktion ist offensichtlich auch durch den Trotz der Therapeuten nicht so leicht zu erschüttern. Wenn man als Therapeut eine Hypothese verfolgt, die weit von dem bisherigen familiären Weltbild abweicht, empfiehlt sich eine gewisse Hartnäckigkeit. Das kann natürlich nicht heißen, daß man sich auf irgendwelche Machtkämpfe um seine Hypothesen einlassen sollte. Aber wenn man sie zu schnell aufgibt, dann entwertet man sie. Insofern ist penetrantes Nachfragen (weil man „es" zum Beispiel nicht versteht) ein guter Kompromiß, um zu „stören". Schließlich müssen die Familienmitglieder eine Reihe von Um- und Neukonstruktionen vornehmen, um ihre Vorstellungen auf den Kopf stellen zu können, wer durch welches Verhalten was bei den anderen bewirkt.*

FS FRITZ SIMON Ah ja, er müßte es genauso machen. Und wenn er wollte, daß sie dableibt, dann dürfte er eigentlich gar nicht mehr aus dem Haus gehen.

V VATER Das stimmt doch nicht! Ich bin doch immer da!

FS FRITZ SIMON Er ist doch immer da!

K *Ein Hoffnungsschimmer ...!*

M MUTTER Da geh ich ja trotzdem, aber nicht so oft.

K *Frau Gerlach bleibt bei dem vertrauten Gleiches-führt-zu-Gleichem-Modell.*

FS FRITZ SIMON Also, er hat keine Möglichkeit zu verhindern, daß Sie weggehen.

V VATER *(anklagend)* Nee, nee.

K *In diesem Modell hat Herr Gerlach keine Chance, etwas zu ändern. Er hat bereits all seine Möglichkeiten ausgeschöpft: Er sitzt (fast) nur noch zu Hause ...*

HS HELM STIERLIN Aber immerhin, er bremst sie schon. Also, verhindern kann er es nicht, aber wenn er selbst was Ähnliches tun würde, dann würde sie noch mehr abdampfen.

V VATER Ja, schon.

HS HELM STIERLIN Wie sieht es die Monika? Auch so?

MO MONIKA Ja, doch.

HS HELM STIERLIN Ah ja.

FS FRITZ SIMON Also, sehen wir das richtig, wenn Ihr Mann nun auch seine Liebe zu Vereinen entdecken würde ...?

M MUTTER *(unterbricht den Therapeuten, entschlossener Tonfall)* Nein, also, das ist nicht wahr. Ich suche die goldene Mitte. Wenn ich sehen würde, sagen wir mal, daß ich zwei Abende weg bin und mein Mann die anderen zwei Abende weg ist, wenn dann überhaupt nichts mehr gemeinsam in der Woche ist, würde ich sagen: Halt, hier stimmt was nicht! Dann müssen wir eben beide bremsen.

K *Na endlich! Es ist vollbracht. Was lange währt ... Die Therapeuten sind glücklich.*

FS FRITZ SIMON Das heißt, Sie gehen eher davon aus, daß Sie dann Ihre Aktivitäten etwas einschränken, wenn er ein bißchen mehr macht.

M MUTTER Ja! Ja, etwas einschränken. Aber im Moment ist es ja so, ich geh einmal in der Woche weg bzw. jetzt vor Fasching, das stimmt, zweimal. Aber das löst sich dann auch mal wieder, so daß ich einmal in der Woche weggehe. Aber mein Mann geht vielleicht einmal in 14 Tagen weg, und ich finde das aus meiner Sicht normal und ohne weiteres angebracht, tut mir leid! Und wenn mir jemand sagt, ich kann den Abend nicht weggehen, dann ist das für mich nicht akzeptabel.

FS FRITZ SIMON Ich will Ihnen da auch gar nicht reinreden. Was sind denn das für Vereine?

M MUTTER Ja, ich bin in einem Gesangsverein, und da ist jetzt eine Sängerfaßnacht. Und mir macht das unheimlich Spaß, und ich mach halt da auch so ein bißchen Sonderprogramm. Und das macht mir eben Spaß, und das macht meinen Mann krank, daß ich mich da aktiviere. Und mir gibt das halt unheimlich viel.

HS HELM STIERLIN Was heißt: macht ihn krank? In welcher Weise krank?

M MUTTER Er kann es nicht. Er hat versucht, in dem Verein unterzukommen. Er konnte sich dort nicht einordnen. Ich gebe zu, es gibt Menschen, die können nicht in Vereinen leben. Die sind zu penibel, zu genau. Ich bin das nicht, ich glaube, ich bin etwas großzügiger. Wenn da eben so ein bißchen Unstimmigkeiten von Leuten kommen, das kann ich eher schlucken. Aber er nicht. Und er ist dann mehr der Typ, der dann eher stänkert oder so, und das eckt an. Das ist klar. Das eckt in Vereinen unter Menschen immer an. Und er hat sich zurückgezogen von diesem Verein, und ich bin eben geblieben. Und das ist bei uns das große Problem, und das geht jetzt nicht um den einen Abend, den ich weg bin.

Wenn es zwei wären und er würde es begrüßen, wäre es ihm auch nicht unrecht. Aber er sieht das Problem so: „Ich konnte da nicht Fuß fassen, aber meine Frau faßt da Fuß. Jetzt hab ich mich zurückgezogen, meine Frau muß sich jetzt auch zurückziehen!“ Das ist das Problem!

HS HELM STIERLIN *(zu Monika)* Monika, jetzt in der Faschingszeit ... der Verein deiner Mutter hat mit Fasching zu tun?

M MUTTER Ja, zu Fasching machen sie eben einen großen Abend, und da muß man sich etwas mehr aktivieren.

FS FRITZ SIMON Aber, Monika, wenn ich das richtig gehört habe, dann ist der Vater ja relativ hilflos gegenüber der Mutter. Sie weiß, was sie will. Und es ist ja ihr gutes Recht zu sagen: „Ich hab da meinen Spaß.“ Wie geht es denn dem Vater damit? Fühlt er sich eher hilflos, im Sinne von „ich bin machtlos, kann nichts tun“ ...

HS HELM STIERLIN ... Oder würde er sagen: „Ich hab ja meine Alternativen“? „Sie hat ihren Verein da mit Faschingsaktivitäten, und ich hab was anderes oder such mir was anderes.“

MO MONIKA Nein, das hat er nicht.

FS FRITZ SIMON Kann er das so akzeptieren? Diese Hilflosigkeit, die Begrenztheit seiner Macht ...?

MO MONIKA Nee, akzeptieren wird er es nicht.

FS FRITZ SIMON Monika, nehmen wir an, du wolltest, daß die Mutter ihre Vereinstätigkeit einschränkt ...

K *Das ist eine Frage, die besser zunächst nicht an Monika gestellt werden sollte, da sie sich auf die Beziehung von Monika zu ihrer Mutter bezieht. Es ist günstiger, zunächst die Außenperspektive zu erfragen und dann erst die Innenperspektive des oder der an der Beziehung Beteiligten. Wenn bereits aus der Innenperspektive etwas über die Beziehung gesagt worden ist, müßte der außenstehende Beobachter die Aussage der Beziehungspartner explizit disqualifizieren, wenn er eine abweichende Sichtweise präsentieren wollte. Daher – in letzter Minute – die Wahl eines anderen Adressaten für diese Frage, hier des Vaters als (relativ) außenstehenden Beobachter.*

FS FRITZ SIMON *(unterbricht sich selbst und wendet sich an den Vater)* Ja, Herr Gerlach, nehmen wir an, Ihre Tochter wollte die Vereinstätigkeit Ihrer Frau einschränken ...

V VATER *(schnell und erregt hervorstoßend)* Es ist unmöglich, sie davon abzuhalten! Das ist wie eine Droge! Das ist unmöglich! Ich bin also auch ... ich hab da resigniert. Da sag ich auch nichts mehr darüber, das ist unmöglich! Die würde sich eher scheiden lassen. Und das hat sie auch schon oft gesagt.

FS FRITZ SIMON Darf ich meine Frage kurz zu Ende führen? Nehmen wir an, Monika wollte Ihre Frau vom Verein abhalten. Wenn Monika jetzt ganz verrückte Sachen machen würde. Also, was weiß ich, wenn sie immer nur noch auf dem Kopf laufen würde oder den ganzen Tag unter der Dusche stehen oder sonst so etwas machen würde, würde Monika es dann schaffen?

V VATER Nein, nein! In jedem Fall nicht! Nein, es ist unmöglich.

FS FRITZ SIMON Das heißt, Ihre Frau ist da ganz klar abgegrenzt und sagt: „Da ist das, was ich will, und das ist auch das Richtige für mich, und deswegen tu ich es auch."

V VATER *(nickt)* Ja!

FS FRITZ SIMON Monika, siehst du das auch so? Oder denkst du, du würdest das schaffen können, die Mutter ...

MO MONIKA *(ohne Zögern)* Das würd ich bestimmt schaffen, wenn ich das wollte.

V VATER *(wendet den Kopf abrupt zu Monika, scheint überrascht und zweifelnd)* Wenn du wolltest, daß die Mama vom Verein wegbliebe, würdest du das schaffen?

MO MONIKA Ja!

HS HELM STIERLIN Also, wenn sie sich das in den Kopf setzt, würde ihr schon was einfallen, ja?

MO MONIKA *(lachend)* Ja, ich glaub schon.

M MUTTER *(neugierig)* Was tätest du dann machen?

HS HELM STIERLIN Sie hat da schon so einiges in petto. Braucht sie ja nicht zu sagen, nicht?! Aber da wär schon so einiges drin, das brauchen wir ja nicht rauslassen. Fritz, vielleicht noch diese Frage. Der Herr Gerlach sagte ja, daß von Scheidung die Rede gewesen ist. Vielleicht fragen wir die Monika, wie nah die Eltern schon dran gewesen sind an der Scheidung.

MO MONIKA Die haben das zwar gesagt, aber ich hab das eigentlich nie geglaubt.

FS FRITZ SIMON Wie wird es in zwei Jahren aussehen? Sind die beiden dann geschieden, oder sind sie noch zusammen?

MO MONIKA Nee, geschieden nicht.

FS FRITZ SIMON Wie ...? Geschieden nicht ...? Aber wie wird es sein? Wird dann die Mutter noch in die Vereine gehen? Wird dann der Vater was am Herzen haben, die Mutter an der Leber? Ich meine, man kann sich ja auch so scheiden lassen, indem einer einfach stirbt, zum Beispiel. Wird einer sich entschließen zu sterben? Im Sinne von: „Lieber das!"

K *Das ist natürlich starker Tobak, hier mit Todesphantasien zu spielen. Aber das Klima in der Sitzung war so gespannt, daß der Kampf um den Verein – im unmittelbaren Erleben des Therapeuten – etwas von einem Kampf um Leben und Tod hatte. Der Tod ist eine Möglichkeit der Trennung, mit der man immer rechnen muß, wenn Eskalationen sich auf der körperlichen Ebene abspielen und Symptome als Machtmittel funktionalisiert werden. Wer zuerst stirbt, ist dann der Gewinner, weil der andere mit ewigen Schuldgefühlen zurückbleibt (zumindest ist das häufig die Phantasie).*

MO MONIKA Oh, nee!

HS HELM STIERLIN Könnte ja sein, daß einer sich entschließt, im Sinne von: „Für mich ist nichts drin!"

V VATER *(mit gesenktem Kopf, bestätigend)* Aufgibt! Sich selber aufgibt!

K *Diese Reaktion des Vaters zeigt, daß die angesprochenen Todesphantasien gar nicht so weit weg sind.*

(betretenes Schweigen)

MO MONIKA *(springt nach einiger Zeit ein)* Ich glaube aber eigentlich nicht, daß es so bleibt wie jetzt.

HS HELM STIERLIN Aber wenn es so bleibt und auch die körperlichen Beschwerden bleiben, bei beiden, und dein Vater so eine Gratwanderung macht zwischen: Entweder das Herz klopft zu schnell, oder er befindet sich in so einer grüblerischen Traurigkeit, da könnte man sich vorstellen, daß der Körper bei dem einen oder anderen aushakt.

FS FRITZ SIMON *(zu Monika)* Was denkst du, wer bleibt auf der Strecke?

HS HELM STIERLIN Eher auf der Strecke ...

FS FRITZ SIMON Eher auf der Strecke. Vielleicht bleibt ja auch keiner auf der Strecke. Das muß ja keinesfalls sein.

MO MONIKA Mein Vater ...

HS HELM STIERLIN Der Vater, meinst du ... daß der eher auf der Strecke bleibt.

FS FRITZ SIMON Nehmen wir an, der Vater würde ... wie er vorhin gesagt hat: Man kann sich ja aufgeben oder resignieren oder so was ... nehmen wir an, er würde das tun und er würde wirklich auf der Strecke bleiben. Was würde dann die Mutter machen? Hätte sie dann Schuldgefühle? Würde sie dann sagen: „Wär ich doch nicht in den Verein gegangen!"?

K *Mit schwarzen Phantasien geht man am besten um, indem man sie anspricht. Steigt man als Therapeut in Tabus ein, so kann solchen Vermeidungsstrategien unter Umständen von den Klienten die Bedeutung zugeschrieben werden: Das ist so heiß, daß sich nicht einmal der Therapeut dran traut. Die beste Möglichkeit, die Wahrscheinlichkeit zu verringern, daß solche Phantasien wahr werden, ist die sachliche Erörterung der Bedingungen für ihr Wahrwerden. Eine Technik, die man auch als „Löcherstopfen" bezeichnen kann. Man versucht, denkbare destruktive „Auswege" zu versperren.*

MO MONIKA Das glaub ich nicht, daß sie so herzlos ist und laufend zu Vereinen rennt, nur um ihn umzubringen ...

FS FRITZ SIMON Wenn er zum Beispiel ernsthaft krank würde, würde sie dann aufhören, in den Verein zu gehen?

MO MONIKA Ja, wohl schon.

FS FRITZ SIMON Was müßte er sich für eine Krankheit aussuchen?

MO MONIKA Hm, weiß nicht.

HS HELM STIERLIN Also, was er jetzt hat, würde das reichen? Wenn er das nur ein bißchen verstärkt, oder müßte es schon ein bissel schwerer sein?

MO MONIKA Müßte schon schlimmer werden.

HS HELM STIERLIN Müßte schlimmer werden.

FS FRITZ SIMON Irgendwas, zum Beispiel, wo er bettlägerig wäre oder ...

V VATER Ich habe einmal Geburtstag gehabt, ich weiß noch, da hat meine Frau ein großes, großes Opfer gebracht und ist von dem Verein daheimgeblieben. Und das hör ich immer wieder, das war das größte Opfer, das sie gebracht hat.

FS FRITZ SIMON *(zu Monika)* Das ist dem Vater sehr wichtig, diese Vereinssache.

HS HELM STIERLIN Hm hm.

FS FRITZ SIMON Monika, ist das so, daß der Vater die Wichtigkeit, die er für die Mutter hat, an dem Verein mißt?

MO MONIKA Ja.

HS HELM STIERLIN Wie oft sie im Verein ist, und so ... entweder ich oder der Verein?

FS FRITZ SIMON Was ist für den Vater denn schlimmer, wenn sie in den Verein geht oder wenn die Mutter sich einen Freund anschafft? Oder ist das so etwas wie ein Freund, der Verein?

K *Hier werden Alternativen zur Wahl gestellt, welche die Beteiligten von sich aus so nicht sehen. Ziel ist, eine andere Unterscheidung und damit auch eine andere Bewertung einzuführen. Wenn die Alternative lautet: In-den-Verein-Gehen vs. Fremdgehen statt In-den-Verein-Gehen vs. Zu-Hause-Bleiben, verändert sich die Bewertung des In-den-Verein-Gehens.*

M MUTTER Das ist so etwas, ja

HS HELM STIERLIN Das ist schlimmer! Mehrere Freunde!

M MUTTER Es ist so, als wenn ich fremdginge. Ich wüßte nicht, was schlimmer wäre. Ich wüßte nicht, wenn ich heute abziehen täte mit einem anderen, was schlimmer wäre. Mehr kann man nicht mehr tun. Kannst mich höchstens noch abknallen! Ich wüßte nicht.

K *Der Satz mit dem Abknallen scheint etwas aus dem Rahmen zu fallen. Er dürfte aber kaum überinterpretiert sein, wenn man ihn als Hinweis auf das aggressive Potential versteht, das sich zwischen den beiden inzwischen angesammelt hat.*

HS HELM STIERLIN Haben Sie eine Erklärung dafür?

M MUTTER Ich weiß es nicht ... Verletzter Stolz.

HS HELM STIERLIN *(weist auf den Vater, der mit gesenktem Kopf dasitzt und offensichtlich mit den Tränen kämpft)* Er ist jetzt sehr betroffen. Es ist etwas sehr Schmerzhaftes ...

M MUTTER Ja, ja. Das ist verletzter Stolz. Er will dem Verein eins auswischen, daß ich da austrete. Und weil ich das nicht tue, ist er ... *(verächtlich)* „kaputt".

FS FRITZ SIMON *(an den Vater)* Haben Sie eine Erklärung dafür, warum Ihrer Frau dieser Verein so wichtig ist?

K *Herrn Gerlach nach den Motiven seiner Frau zu fragen ist ein Versuch des Therapeuten, die Neutralität wiederzugewinnen. Sie scheint aus der Balance zu geraten, da die von Herrn Gerlach gezeigten Affekte allen im Moment im Raum Anwesenden (d. h. auch den Therapeuten) ein wenig unangemessen erscheinen. Wenn man sich als Therapeut parteilich für einen der Partner fühlt, dann kann man eigentlich immer sicher sein, seine Neutralität verloren zu haben. Und es ist deutlich, daß dieser Eindruck, Herr Gerlach reagiere inadäquat, mit den Interventionen des Therapeuten zu tun hat. Dadurch, daß die Wichtigkeit des Vereingehens mit der des Fremdgehens verglichen wurde, ist ein Kontext konstruiert, der Herrn Gerlachs Reaktion als absurd erscheinen läßt. Herr Gerlach wurde dadurch in der (Familien-)Öffentlickeit in die Defensive ge-*

drängt; und das ist keine gute Basis für eine längerfristige partnerschaftliche Einigung (ohne Gewinner oder Verlierer) – gerade wenn es um Gesichtsverlust und Stolz geht.

V VATER Ja.

FS FRITZ SIMON Welche?

V VATER Da sind noch mehr Frauen, die auf ihre Männer pfeifen. Das sind Frauen, wo die Männer dann auch in anderen Vereinen engagiert sind, und die machen sich nichts daraus, daß ihre Frau dann auch in diesem Verein ist, wissen Sie. Und dann sitzen die abends bis um zehn Uhr, da kann es zwölf Uhr werden ... Aber diese Frauen, die haben ja alle Männer, die anderweitig noch aktiv sind, die ihren eigenen Teil haben ... Aber ich habe ja praktisch nur sie.

M MUTTER *(verzweifelt)* Ja, aber warum suchst du denn nicht was?

V VATER *(klagend)* Und die, die muntern sich dann gegenseitig auf und sagen: „Ach ja, laß doch deinen auch daheim, meiner kommt auch nicht." Den anderen tut das nicht so weh.

HS HELM STIERLIN Dann stärken sie ihre Solidarität, eben.

V VATER Die Frauen stärken dann ihre Solidarität, aber denen tut es nicht so weh, wissen Sie, *(weinerlich)* mir tut es in der Seele halt weh.

FS FRITZ SIMON Monika, wenn der Vater zu wählen hätte: Die Mutter geht in den Verein und ist zufrieden, oder die Mutter bleibt zu Hause und ist todunglücklich. Was würde er wählen?

K *Das mit der Neutralität mag ja ein guter Vorsatz gewesen sein, aber durch seine Weinerlichkeit, die vom Therapeuten als illegitimer Schachzug erlebt wird, werden die konfrontativen Instinkte des Therapeuten geweckt. Folge ist eine weitere Alternativkonstruktion, welche dazu dienen soll, die Position des Vaters ad absurdum zu führen. Es wird gezielt die Vereinsfrage mit der Frage nach der Fürsorge, ja, Liebe zu seiner Frau verknüpft.*

MO MONIKA Daß sie zu Hause bleibt ...

FS FRITZ SIMON *(zu Heinz)* Heinz, nehmen wir an, der Vater würde sich jetzt auch irgendwelche Vereine suchen, die nur ihn interessieren und nicht die Mutter. Wäre es ihm dann noch so wichtig, daß die Mutter nicht in den Verein geht?

HE HEINZ *(kratzt sich am Kopf)* Nö! Wär nicht mehr wichtig.

FS FRITZ SIMON Nehmen wir an, der Vater würde sich eine Freundin anschaffen, wäre es ihm dann noch so wichtig, daß die Mutter in den Verein geht?

HE HEINZ Nö.

FS FRITZ SIMON Aha, auch nicht mehr ... Also, wenn er will, daß es ihm weiter so wichtig bleibt, dann sollte er sich möglichst keine Freundin anschaffen und keine anderen Interessen und keine anderen Vereine.

HS HELM STIERLIN Gesetzt den Fall, der Vater schaffte sich eine Freundin an, wäre das für die Mutter eher entlastend, daß sie sagen kann: „Gott sei Dank, jetzt hat er endlich etwas, was all die anderen Männer haben", daß sie ein bißchen Erleichterung fühlt, oder würde sie ihm eher eins auf den Deckel geben?

HE HEINZ Nö, sie würde nichts sagen. Würd ihr schon was ausmachen.

HS HELM STIERLIN Würde ihr schon was ausmachen.

FS FRITZ SIMON Und würde sie dann eher weniger in den Verein gehen, wenn er sich, zum Beispiel, eine Freundin anschaffen würde?

HE HEINZ Nein, dann erst recht!

FS FRITZ SIMON Dann erst recht. Monika, siehst du das auch so?

MO MONIKA Dann würden sie sich scheiden lassen, wahrscheinlich.

FS FRITZ SIMON Kann sein, kann nicht sein ... deswegen frag ich ja. Also, ab wann würden sie sich scheiden lassen? Wenn er jetzt auch in Vereine ginge, oder erst, wenn er sich eine Freundin anschafft?

MO MONIKA Ne, wenn er in Vereine ginge, nicht, dann wär alles in Ordnung, wahrscheinlich, ich weiß nicht.

FS FRITZ SIMON Wie wär's, wenn er in Vereine ginge, wäre er dann zufriedener? Oder wenn er sich ein anderes Hobby anschaffte. Es gibt ja Möglichkeiten, sich zu beschäftigen, bei denen man ganz froh ist, daß keiner da ist, der einen stört. Wenn er sich so was suchen würde, ginge es dann zwischen den beiden besser oder schlechter?

MO MONIKA Besser.

FS FRITZ SIMON Und wenn er sich eine Freundin suchen würde?

K *Um Mißverständnissen vorzubeugen: Es geht in dieser Phase des Gesprächs nicht darum, den Vater davon zu überzeugen, daß er sich doch endlich eine Freundin anschaffen sollte. Ziel ist nur zu zeigen, daß es andere Optionen gibt, als „sich aufzugeben". Angesichts eines Grabenkampfes mit verhärteten Positionen, in dem es – zumindest für den Vater – um Leben und Tod zu gehen scheint, stellt sich die Frage, warum keiner von beiden aussteigt. Warum beendet er nicht die permanente Kränkung, wenn sie so unerträglich und leidvoll für ihn ist, wie er signalisiert? Im allgemeinen scheint die Regel zu gelten, daß solche Kämpfe – manchmal bis über den Tod hinaus – fortgeführt werden, solange beide Beteiligte daran glauben, am Schluß doch noch als Sieger dazustehen. Der Ausstieg wird nur möglich, wenn man diese Hoffnung aufgibt oder eine attraktivere Alternative für sich entdeckt. In diesem Sinne sollte die hypothetische Freundin nur in Erinnerung rufen, daß es auch noch Frauen auf der Welt gibt, die in keine Vereine gehen.*

MO MONIKA Schlechter!

FS FRITZ SIMON Dann würden sich die beiden scheiden lassen?

MO MONIKA Ja!

FS FRITZ SIMON Von wem würde das ausgehen, mehr von der Mutter oder mehr vom Vater?

(Schweigen)

FS FRITZ SIMON Was schätzt du?

MO MONIKA Mehr von meiner Mutter.

FS FRITZ SIMON Wie sieht es denn jetzt aus, wo der Vater so unzufrieden damit ist, daß die Mutter zum Verein geht. Was, denkst du, wird er eher machen: sich eher aufgeben und körperlich zusammenklappen oder sich eher scheiden lassen?

MO MONIKA Eher aufgeben.

FS FRITZ SIMON Also er würde es dann vorziehen, eher krank zu werden, statt zu sagen: „Ich laß mich scheiden."

K *Das muß an dieser Stelle doch noch einmal ausdrücklich betont werden. Es handelt sich hier um eine Logik, die nicht unbedingt durchschnittlichen Wertmaßstäben entspricht, aber für die Entwicklung der familiären Interaktionsmuster von zentraler Bedeutung ist. Herr Gerlach bringt seine Frau in eine unhaltbare Situation: Entweder sie unterwirft sich seinen – wie sie findet – unberechtigten Forderungen, oder sie bekommt die Schuld für sein Elend zugeschrieben, bis hin zu Krankheit und Tod. Was immer sie macht, sie macht es falsch: Folgt sie seinem Wunsch, so gibt sie einen ureigenen Wunsch auf, etwas, das zu ihrer Lebensqualität beiträgt, vielleicht gar zu ihrer Identität. Folgt sie aber ihrem eigenen Wertsystem und geht weiter zum Verein, so wird ihr vorgeworfen, den Mann in die Krankheit zu treiben. Da er es gewissermaßen in der Hand hat, sich krank werden zu lassen, gelangt er ihr gegenüber in eine Machtposition, die mit einer gleichberechtigten Partnerbeziehung – falls man die haben will – nicht vereinbar ist. Ihr bleibt nur die Alternative zu sagen: Mir ist egal, was aus dir wird (auch wenn es ihr eigentlich nicht egal ist), oder sich zu unterwerfen (auch wenn sie es eigentlich nicht will). Resultat ist eine festgefahrene Situation, in der keiner vor oder zurück kann oder will.*

MO MONIKA Ja.
FS FRITZ SIMON Hast du dafür eine Erklärung?
MO MONIKA *(zuckt die Achseln)*
FS FRITZ SIMON Heißt es, daß die Mutter ihm wichtiger ist, als er sich selber ist?

K *Ein müder, wenig überzeugender Umdeutungsversuch ...*

MO MONIKA Vielleicht.
HS HELM STIERLIN Vielleicht, Herr Gerlach, haben Sie selbst eine Erklärung dafür?
V VATER Ja, es ist so, meine Frau sucht natürlich immer ein Alibi, und das durchschaue ich natürlich auch. „Da muß ich hin, und da muß ich hin, und da muß ich hin ...“ Dieses Ablenken-Wollen, das durchschaut aber jeder.
HS HELM STIERLIN Aber die Frage war ja: Haben Sie selbst eine Erklärung dafür, daß offenbar Ihre Frau Ihnen wichtiger ist, wenn es hart auf hart kommt, als Ihr eigenes Überleben und Wohlergehen?
V VATER *(weinerlich)* Tja, ich hab sie halt lieb, meine Frau.
FS FRITZ SIMON Aber das ist für mich immer noch keine Erklärung, Herr Gerlach, daß Sie – wenn Ihre Tochter das richtig sieht, was ja überhaupt noch in den Wolken steht –, daß Sie sich eher körperlich krank werden ließen, wenn Sie sehen, Sie können Ihre Frau nicht dazu bringen, es so zu machen, wie Sie es gerne hätten. Und wir wissen sehr genau, daß man darauf Einfluß hat; daß man sagen kann: Ich will nicht mehr. Und dann kriegt man alles mögliche, statt zu sagen: Ich such mir eine Frau, die es so macht, wie ich es möchte, oder ich lebe lieber allein.
V VATER Nein, das mach ich nicht. Das mach ich nicht, das weiß auch meine Frau ganz genau, daß ich das nie mache.
FS FRITZ SIMON Haben Sie eine Erklärung dafür, warum Sie das nie machen würden. Das ist jetzt für uns so die Frage.
V VATER Aus religiösen Gründen.
HS HELM STIERLIN Aus religiösen Gründen, ah ja.
FS FRITZ SIMON Na ja, religiöse Gründe hieße, Sie würden sich nie scheiden lassen, oder?
V VATER Auch andere Beziehungen nicht eingehen ...
FS FRITZ SIMON Na ja, es gäb ja immer noch den Weg, daß man sich trennt, zum Beispiel, und sagt: Dann leb ich halt allein, eh ich die Kränkung schlucke. Haben Sie dafür eine Erklärung, daß Sie lieber die Krankheit wählen würden?

V VATER *(weint und preßt die Worte hervor)* Ich hab es eigentlich schon aufgegeben. Es gelingt mir noch nicht so gut. Es gelingt mir noch nicht so gut. Also, es ist mir jetzt seit ungefähr vier Wochen gelungen, da hab ich gar nichts gesagt! Ich bin auch jetzt zur Zeit ... mich zusammenzureißen; in letzter Zeit ist es mir halt wieder durchgegangen. Aber ich krieg mich wieder in den Griff. Ich krieg mich wieder in den Griff.

K *Es mag verwunderlich sein, daß die Therapeuten das Weinen des Vaters nicht ansprechen und ihn nicht nach seinen Gefühlen befragen. Aber aus systemischer Sicht sind Gefühlsäußerungen immer auch Signale, die an die Interaktionspartner gesendet werden. Und wie bei allen anderen Signalen, muß von den Therapeuten eine Auswahl getroffen werden, welche thematisiert werden. Hier erschien es nicht sinnvoll, das Weinen Herrn Gerlachs, das Frau Gerlach unter Druck setzte, noch dadurch zu verstärken, daß es in den Mittelpunkt der Aufmerksamkeit gerückt wurde.*

FS FRITZ SIMON Wäre ja die Frage, ob das sinnvoll ist.

HS HELM STIERLIN Das ist genau die Frage, die ich mir stelle, ob das sinnvoll ist. Ob das nicht der Weg ist, diese Art von Sich-in-den-Griff-Kriegen, die Sie auf der Nase liegen läßt. Früher oder später. Unsere Erfahrung zeigt: Diese Art von Arbeit, diese Energie, die immer nur doch nichts ändert, aber einen auspowert, das ist genau das, was zu einer Krankheit führen kann, die einen dann wirklich auf der Strecke liegen läßt.

FS FRITZ SIMON Und da sind Sie offenbar beide gefährdet, denk ich.

V VATER *(eindringlich)* Das sind jetzt so Tatsachen, da geht jetzt kein Weg mehr dran vorbei. Wir sind beide da festgelegt, da haben wir unseren Weg festgelegt. Also nur in letzter Zeit, seit zwei, drei Tagen eigentlich erst, ist es, daß ich es auf die spöttische Art und Weise versucht habe, aber in letzter Zeit ... ich schäme mich jetzt selber, daß ich wieder so weit gekommen bin, daß ich wieder jetzt die Beherrschung verloren habe und dann sage: Gott, es wär doch besser ... Ich hab ihr also auch schon mal gedroht: Ich hätte mehr Solidarität von dir verlangt, aber wenn dir's einmal irgendwie dreckig geht ... Ich bring es aber auch nicht fertig, das sage ich gleich von vornherein ... Wenn es dir also mal dreckig geht oder wenn du mal in dem Verein rausfliegst oder sonst irgendwas, dann trete ich ein. Demonstrativ! Sie ist in dem Maße, in dem ich zurückgegangen bin, ist sie aktiver geworden. Das heißt also, je mehr ich resigniere, um so aktiver wird sie da drin. Und das ist halt das, was ich nicht verkrafte.

(Mutter weint die ganze Zeit, während der Vater spricht.)

FS FRITZ SIMON *(an die Mutter gewandt)* Sehen Sie das auch so, daß Sie festgelegt sind?

M MUTTER *(wischt sich noch Tränen mit einem Taschentuch ab, schüttelt dann den Kopf)* Ach!

HS HELM STIERLIN Daß Sie sich als festgelegt sehen, anstatt als jemand, beide, der festlegt?

M MUTTER Ich weiß nicht, was er damit meint, festgelegt. Wie festgelegt? Daß ich dort weiter hingeh und er sich kaputtmacht, insofern festgelegt. Ich weiß nicht, wie er das meint.

V VATER Ja, so ungefähr. Aber ich will das gar nicht mehr. Das wär mir also direkt unangenehm, das muß ich ehrlich sagen, auch wenn es Ihnen jetzt wie ein Widerspruch erscheint. Es erscheint Ihnen als ein Widerspruch, und das ist recht blöd. Aber ich mein das ehrlich! Es wär mir furchtbar unangenehm, wenn jetzt meine Frau demonstrativ den Verein verlassen würde. Ich würd sagen, das würd ich nie, nie verstehen: Es hat mal eine Gelegenheit gegeben, wo sie mir hätte zeigen können, daß ... und diese Gelegenheit ist für mich zu Ende. Das ist vorbei!

K *Mit diesem letzten Satz nimmt Herr Gerlach seiner Frau nun endgültig jede Chance, auf ihn zuzugehen. Selbst wenn sie sich jetzt besinnen sollte und dem Verein abschwören würde, so wäre es auch falsch, weil es nicht zur „richtigen" Gelegenheit, zum „richtigen" Zeitpunkt war. Damit baut Herr Gerlach eine Veränderung verhindernde, logische Falle: Er spricht vorbeugend einem eventuell neuen, ihm entgegenkommenden Verhalten seiner Frau die Bedeutung für die Beziehung ab. Sie kann sich in der Zukunft nicht richtig verhalten, da sie sich in der Vergangenheit hätte anders verhalten müssen. Eigentlich fordert er von ihr, die Vergangenheit zu ändern. Eine interessante Konstruktion, bei der er bestimmt, wann welches Verhalten welche Bedeutung gehabt hätte bzw. haben wird. Er sichert sich auf diese Weise gegenüber seiner Frau die Rolle dessen, der definiert, was Realität ist. Er läßt ihr keine Chance, etwas zu ändern. Es bleibt nur die Fortführung des autodestruktiven Musters ... Das muß von den Therapeuten beim Schlußkommentar berücksichtigt werden.*

FS FRITZ SIMON Das heißt, Ihre Frau hat da jetzt auch überhaupt keine Chance mehr?

V VATER Nein, das hat keine Chance mehr! Das soll nur weitergehen oder sonst irgendwas. Aber sie muß verstehen, daß ich das innerlich nicht verarbeiten kann. Das hat mich halt arg enttäuscht, das muß ich halt ehrlich sagen. Ich weiß, es ist blöd ...

M MUTTER *(empört)* Aber ich geh doch nicht fremd! Ich kann's nicht verstehen, wenn ich jetzt einen Freund hätte, kann ich deine Reaktion verstehen, aber so nicht. *(weinend)* Ich tu doch nichts Unrechtes. Da ist kein Mann, der für mich gebacken ist!

FS FRITZ SIMON Aber offenbar ist das für Sie beide ein Punkt, der sehr bedeutungsvoll ist. Dieser Verein, das Hingehen oder nicht, und das steht wahrscheinlich für etwas anderes.

HS HELM STIERLIN Und beide haben so ein Gefühl: „Das ist festgelegt, das kann sich nicht ändern. Man kann es nicht ändern, ich kann es nicht anders festlegen. Es ist einfach so."

V VATER Und das stimmt mich halt sehr, sehr traurig. Das muß ich also ehrlich sagen.

HS HELM STIERLIN Das erstaunt uns nicht.

FS FRITZ SIMON Wir machen jetzt eine Pause.

***

Die Fragen der Therapeuten sollten nicht nur dem Sammeln von Informationen über die Paar- und Familiendynamik dienen, sondern sie wurden mit einer intervenierenden Absicht gestellt. Sie sollten das Weltbild, vor allem die Bewertungen, welche die Familienmitglieder ihrem eigenen Verhalten und dem der anderen geben, „stören". Solange jeder dem anderen seine Sichtweise bestätigt, wie das im Alltag geschieht, sind neue Entwicklungen wenig wahrscheinlich. Erst durch die Verunsicherung des je eigenen Weltbildes, die Verwirrung, wird Veränderung möglich.

In der hier abgedruckten Gesprächssequenz sind die identifizierte Patientin und ihre Symptomatik fast vollkommen in den Hintergrund geraten. Da die Familie ihretwegen in die Therapie gekommen ist, muß dieser Auftrag nach der Pause von den Therapeuten in ihrem Kommentar wieder in den Mittelpunkt gerückt werden. Aus systemischer Sicht lassen sich natürlich viele Hypothesen konstruieren, welche einen Sinnzusammenhang zwischen Monikas Verhalten und der elterlichen Paardynamik herstellen. Dabei geht es – pragmatisch betrachtet – nicht darum, die „Wahrheit" über den Zusammenhang zwischen dem elterlichen Streit und Monikas Symptomatik herauszufinden, sondern eine Sichtweise anzubieten, welche die Wahrscheinlichkeit erhöht, daß die

Familie ihren Weg aus der Sackgasse findet und Monika ihr Verhalten ändert, denn das ist das Ziel der Therapie.

(Wie es nach der Pause weiterging, ist in Kapitel 13 beschrieben.)

6. Externalisierung und Personalisierung des Problems / Veränderungsneutralität (Familie Lukas, Teil 1)

Zur Sitzung ist die gesamte Familie erschienen. Sie besteht aus den Eltern, die beide 70 Jahre alt sind, dem ältesten Sohn Kurt, 36 Jahre alt, dem identifizierten Patienten Stefan, 34 Jahre alt, Paul, 31 Jahre alt, und Sylvie, 27 Jahre.

Stefan ist seit ca. 10 Jahren psychiatrischer Patient. Er war mehrfach in klinischer Behandlung mit den unterschiedlichsten Diagnosen. Ihre Bandbreite erstreckte sich zwischen „Schizophrenie" und „affektiver Psychose". Er selbst sagt von sich, er leide immer wieder an „Krisen und Depressionen".

Seit zwei Jahren lebt er in einem Übergangswohnheim. Da die Heimleitung verhindern will, daß ihre Einrichtung zu einem Dauerwohnheim wird, drängt sie auf Stefans Auszug. Er selbst würde gerne in das Elternhaus zurückkehren. Seine Eltern – vor allem die Mutter – hätten eigentlich auch nichts gegen diese Lösung, aber die Geschwister wollen dies auf jeden Fall verhindern. Sie sehen zwar, daß ihre Mutter eine „Vollblutmutter" ist und wieder einen Lebensinhalt bekäme, wenn ihr Sohn zu ihr zurückkäme. Sie könnte ihn dann wieder versorgen und sich um ihn kümmern. Sie machen sich aber Sorgen, daß die Pflicht, sich um Stefan zu kümmern, nach dem Tode der Eltern an ihnen hängenbleiben könnte. Diese Sorge ist um so begründeter, als die beiden Brüder im elterlichen Betrieb arbeiten; daraus ergeben sich für sie schon aus erbrechtlichen Gründen gewisse Verpflichtungen dem Bruder gegenüber. Ihr Ziel ist daher, einen „dritten Weg" zwischen Wohnheim und Elternhaus zu finden, auf dem Stefan endlich „selbständig" wird. Gegenargument des Patienten: „Es reicht doch, wenn ich selbständig werde, wenn meine lieben Eltern mal nicht mehr sind!"

Ziel des Gesprächs ist es, eine für alle „akzeptable" Lösung zu finden (eine Definition, die sprachlich nur verhüllt, daß es keine Einigung über das Ziel gibt).

Im ersten Teil des Gesprächs wird deutlich, daß Stefan durch einen „dritten Weg" nichts zu gewinnen hat. Dadurch, daß er immer wieder auf seine „Krankheit" und die „Krisen" verweist, macht er die Geschwister hilflos. Sie sehen sich nicht in der Lage, mit ihm angesichts seines Status als „krank" in einen offenen, aggressiven Konflikt zu gehen. Die „Krankheit" ist im Laufe der Jahre zu einem mächtigen Familienmitglied geworden. Der nächste Abschnitt zeigt Fragetechniken, diese Rolle zu verdeutlichen und aufzuweichen.

***

FS FRITZ SIMON *(zu Stefan)* Also, nehmen wir an, heute würde bei Ihnen ein Bluttest gemacht – falls es so etwas gäbe –, und es würde festgestellt, die Krankheit ist weg, sie kommt nie wieder! Was würden Sie dann tun?

S STEFAN Ha, erstens wäre ich richtig froh, wäre froh, daß meine Mutter ... Ja, zum einen tät ich vielleicht auch, bloß ... ha, mm, daß die auch dastehen und praktisch ... Ich denk mal, ich denk mal, ich bin jetzt auf einmal gesund geworden, und ich weiß nicht ... Ich glaub, wenn ich dann richtig gesund bin ... ich glaub, daß ich im väterlichen Betrieb nicht mehr arbeiten würde.

K *Die Vorstellung, nicht mehr krank zu sein, ist offensichtlich etwas verwirrend. Es läßt sich vermuten, daß aufgrund der langen Patientenkarriere Kranksein schon ein Teil von Stefans persönlicher Identität geworden ist. Innerhalb der Familie ist dies die Eigenschaft, die ihn unverwechselbar von seinen Geschwistern unterscheidet. Sie ihm zu nehmen – wenn auch nur im Gedankenexperiment – dürfte erst einmal mit einer gewissen Desorientierung verbunden sein.*

FS FRITZ SIMON Was würden Sie dann machen? Spielen wir es doch mal richtig durch.

S STEFAN Ich bin ja schon abgehärtet, ich bin abgehärtet und hab viel in meinem Leben mitgemacht, und ich weiß auch, wie schwer es für mich ist. Und wenn die Krankheit plötzlich weg wäre, dann wäre ich ja riesenfroh ...

FS FRITZ SIMON Nehmen wir mal an, die Krankheit ist weg. Gehen wir das doch mal durch und phantasieren wir uns das mal aus: Die Krankheit ist weg, aber die Situation ist ja dieselbe. Sie wissen jetzt nicht, ob Sie zurück zur Mutter gehen. Bequemer bleibt es allemal. Auch ohne Krankheit ist es bequemer, sich von der Mutter versorgen zu lassen. Machen viele Leute, nebenbei gesagt, ohne daß sie dazu krank sein müssen. Manche Mütter genießen es, manche Söhne genießen es. Ich habe einen guten Bekannten, der ist 55, lebt mit der Mutter zusammen, sind beide sehr zufrieden, und es geht beiden gut, und er sagt: „Mir kommt keine Frau ins Haus, die wollen immer soviel von mir; bei meiner

Mutter ist es umgekehrt, die will nichts von mir, die tut viel für mich." Also das kann sehr gut gehen.

(Brüder lachen)

K *Geschichten zu erzählen ist eine gute Methode, Ideen zu transportieren, da Menschen in Geschichten denken. Erzählt man Geschichten, so kann man in sehr verdichteter und erlebnisnaher Form charakteristische Beziehungsmuster beschreiben, ihre Dynamik und ihre Dramaturgie. Wer sie hört, kann sich mit den Akteuren identifizieren oder auch von ihnen abgrenzen, die Ähnlichkeiten oder Unterschiede betonen. Er kann gewissermaßen in die Innenperspektive der Beteiligten steigen, ohne daß es irgendeines Abstraktionsaufwandes bedürfte. Geschichten sind daher viel besser als alle theoretischen Erörterungen geeignet, Umdeutungen zu geben.*

FS FRITZ SIMON Die Situation wäre also dieselbe: Sie sind gesund und stehen vor der Frage: „Ziehe ich zu meinen Eltern zurück, da hab ich's bequem, da habe ich Fürsorge, da guckt man auf mich, Hotel Mama!"

M MUTTER Hotel Mama!

FS FRITZ SIMON Ja, was werden Sie tun? Was tun Sie jetzt, wenn Sie gesund sind und in genau derselben Situation sind wie jetzt?

(lange Pause)

S STEFAN ... Ja ...

(lange Pause)

FS FRITZ SIMON Im Moment ist es ja so: Sie sind immer zu zweit. Sie und die Krankheit. Sie sind gewissermaßen mit der Krankheit verheiratet. Ihre Brüder haben beide eine Frau, Sie haben die Krankheit. Und die Frage ist nur: Ziehen Sie mit Ihrer Frau zu Ihren Eltern, oder suchen Sie sich eine eigene Wohnung? Auf einmal sind Sie ledig, Sie haben die Krankheit nicht mehr. Ist dann die Wahrscheinlichkeit größer, daß Sie zur Mutter ziehen, oder ist sie geringer?

K *Die Externalisierung und Personalisierung der „Krankheit" schließt an die bei den meisten Menschen sowieso vorhandene Verdinglichungstendenz an. So hat Stefan auch im Interview mehrfach davon gesprochen, daß „plötzlich und überraschend die Depression gekommen" sei (so wie ein unangemeldeter Besucher). Durch diesen Sprachgebrauch wird zwischen der Krankheit und der Person des Patienten unterschieden. Das mag man aus systemtheoretischer Sicht für falsch oder unangebracht halten, auf der anderen Seite ist unsere Alltagssprache nun einmal so, wie sie ist, und die Klienten haben den Sprachgebrauch, den sie haben. Eine bewährte Umgangsweise mit dieser Tendenz, die Krankheit zu einer handelnden Einheit zu machen, ist die Personalisierung des Symptoms oder der Krankheit. Auf diese Weise wird sie zu einer Art Interaktionspartner für Patienten, Angehörige und Therapeuten. Fragt man nach den Beziehungen zwischen all diesen Akteuren, wird deutlich, daß die Krankheit als virtueller Teilnehmer am Familienleben eingebettet ist in Koalitionen, daß sie sich innerhalb von Machtkämpfen benutzen läßt, daß es Abwehrfronten gegen sie gibt usw. Behandelt man als Therapeut in seinen Fragen die Krankheit so wie andere Menschen auch, so wird deutlich, welche emotionalen Beziehungen die Beteiligten zu ihr haben und welche Funktionen sie innerhalb der Familie ausübt. Wenn obendrein auch die „Gesundheit" personalisiert wird, so kann der Patient gegenüber beiden in die Außenperspektive versetzt werden und zu ihrem Verhältnis befragt werden. Aber solch ein relativ lockerer und unmedizinischer Geprächsstil stößt manchmal auf Verständnisschwierigkeiten …*

S STEFAN Bitte noch mal.

FS FRITZ SIMON Ist die Wahrscheinlichkeit größer, daß Sie zur Mutter ziehen, ohne die Krankheit, oder ist sie geringer?

S STEFAN *(schaut fragend, schweigt, signalisiert, daß er nicht versteht)*

FS FRITZ SIMON Haben Sie es nicht verstanden? Habe ich das zu kompliziert gefragt? Oder ist es eine Frage, die …

M MUTTER *(zu Stefan gewandt)* Möchtest du dich hierher setzen? Setz dich hierher, vielleicht verstehst du dann besser!

(Mutter und Stefan tauschen die Plätze, so daß Stefan jetzt links von Fritz Simon sitzt)

S STEFAN Wenn die Krankheit nicht mehr da wäre?

K *Es lag also offenbar nicht an der Akustik, daß Stefan nicht gleich verstanden hat.*

FS FRITZ SIMON Ja.

S STEFAN Ich würde von zu Hause weg …

FS FRITZ SIMON Sie würden eher weggehen von zu Hause?

S STEFAN Ich würde von zu Hause weggehen und auch nicht mehr im väterlichen Betrieb arbeiten.

FS FRITZ SIMON Das heißt, die Krankheit hilft Ihnen auch, nach Hause zurückzuziehen?

S STEFAN Ja, weil ich praktisch ... ich weiß, wie das wäre, wenn ich gesund wäre. Ich meine, dann wäre es nicht mehr so schlimm bei mir, wenn ich richtig gesund wäre. Ich würde von zu Hause fortgehen!

FS FRITZ SIMON Was machen Sie dann, wenn Sie gesund sind?

S STEFAN Wenn ich abgehärtet wäre, würde ich auf mich sehen ....

FS FRITZ SIMON Aber was machen Sie dann anders als jetzt, wenn Sie gesund sind?

(längere Pause)

S STEFAN Ja, ich nehme an, eine Arbeit suchen ....

FS FRITZ SIMON Nehmen wir an, heute Nacht verschwindet die Krankheit. Unwiederbringlich. Sie ist in die Wüste geschickt. Sie haben sich scheiden lassen, sozusagen. Oder die Krankheit hat einen Autounfall gehabt und ist gegen einen Baum gefahren, die Krankheit existiert nicht mehr. Und Sie sind allein, ohne Krankheit. Was machen Sie dann?

(Sylvie lacht)

(längere Pause)

S STEFAN *(leise)* Ja, ich weiß nicht ...

FS FRITZ SIMON Was machen Sie dann morgen?

(längere Pause)

S STEFAN Ja, ist schwierig zu sagen, wenn ich kein Geld habe ...

FS FRITZ SIMON Wie werden Sie sich Geld beschaffen?

S STEFAN Ja, ich werde zum Vater gehen.

FS FRITZ SIMON Sie gehen zum Vater?

S STEFAN Und zu den Brüdern.

FS FRITZ SIMON Und wenn Sie nicht krank sind, wenn die Krankheit nicht mehr da ist, werden die Ihnen dann Geld geben oder nicht?

S STEFAN Das weiß ich nicht.

FS FRITZ SIMON Was schätzen Sie?

S STEFAN Ja, ich denke schon, als Erbteil vielleicht. Oder ... ja, als Erbteil vielleicht. Vielleicht momentan nicht oder vielleicht mal später.

FS FRITZ SIMON Aber bleiben wir mal direkt hier, heute, morgen, übermorgen.

S STEFAN Ja, das weiß ich nicht.

FS FRITZ SIMON Was werden Sie tun, wenn die Krankheit weg ist ...?

S STEFAN Wenn ich kein Geld bekomme?

FS FRITZ SIMON Nein, die Krankheit ist weg, und alle wissen, die Krankheit ist nicht mehr da. Sie haben dann erst mal kein Geld und stehen vor der Frage: Ziehe ich zu den Eltern oder ziehe ich nicht zu den Eltern? Sind die Brüder dann noch dagegen, daß Sie zu den Eltern ziehen, oder sind sie einverstanden?

S STEFAN Einverstanden.

FS FRITZ SIMON Aha, dann sind die einverstanden. Wie kommt es, daß auf einmal so ein Sinneswandel stattfindet?

(längere Pause)

M MUTTER *(zu Stefan)* Jetzt bist du ein bißchen konfus, gell, Stefan?

S STEFAN Ja.

FS FRITZ SIMON Ich habe nicht den Eindruck, daß er konfus ist. Mir scheint das schon plausibel.

M MUTTER Nicht? Ah ja, dann ist ja gut.

FS FRITZ SIMON Ja, das ist doch, wenn wir in diesem Bild bleiben …

M MUTTER Er widerspricht sich …

FS FRITZ SIMON Nein!

P PAUL Nein!

FS FRITZ SIMON Aber das ist doch häufig so: Wenn, zum Beispiel, mein Bruder alleine zu meinen Eltern zieht, und er ist gesund, sage ich, o.k. … Dann bin ich ganz froh, denn dann kümmert sich jemand um meine Eltern. Die sind jetzt auch nicht mehr so gut beieinander. Wenn er aber mit einer Frau dahin zieht oder z. B. noch irgendwen anderen mitbringt, eine Krankheit z. B., dann bin ich dagegen. Dann sage ich: Da kommt wer Fremdes mit ins Haus. Und so scheint's mir hier auch zu sein.

M MUTTER Ach so, so geht das.

FS FRITZ SIMON Wenn er mit der Krankheit zu Ihnen zieht, sind die Brüder offenbar dagegen, wenn er alleine zu Ihnen zieht, dann sind sie einverstanden … *(zu Stefan gewandt)* habe ich das richtig verstanden?

S STEFAN Ja.

FS FRITZ SIMON Das heißt, wenn die Krankheit weg ist, dann könnten Sie zu den Eltern ziehen.

(längere Pause)

S STEFAN Nein.

(längere Pause)

FS FRITZ SIMON Soll ich Ihnen eine Pause gönnen und die anderen wieder befragen? Machen wir das so, ich gönne Ihnen jetzt eine Pause und frage die anderen.

S STEFAN Ja.

FS FRITZ SIMON Ja, ich geb zu, ich stelle Ihnen schwierige Fragen. Aber ich denke, die können Sie gut verkraften. *(zu den Geschwistern gewandt)* Sieht er das richtig, daß Sie einverstanden wären, daß er zu den Eltern zieht, wenn es klar wäre: Die Krankheit ist weg, er ist ganz o.k., er ist ganz gesund?

SY SYLVIE Ja, ich schon.

FS FRITZ SIMON Sie wären einverstanden?

KU KURT Ich vielleicht auch. Ich habe mehrere Hintergedanken.

FS FRITZ SIMON Erzählen Sie mal.

KU KURT Der Hintergedanke ist der: Wenn Stefan nicht mehr krank ist, wie benimmt er sich dann? Wenn er arbeitet oder sich selbst verwaltet und eine eigene Meinung hat, dann wäre mir sicher auch wieder gleich, ob er nach Hause zurückkehren würde.

FS FRITZ SIMON Woran werden Sie merken, daß er gesund ist? Wie verhält er sich zu Hause? Bleiben wir mal bei der Situation: Er lebt bei den Eltern und ist gesund. Wie verhält er sich dann?

KU KURT Ja, dann würde er in der Früh um 7 oder 6 Uhr aufstehen und zur Arbeit gehen.

K *Eine ausgesprochen attraktive Gesundheitsvision (für Menschen mit Schlafstörungen wahrscheinlich ...).*

FS FRITZ SIMON Wo? Im elterlichen Betrieb oder woanders?

KU KURT Ja, bleiben wir mal beim elterlichen Betrieb, wenn er schon daheim ist. Wenn der Stefan vielleicht gesund wäre, dann hätte er auch andere Anschauungen ...

FS FRITZ SIMON Welche z. B.?

KU KURT Stefan wollte z. B. immer einen Beruf ausüben, der mit Autos im Zusammenhang steht, z. B. Autovertreter, Autos verkaufen. Vielleicht würde er sich dann im Beruf ... vielleicht auch sicherer, besser in seinem Beruf bestätigen.

FS FRITZ SIMON Wenn er gesund ist, dann wird er sich aus Ihrer Sicht eher eine Arbeit im Autogewerbe suchen, d. h. nicht im elterlichen Betrieb arbeiten.

KU KURT Er hatte schon immer diese Vorstellungen.

FS FRITZ SIMON Das heißt, er wollte eigentlich nie in diese Branche, in der Sie tätig sind?

KU KURT Ja, ich weiß nicht, wollte er, wollte er nicht? Er hat halt im elterlichen Betrieb angefangen. Das war ja ganz fein, nicht?

FS FRITZ SIMON Ja, es ist bequem. Aber bequem ist ja nicht immer das, was man eigentlich will. Also, spielen wir das mal weiter durch. Er ist gesund, dann wohnt er zu Hause bei den Eltern – das ist dann möglich. Er steht früh um 6 oder 7 Uhr auf, geht zu einer Arbeit, die nicht im elterlichen Betrieb ist, sondern vielleicht eher im Autogewerbe ist. Was macht er noch anderes?

KU KURT Ja, dann wird er sich uns gegenüber vielleicht ... sicherlich anders benehmen.

FS FRITZ SIMON Wie?

KU KURT Uns gegenüber freundlich sein ...

FS FRITZ SIMON Wem gegenüber würde es am meisten auffallen, das andere Benehmen?

K *Solche Fragen sind wieder auf die Ebene des beobachtbaren Verhaltens gerichtet. Den einzelnen Beziehungspartnern wird ein verändertes Verhalten unterschiedlich schnell und stark auffallen, je nachdem, wie intensiv die Beziehung zeitlich und/oder emotional ist. Das Frageprinzip besteht darin, mehrere hypothetische Unterschiede aneinanderzureihen, um zu sehen, welcher Faktor in welcher Beziehung welche Bedeutung hat: Für wen hätte es am meisten Auswirkungen, wenn Stefan für gesund gehalten würde? Diese Frage wird an jemanden gerichtet, von dem vermutet wird, daß er relativ außenstehend ist.*

KU KURT Den Eltern.

FS FRITZ SIMON Mehr der Mutter oder mehr dem Vater?

KU KURT Meiner Mutter.

FS FRITZ SIMON Wie würde er sich der Mutter gegenüber verhalten?

KU KURT Er würde ihr vielleicht sagen: Mutter, jetzt geht's mir gut, mach dir keine Sorgen mehr. Ich komm jetzt allein zurecht! Und er würde sich sicherlich um die Mutter kümmern.

FS FRITZ SIMON Aha, und wie wird sich die Mutter anders verhalten, wenn er gesund ist?

KU KURT Die Mutter würde sich freuen und vielleicht ... natürlich würde sich die Mutter dann auch automatisch anders verhalten.

FS FRITZ SIMON Aber wie?

KU KURT Ja, vielleicht, daß sie nicht mehr sagt: „Stefan, zieh dir einen roten Pullover an und nicht den grünen."

FS FRITZ SIMON Meinen Sie, sie würde von alleine aufhören, oder würde sie erst aufhören, wenn er ...

KU KURT Nein, alleine aufhören würde sie nicht, glaube ich. Das wäre schwierig für die Mutter.

K *Die Mutter verhält sich, wenn man den Aussagen des Bruders glauben kann, im allgemeinen Stefan gegenüber eher so, wie man es einem kleinen Kind gegenüber erwartet. Sie sorgt sich darum, daß er sich richtig anzieht usw. Normalerweise hören Mütter mit dieser Art, sich den Kopf ihrer Kinder zu zerbrechen, auf, wenn sie merken, daß die Kinder alleine herausfinden, welcher Pullover ihnen gut steht. Dabei kommt es meist zu einer Phase von Konflikten, in denen der Geschmack der Mütter (oder Väter) auf den der Kinder trifft. Meist setzen sich die Kinder durch, da die Eltern in ihrer Macht, ihren Kindern Pullover aufzuzwingen, sehr begrenzt sind. Sie finden sich dann damit ab, daß ihre Kinder auch mit dem falschen Pullover noch einigermaßen liebenswert sind, und brechen die Beziehung meist nicht deswegen ab. Wenn ein „Kind" aber erst einmal als psychisch krank definiert wird, dann wird diese konflikthafte Phase der Abgrenzung nicht oder anders durchlaufen. Zum einen bleibt der junge Erwachsene im Kindstatus, weil mit der Identifizierung als „psychisch krank" verbunden ist, daß er „nicht für voll" genommen wird. Und zum zweiten entwickelt sich eine Dynamik der Konfliktvermeidung, da nie klar ist, ob er das, was er sagt, auch meint. Ist es wirklich er – ein eigenverantwortliches, handelndes Subjekt –, der da spricht oder sich einen Pullover aussucht, oder ist der Wunsch, diesen oder jenen Pullover zu tragen, ein Symptom. Die vor einigen Minuten von der Mutter geäußerte Vermutung, Stefan sei ein wenig verwirrt, als er eine Äußerung machte, die ihr nicht auf den ersten Blick plausibel erschien, zeigt dieses Schema der Disqualifikation von Äußerungen. Allerdings – das sei betont, um den Patienten nicht als „Opfer" erscheinen zu lassen – lädt der Patient in der Regel seine Angehörigen dazu ein, seine Äußerungen zu disqualifizieren. Es ist gewissermaßen ein gemeinsames, kooperatives Muster der Konfliktvermeidung, das sich in Familien mit einem als schizophren diagnostizierten Mitglied häufig beobachten läßt. Wenn nicht klar ist, wie das, was gesagt oder getan wird, gemeint ist, kann es auch keine Konflikte über die kommunizierten Inhalte geben, oder anders gesagt: Es werden keine Inhalte kommuniziert. Meist ist die Langzeitfolge aber, daß der Patient exkommuniziert wird bzw. sich exkommuniziert (= aus der Kommunikationsgemeinschaft ausgeschlossen ist).*

FS FRITZ SIMON Das heißt, es könnte Konflikte zwischen den beiden geben, daß er sagt: „Mama, sag mir nicht, welchen Pullover ich anziehen soll. Ich will mir den selber aussuchen, auch wenn's nicht dein Geschmack ist!" Wie wäre das für Ihre Mutter? Wäre das leicht zu ertragen?

KU KURT Nicht sehr leicht.

FS FRITZ SIMON Das heißt, es wird schwieriger werden zu Hause, wenn er gesund wird. Es gibt mehr Konflikte.

(Die Geschwister lachen alle.)

KU KURT Nein, diesen Konflikt würde ich eher als Lappalie sehen. Also, diese Konflikte, die wir mit dem Stefan daheim schon gehabt haben, diese Konflikte müßten lösbar sein.

FS FRITZ SIMON *(zu Paul gewandt)* Sehen Sie das auch so, daß es so laufen wird, wenn er plötzlich gesund ist und zu Hause wohnt? Oder sehen Sie es ganz anders?

P PAUL Ja, ich kann es mir nicht recht vorstellen.

FS FRITZ SIMON Versuchen Sie es mal.

P PAUL Ich kenne den Stefan schon so lange krank, daß ich's mir fast nicht mehr vorstellen kann, wie er sich gesünder verhalten könnte.

K *Das ist einer der Gründe, solche Fragen zu stellen. Das, was man sich nicht mehr vorstellen kann, wird man auch nicht erkennen, wenn es eintritt. Wer nicht glaubt, daß „Heilung" möglich ist, kreiert eine selbsterfüllende Prophezeiung. Deshalb sind auch Zuschreibungen, in denen von einer chronischen Krankheit die Rede ist, so gefährlich.*

FS FRITZ SIMON Aber versuchen Sie es mal. Es gibt immer wieder die Erfahrung, daß so was ganz plötzlich passiert, daß einer aussteigt aus so einer Krankheit.

P PAUL Sagen wir mal, wenn der Stefan diesen Druck nicht mehr spürt …

FS FRITZ SIMON Welchen Druck?

P PAUL Wenn er nicht mit dieser Krankheit verheiratet wäre, wie Sie eben gesagt haben, dann wäre der Stefan im Endeffekt ein ganz feiner Mensch. Er ist nicht boshaft …

K *Die vom Therapeuten eingeführte Metapher ist zumindest vom Bruder übernommen worden. Das ist ganz günstig, da der Umgang mit Ehepartnern der ganzen Familie vertraut ist. Die Durchschnittsbürger fühlen sich als Experten, was die angemessene Behandlung von Ehemännern und Ehefrauen angeht. Bei der Behandlung von Krankheiten sind allein die Ärzte als Experten anerkannt. Sie hat etwas Geheimnisvolles, Undurchschaubares und Mystisches, das jeden Nichtexperten hilflos macht und aus der Verantwortung drängt.*

FS FRITZ SIMON Wie verhält er sich dann?

P PAUL Das kann ich nicht genau beurteilen, weil ich nicht weiß, wie dann seine Entwicklung gewesen wäre, dann könnte er genausogut verheiratet sein mit einer Frau …

K *Gute Antwort, aber nicht auf die Frage. Es geht nicht um die vergangenheitsorientierte Frage „Was wäre gewesen, wenn ...?“, sondern um die zukunftsbezogen Frage „Was wird sein, wenn ...?“*

FS FRITZ SIMON Nein, das ist eine andere Frage, das ist eine ganz andere Frage. Die interessiert mich überhaupt nicht. Das wäre etwas, was vorbei ist. Ich will Ihnen sagen, warum ich die Frage stelle. Ich arbeite mit sehr, sehr vielen Patienten, die mit so einer Diagnose durch die Gegend laufen. Und ich mache die Erfahrung – deswegen habe ich das Bild, das Verheiratetsein mit der Krankheit, gebraucht –, ich habe die Erfahrung gemacht, daß da plötzlich Scheidungen stattfinden. Früher dachte man, Scheidungen sind verboten, das darf nie sein. So ist das bei solchen Krankheiten auch. Es wird heute offensichtlich leichter, sich auch von so einer Krankheit zu trennen. Zu sagen: Ich geh weg! Bei jeder Scheidung muß man sich überlegen: Gewinn ich wirklich was? Denn dann bin ich womöglich allein, dann finde ich einen neuen Partner, oder so ähnlich ... Das ist ganz ähnlich. Deswegen geht es nicht um die Frage: Was wäre alles gewesen? Wenn man sich nach zehn Jahren Ehe trennt, dann nützt es auch nichts zu sagen: Was wäre alles gewesen, wenn wir nicht geheiratet hätten? Die Frage ist: Was machen wir in der Zukunft? Deswegen die Frage: Was wäre, wenn heute nacht die Krankheit plötzlich verschwindet? Bösartiges Verlassen gewissermaßen.

P PAUL Da sage ich, daß er sich sehr schwierig trennen würde.

FS FRITZ SIMON Natürlich, er würde erst mal trauern, wahrscheinlich, wie jeder, der verlassen wird.

P PAUL Er würde sich wehren.

FS FRITZ SIMON Er würde sich wehren? Er würde versuchen, sie zurückzukriegen? Würde er versuchen, sie zurückzukriegen?

P PAUL In gewissen Momenten, wo er einen Vorteil hat, sicher.

FS FRITZ SIMON Aha, und wie würde er das anstellen?

P PAUL Er schaut sicher immer auf seinen Vorteil.

FS FRITZ SIMON Na ja, aber die kommt ja nicht so ohne weiteres.

P PAUL Dann würde er vielleicht sagen: Draußen schneit's, es ist kalt, was soll's, ach, ich bin nicht gut beieinander. Dann verheiratet er sich wieder mit seiner Krankheit.

FS FRITZ SIMON Die Frage ist, ob sie kommt.

SY SYLVIE Er wird sie kommen machen.

FS FRITZ SIMON Wie kann er das tun, wie wird er das schaffen? Trauen Sie ihm das zu: sie kommen machen?

SY SYLVIE Nur, wenn er sich selbst belügt!

FS FRITZ SIMON Manchmal ist es ja so, wenn man verlassen wird von einem geliebten Partner, dann setzt man die ganz Verwandtschaft ein. Könnten Sie denn helfen, daß sie wieder zurückkommt, die Krankheit, wenn sie ihn verlassen hat?

P PAUL Glaube ich nicht, das kann man nicht ...

SY SYLVIE *(zu Paul)* Kannst du oder kannst du nicht? Sie zurückholen, Einfluß nehmen?

P PAUL Ich für ihn?

SY SYLVIE Ja.

P PAUL Nein, nein, das kann ich nicht.

FS FRITZ SIMON Nun, nehmen wir z. B. an, Sie würden Forderungen an ihn stellen. Wäre das eher etwas, das der Krankheit hilft, zu ihm zurückzukommen?

P PAUL Ich glaube schon.

FS FRITZ SIMON Wenn Sie keine Forderungen stellen würden an ihn, wäre das etwas, was die Krankheit eher zurückholen würde oder nicht?

P PAUL Ich würde sagen: nein.

FS FRITZ SIMON Wenn Sie sagen: „Mir ist egal, was du tust", ist das etwas, was die Krankheit zurückholt?

P PAUL Nein, glaube ich nicht.

KU KURT Ich würde eher sagen, daß der Stefan sie eher zurückholen würde, wenn er wieder bei den Eltern wohnt.

FS FRITZ SIMON Aha, wieso?

KU KURT Oder, nehmen wir an, es wäre dann nicht so, wie ich gesagt habe, daß er Autovertreter würde, sondern wieder im Betrieb arbeitet. Dann, glaube ich, würde er das eher machen, als wenn er selbständig arbeiten würde.

FS FRITZ SIMON Und warum?

KU KURT Ja, weil's für ihn relativ ...

M MUTTER ... gewohnt wäre.

KU KURT ... Gewohnheit vielleicht geworden ist, aber auch eine angenehme Gewohnheit.

FS FRITZ SIMON Das heißt, die Krankheit hilft ihm am meisten in der Beziehung zu den Familienangehörigen?

KU KURT Ja, früher, als er noch bei uns gearbeitet hat, von 10 Situationen, wo er sich von der Arbeit zurückgezogen hat, hat er sich drei- oder viermal von der Arbeit zurückgezogen mit der Ausrede, ich bin ja krank. Aber wenn er selbständig ist und er sich dann so verhält, dann wird das für ihn ganz schwierig. Weil er dann ja kein Geld verdient. Aber wenn er daheim ist, dann geht es ja gleich gut weiter.

FS FRITZ SIMON *(zum Vater gewandt)* Was denken Sie denn, als der Chef hier, sozusagen, wie werden die einzelnen Familienmitglieder sich anders verhalten, Sie selbst, Stefan, all die anderen, wenn für alle klar ist, die Krankheit ist weg? Wie werden Sie sich anders verhalten, und zwar heute, morgen, übermorgen?

V VATER Wie der Stefan schon geäußert hat, ich wäre nicht ganz dagegen, wenn er mit uns wohnen würde. Aber ich finde darin keine Lösung. Ich kann auch nicht verstehen ...

FS FRITZ SIMON Entschuldigen Sie, wenn ich Sie unterbreche. Aber, wenn er gesund ist, dann wäre Ihnen das leichter vorstellbar, daß er zu Hause wohnt bei den Eltern? Ist es dann einfacher?

V VATER Einfacher wäre es schon. Er ist jetzt schon zwei Jahre ungefähr in dem Heim, und mir kommt es vor, er ist noch nicht gereift. Er ist nicht selbständig. Er müßte noch selbständiger werden. Das Bewußtsein haben, daß er jetzt getrennt ist, daß er sich mehr einsetzt, daß er mehr Willen hat. Er muß ja was gelernt haben. Es kommt mir vor, es zieht ihn wieder zurück aus Bequemlichkeit. Es ist für ihn keine große Lösung, kein Problem. Er sagt sich, ich geh wieder zurück. Die Eltern werden schon schauen auf mich. Ob er sich dann richtig aufführt oder nicht, das muß man dann sehen.

FS FRITZ SIMON Deswegen meine Frage. Meist stimmt das ja, wenn jemand erst mal sich selbst als krank beschreibt und von anderen als krank beschrieben wird, dann sagen die Eltern immer, du kannst zu uns kommen. Man schickt kein krankes Kind vor die Tür. Das schaffen keine Eltern, auch wenn sie sich verstandesmäßig sagen: Es wäre besser. Ich habe kaum Eltern getroffen, die das geschafft haben. Da spricht das Gefühl. Man kann doch ein krankes Kind nicht auf die Straße schicken. Das fällt Brüdern und Schwestern schon schwer, aber das fällt Eltern noch schwerer. Deshalb meine Frage. Wenn klar wäre, er ist bequem, er ist intelligent ... – und das ist ja häufig miteinander kombiniert. Denn es ist ein Zeichen von Intelligenz, wenn man den leichtesten Weg geht. Das ist ein ökonomisches Prinzip, auch in der Wirtschaftsforschung beschrieben. Es ist ökonomisch unsinnig, den schwersten Weg zu gehen. Es ist auch ein Zeichen von Intelligenz, wenn man den leichtesten Weg geht. Wenn also klar ist: Er ist intelligent, er ist bequem, und er geht den bequemsten Weg, wenn es geht, aber ist nicht krank. Wenn das ganz klar ist, wie werden Sie sich denn jetzt verhalten? *(mit dem Kopf in Richtung Mutter nickend)* Wie werden Sie sich verhalten? *(Kopfnicken Richtung älterer Sohn)* Wie werden Sie sich verhalten, *(Richtung jüngerer Sohn)* Sie, *(Richtung Sylvie)* Sie, *(Richtung identifizierter Patient)* Sie? Was schätzen Sie?

V VATER Für mich wäre es natürlich wünschenswert, wenn er wieder normal denken und arbeiten könnte.

K *Wie häufig in Familien mit einem eigenen Betrieb, ist auch hier das Arbeiten ein hoher Wert, dem man nur als Kranker nicht unterworfen wird.*

FS FRITZ SIMON Was werden Sie machen, wenn klar ist, er ist gesund?

V VATER Dann wäre ich nicht dagegen.

FS FRITZ SIMON Dann darf er wieder zu Hause sein?

V VATER Ja, unter der Voraussetzung, daß er guten Willen zeigt, daß er hilfsbereit ist, daß er sich einsetzt.

FS FRITZ SIMON Aber werden Sie ihn dann bequem sein lassen?

V VATER Ich bin dagegen, daß er nur bequem sein darf.

FS FRITZ SIMON Ja, aber wenn er dann zu Hause ist, die Füße auf den Tisch legt, und die Mutter bringt ihm das Frühstück ans Bett?

V VATER Ja, das ist ja seine Waffe, daß er sich immer auf die Eltern beruft.

FS FRITZ SIMON *(zu Sylvie)* Aber werden die Eltern mitspielen, wenn die Krankheit weg ist? *(zum Vater)* Wird Ihre Frau noch mitspielen? Wird sie ihn noch verwöhnen, wenn sie weiß, die Krankheit ist weg? Er ist ein Sohn wie alle anderen Söhne auch? *(zu Sylvie)* Wie werden Ihre Eltern sich verhalten?

SY SYLVIE Ich kann aus meiner Erfahrung sagen, die Mutter würde ihn nicht mehr verwöhnen. Ich habe es bei mir selber erlebt: „Du bist gesund, du bist jung, was willst du, du hast nicht müde zu sein.“ Das hat mir immer weh getan. Ich durfte nicht müde sein. Ich habe immer gespürt, ich habe einen kranken Bruder, du bist gesund, du mußt.

FS FRITZ SIMON Das heißt, Sie sind zu spät auf die Idee gekommen, krank zu sein?

SY SYLVIE Wahrscheinlich, aber ich möchte nicht krank sein. Ich bin glücklich so.

FS FRITZ SIMON Das heißt, die Mutter war ganz schön streng und wäre es dann mit ihm auch.

M MUTTER Ich kann streng sein. Darf ich jetzt mal?

KU KURT Sie fragen uns jetzt nach morgen. Aber auch für uns wäre das natürlich morgen schwer. Wir müssen uns wieder daran gewöhnen und lernen. Wenn Stefan in eine neue Wohnung käme. Er hat ja 34 Jahre im Mutterhaus gelebt. Er müßte lernen, auch vollkommen neue Situationen durchzustehen.

SY SYLVIE Wir vergessen nicht die Vergangenheit. Wir haben gewisse Erfahrungen mit ihm. Ich scheue es, oder ich hab Angst. Ich glaube ihm nicht, wenn er sagt, ich geh jetzt heim, und ich werde regelmäßig arbeiten. Ich glaube ihm kein Wort. Er hat es so oft gesagt, solange, über 10 Jahre. Deswegen, ich bin mißtrauisch.

FS FRITZ SIMON Ja, das ist klar. Meine Frage zielt nicht dahin, ob Sie ihm glauben, wenn er das sagt. Sondern nehmen wir mal an, es ist ganz klar: Er ist gesund. Er ist ein bequemer Mensch. Er ist ein intelligenter Mensch, der sich gerne verwöhnen läßt. Da müssen Sie alle ganz schön umlernen.

M MUTTER Wenn die Krankheit weg wäre, wenn ich wüßte, er ist ein gesunder Mensch, dann würde ich mit ihm streng sein. Wie ich es mit meinen Kindern immer war, natürlich immer mit Vorsicht, aber ich würde den strengen Weg einschlagen für seine Zukunft, ihm zu helfen.

K *Die Mutter würde sofort wieder die Mutterrolle übernehmen und erneut versuchen, Stefan richtig zu erziehen. Die Krankheit hat sie entmachtet, ihre Strenge verpufft ...*

FS FRITZ SIMON Wäre ihm das angenehm?

M MUTTER Vielleicht würde es ihm ein bisserl schwerfallen.

S STEFAN Na, na, ich würde sagen: Laß meine Mutter reden. Ich muß arbeiten, das geht mich alles nix an.

V VATER Der Stefan hat nie getan, was er gesagt hat. Er hat oft gesprochen und gesagt: Morgen fange ich an! Und dann in der Frühe hab ich ihn geholt. Da hat er nix mehr gewußt, oder er wollte nicht. Man kann auf ihn nicht vertrauen. Er ist zu wenig selbständig, zu wenig ehrgeizig.

K *Die Tatsache, daß Stefan morgens nicht aufsteht, kann sich auf vielerlei Weise deuten lassen: als Faulheit, Bequemlichkeit, mangelnder Ehrgeiz, Antriebsschwäche, Depressivität usw. Wie es interpretiert wird, bestimmt, wie Stefan in der Familie betrachtet wird und wie mit ihm umgegangen wird. Am wenigsten Konflikte gibt es, wenn er als krank betrachtet wird. Für ihn selbst gibt es eine kürzer- und eine längerfristige Kosten-Nutzen-Rechnung: Kurzfristig vermeidet er Ärger, wenn er sich auf seine Krankheit beruft, langfristig nimmt er sich viele Lebenschancen eines Erwachsenen, wenn er dies tut.*

FS FRITZ SIMON *(zu Stefan)* Es gibt eben verschiedene Werte. Da wir schon beim Stichwort sind, machen wir ein kleines Gedankenexperiment. Ich mache solche Gedankenexperimente ganz gern, damit man weiß, worauf man sich in Zukunft einläßt. Das spart viel Aufwand. Manche Sachen probiert man erst aus, und dann sieht man, das war falsch. Und wenn man es vorher durchdacht hätte, dann hätte man es sich sparen können. Nehmen wir an, die Krankheit ist in die Wüste geschickt, die ist weg. Was könnten Sie denn tun, damit sie wiederkommt? Wie können Sie sie wieder zurückholen? Wie können Sie sie wieder einladen zu kommen?

S STEFAN Die Krankheit ist über mich gekommen.

FS FRITZ SIMON Ja, erfahrungsgemäß ist es so. Die Krankheit kommt über einen. Aber irgendwo lädt man sie auch ein. Die kommt nicht aus heiterem Himmel. Sie kommt zwar irgendwann, aber erst mal hat man die Türen aufgemacht und Einladungskarten verschickt. Und dann ist man überrascht, daß sie nicht allein kam, sondern noch fünf Leute mitbrachte, so ungefähr. Wie könnten Sie sie wieder einladen, die Krankheit. Nehmen wir an, es geht Ihnen gut. Sie sind wieder ganz gesund. Wie könnten Sie sie wieder einladen, die Krankheit?

S STEFAN Nein, ich weiß nicht. Ich weiß ja auch nicht, wie sie gekommen ist.

FS FRITZ SIMON Na ja, aber Sie haben ja doch inzwischen Erfahrungen mit ihr. Sie leben schon ziemlich lange mit ihr, und Sie wissen sicher, wie Sie sie ein Stück einladen könnten. Die meisten Leute wissen das, und ich kann mir nicht vorstellen, daß Sie nicht wissen, wie Sie sie einladen könnten.

S STEFAN Ich kann Ihnen da nichts sagen, ich weiß es nicht.

K *Offenbar hat das Gespräch eine Wendung genommen, die Stefan nicht gefällt. Er mag sich nicht auf die Fragen einlassen, vor allem will er nicht die Implikationen der hier gebrauchten Metapher der Krankheit als Person bestätigen (was ja sein gutes Recht ist). Fast immer, wenn man die Antwort „Weiß ich nicht!" als Antwort auf hypothetische Fragen und Gedankenexperimente bekommt, handelt es sich um das als „Widerstand" bekannte Phänomen. Es ist, wie hier deutlich zu sehen, im allgemeinen vom Therapeuten induziert. Die Methode, solch einen Widerstand hervorzurufen, ist relativ einfach: Man muß nur die Neutralität aufgeben und sich parteilich für die Veränderung einsetzen. Man kann eigentlich immer davon ausgehen, daß es in jeder Familie eine gewisse Ambivalenz gegenüber der Veränderung gibt. Wenn der Therapeut sein Gewicht in die Waagschale der einen Seite der Ambivalenz wirft, so fühlen sich im allgemeinen ein oder mehrere Familienmitglieder aufgerufen, auf die andere Seite zu gehen. Das muß nicht immer der identifizierte Patient sein, hier ist er es. Aber der Therapeut ist hartnäkkig und läßt sich dadurch nicht so einfach abschrecken (wohlwissend, daß er auch später noch einen Rückzieher machen kann).*

FS FRITZ SIMON Spielen wir mal verschiedene Möglichkeiten durch. Wo ist die Chance größer, daß sie wiederkommt: wenn Sie bei den Eltern wohnen, im elterlichen Betrieb arbeiten oder im Wohnheim wohnen?

S STEFAN Ist schwer zu sagen, ich weiß es nicht.

FS FRITZ SIMON Wissen Sie es nicht, oder wollen Sie es nicht sagen?

S STEFAN Das, was mein Vater gesagt hat: daß ich vor der Krankheit mitgearbeitet habe, daß ich ein guter oder mittelmäßiger Arbeiter war, der seine Arbeit durchführen konnte. Dann ist die Krankheit über mich gekommen, daß ich mich gefragt habe: Was ist mit mir los? Ich hab Selbstmordgedanken. Ich weiß meine Zukunft nicht. Vielleicht nehme ich mir das Leben. Ob ich daheim lebe oder im Wohnheim, wenn ich entscheide ... es könnte möglich sein, daß ich Selbstmord begehe. Oder ich lebe so, daß ich Kuren mache, daß ich mir selber etwas helfen kann und daß ich vielleicht fünf Jahre wieder gut leben kann. Ich weiß nicht, wie, ich kann Ihnen nichts sagen.

(Die Mutter beginnt zu weinen, während Stefan von Selbstmord spricht, alle anderen Familienmitglieder schauen betreten hilflos.)

K *Da der Therapeut auf die feineren Signale, die zeigten, daß Stefan nicht weiter bereit war zu kooperieren, nicht reagiert hat und die Fragerichtung, die den Patienten immer mehr in die Enge treibt, fortsetzt, verschiebt Stefan den Fokus. Er wählt ein Thema, das alle Anwesenden hilflos macht und das zuvor angesprochene Thema in seiner Wichtigkeit relativiert. Was bedeutet es schon, daß er nicht arbeitet oder nicht morgens um 7 Uhr aufsteht, angesichts der Gefahr seines Selbstmords. Seine mehr oder weniger dezenten Hinweise, daß diese Möglichkeit schließlich auch noch besteht, ändert für alle Beteiligten den Interpretations- und Bewertungsrahmen. Der höhere Wert – Stefans Leben – entwertet den niedrigeren – Stefans Anpassung an die familiären Leistungsvorstellungen. Aus systemischer Sicht ist dies eine sehr effektive Strategie, durch die es Stefan schafft, die Argumente seiner Angehörigen zu disqualifizieren und sich Ruhe vor allen Veränderungsforderungen zu verschaffen. Therapeutisch-technisch ist hier wichtig, daß der Therapeut sich die „Schuld" an Stefans Äußerungen zuschreibt. Nur wenn er das tut, kann er alternative Interventionsstrategien entwickeln. Andernfalls wird er oder bleibt er handlungsunfähig. Es gilt also herauszufinden und deutlich zu machen, wie er die Äußerung der Selbstmordgedanken hervorgerufen hat. Die erste Frage ist, ob hier eine Spielregel realisiert wurde, die auch innerhalb der Familie gilt.*

FS FRITZ SIMON *(zu Stefan)* Wenn Sie so über Selbstmordgedanken reden, ist das etwas, was die Mutter eher dazu bringt, Sie wieder nach Hause zu holen? Oder ist das etwas, wo sie sagt, es ist gut, daß er wieder auf die eigenen Beine kommt?

S STEFAN Na, wenn ich daheim war, hab ich nachgedacht, ob ich mich umbringen soll oder nicht.

FS FRITZ SIMON Aber ist das etwas, was erfahrungsgemäß den anderen eher Sorge macht?

S STEFAN Bei meiner Krankheit ist es für mich leichter, wenn früh der Kaffee hergerichtet ist und das Brot und die Butter, was meine Mutter tut. Wenn ich gezwungen wäre, selbständig zu leben, müßte ich mir mindestens das Frühstück selber richten, und mittags würde ich ins Gasthaus gehen. Was dann später passiert, wenn ich abends allein bin und einsam, ob ich Selbstmord mache, das könnte möglich sein. Oder es wird zum Alkohol führen, daß ich vielleicht Alkoholiker werde, daß ich praktisch solange trinke, bis ich zufrieden bin, als Alkoholiker praktisch.

K *In den meisten Familien führt die Äußerung solch autodestruktiver Überlegungen dazu, daß der Patient in Ruhe gelassen wird und seine Versorgungswünsche befriedigt werden. Was meist nicht passiert, ist die Reflexion dieses Kommunikationsmusters.*

FS FRITZ SIMON *(zu den Geschwistern)* Ist das, was wir jetzt hier erleben, etwas, das Sie kennen? Was Sie schon öfters erlebt haben? Daß er erzählt, daß er über Selbstmord nachdenkt? Und die Mutter dann anfängt zu weinen?

K *Wenn man Gefühle als Signale innerhalb eines Kommunikationssystems betrachtet, so ist aus diagnostischer Sicht von vorwiegendem Interesse, mit welchen Interaktionsmustern welche Gefühlsäußerungen verbunden sind. Welche Beziehungsangebote an die Anwesenden sind damit verknüpft? Welche Handlungsimpulse werden bei ihnen ausgelöst oder unterdrückt? Wer sich allein von den verspürten Handlungsimpulsen leiten läßt, wird aller Wahrscheinlichkeit nach nicht therapeutisch wirksam werden, da er meist dazu beiträgt, daß seine Klienten nur die bereits früher in der familiären Interaktion gemachten Erfahrungen bestätigt erhalten. Auf bestimmte Gefühlsäußerungen reagieren Personen, die in einem bestimmten Kulturkreis sozialisiert worden sind, ziemlich schematisch und stereotyp. Wer weint, wird getröstet, weil Weinen offensichtlich als Einladung zu trösten auf andere wirkt. Wer tobt, lädt zur Kontrolle ein usw. Es gibt mehrere Möglichkeiten, mit solchen Einladungen umzugehen: Man nimmt sie an, man nimmt sie nicht zur Kenntnis, man zeigt das Gegenteil des erwarteten Verhaltens, man reflektiert das Muster (es gibt noch andere Wege ...). Hier wird nun versucht, das Muster zu reflektieren.*

(Die Geschwister nicken)

FS FRITZ SIMON Ja, aber in welchen Situationen? Es wird ja nicht von früh bis abends so ablaufen.

P PAUL Meistens mit der Mutter.

FS FRITZ SIMON Ist es eher in Situationen, wo gesagt wird, daß er selbständig sein soll, oder eher in Situationen, wo man sagt: Es ist schön, daß du hier bist?

SY SYLVIE Wenn wir darüber reden, daß er anders sein soll, daß er nicht in dieser Weise weitermachen soll. Also, wenn wir drängen oder ihn treiben.

FS FRITZ SIMON Also, wenn Sie wollten, daß er solche Überlegungen mehr ausspricht, dann müßten Sie ihn drängen, auf die eigenen Beine zu kommen? *(zu Stefan)* Ist das richtig so beschrieben? Daß es eine gute Möglichkeit wäre, Sie dazu zu bringen, mehr über Selbstmordgedanken zu reden, wenn Sie sich gezwungen fühlen, auf die eigenen Beine zu kommen, wenn man Sie aus dem Hause schubsen würde, wenn Sie sich rausgeschubst fühlen?

(Stefan nickt)

FS FRITZ SIMON Wie ist das, wenn Sie zu Hause über solche Überlegungen sprechen? Ist es so, daß die anderen dann aufhören mit solchen Werd-doch-selbständig-Vorschlägen? Oder machen die weiter? Wir hatten ja gerade die Situation: Ich habe Sie sehr bedrängt mit meinen Fragen, wie man die Krankheit wieder einladen könnte. Ich habe Fragen gestellt, in denen es so aussieht, als hätten Sie Einfluß darauf. Und da haben Sie angefangen, darüber zu reden, daß Sie solche Überlegungen haben. Ich habe den Eindruck, das ist etwas, was Schrecken verbreitet. Haben Sie das Gefühl, ich will Sie auch in die Selbständigkeit schubsen, so wie ich bislang mit Ihnen geredet habe?

S STEFAN Ja.

FS FRITZ SIMON Es ist gut, daß Sie mir da ein Signal gegeben haben, daß ich zu weit gegangen bin.

S STEFAN Es ist so, ich bin früher in die Klinik gekommen und bin dann rausgekommen und war halbwegs wiederhergestellt, und es ist dann gegangen. Ich habe drei oder vier Jahre keine Selbstmordgedanken gehabt. Ich hab gearbeitet. Wenn ich dann die Mutter gehabt habe, ist es auch gegangen. Aber wenn die Krankheit wiederkommt, wenn die Krankheit intensiv da ist, dann könnte es passieren, daß ich mich umbringe oder daß ich froh wäre, wenn ich einfach tot umfalle.

FS FRITZ SIMON Habe ich das richtig verstanden? Je mehr man Sie auf Selbständigkeit drängt, das wäre eine Möglichkeit, die Krankheit einzuladen.

S STEFAN Ja, das könnte sein.

FS FRITZ SIMON Ah ja. Nun hab ich diese Erfahrungen gemacht. Sie sind ja eigentlich keine Familie mit sechs Personen, sondern mit sieben. Die Krankheit ... *(Therapeut steht auf und holt einen Stuhl in die Runde. Alle lachen außer Stefan)* ... Da sitzt die Krankheit. Ich denke mir, Sie hätten die Krankheit schon aus der Familie rausgeschmissen, wenn sie nicht für sonst noch was gut wäre. Und das ist womöglich das, wo wir noch nicht genügend hingeschaut haben. Wofür könnte denn die Krankheit gut sein? Hat sie irgendwo eine gute Seite? Wen von Ihnen soll ich zuerst fragen.

(Die beiden Frauen nicken ganz spontan.)

K *Wenn man die Neutralität hinsichtlich der Unterscheidung Veränderung/Beharrung (=Veränderungsneutralität) verloren hat, dann sollte man die Seiten wechseln und die Partei des Status quo ergreifen. Der direkteste Weg dorthin ist die Frage nach den positiven Seiten des gegenwärtigen Zustands, der Krankheit, des Symptoms – nicht nur für den Patienten, sondern auch für andere. Schließlich sollte man nie vergessen, daß Patient und Familie bis zu diesem Zeitpunkt überlebt haben. Und man kann nie wissen, ob es angemessener ist zu sagen, sie haben es trotz oder wegen der Symptome geschafft. Fragen wie „Was ist gut am Problem?" können den Anpassungsaspekt auch schwerwiegender Symptombildungen in den Fokus der Aufmerksamkeit rücken. Sie können auch eine gute Basis für eventuelle Umdeutungen sein („positive Konnotation").*

SY SYLVIE Sie hält uns sehr zusammen.

FS FRITZ SIMON Sie hält Sie sehr zusammen! Ist das gut? Ist das nicht furchtbar, so zusammengehalten zu werden?.

SY SYLVIE Nein, ich finde es schön, auch wenn es nicht schön ist.

FS FRITZ SIMON Ah ja, und das wäre, denken Sie, ohne Krankheit nicht der Fall? Wenn die Krankheit weg wäre, wie würden Sie sich dann zusammenhalten?

SY SYLVIE Ich wüßte nichts, was uns so verbinden könnte.

P PAUL Die Alarmbereitschaft wäre geringer.

(alle lachen)

SY SYLVIE Die Disponibilität, jeder ist eingestellt auf Hilferufe. Vielleicht gäbe es etwas anderes, was uns verbindet.

FS FRITZ SIMON Es würde ein anderer ein Problem anliefern?

SY SYLVIE So gibt es kein anderes Problem. Es gibt nur das eine.

FS FRITZ SIMON Es könnte ja sein, daß ein anderer einer Krankheit die Tür aufmacht. Wieweit man sie sich einladen kann, darüber kann man sich ja streiten. Aber die Tür aufmachen oder zumachen, kann man ja. Nehmen wir mal an, Stefan würde sich entschließen und sagen, ich hab keine Lust mehr mit dieser Krankheit, würde sich ein anderer anbieten? Um den Zusammenhalt und die Alarmbereitschaft auch zu nutzen ... Ist ja furchtbar für eine Feuerwehr, wenn es nicht brennt. Es ist ja bekannt, daß Feuerwehrleute manchmal Häuser anzünden, damit sie etwas zu tun haben. Und Sie sind ja so etwas wie eine Feuerwehrmannschaft. Und *(zu Stefan)* Sie sind derjenige, der immer dafür sorgt, daß es häufig genug brennt, damit sie nicht pensioniert werden müssen, diese Feuerwehrleute.

SY SYLVIE Ich weiß es nicht.

FS FRITZ SIMON Was schätzen Sie, wer wäre am gefährdetsten? Jemand von den Eltern oder jemand von den Geschwistern?

SY SYLVIE Vielleicht die Mutter.

FS FRITZ SIMON Die Mutter? Was könnte sie sich da aussuchen?

SY SYLVIE Sie liebt es auch sehr, umsorgt zu werden und Aufmerksamkeit zu bekommen.

FS FRITZ SIMON Würde sie diese auch ohne irgendwelche Probleme bekommen können?

SY SYLVIE Sie provoziert schon.

FS FRITZ SIMON Wie macht sie das?

SY SYLVIE Indirekt.

FS FRITZ SIMON Indirekt. Geben Sie mal ein Beispiel.

SY SYLVIE Sie sagt das eine und möchte das Gegenteil hören, zum Beispiel: „Ach, ich bin ja eh für dich nicht mehr wichtig als Mutter, du brauchst mich ja eh nicht mehr.“ Sie will aber hören, daß das Gegenteil der Fall ist.

FS FRITZ SIMON Und Sie sagen dann: „Nein, nein, Mama, ich brauch dich!“

SY SYLVIE Nein, nein, ich sag das nicht.

FS FRITZ SIMON Sie sagen das nicht, aber Ihre Mutter merkt, daß es doch stimmt. Oder stimmt's nicht? Brauchen Sie Ihre Mutter?

SY SYLVIE Ich brauch sie.

FS FRITZ SIMON Sie brauchen sie, und sie merkt es schon.

SY SYLVIE Ich möchte es ihr zeigen, wann ich es will. Ich möchte es nicht vorgesagt bekommen. Ich möchte frei sein.

FS FRITZ SIMON Ihre Mutter ist eine Vollblutmutter.

SY SYLVIE Ja, sie ist sehr gerne Mutter.

FS FRITZ SIMON *(zur Mutter)* Sie haben genickt, als ich fragte, wozu die Krankheit gut sein könnte.

M MUTTER Also diese Krankheit ... die hat in der Familie natürlich ... meinen anderen Kindern gegenüber hab ich oft ein schlechtes Gewissen. Ich hab ja immer gedacht, als Mutter hab ich mir zu wenig Sorgen gemacht um die anderen Kinder. Die ganze Sorge hat immer nur dem Stefan gegolten. Also, da hab ich ein bißchen ein schlechtes Gewissen. Die Sylvie hat oft gesagt: „Du hast nur ein Kind, und das ist der Stefan. Du hast keine anderen Kinder. Bei uns ist alles selbstverständlich, weil wir gesund sind." Und die andere Antwort ist, daß ich mir gedacht habe, eine Krankheit oder ein solcher Fall in der Familie – ob es um Krankheit geht oder was anderes –, wir sind eine Familie, uns geht es gut. Es geht uns finanziell gut, auch sonst haben wir immer Glück gehabt. Wir sind alle gesund. Mein Mann hat eine Operation hinter sich, es ist alles gutgegangen. Und dann hab ich mir gedacht, wenn mir der liebe Gott das geschickt hat, dann hat es auch Vorteile. Man wird irgendwie ein Mensch. Die ganzen anderen Bedürfnisse, die ganzen anderen Wünsche, die man hat, die sowieso alle nichts wert sind, die verdrängt man alle: Weil man eine Sorge hat. Man versteht die übrige Welt, man versteht die Menschen, man wird ein besserer Mensch, man wird hilfsbereit. Und das habe ich alles für positive Punkte gehalten. Ich bin oft froh, daß ich so geworden bin. Durch das wird man ein besserer Mensch. Das ist auch ein Vorteil.

* * *

Als der Therapeut die Seiten wechselte und den Blick auf die positiven Seiten der Nichtveränderung richtete, veränderte sich das Klima der Sitzung schlagartig. Stefan hörte auf, über Selbstmord zu reden, die ängstliche Bedrückung, die alle Familienmitglieder zu lähmen schien, wich einer gelösten Heiterkeit. Ein gutes Beispiel, daß und wie der

Therapeut die Phänomene, die er in der Sitzung beobachten kann, zu einem guten Teil selbst hervorruft. Zumindest ist diese Arbeitshypothese aus pragmatischer Sicht immer am günstigsten, da sie am meisten Optionen eröffnet.

(Fortsetzung des Gesprächs mit Familie Lukas (Schlußintervention) in Kapitel 14)

7. Die Auflösung von Schuld / Konkretisierung / „Seltsame Schleifen“ (Familie Dietz)

Carla, die Tochter in Familie Dietz, ist 21 Jahre alt. Sie war seit ihrem 18. Lebensjahr dreimal wegen einer paranoid-halluzinatorischen Symptomatik in stationärer Behandlung. Ihr Bruder Helmut, 23 Jahre alt, ist zur Zeit in stationärer Behandlung wegen einer Heroin-Abhängigkeit (er nimmt nicht an der Familientherapie teil). Der Vater, 65 Jahre alt, ist gerade als höherer Beamter pensioniert worden, die Mutter ist Hausfrau. Die Eltern sind „streng katholisch“, der moralische Standard, dem alle sich unterwerfen, ist hoch.

Die Symptomatik der Tochter trat zum ersten Mal auf, als sie mit der Mutter gemeinsam Urlaub an der Riviera machte und sich eines Nachts nach erhöhtem Alkoholkonsum mit einem attraktiven jungen Italiener „einließ“. In der Folge entwickelte sie Versündigungsideen, fühlte sich verfolgt, hörte Stimmen, die ihr Vorwürfe machten. Ob es tatsächlich zu einem sexuellen Kontakt zwischen den beiden jungen Leuten gekommen ist, läßt sich im Interview nicht klären. Weder Mutter noch Vater wissen es genau und schwanken in ihren Vermutungen von einer Minute zur anderen: Meint der Vater, es sei „passiert“, glaubt die Mutter es eher nicht, glaubt es die Mutter, so meint der Vater, es sei wohl doch „alles nur harmlos“ gewesen. Die Tochter äußert zu dem Thema nur vieldeutig und unklar, daß sie unter Alkoholeinfluß Dinge tue, die sie sonst nicht tue. Im familiären Alltag gibt es immer wieder Situationen, bei denen innerhalb der Familie Unklarheit und Konfusion darüber herrscht, wer für welche Verhaltensweisen der Kinder die Verantwortung trägt bzw. was dafür die Ursache ist. Im Kontrast dazu steht, daß die Eltern, vor allem die Mutter, in absurd anmutender Weise bereit zu sein scheinen, sich die Schuld für die Probleme der Kinder zuzuschreiben. Aus Sorge, etwas falsch zu machen, sind die Eltern vollkommen orientierungslos. Wenn sie sich sorgenvoll und fürsorglich ihren Kindern gegenüber zeigen, so werfen die ihnen vor, ihnen ihre „Selbständigkeit“ zu nehmen. Wenn sie aber ihre Kinder wie Erwachsene behandeln und altersentsprechende Forderungen an sie stellen, so zeigen sich die Kinder als Patienten, die der Fürsorge bedürfen und denen aufgrund ihrer Handicaps keine Vorwürfe für das, was sie tun oder nicht tun, gemacht werden können.

Die Vorgeschichte der Sitzung, aus der hier ein Ausschnitt wiedergegeben werden soll, mag eine Ahnung davon vermitteln, wie eng das

Auftreten der Symptomatik mit der Frage persönlicher Schuld und Verantwortung verbunden ist:

Im Rahmen der stationären Drogentherapie des Bruders fanden an einigen Wochenenden Mehr-Familien-Sitzungen in der Klinik statt. Während einer solchen Sitzung machten beide Kinder dem Vater Vorwürfe, er sei für die Drogenabhängigkeit des Sohnes verantwortlich, da er sich irgendwie nicht richtig um die Kinder gekümmert habe. Die Therapeuten schienen solch eine Sichtweise zu teilen – zumindest erklärt die Tochter später, sie habe sich von ihnen bei den Angriffen auf den Vater ermutigt gefühlt. Der Vater war nach diesen Attacken sehr betroffen und äußerte bei der Heimfahrt, er werde nie wieder an einer Familientherapiesitzung teilnehmen. In der Nacht nach dieser Sitzung entwickelte die Tochter erneut Versündigungsideen und fühlte sich verfolgt. Schließlich lief sie verwirrt im Nachthemd durch die Stadt. Sie wurde von der Polizei aufgegriffen und in die zuständige psychiatrische Klinik eingeliefert.

Nach acht Wochen stationärer medikamentöser Behandlung wurde sie mit der Auflage, sich in Familientherapie zu begeben, entlassen. Zu einer ersten Sitzung kamen lediglich Mutter und Tochter. Zur zweiten Sitzung, vier Wochen später, kam auch der Vater.

Mutter und Tochter berichteten zunächst von der Sitzung in der Klinik und der Wirkung auf den Vater. Er habe sich „gedemütigt gefühlt". Hier beginnt das Transkript ...

* * *

FS FRITZ SIMON *(zur Mutter)* Was hat Ihren Mann gedemütigt in der Situation, dort in der Klinik?

M MUTTER Daß auf einmal die Schuld, die mir angelastet wurde, ganz kurz einmal auf ihn gezogen wurde. Und daß ich im Moment etwas befreiter dagestanden habe als er, und daß die Carla einen Einwurf gemacht hat, ganz plötzlich und spontan, und damit praktisch den Stein so ein bißchen auf ihren Vater gewälzt hat.

FS FRITZ SIMON Das heißt, in der Sitzung ging es eigentlich darum, wer Schuld hat?

M MUTTER Ja, ja!

FS FRITZ SIMON *(an die Tochter gewandt)* Sehen Sie es auch so?

C CARLA Ja, es ging darum, wer Schuld hat. Und die Eltern haben die Schuld zugewiesen bekommen!

FS FRITZ SIMON Ah ja.

FS Fritz Simon
M Mutter
C Carla
V Vater
K Kommentar

V VATER Darf ich noch was sagen? Die Umstände … das war eine Familientherapie mit – wieviel waren das? – eins, zwei, drei, vielen Paar Eltern und den Jugendlichen da …

FS FRITZ SIMON Es waren auch noch andere Eltern da?

V VATER Ja, das war eine andere Art Sitzung, da war nichts getrennt. Das waren keine einzelnen Familiengruppen!

FS FRITZ SIMON Das war also auch demütigend vor den anderen Leuten …?

V VATER Ja.

FS FRITZ SIMON … diesen Stein vor die Füße gerollt zu bekommen.

V VATER *(spricht sehr undeutlich und nuschelnd)* Ja, ja, und dann kam auch noch der andere Therapeut mit seinen Antworten, und das war mir dann zuviel.

FS FRITZ SIMON *(an die Tochter gewandt)* Und wie hat Ihr Vater reagiert, auf die Situation?

C CARLA Er hat danach gesagt: „Ich fahr nie wieder zu einer Therapie! Ich mach so was nie wieder mit!" Der war schockiert und deprimiert.

FS FRITZ SIMON *(an den Vater gewandt)* Und Ihre Tochter, wie hat die reagiert?

V VATER *(kaum verständlich)* Och, ich möchte fast sagen: positiv. Die war irgendwie erleichtert. Sie hatte irgendwie ein Problem im Anschluß daran. Sie hat mir einen Vorwurf gemacht, aber ohne es zu sagen. Aber irgendwie hat sie recht gehabt. Das müßte dann in anderen Bahnen ablaufen.

K *Der Vater macht öfter Äußerungen, die nicht nur akustisch, sondern auch inhaltlich schwer verständlich sind. Er verschiebt sehr häufig den Fokus der Aufmerksamkeit, verliert den Faden oder äußert sich kryptisch und verschwommen.*

FS FRITZ SIMON Hm, hm. Was denken Sie, wie es Ihrer Frau in der Situation ging? War die damals eher erleichtert oder …

V VATER Ich glaube, ja! Daß irgendwie auch die zweite Karte mal aufgedeckt wurde.

FS FRITZ SIMON Das heißt, vorher hatte Ihre Frau den Schwarzen Peter immer alleine, und jetzt wurde gewissermaßen das Schuldkonto gesplittet, wie bei der Steuer?

V VATER Ja, früher hatte sie den Schwarzen Peter immer allein.

FS FRITZ SIMON Also, wenn ich jetzt wollte, daß Sie geschockt sind, müßte ich dann auch schauen, wem ich hier möglichst viel Schuld zuschreiben kann?

K *Da der Vater bereits schlechte Erfahrungen mit Familientherapeuten gemacht hat, soll hier eingegrenzt werden, welche der Maßnahmen der Therapeuten eigentlich als so „demütigend“ oder „schockierend“ erlebt wurden. Wenn die Mittel dazu klar benannt sind, wird ein anderer Umgang damit möglich. Ziel ist vor allem, das Thema Schuld nicht zu tabuisieren, da es bei Familien, in denen ein Mitglied eine schizophrene Symptombildung entwickelt, von zentraler Bedeutung zu sein scheint. Es geht immer – auch wenn irgendwann äußere Obrigkeiten einbezogen werden – um die Frage der Schuldfähigkeit, der Verantwortung für das, was jeder einzelne tut, und dessen Folgen.*

V VATER Ich bin auch mitgekommen, weil ich weiß, daß Sie das hier nicht in dieser Form machen. Diese Methode nicht in diesen Bahnen abläuft ...

FS FRITZ SIMON Nein, das tue ich nicht, aber mich interessiert die Frage nach der Schuld natürlich schon, weil das ja eine Frage ist, die Familien im allgemeinen beschäftigt, wenn so etwas passiert: Kinder in der Klinik landen, ausflippen oder so. Dann fragen sich alle nach der Schuld. *(an die Tochter gewandt)* Was würden Sie denn sagen, wie sind im Moment so die Überlegungen in der Familie, wer wofür wieviel Schuld hat? Das sind ja meist Sachen, die man nicht klären kann, aber man beschäftigt sich trotzdem damit.

K *In einem Nebensatz wird hier vom Therapeuten die Frage, wer denn nun wirklich schuld ist, als nicht klärbar charakterisiert. Diese Äußerung ist nicht nur als Glaubensbekenntnis des Therapeuten zu verstehen, sondern sie ist auch mit einer therapeutischen Zielsetzung verbunden: Wo es keine Möglichkeit gibt, den Gewinner und den Verlierer festzustellen, ist es überflüssig, Schwarzer Peter zu spielen. Solche Botschaften kommen aber im allgemeinen nicht an, wenn sie nur einmal geäußert werden. Sie müssen daher, wenn sie am Weltbild der Familie rütteln sollen, immer mehrfach wiederholt werden, sei es implizit, sei es explizit.*

C CARLA Also, mein Bruder hat gestern oder vorgestern noch gesagt, daß sie *(deutet auf die Mutter)* die meiste Schuld trägt und er *(weist auf den Vater)* nur einen ganz kleinen Prozentsatz!

K *Das sogenannte „Mother Blaming“, das Beschuldigen der Mütter für das, was die Kinder aus ihrem Leben machen, ist weit verbreitet. Natürlich haben Eltern immer einen großen Einfluß auf die Entwick-*

lung der Kinder, da sie zu einem beträchtlichen Teil die Lebensbedingungen ihrer Kinder, je kleiner diese sind, desto mehr, mitbeeinflussen. Aber – systemtheoretisch betrachtet – bestimmen sie eben nur mit, sie haben keine Kontrolle. Jeder der Beteiligten – auch das kleinste Kind – hat gegenüber dem, was in der Familie geschehen kann, eine Art Vetorecht. Jedes Familienmitglied bestimmt die Bedingungen aller anderen mit. Dabei gibt es Machtunterschiede, aber diese Macht liegt nicht immer bei den Eltern, schon gar nicht bei den Müttern. Daher ist es nicht nur aus therapeutischer Sicht unnütz, die Eltern zu beschuldigen, es ist auch aus theoretischer Sicht falsch. Am günstigsten erscheint es therapeutisch, in einem ersten Schritt die Schuldzuweisungen konkretisieren zu lassen. Wenn man dies tut, so wird deutlich, wie absurd sie teilweise (d. h. nicht immer) sind. In einem weiteren Schritt kann dann versucht werden, die Einflußmöglichkeiten jedes einzelnen auszuloten und ihm zukunftsorientiert Verantwortung gerade für das Verhalten der anderen, das ihm nicht gefällt und das er kritisiert, zuzuschreiben.

FS FRITZ SIMON Worin sieht er die Schuld?

C CARLA Also, daß sie ihn zuviel bevormundet, dauernd hinter ihm her ist.

FS FRITZ SIMON Und wofür gibt Ihr Bruder Ihrer Mutter die Schuld?

C CARLA Dafür, daß er drogenabhängig geworden ist, sieht er die Schuld bei der Mutter!

FS FRITZ SIMON Ah ja. Und in welchem Verhalten Ihrer Mutter sieht er ein schuldhaftes Verhalten?

C CARLA Also, daß er andauernd überbemuttert wurde. Daß sie ihn fragt: „Willst du noch ein Brot?" Und wenn er dann „Nein" sagt und sie ihm trotzdem noch eins bringt!

FS FRITZ SIMON Und wie sieht er den Zusammenhang zwischen geschmierten Broten und Drogenabhängigkeit?

K *Sobald man nachfragt, wie die Vorstellungen über die konkreten Wirkmechanismen des vermeintlich schuldhaften Verhaltens sind, wird deutlich, wie merkwürdig Kausalität konstruiert wird. Es sind meist mehr oder weniger abstrakte Schlagworte wie „Überfürsorglichkeit", „Vernachlässigung" usw., die ohne weitere Überprüfung als Erklärungen verwendet werden. Ihre Konkretisierung, d. h. die Übersetzung in individuelles Verhalten in einem interaktionellen Kontext, macht meist deutlich, daß in den angebotenen Patenterklärungen gehörige logische Lücken sind. Das genaue Erfragen des Mechanismus, wie zum Beispiel geschmierte Brote zur Drogenabhängigkeit führen, macht die Absurdität solcher Anschuldigungen deutlich.*

C CARLA *(lacht herzhaft)* Oh, hm! Vielleicht darin, daß er nie selbständig geworden ist.

FS FRITZ SIMON Sieht er das so, daß Ihre Mutter das verhindert hat, daß er selbständig geworden ist?

C CARLA Ja, die hat es verhindert!

FS FRITZ SIMON Und wie hat sie das verhindert? Dadurch, daß sie Brote schmiert?

C CARLA *(lacht wieder, seufzt)* Ja, daß er nicht selber entscheiden kann, wann er Hunger hat und wann er sich selber ein Brot schmiert.

K *Eine der Schwierigkeiten, die Psychotherapeuten gelegentlich im Umgang mit Schuldfragen haben, besteht darin, daß sie diese Anschuldigungen zu schnell (oder überhaupt) „verstehen". Sie glauben häufig auch, daß geschmierte Brote die Entwicklung der Selbständigkeit der Kinder behindern. Und natürlich ist da ja auch was dran: Wer jemanden hat, der ihm die Brote schmiert, hat es nicht nötig, sie selbst zu schmieren. Er braucht – wenn er sich auf das Fremdschmieren verlassen kann – nicht einmal zu lernen, wie man Brote schmiert. Das heißt aber nicht, daß er es nicht hätte lernen können, wenn er entschlossen gewesen wäre. Und er hätte sie auch selbst schmieren können, wenn er gewollt hätte. Die Zuschreibung einer einseitigen Opferrolle zu dem armen überversorgten Kind ist also höchst fragwürdig. Sie ist aber vor allem therapeutisch wenig nützlich, da das Selbstverständnis des Patienten als Opfer seiner Angehörigen letztlich die Fortsetzung des beklagten Musters darstellt. Die Eltern tragen in dieser Sichtweise nicht nur die Verantwortung für die Ernährung des Kindes, sondern auch für sein sonstiges Verhalten. Wer sich als Opfer sieht, muß warten, bis irgendwer anderes etwas ändert. Nur wer sich selbst als verantwortlich, d. h. als „Täter", sieht, kann etwas ändern. Nur wer Schuld auf sich laden kann, ist mächtig genug, um sein Leben selbst in die Hand zu nehmen. Deswegen ist es ein Ziel des Interviews, alle so weit wie möglich zu „Tätern" zu machen und ihren Einflußbereich zu beleuchten.*

FS FRITZ SIMON Muß er das Brot essen, wenn sie es geschmiert hat?

C CARLA Also, sie bringt ihm das, und dann ißt er das trotzdem nicht.

FS FRITZ SIMON Na ja. Also ist er doch sehr selbständig, wenn er nicht macht, was sie sich für ihn ausdenkt.

C CARLA Aber es ärgert ihn, wenn sie ihm hinterherläuft.

FS FRITZ SIMON Ah ja. Nehmen wir mal an, Ihr Bruder würde nicht denken, daß Ihre Mutter oder Ihr Vater Schuld hat, wie würde er das denn dann sehen? Hätte das irgendwelche Konsequenzen für die Art und Weise, wie er sich selber betrachtet?

K *Hypothetische Fragen ermöglichen es, die Idee zu streuen, daß man die ganze Angelegenheit auch anders sehen könnte. Obendrein eröffnen sie den Blick auf die Wirkung einzelner Zuschreibungen und Bewertungen. Jede hypothetische Frage ist wieder so etwas wie ein Gedankenexperiment.*

C CARLA Ja, dann würde er sich als selbständiger betrachten.

FS FRITZ SIMON Hätte er dann die Schuld?

C CARLA Dann hätte er selber die Schuld!

FS FRITZ SIMON Und wär ihm das recht?

C CARLA Nee, der ist ja eigentlich froh, daß er ihr den Schwarzen Peter zuschieben kann!

FS FRITZ SIMON Dann ist das dasselbe wie mit den Broten schmieren.

C CARLA Ja, ja.

FS FRITZ SIMON Wo lassen Sie die Brote schmieren? Und wo lassen Sie die Schuld tragen? Praktisch! Wie sehen es die anderen?

C CARLA Welche anderen?

FS FRITZ SIMON Die Mutter zum Beispiel.

C CARLA Die streitet das ab.

FS FRITZ SIMON Denkt Ihre Mutter, daß sie Schuld an irgendwas hat?

K *Da es immer gefährlich ist, Bekenntnisfragen zu stellen, da sie Folgen für die Zukunft haben, ist es nützlicher, bei der Außenperspektive zu beginnen. Wenn die Tochter gefragt wird, ob die Mutter sich schuldig fühlt, so ist ihre Antwort wahrscheinlich eine für die Mutter interessante Rückmeldung. Es ist aber – das ist deutlich – die Vermutung eines außenstehenden Beobachters: eine Spekulation der Tochter und nicht die Wahrheit. Würde die Mutter selbst gefragt, so würde sie gewissermaßen gezwungen, sich zu „ihrer Schuld" zu bekennen oder sie zu leugnen („Geben Sie zu, daß Sie schuld sind, daß ...!"). Beides hätte direkte Folgen für die weitere familiäre Interaktion zu Hause. Es würde im ungünstigsten Fall ein Streit um den Besitz der Wahrheit begonnen. Wo immer es um Schuld geht, empfiehlt es sich daher, deutlich zu machen, daß es dem Therapeuten um die Klärung von Sichtweisen und nicht um das Herausfinden der Wahrheit geht.*

C CARLA Nee, sie sagt immer, sie hat alles für uns getan.
FS FRITZ SIMON Hm, hm. Das heißt, sie hätte ein schlechtes Gewissen, wenn sie die Brote nicht geschmiert hätte.

K *Das Gegenteil von gut ist bekanntlich die gute Absicht. Die meisten tragischen Verstrickungen in Familien entstehen nicht wegen der bösen Absichten der Beteiligten, sondern aufgrund ihrer guten Absichten. Wer als Therapeut mit der Hypothese an die Arbeit geht, daß den Handlungen eines jeden Familienmitglieds gute Intentionen – oder in der etwas milderen Version: zumindest keine bösen Intentionen – zugrunde liegen, erleichtert es sich, seine Neutralität zu bewahren oder sie überhaupt erst zu gewinnen. Dies ermöglicht ihm, allen Beteiligten eine kooperative Beziehung anzubieten.*

C CARLA *(nickt)* Ja, genau!
FS FRITZ SIMON Und der Vater?
C CARLA Der ist schon ein bißchen schuldbewußter.
FS FRITZ SIMON Inwiefern? Was wirft er sich vor?
C CARLA Er wirft sich vielleicht die Sachen vor, die wir hier nicht sagen durften.

K *Vor der Sitzung hatte die Familie abgesprochen, daß die Themen aus der erwähnten traumatischen Mehr-Familien-Sitzung nicht angesprochen werden sollten. Zu Beginn dieser Sitzung war vom Therapeuten signalisiert worden, daß es für ihn kein Problem sei, wenn bestimmte Themen nicht angesprochen würden. Der Vater hatte diese traumatisierende Sitzung aber bereits selbst thematisiert.*

V VATER Ich hab's doch extra angesprochen.
FS FRITZ SIMON *(zur Tochter)* Er hat es eh schon gesagt. Aber behalten Sie es ruhig für sich. Es interessiert mich gar nicht im einzelnen. Mich interessiert viel mehr, wie jeder hier seine eigene Verantwortung bemißt.
V VATER Darf ich noch was sagen? *(zur Tochter)* Du sprachst von Schuld. Das kommt vom Bewußtsein her. Das spür ich aber auch, wenn ich immer wieder in ein bestimmtes Minderwertigkeitsgefühl hineingetrieben werde. Du weckst das Schuldbewußtsein. Dann wird es immer stärker. Bei mir ist das so. So irgendein Druck hier *(faßt sich an den Hals)* ... Das hast du wieder falsch gemacht, das hast du da wieder falsch gemacht. Und dann lieg ich dann da wieder wach und denk eine Stunde darüber nach. Also irgend etwas wird dann zerstört, etwas ... das Selbstbewußtsein ...

FS FRITZ SIMON Das spricht ja dafür, daß Sie nicht einfach selbstherrlich und selbstgewiß sind. Wenn einem jemand so etwas vorwirft, dann wird man ja in Frage gestellt. Und man muß schon, denke ich, eine Hornhaut auf dem Gemüt haben, das einfach an sich abperlen zu lassen.

V VATER Ja, das kann ich nicht.

FS FRITZ SIMON Wie sehen es denn Ihre Kinder? Was denkt zum Beispiel Ihre Tochter darüber, wer Schuld an der Drogenabhängigkeit Ihres Sohnes hat? Was denkt Carla?

K *Würde hier Carla direkt gefragt, wen sie für schuldig hält, so wäre das eine Einladung, Schuldzuschreibungen vorzunehmen und Vorwürfe zu machen. Das heißt, die Auseinandersetzung darüber, wer denn wirklich schuldig ist, mit all den unvermeidbaren Anklagen und Entschuldigungen, würde angeheizt. Wird der Vater über die Tochter gefragt, so wird dies verhindert. Die Tochter erfährt aber ihrerseits, daß der Vater weiß, was sie denkt (d. h. falls er weiß, was sie denkt ...). Wenn er mit seiner Aussage aber nicht die Selbstbeschreibung der Tochter trifft, so ist dies für sie sicher auch bedeutungsvoll, und sie erhält die Gelegenheit, das Bild, das der Vater von ihr hat, zu korrigieren.*

V VATER Ich nehme an ... doch, ich glaube, sie sieht uns schon irgendwie als Mitverursacher.

FS FRITZ SIMON Und worin sieht sie Ihre Mitverursachung?

V VATER Ja, in dem, was ich eben schon angesprochen habe: in ihrer *(nickt der Frau zu)* Überbemutterung, und daß ich zuviel nachgebe, und so weiter. Ich glaube aber auch, daß sie uns das nicht allein zuschiebt, sondern auch anderen Faktoren, irgendwie Cliquen und Freunden ... daß das auch eine Rolle spielt.

FS FRITZ SIMON Gibt sie ihrem Bruder denn auch ein Stück Verantwortung?

V VATER Ich glaube schon, daß sie das tut.

FS FRITZ SIMON Also, wenn man einmal alle Verantwortung auf einen Haufen zusammenlegt und sagt, das sind 100 Prozent ... Wie würde Ihre Tochter diese Verantwortung aufteilen für die Drogenabhängigkeit Ihres Sohnes?

K *Prozent- und Skalierungsfragen oder ganz allgemein Fragen, die mit quantitativen Unterscheidungen arbeiten, führen ein gemeinsames, von allen geteiltes Bezugssystem ein. Keiner weiß, was „Schuld" oder „Ver-*

antwortung" für wen bedeutet. Aber jeder weiß, was 100 Prozent bedeuten. Wenn nun „100% Verantwortung" auf die Familienmitglieder aufgeteilt werden, so wird zumindest deutlich, welche Beziehungsimplikationen die jeweilige Zuschreibung hat, wer mehr als Opfer, wer mehr als Täter gesehen wird usw.

V VATER Das ist schwer zu sagen.

FS FRITZ SIMON Na, peilen Sie mal über den Daumen …

K *Oft werden Fragen nicht beantwortet, weil der Befragte meint, es ginge um harte Daten und deren exakte Erfassung. Da es nur darum geht, Unterschiede zu beschreiben, sind Schätzungen genauso nützlich. Es bietet sich daher an, auch ungenaue und „weiche" Aussagen zu ermuntern. Entscheidend ist, daß sie Aussagen über Unterschiede enthalten, denn darin liegt ihr Informationswert.*

V VATER Ja, wenn man so über den Daumen peilt … Ich würde sagen *(er macht mit dem Kopf eine zeigende Geste Richtung Mutter)* 35 Prozent, ich 40 Prozent vielleicht …

FS FRITZ SIMON Das sind schon 75 Prozent …

V VATER Und der Rest dann irgendwie bestimmte Faktoren, die ich jetzt nicht so aufgezählt hab.

FS FRITZ SIMON Das heißt aber, Ihr Sohn hat gar keine Verantwortung dafür.

V VATER Verantwortung wofür?

FS FRITZ SIMON Verantwortung, daß er Drogen nimmt!

V VATER Doch, glaub ich schon!

FS FRITZ SIMON Wieviel würde Ihre Tochter ihm an Verantwortung zuschreiben?

V VATER Ach, das ist, das kam gestern Abend auch noch einmal zum Ausdruck, als er sagte … so ungefähr: Laßt mich in Ruhe, ich habe mit mir zu kämpfen und so weiter … Ich muß sehen, daß ich jetzt clean und trocken bleibe und so weiter, um über die Runden zu kommen und mir ein neues Leben aufzubauen. Jetzt, äh, darf ich noch einmal um Ihre Frage bitten?

K *Es passiert dem Vater häufiger, daß er den Faden verliert. Er zeigt sich dann verwirrt, trägt aber dadurch auch zur Verwirrung der anderen Gesprächsteilnehmer bei.*

FS FRITZ SIMON *(weiter an den Vater gerichtet)* Also, wie sieht es Carla? Wieviel Verantwortung Ihr Sohn selber dafür hat, daß er Drogen nimmt? Wieviel die Mutter, wieviel Carla, wieviel Sie? Wieviel andere, wer immer da im Spiel ist?

V VATER Oh Gott ... so etwa dritteln ... *(schaut die Mutter an)*, so etwa ein Drittel.

FS FRITZ SIMON So etwa ein Drittel, auch Ihr Sohn?

V VATER Auch mein Sohn. Ich glaube nicht, daß er sich freispricht davon vor allen anderen.

FS FRITZ SIMON *(an die Tochter gewandt)* Was meinen Sie? Wie würden Sie die Verantwortung für das Drogennehmen verteilen?

C CARLA Also, mein Vater ungefähr 30 Prozent, sie *(weist auf die Mutter)* 20 Prozent und er 50 Prozent.

FS FRITZ SIMON Und worin sehen Sie die Verantwortung Ihrer Eltern? In welcher Art von Verhalten?

K *Die Fragen des Therapeuten richten die Aufmerksamkeit immer wieder auf die Verknüpfung von Verhalten und Schuld oder Kausalität. Er ist also in erster Linie an Tatsachen – im wahrsten Sinne des Wortes – interessiert und gibt sich nicht mit irgendwelchen magischen oder verschwommenen alltagspsychologischen Erklärungen zufrieden.*

C CARLA Die haben früher zuviel geschrien, besonders mein Vater. Die hätten irgendwie mehr Harmonie aufbauen müssen!

FS FRITZ SIMON Aber wie sehen Sie den Zusammenhang zwischen Schreien und Drogenabhängigkeit?

C CARLA *(kratzt sich am Kopf)* Ja, weil er dadurch in seelischen Druck reingeraten ist. So viel Terror und Remmidemmi zu Hause, daß er dann keine Ruhe in sich gefunden hat und zum Ausgleich Drogen genommen hat.

FS FRITZ SIMON Und denken Sie, man muß da Drogen nehmen, wenn's Remmidemmi zu Hause gibt?

C CARLA Nö, aber das war halt für ihn ein Weg.

FS FRITZ SIMON Ja, ja, aber er hätte auch einen anderen Weg gehen können, oder nicht?

C CARLA Hm ... *(überlegt)* – Ich meine, ich habe ja auch keine Drogen genommen. Ich meine, er hätte sich, wie ich, in eine Psychose flüchten können.

K *Damit sind wir beim zweiten wichtigen Thema gelandet, über das implizit schon die ganze Zeit geredet wird. Wenn es um die Frage der*

Schuld der Eltern an der Drogenabhängigkeit des Sohnes geht, dann weitet sich diese Frage zwangsläufig auf die Frage nach der Schuld an der Psychose der Tochter aus. Die von der Tochter hier verwendete Formulierung „sich in die Psychose flüchten ...“ impliziert einen eigenen aktiven Anteil an dem Geschehen. Wie weit er geht oder ob das Sich-Flüchten eher floskelhaft verwendet wird, bleibt zu überprüfen.

FS FRITZ SIMON Er hätte zumindest die Wahl gehabt, auch in die Psychose gehen zu können?

C CARLA Ja *(nickt).*

FS FRITZ SIMON ... sich eine Psychose nehmen können ...

C CARLA *(nickt)* Ja!

FS FRITZ SIMON Sie sehen das als was Ähnliches?

C CARLA Ja, sind beides Fluchtwege ...!

FS FRITZ SIMON Ja, aber Flucht wovor? Das ist mir noch nicht klar. Ich meine, geschrien wird in vielen Familien, nicht nur bei Ihnen, sondern sonst auch. Also ich verstehe jetzt nicht ...

K *Wieder diese Begriffsstutzigkeit des Therapeuten. Ihm fehlt einfach jede vorauseilende Empathie ...*

C CARLA Ja, ich meine, in der Familie hier wurde besonders viel geschrien.

FS FRITZ SIMON Na ja, aber ich denke, wenn viel geschrien wird, dann gewöhnt man sich besonders dran. Und insofern braucht man nicht zu flüchten. Also, ich verstehe nicht, wie Sie da den Zusammenhang sehen und wie Sie sich das erklären. Ich meine, vielleicht haben Sie recht, ich weiß es nicht. Wahrscheinlich werden wir es auch nie herausfinden, ob Sie recht haben. Mich interessiert nur, wie Sie es sehen. Also, als Flucht vor was eigentlich? Was war denn da, daß man da flüchten mußte – wovor Ihr Bruder da flüchten mußte –, aus Ihrer Sicht?

C CARLA Vor zuviel Druck, Lautstärke!

FS FRITZ SIMON Na ja, aber er hätte ja auch von zu Hause weggehen können, zum Beispiel. Dann hätte er auch keinen Druck mehr gehabt.

C CARLA Das ist aber billiger, zu Hause zu wohnen.

K *Hier zeigt sich sehr deutlich, daß alles seinen Preis hat. Wer billig zu Hause wohnen will und nicht den Preis für ein Zimmer bezahlen möchte, muß eben einen anderen Preis zahlen: Er muß ertragen, daß seine Mutter sich so verhält, als wäre sie seine Mutter ... d. h. die Sorgen, die sie sich um ihre Kinder macht, zeigt und sich dementsprechend verhält. Allerdings hoffen Kinder häufig, daß sie sich die Vorteile des Kindstatus erhalten können, ohne auf die Vorzüge des Erwachsenseins verzichten zu müssen. Eine Illusion – meistens ...*

FS FRITZ SIMON Also dann hat er sich entschieden. Nach dem Motto: Miete kostet so viel, Miete plus Kosten für Drogen macht so viel ... Das heißt, er hat sich schon entschieden.

C CARLA Ja *(etwas halbherzig).*

FS FRITZ SIMON Er hätte auch weggehen können, um dem Druck, wie Sie es nennen, zu entgehen. Er hätte auch ausziehen können.

C CARLA Aber dafür war sein Gehalt zu niedrig und zu wenig.

FS FRITZ SIMON Ja, aber Drogen sind ja auch nicht das Billigste!

C CARLA Nee, nee.

FS FRITZ SIMON Also, was wären die Verhaltensweisen des Vaters, meinen Sie, die Druck auf ihren Bruder gemacht hätten? Schreien?

C CARLA Ja!

FS FRITZ SIMON Was noch?

C CARLA Zu wenig gemeinsame Hobbies. Er hat sich zu wenig um ihn gekümmert.

FS FRITZ SIMON Ja, aber 90 Prozent der Väter kümmern sich nicht um ihre Söhne.

(Tochter lacht)

FS FRITZ SIMON 99 Prozent wahrscheinlich!

C CARLA Wollen Sie es nur vom Vater wissen, die Schuld?

FS FRITZ SIMON Nein, nein, ich will es auch von der Mutter wissen. Keine Sorge.

C CARLA Ja, dann, daß sie ihn zuviel überbemuttert hat.

FS FRITZ SIMON Also, Sie würden sagen, sie hat sehr viel mit ihm gemacht, und er hat sehr wenig mit ihm gemacht, und da sehen sie einen Zusammenhang.

C CARLA Ja.

FS FRITZ SIMON Also, man macht sich ja viele Gedanken darüber, was in der Familie abläuft. Aber ich kapiere das immer noch nicht ... das macht alles noch keinen Sinn, daß er dann Drogen nimmt. Also, wenn Ihr Vater Druck gemacht hat und Ihre Mutter ihn dann überbemuttert hat – so nannten sie das –, war das eher druckentlastend oder ...?

C CARLA Das hat noch mehr Druck gemacht!

FS FRITZ SIMON Wieso?

C CARLA Weil er dann keine Freiheit hatte, sich selbst zu entfalten!

FS FRITZ SIMON Ich verstehe nicht, wie das die Freiheit genommen hat oder die Freiheit nehmen konnte.

C CARLA Wenn die Mutti fragt: „Willst du ein Brot haben?", und er sagt „Nein!", und sie steht dann trotzdem mit dem Brot da, dann ... *(zuckt genervt die Schultern)*

FS FRITZ SIMON Aber dann hat er doch trotzdem die Freiheit, das Brot zu essen oder nicht zu essen.

C CARLA Ja, schon! Aber wenn er einmal „Nein" sagt, dann genügt das doch!

FS FRITZ SIMON Aber manche Leute sind sehr höflich. Die sagen dreimal „Nein" und müssen gebeten werden: Und beim vierten Mal nehmen sie dann, und vorher zieren sie sich.

C CARLA Aber bei uns in der Familie ist es ja nicht nötig, sich zu zieren!

FS FRITZ SIMON Was denken Sie, warum Ihre Mutter dann zweimal gesagt hat: „Nimm das Brot!"? Auch wenn er einmal „Nein" gesagt hat?

C CARLA Aus lauter Mutterliebe!

FS FRITZ SIMON Was war ihre Sorge?

C CARLA Daß er zu dünn wurde. Er wurde ja in letzter Zeit ziemlich dünn, als er Drogen genommen hat.

FS FRITZ SIMON Aha, also war es ja berechtigt zu gucken, ob er auch genug ißt.

C CARLA Ah ja.

K *Diese merkwürdige Geschichte mit den geschmierten Broten macht deutlich, daß Eltern sehr häufig von ihren Kindern Doppelbindungs-Situationen ausgesetzt werden. Wenn ein Sohn sich seiner Mutter in abgemagertem körperlichem Zustand zeigt, dann sagt er ihr immer ohne Worte: „Kümmere dich darum, daß ich genug esse!" Und wenn sie es dann wirklich macht, dann hat er allen Grund, ihr zu sagen: „Ich bin erwachsen und kann selbst die Verantwortung für meine Nahrungszufuhr übernehmen."*

V VATER Kann ich eine Frage ... eine Frau Mitscherlich, ist Ihnen das ein Begriff?

FS FRITZ SIMON Ist mir ein Begriff, ja.

V VATER Ich hab sie ... *(nuschelt stark und hält sich noch dazu die Finger vor den Mund)* Die hat über solche Frauen einmal im Radio gesprochen ... Ich weiß nicht. Über solche Frauen ... Übermutter und so ... sie hat da ein Gespräch geführt.

M MUTTER Die sollte man auf den Mond schießen ...

V VATER Das kann zum Beispiel, das wollte ich noch gerade sagen ... das kann dazu führen, daß sich jemand eingeengt fühlt, unter Umständen aggressiv wird.

FS FRITZ SIMON Ja, ja, aber warum geht er nicht weg? Das ist ja die Frage. Man hat ja auch etwas davon, wenn man bemuttert wird. Man braucht sich die Brote nicht zu schmieren, zum Beispiel.

(zur Mutter) In dieser Beschreibung, erkennen Sie sich da wieder, oder wie sehen Sie es?

M MUTTER Na ja, Gott, schon! Ein Glucken-Typ bin ich schon, also bei beiden Kindern. Ich mach mir halt sehr viel Gedanken, und weil ich auch das Gefühl hab, daß ich ziemlich viel allein dagestanden habe. Mein Mann ist zwar sehr besorgt und sorgt für die Kinder, aber mir wäre es, sagen wir mal, lieber gewesen, er hätte mal ein Gespräch mit ihnen angefangen. Wie, zum Beispiel, wann ist die Drogenabhängigkeit überhaupt entstanden? Darüber ist überhaupt noch nichts gesagt worden. Möglicherweise ist erst einmal eine LSD-Abhängigkeit während der Internatszeit entstanden, vermute ich. Und das hat der Helmut dann auch bei dieser Therapie zugegeben. Ich verstehe nur nicht, wie komme ich dahinter, daß er drogenabhängig ist, und mein Mann sagt: „Mensch, du bist ja verrückt, Helmut, deine Mutter ist verrückt! Die durchsucht dein Zimmer nach Drogen." Und ich wollte mein Haus drogenfrei haben. Und ich hab alles weggeworfen, was ich finden konnte, egal wie ...

FS FRITZ SIMON Aber lassen Sie uns noch einmal zu dieser Schuldfrage ...

M MUTTER Ja! Ja!

FS FRITZ SIMON Wie sehen Sie es denn? Wie würden Sie die denn zuteilen?

M MUTTER Ja, Schuld ... Also sagen wir mal, ich war bis ... ich hab da den Kindern wahrscheinlich eine Autonomie weggenommen in ganz primitiven Dingen.

FS FRITZ SIMON Wodurch?

M MUTTER Das ist durchaus möglich. Dadurch, daß ich sie eben halt bemuttert hab. Wenn er aus dem Betrieb kam, müde von der Arbeit, hab ich ihm halt Brote hingestellt, und die sind eigentlich auch immer gegessen worden, ja!

FS FRITZ SIMON Aber warum nehmen Sie ihm dadurch Autonomie weg? Wenn er ins Restaurant gegangen wäre, hätte man ihm das Essen wohlmöglich auch hingestellt. Kein Mensch käme auf die Idee, wenn er in ein Restaurant „La Mamma" geht, zu denken, ihm würde die Autonomie genommen.

M MUTTER *(lacht)* Aber irgendwie ... Aber schließlich hab ich ja den Haushalt zu versorgen und die Kinder aufzuziehen.

FS FRITZ SIMON Ja.

M MUTTER Nach besten Kräften und Vermögen, und da gehört es ja auch dazu, daß ich sie mit Wäsche und mit Essen ...

FS FRITZ SIMON Ja, das meine ich auch! Aber, wenn Sie das tun, nimmt das doch keine Autonomie. Also, ich habe, zum Beispiel, eine Sekretärin, die für mich ans Telefon geht, für mich Fotokopien macht, Briefe schreibt. Das nimmt mir doch meine Autonomie nicht weg. Wenn Ihr Sohn Sie gewissermaßen als Küchenmädchen hat, Sie ihm Brote schmieren und ihm das Zimmer aufräumen, inwiefern nimmt ihm das die Autonomie? Das verstehe ich überhaupt nicht.

M MUTTER Ja, ich verstehe das auch nicht! Aber das wird mir eben halt angelastet. Ich möchte es auch verstehen. Andere Mütter tun das ja auch! Und andere Mütter kümmern sich ja auch um die Schulaufgaben, ob sie gemacht sind oder nicht. Aber wenn mein Mann ihn dann dringend auf die Eisbahn fahren mußte, obwohl die Aufgaben noch nicht gemacht waren, da hab ich mich gewehrt! Da hab ich gesagt: Der Junge muß erst die Aufgaben machen ...

FS FRITZ SIMON Wie sieht das denn in der Familie aus? Sind die drei einer Meinung – Ihr Mann, Ihr Sohn und Ihre Tochter –, daß Sie den Kindern die Autonomie genommen haben? Sehen die das alle so?

M MUTTER Ja, die sehen das so!

FS FRITZ SIMON Alle drei? Oder gibt es da noch Unterschiede? Wer sieht es am meisten so? Wer gibt Ihnen am meisten Schuld?

M MUTTER Also, ich würde sagen, ein Quentchen – ich weiß nicht, wie hoch der Prozentsatz ist –, vielleicht alle. Und daß ich mir selber zu wenig gegönnt habe, da beharren sie heute auch drauf. Daß ich auch viel Verzicht geleistet habe.

FS FRITZ SIMON Gibt man Ihnen auch Schuld für die Psychose Ihrer Tochter?

K *Was über die Schuld an der Heroinabhängigkeit gesagt wurde, gilt möglicherweise auch für die Psychose der Tochter. Auch hier ist es notwendig, sehr konkret zu überprüfen, wie die Mechanismen der Verursachung in der Familie konstruiert werden. Nur so kann die Idee der Schuld ad absurdum geführt und ihrer familiären Macht entkleidet werden. Zumindest ist das das Ziel des Interviews.*

M MUTTER Hm, ja, auch zu einem Prozentsatz.

FS FRITZ SIMON Wer gibt da wieviel Prozente?

M MUTTER Ja, meine Tochter! Da hat sie ja auch zum Teil recht. Weil ich immer gesagt habe: Zieh dich so an oder mach dir diese Frisur oder jene. Das war aber auch, weil sie sich da so gar nicht selbständig entwickelt hat, für meine Begriffe.

FS FRITZ SIMON Wieviel Prozent Schuld für ihre Psychose gibt Ihnen Ihre Tochter?

M MUTTER Das weiß ich nicht. Vielleicht 50 Prozent.

FS FRITZ SIMON Soviel? *(zur Tochter gewandt)* Ja?

C CARLA Ja, ungefähr!

FS FRITZ SIMON Also das, was Sie eben über Ihre Mutter und Ihren Bruder gesagt haben, gilt auch für Sie und Ihre Mutter?

C CARLA Mit der Autonomie oder was?

FS FRITZ SIMON Ja!

C CARLA Ja, auch!

FS FRITZ SIMON Worin sehen Sie die Schuld Ihrer Mutter?

C CARLA Ja, sie hat mich früher nie ich selbst sein gelassen. Wenn ich irgendwas angezogen hab, dann kam sie mir hinterhergelaufen und hat gesagt: „Nee, das ist nicht schön, du mußt was anderes anziehen!" Oder: „Du hast heute deine Haare nicht schön!" Also, sie hat viel an meinem Äußeren rumgefeilt, gerade in der Zeit, wo ich mich entwickelt hab!

K *Die Frage der Selbst-Objekt-Abgrenzung wird im Rahmen psychologischer Psychosetheorien seit langer Zeit diskutiert. Jeder Mensch muß im Rahmen seiner Entwicklung eine Grenze zwischen sich und den Menschen seiner Umwelt entwickeln, um sich selbst als handelnde, eigenverantwortliche Überlebenseinheit verstehen zu können. Dabei ist die Abgrenzung gegenüber den Eltern von besonderer Wichtigkeit und Schwierigkeit, da die in den ersten Lebensjahren Überlebensfunktionen für das Kind übernehmen müssen. Der Prozeß der Übernahme dieser Funktionen durch das Kind ist im allgemeinen schleichend. Hier gibt es von Familie zu Familie, von Eltern-Kind-Beziehung zu Eltern-Kind-Beziehung große Unterschiede in Art und Geschwindigkeit der Übernahme der Eigenverantwortung durch das Kind. Wo Eltern bereitwillig viele Aufgaben für ihre Kinder erfüllen, brauchen/können die selbst nicht so viele Aufgaben übernehmen. Diese Wechselbeziehung ist für Kinder wie Eltern meist sehr ambivalent. Es ist bequem, als Kind behandelt zu werden, es schränkt aber andererseits auch die individuelle Entscheidungsfreiheit und Selbstgestaltung ein; und für die Eltern ist es manchmal angenehm zu spüren, wie wichtig sie noch für die Kinder sind, auf der anderen Seite wären sie aber auch gerne die Verantwortung für die Kinder los. Die Äußerungen und Schilderungen der Tochter passen hier also gut zu gängigen Theorien. Das mag sie bestätigen, es kann aber auch lediglich bedeuten, daß die Tochter ebenfalls diese Theorien kennt. Auch hier dürfte die Konkretisierung, d. h. die Übersetzung der Vorwürfe in konkrete Interaktionssequenzen, ein wenig mehr Klarheit schaffen.*

FS FRITZ SIMON Na ja, aber inwiefern macht das eine Psychose?

C CARLA Na ja, weil ich dann mein Selbstbewußtsein ganz verloren habe und mich dann geflüchtet habe!

FS FRITZ SIMON Ah ja! Heißt das, Sie sehen es auch so, daß Sie selber etwas dazu beigetragen haben, wenn Sie sagen, Sie sind geflüchtet?

C CARLA Hm! Ich sehe aber eigentlich keine Schuld bei mir!

FS FRITZ SIMON Na, ich frage ja nur.

C CARLA Nein, ich sehe keine Schuld bei mir.

FS FRITZ SIMON Schuld ist vielleicht auch nicht der richtige Ausdruck. Mich interessiert Schuld deswegen, weil sie die Familien interessiert. Die meisten Leute fragen sich: „Habe ich Schuld?" oder: „Hätte ich was anderes tun können?" Mich interessiert die Schuldfrage eigentlich nicht so sehr. Mich interessiert eher: Was kann jeder in Zukunft tun? Und insofern interessiert mich nicht, ob Sie Schuld haben oder nicht. Die moralische Dimension ist mir schnurzpiepegal. Mich interessiert: Wo haben Sie Einflußmöglichkeiten? Und die Frage ist: Wo haben Sie Einfluß genommen? Sie hätten es ja wohlmöglich auch anders machen können. Womöglich ... ich weiß es ja nicht, ich war nicht dabei. Sie hätten es ja womöglich auch anders machen können. Wo sehen Sie Einflußmöglichkeiten, die Sie hatten oder die Sie haben, auf das In-die-Psychose-Gehen oder Nicht-in-die-Psychose-Gehen?

C CARLA Vielleicht hätte ich weniger Alkohol trinken müssen in gewissen Zeiten. Aber das ist auch wieder eine Schuld, die meine Mutter mir zuschreibt. Weil sie gesagt hat: „Du hast zu viel Alkohol getrunken, daher kommt die Psychose!"

FS FRITZ SIMON Aber Sie sehen da auch einen Zusammenhang?

C CARLA Ja, weil die hat es mir so eingeredet, daß ich das auch so sehe!

K *Der Tochter ist es offensichtlich wichtig, keine Schuld zugeschrieben zu bekommen. Das ist ja verständlich. Problem ist dabei, das sei hier wiederholt, daß eine der stillschweigenden Implikationen der Freiheit von Schuld die Unmöglichkeit, etwas zu tun, sein kann. Und nur darum geht es: die Aufmerksamkeit darauf zu richten, wer wo wie Einfluß nehmen kann.*

FS FRITZ SIMON Eine Frage wäre ja: Was hat der Alkohol gemacht mit Ihnen?

C CARLA Der hat irgendwie die Synapsen verändert, daß man psychotisch wird!

K *Der Alkohol und seine Wirkung bieten einen guten Kompromiß für die Diskussion der Einflußnahme. Alkohol hat physiologische Wirkungen, d. h., der Organismus wird beeinflußt. Wenn er die Synapsen – die Verbindung zwischen den Nervenzellen – verändert, so bleibt die „Ursache" für die Psychose biologisch und damit in einem Bereich, in dem niemandem Schuld zugeschrieben werden kann. Auf der anderen Seite kommt der Alkohol ja nicht ganz zufällig ins Blut, so daß sich hier doch eine Möglichkeit der Einflußnahme und des eigenverantwortlichen Handelns zeigt. Es darf aber nicht vergessen werden, daß Erklärungsmodelle wie die hier präsentierte „Veränderung der Synapsen" nicht mehr als Konstrukte sind. Die Veränderung der Synapsen kann von der Patientin und ihren Angehörigen nicht direkt beobachtet werden. Solche Konstruktionen haben aber weitreichende Konsequenzen, da aus den jeweiligen Erklärungen die Lösungsideen abgeleitet werden. Eine wichtige Interventionsmöglichkeit im Rahmen der systemischen Therapie ist daher die Einführung alternativer Erklärungsmöglichkeiten, die neue Handlungsspielräume eröffnen.*

FS FRITZ SIMON Aha ... Wenn Sie es mal weniger biologisch ausdrücken, was hat er psychologisch mit Ihnen gemacht, der Alkohol? Die Synapsen sehen Sie ja nicht, Sie merken nur seine psychologischen Wirkungen. Und eine Psychose ist ja auch etwas Psychologisches.

C CARLA Ja, ja.

FS FRITZ SIMON Was würden Sie sagen, was hat das für Verhaltenswirkungen bei Ihnen gehabt, wenn Sie Alkohol getrunken haben? Was haben Sie anders gemacht, als wenn Sie keinen Alkohol getrunken haben?

C CARLA Na, ich war gelöster!

FS FRITZ SIMON Und dann?

C CARLA Dann hab ich vielleicht mehr geredet als sonst, mehr dummes Zeug geredet!

FS FRITZ SIMON Und dann?

K *„Und dann?" scheint eine der wichtigsten Fragen überhaupt zu sein. Schließlich verfolgen die meisten Menschen aus eigenem Antrieb ihre*

Gedanken nur über eine kurze Strecke weiter. Daher werden, zum Beispiel, Konsequenzen von Entscheidungen selten bis zu Ende durchdacht. Die Frage danach, wie die Geschichte weitergeht, eröffnet eine Perspektive, die die Bedeutung des Geschehens häufig radikal verändert.

C CARLA Und dann? Habe ich mit meinem Freund Sachen gemacht, die ich sonst nicht gemacht hätte!

FS FRITZ SIMON Und dann?

C CARLA Hm. Sonst nichts.

K *Das ist natürlich auch schon etwas. Was hat sie wohl für Sachen mit ihrem Freund gemacht, an denen nicht sie, sondern der Alkohol Schuld ist? Es empfiehlt sich, hier auf eine Konkretisierung zu verzichten angesichts der Tatsache, daß die Eltern da sind. Aber man braucht den Inhalt nicht zu wissen, um weitere Fragen über die Bedeutung dessen, was sie getan hat, stellen zu können.*

FS FRITZ SIMON Also, wenn Sie alle diese Sachen gemacht hätten, ohne daß Sie Alkohol getrunken hätten, wären Sie dann auch in die Psychose gegangen?

C CARLA Nee, dann nicht!

FS FRITZ SIMON Wenn Sie genau die gleichen Verhaltensweisen gezeigt hätten, wenn Sie all das gemacht hätten, was Sie sonst nicht gemacht hätten, wie Sie gesagt haben, wenn Sie sich all das erlaubt hätten, auch ohne Alkohol zu trinken, was denken Sie ...?

C CARLA *(fragend, ratlos)* Ach so, nee, ohne Alkohol ...?

FS FRITZ SIMON Ja, ohne Alkohol hätten Sie es sich wahrscheinlich nicht erlaubt. Aber manche Leute erlauben sich ja das, was andere sich nur mit Alkohol erlauben, auch ohne Alkohol. Nehmen wir an, Sie würden sich von einem Tag auf den anderen all diese Sachen erlauben ... was denken Sie, wäre da die Wahrscheinlichkeit größer, daß Sie in die Psychose gehen, oder geringer oder genau so groß?

C CARLA Geringer!

FS FRITZ SIMON Geringer als mit Alkohol, aha. Also, Sie sehen da eine biologische Wirkung des Alkohols.

C CARLA *(nickt)* Ja.

FS FRITZ SIMON *(an die Mutter gewandt)* Was denken Sie, wie ist die Verantwortung für das In-die-Psychose-Gehen verteilt in der Familie?

M MUTTER Ja, ich würde sagen, ich würde Sie einfach dritteln. Nein, vierteln, denn der Helmut ist auch durch sein Verhalten mit Schuld dran!

FS FRITZ SIMON Und durch welches Verhalten?

M MUTTER Na ja, eben daß er drogenabhängig geworden ist und daß wir das ertragen mußten ...

FS FRITZ SIMON Na ja, aber wie sah das denn auf der Verhaltensebene aus? Was hat er getan, was war dann anders? Ich meine, ob er nun drogenabhängig ist oder nicht, das merkt man ja irgendwie durch sein Verhalten.

M MUTTER Was er getan hat? Er hat uns ja alle in sehr tiefe Sorge gestürzt. Vor allem die Carla ... in große Sorge!

FS FRITZ SIMON Dadurch, daß sie sich große Sorgen gemacht hat, hat er dazu beigetragen ...?

M MUTTER Ja! Ja!

FS FRITZ SIMON Daß er ihr Anlaß zur Sorge gegeben hat ... Ist das etwas, was sie eher in Richtung Psychose schubst, wenn man ihr Sorgen macht?

M MUTTER Äh ... ja, ja.

FS FRITZ SIMON Gilt das nur für Ihren Sohn oder für die anderen in der Familie auch?

M MUTTER Für die anderen, nein ... für uns ... also sie ist mit Sicherheit auch ein Quentchen schuld dran, weil sie sich selber so große Sorgen um ungelegte Eier ... wirklich um ungelegte Eier macht!

FS FRITZ SIMON Das heißt, sie ist auch überfürsorglich?

M MUTTER Bitte?

FS FRITZ SIMON Das heißt, sie ist auch überfürsorglich? Weil wir diesen Begriff hier vorhin verwendet haben ... Sie beschneidet die Autonomie ihres Bruders, wenn sie sich solche Sorgen um ihn macht?

M MUTTER Na ja. Das weiß ich nicht, das habe ich noch nicht so gesehen! Kann man vielleicht auch so sehen, ja.

FS FRITZ SIMON Sie beschneidet die Autonomie der anderen Familienmitglieder.

M MUTTER Ja, indem wir uns rückwirkend dann auch wieder Sorgen um sie machen, daß sie das verkraftet.

FS FRITZ SIMON Man könnte es ja so sagen: Ihr Mann wollte heut eigentlich gar nicht hierherfahren. Carla wollte gern, daß er mitkommt, weil sie denkt, daß Sie als Mutter gerne wollen, daß eine Familientherapie stattfindet. Insofern bemuttert sie Sie beide ganz schön. Bemuttern jetzt in dem Sinne: Sie trifft Entscheidungen, was Sie beide zu tun haben ... Kann man das so sagen?

K *Zu Beginn der Sitzung war bei der Klärung des Kontextes deutlich geworden, daß Carla den Vater dazu gebracht hatte, zur Sitzung zu kommen. Sie hatte das getan, weil sie das Gefühl hatte, die Mutter hätte es gerne, wenn der Vater mitkäme. Die Mutter hatte das allerdings nicht gesagt, so daß Carla sich von ihrem Einfühlungsvermögen in die Mutter leiten ließ. Einfühlung ist aber immer ein gefährliches Geschäft, da es mit dem Risiko der Grenzverletzung verbunden ist.*

M MUTTER Das ist ihr aber nicht bewußt, daß sie Entscheidungen trifft.

V VATER Wollt ich gerade sagen.

FS FRITZ SIMON Ja, das ist eine andere Frage.

M MUTTER Ja, das ist eine andere Frage.

FS FRITZ SIMON Das ist noch die Frage, ob das bewußt ist oder nicht.

M MUTTER Ja, ja, also das kann sie schon, Entscheidungen treffen! Die kann auch im Lokal anrufen und für uns einen Tisch bestellen und so, also ...

FS FRITZ SIMON Auch wenn Sie nicht hinwollen?

M MUTTER Unter Umst... ja, also zumindestens forciert sie das. Und dann bringt sie uns auch so weit, daß wir uns freuen, daß sie sich auch freut, und dann wollen wir auch hin.

FS FRITZ SIMON Also, Sie freuen sich, wenn sie sich freut, und Sie machen sich Sorgen, wenn sie sich sorgt, und sie macht sich Sorgen, wenn Sie sich Sorgen machen?

K *Es scheint so, als ob in der Familie nicht ganz klar wäre, wer aus wessen Motiven heraus handelt. Das ist in Eltern-Kind-Beziehungen häufig der Fall. Meist ist es aber nur so, daß die Eltern etwas tun oder lassen, weil sie meinen, es sei gut oder schlecht für die Kinder. Wenn es wechselseitig ist und jeder versucht, sich so zu verhalten, wie er denkt, daß die anderen es wirklich wollen, dann entsteht ein unendlicher Regreß, und in der Kommunikation werden „seltsame Schleifen" geknüpft. Es kommt zu paradoxen Selbst-Objekt-Grenzen, was dazu führt, daß nicht mehr unterscheidbar ist, wer was eigentlich will. Jeder tut das, was er denkt, was der andere von ihm will oder was für den anderen gut ist. Auf diese Weise hat jeder das Gefühl, die abhängige Position in der Beziehung innezuhaben, ohne daß es jemanden gibt, der sich selbst in der autonomen Position sehen würde.*

M MUTTER Ja, ja!

FS FRITZ SIMON *(macht eine verknotete Bewegung)*

C CARLA Ja, das ist so!

FS FRITZ SIMON Das heißt also, Sie wissen gar nicht, ob Sie sich freuen, weil Sie sich selber freuen, oder ob Sie sich freuen, weil der andere sich freut?

C CARLA *(nickt zustimmend)* Hm.

FS FRITZ SIMON *(an die Tochter gewandt)* Wissen Sie denn, ob Sie etwas machen, weil Sie es wollen oder weil es wer anders will?

C CARLA Nee, ich mache es meistens, wenn sie *(deutet auf die Mutter)* es will! Ich mache selten etwas aus eigenem Willen!

FS FRITZ SIMON Ah, wie kommt das?

C CARLA Weil sie immer schon soviel von mir verlangt hat!

FS FRITZ SIMON Wenn sie jetzt auf einmal, von einer Sekunde auf die andere, aufhören würde, irgendwas von Ihnen zu verlangen?

C CARLA Ach, dann stünd ich ganz schön allein da.

K *Hier zeigt sich die Kehrseite des Wunsches nach Unabhängigkeit.*

FS FRITZ SIMON Und würde Ihnen etwas einfallen, was Sie tun könnten?

C CARLA Dann müßte ich wohl.

FS FRITZ SIMON Würden Sie eigene Ideen und Wünsche entwickeln?

C CARLA Zunächst nicht. Mit der Zeit vielleicht.

FS FRITZ SIMON Wie lange wird das dauern?

K *Wenn man solche unbestimmten Zeitangaben genauer definieren läßt, werden sie kleiner und überschaubarer.*

C CARLA Oooch, einen Monat.

FS FRITZ SIMON Hm, das ginge ja!

C CARLA Ja!

FS FRITZ SIMON Aber woher wissen Sie, daß es nicht das ist, was Sie wollen, was Ihre Mutter Ihnen sagt?

C CARLA Also, wenn sie was von mir will, dann ist das auch mein Wille!

FS FRITZ SIMON Ja, dann machen Sie ja eh, was Sie wollen. Da brauchen Sie sich keine Gedanken zu machen, was Sie wollen ...!

C CARLA *(lacht)* Aber erst kommt das von ihr. Da kann ich gar nicht mehr entscheiden, was ich will!

FS FRITZ SIMON Na ja, Sie haben einmal entschieden, Sie machen alles, was sie will ...

C CARLA Ja, ja.

FS FRITZ SIMON ... „Ich will alles, was sie will!" Das heißt dann, Sie müssen immer alles kaufen, gewissermaßen. Sie haben so etwas wie ein Abonnement. Ihre Mutter liefert Ihnen Wünsche, und Sie müssen sie ihr alle abnehmen.

C CARLA Ja.

FS FRITZ SIMON Ja, aber wann haben Sie sich entschlossen, so ein Abonnement zu bestellen?

C CARLA Ja, das fing schon in frühester Kindheit an. Dazu habe ich mich nicht entschlossen, das ist mir so eingetrichtert worden.

FS FRITZ SIMON Ja, ich möchte bei dem Wort entschlossen bleiben; denn auch als kleines Kind trifft man schon Entscheidungen. Man bekommt nicht nur passiv etwas eingetrichtert! Was sind denn die Vorteile davon, daß Sie es so machen, wie Sie es machen?

C CARLA Daß ich es so mache, wie sie will, oder ...?

FS FRITZ SIMON Ja, daß Sie es so machen, wie Sie es im Moment machen: daß Sie das machen, was Ihre Mutter Ihnen sagt.

C CARLA Also, ich brauche keine eigenen Ideen kreieren. Ich kriege sie alle vorgelegt. Das ist der Vorteil.

FS FRITZ SIMON Also das ist schon einmal ökonomisch! Gibt es noch andere Vorteile?

C CARLA Ich stelle sie damit gleichzeitig zufrieden.

FS FRITZ SIMON Ah ja. Was wäre, wenn Sie sie nicht zufriedenstellen würden?

C CARLA Dann würde sie Theater machen, und dann würde ich mir Gewissensbisse machen, warum ich sie nicht zufriedengestellt habe.

K *Wenn Carla – aus ihrer Sicht – alle Wünsche der Mutter erfüllt, dann lokalisiert sie die Motive für ihre eigenen Handlungen bei der Mutter. Damit schreibt sie auch die Verantwortung für das damit verbundene Verhalten der Mutter zu. Das Erfüllen der Wünsche der Mutter hat also eine Absicherungsfunktion gegen Schuldgefühle o. ä.*

FS FRITZ SIMON Ja, das heißt, Sie vermeiden Gewissensbisse.

C CARLA Ja!

FS FRITZ SIMON Und das ist ein großer Vorteil, das ist wichtig für Sie, keine Gewissensbisse zu haben?

C CARLA Das ist wichtig, ja!

FS FRITZ SIMON Sind Sie eigentlich jemand, der leicht Schuldgefühle bekommt?

C CARLA Oh, ja!

FS FRITZ SIMON Da sind wir wieder beim Schuldthema.

C CARLA *(nickt)* Hm.

FS FRITZ SIMON Das heißt, Sie haben eine ganz sichere Strategie, nie Schuldgefühle haben zu müssen, wenn Sie das machen, was Ihre Mutter Ihnen sagt.

C CARLA Ja.

FS FRITZ SIMON Selbst dann, wenn Ihre Mutter Ihnen gar keine Vorwürfe machen würde ...

C CARLA Sie macht mir aber Vorwürfe!

FS FRITZ SIMON Wann? Immer?

C CARLA *(droht mit dem Zeigefinger)* Also immer, wenn ich nicht das tue, was sie verlangt!

FS FRITZ SIMON Bei allem?

C CARLA Ja, bei allem!

FS FRITZ SIMON Da muß sie sehr gut aufpassen.

C CARLA Sie paßt auch gut auf!

K *Der Therapeut kann natürlich nicht einschätzen, wie stark die kontrollierenden Aktivitäten der Mutter tatsächlich sind. Es wäre daher nicht nützlich, sich in Debatten darüber einzulassen, ob die Patientin nicht doch eine Chance hätte, sich abzugrenzen, wenn sie es versuchte. Viel naheliegender ist es, auf die Zeit Bezug zu nehmen, als die Patientin wegen ihres Studiums in einer anderen Stadt von zu Hause fort war. Räumlicher Abstand macht es bekanntlich jeder Mutter schwer, ihre Fürsorglichkeit 24 Stunden am Tag zu leben.*

FS FRITZ SIMON Wie war denn das, als Sie nicht zu Haus gewohnt haben?

C CARLA Ja, da hat sie nichts von mir mitgekriegt.

FS FRITZ SIMON Ja eben, und hat sie Ihnen Vorwürfe gemacht?

C CARLA Nee, da hat sie ja nichts mitgekriegt!

FS FRITZ SIMON Na eben, das mein ich ja!

C CARLA Da konnte sie mir auch keine Vorwürfe machen.

FS FRITZ SIMON Und wie kommt es dann, daß Sie nach Hause gehen, wenn Ihnen da Vorwürfe gemacht werden?

C CARLA Weil ich mittlerweile auf dem Standpunkt bin, nicht mehr allein leben zu können.

FS FRITZ SIMON Warum? Versteh ich nicht!

C CARLA Ich brauche dauernd irgend jemand um mich herum.

K *Formulierungen wie „ich brauche", „ich muß", „ich kann nicht" beinhalten immer ein Erklärungsmodell, nach dem der oder die Betreffende nicht handelndes Subjekt ist. Damit wird ein Bild entworfen, nach dem er oder sie keinen Spielraum für eigene Entscheidungen hat. Auch hier erscheint es therapeutisch nützlich, durch eine Opfer-zu-Tätern-Strategie alternative Optionen zu eröffnen.*

FS FRITZ SIMON Der Ihnen sagt, was Sie zu wünschen haben?

C CARLA Nein, das noch nicht einmal … Ich muß nur spüren, da ist jemand …

FS FRITZ SIMON Aber wieso? Was kann passieren, wenn da niemand ist?

C CARLA Fühl ich mich einsam!

FS FRITZ SIMON Na und? Ich mein, was kann dann passieren? Was hat das für Folgen, wenn Sie sich einsam fühlen?

C CARLA Passiert auch nichts …

FS FRITZ SIMON Also können Sie allein leben!

C CARLA *(zweifelnd)* Hm?

FS FRITZ SIMON Aber Sie wollen nicht!

C CARLA Ja, das kann sein.

FS FRITZ SIMON Das ist ein Unterschied. Wenn Sie sagen: „Ich kann nicht!“, dann sieht das aus, als wenn da irgend etwas amputiert wäre. Als ob Sie sagen: „Ich kann nicht laufen! Ich kann nicht weglaufen!“ Wenn Sie sagen: „Ich will nicht!“, dann ist das eine Entscheidung, die man respektieren kann. Ich glaube, viele Leute ziehen es vor, unter anderen Menschen zu sein. Auch Sie haben sich offenbar für diesen Weg entschieden.

C CARLA Im Moment schon, aber ich hoffe, daß es mal wieder anders wird!

FS FRITZ SIMON *(an den Vater gewandt)* Was denken Sie, warum Ihre Tochter so bereitwillig gemacht hat, was Ihre Frau will?

V VATER Sie haben ihr gegenüber von Sorge gesprochen … *(faßt sich an die Stirn)* ach, so, da denk ich jetzt zu weit zurück an den … Hm, und jetzt, warum sie … es ist weg. Was hatten Sie gefragt?

FS FRITZ SIMON Also, was denken Sie, warum Ihre Tochter so darauf hört, was Ihre Frau ihr sagt?

V VATER Das ist etwas Angst, Gefühl der Abhängigkeit, auch der Mangel, sich irgendwie mal loszustrampeln, auch mal auf den Tisch zu hauen, ich weiß nicht mehr, ja.

FS FRITZ SIMON Aber wieso? Wieso macht sie das nicht?

V VATER Weil sie ihr gegenüber schwächer ist in ihrer ganzen Art.

FS FRITZ SIMON Was heißt schwächer? Was könnte passieren?

V VATER Ich kann gar nicht sagen, daß was passiert! Das glaube ich schon, daß sie … Aber es ist doch irgendwie ein bestimmtes Gefühl der Angst vor ihr. Ja, daß sie sich sagt, ich bin so aufgewachsen und so und so erzogen worden, ja, man muß parieren. Man darf nie vor ihr etwas sagen, ja?

FS FRITZ SIMON Das heißt, Ihre Tochter ist jemand, der sehr gewissenhaft ist?

K *Das hat der Vater zwar nicht gesagt, aber die vermeintliche Angst vor der Mutter als Zeichen von Gewissenhaftigkeit umzudeuten erscheint in diesem Moment nützlicher, als auf die Mutter-Kind-Beziehung zu schauen. Die Angst der Tochter könnte kausal der Mutter zugerechnet werden (sie müßte sich ändern), die Gewissenhaftigkeit der Tochter ist positiver bewertet und impliziert keine Veränderungsforderung – weder an die Mutter, noch an die Tochter.*

V VATER *(nuschelt)* Ja, in der letzten Zeit war sie das nicht immer, weil sie da ... ausgewichen *(nuschelt)* ist ... doch das ist sie schon!

FS FRITZ SIMON Heißt das, wenn sie sich eine Psychose leistet, dann braucht sie nicht so gewissenhaft zu sein? Kann man das so sagen? Psychose ist ein Stück Urlaub vom Gewissen?

V VATER Vor kurzem hat sie sich tagsüber mal ständig ins Bett gelegt. Irgendwie hat sie das gemacht, was ihr gesagt worden ist, und dann flüchtet sie sich wieder ins Bett.

FS FRITZ SIMON *(an die Mutter gewandt)* Kann man das so sagen: Psychose ist Urlaub vom Gewissen?

M MUTTER Ja, ja! Also, sie ist immer sehr gewissenhaft!

FS FRITZ SIMON Urlaub von den Schuldgefühlen? Von den möglichen Schuldgefühlen?

M MUTTER Ja, ja, Schuldgefühle, damit hat sie es sehr!

FS FRITZ SIMON In der Psychose kann sie tun, was sie sich sonst nicht erlauben würde?

M MUTTER Genau! Genau!

FS FRITZ SIMON Wenn sie all das täte, was sie tut, wenn sie von anderen – und sich selber wohlmöglich auch – für psychotisch gehalten wird, was würde sie dann über sich denken?

M MUTTER Also ich hab sie in der Psychose erlebt wie ein vierjähriges Kind in der Trotzphase. Regelmäßig! Und ich möchte dazu sagen, zu Beginn der Psychose, da hab ich habe sie wirklich gemocht und akzeptiert, weil sie sich da am Anfang so gewehrt hat! Sie hat sich gegen mich zur Wehr gesetzt, *(ihre Stimme wird erheblich lauter)* sie war frech, ungezogen. Aber ich mochte das, weil sie endlich mal von mir loskam. Ich möchte sie ja gar nicht halten an mir. Ich möchte ja, daß sie wegkommt! Ich weiß nur nicht, wie.

FS FRITZ SIMON *(zum Vater gewandt, der unruhig auf dem Stuhl hin und her rutscht)* Sie wollten was sagen?

V VATER Ich sage, das stimmt nicht ganz!

FS FRITZ SIMON Wie sehen Sie es?

V VATER Das ist heute immer noch: schön festhalten!

FS FRITZ SIMON Sie sehen es anders?

V VATER Ja, ja.

FS FRITZ SIMON Wir können nicht klären, wie es wirklich ist. Mich interessiert auch wirklich nur, wie Sie es alle sehen. Aber wie hat sich Ihre Tochter verhalten? Wie verhält sie sich, wenn man es psychotisch nennt?

V VATER Verschiedene Phasen sind das. Erst geht das los mit Depression ...

M MUTTER Also, ja, sie ist auch rotzfrech, zuerst!

V VATER *(nuschelt)* Ohne Selbstkontrolle. Also ich möchte sagen, da ist sie fast ungehemmt.

M MUTTER Scharf, beißend!

V VATER Da tobt sich irgend etwas aus, was vorher nicht rauskam, nicht rauskonnte, und so weiter, bis dann eine gewisse Zeit der Depression danach folgt.

FS FRITZ SIMON *(zu Carla)* Was machen Sie, wenn Sie sich Ihre Psychose leisten?

C CARLA Tja, dann bin ich frech zu den Eltern, dann wehr ich mich!

FS FRITZ SIMON Würden Fremde das auch merken?

C CARLA Ja!

FS FRITZ SIMON Daß Sie frech zu den Eltern sind, oder sind Sie Fremden gegenüber auch frech?

V VATER Nein, das ist sie nicht.

C CARLA Nee, Fremden gegenüber bin ich noch gehemmt. Den Eltern gegenüber ... Da sag ich: Ihr setzt mich unter Druck, ich will endlich frei sein!

FS FRITZ SIMON Sie verhalten sich so wie Jugendliche!

C CARLA Ja, ja, ein bißchen spät!

FS FRITZ SIMON Adoleszenz!

C CARLA Ja!

M MUTTER *(nickt heftig)* Ja!

FS FRITZ SIMON Nehmen wir einmal an, Sie würden all diese Verhaltensweisen, diese frechen, aggressiven Verhaltensweisen zeigen, und alle wüßten, Sie sind vollkommen gesund. Man hat einen Bluttest gemacht – nehmen wir mal an, es gäbe so etwas –, es ist keine Psychose! Was hätte das für Folgen?

C CARLA Dann würde meine Mutter sich vielleicht freuen, und sie würde sehen, daß ich endlich selbständig werde.

FS FRITZ SIMON Wie lange würde sie sich freuen? Oder würde sie sich unbegrenzt freuen?

C CARLA So lange, bis es wieder aufhört, bis ich wieder …

FS FRITZ SIMON Bis Sie wieder was? Wie ginge das denn weiter?

C CARLA Irgendwann würde ich wieder ruhig werden!

FS FRITZ SIMON Wie vorher?

C CARLA Ja, irgendwann würde ich wieder so brav werden wie vorher.

FS FRITZ SIMON Auch, wenn es keine Psychose ist? Oder würde sich etwas ändern?

C CARLA Oder es würde sich mal endlich was ändern, und ich würde erwachsen werden.

FS FRITZ SIMON Was würde sich ändern zwischen Ihnen?

C CARLA Ich würde von zu Hause ausziehen.

FS FRITZ SIMON Also Moment mal … das ist für mich ein spannender Punkt! Deswegen will ich da noch einmal nachfragen. Also, nehmen wir einmal an, Sie würden sich so rotzfrech, aggressiv abgrenzend, wie immer man das nennen mag, gegenüber Ihren Eltern, Vater und Mutter, verhalten, aber alle wüßten, es ist gesund, nicht krank. Wie ginge es dann weiter? Wie würden Ihre Eltern sich verhalten? Wie der Vater? Wie die Mutter? Würden sie sich freuen?

C CARLA Vater würde sich nicht freuen, der würde drunter leiden.

FS FRITZ SIMON Wie würde er das zeigen?

C CARLA Der würde traurig werden, depressiv, ja.

FS FRITZ SIMON Wie ginge es weiter? Sie sind frech, aber gesund …

C CARLA Hm, dann wird aus der frechen Phase irgendwann eine erwachsene Phase.

FS FRITZ SIMON Wie sieht das aus, wie werden Sie sich verhalten?

C CARLA Dann würde ich zum ersten Mal eigene Ideen haben. Dann würde ich wissen, was ich will, weil ich ja bisher nie wußte, was ich will.

FS FRITZ SIMON Das heißt, in der Phase der Frechheit hätten Sie keine Chance, die Wünsche der Mutter oder des Vaters zu erfüllen, sondern Sie müßten sich die selber erfinden.

C CARLA Ja, ja, ich würde das selber finden. Dann käme ich halt in eine Erwachsenenphase.

FS FRITZ SIMON Und was werden Sie dann machen?

C CARLA Dann würde ich jeden Morgen früh aufstehen und eine Tätigkeit haben, mir einen Beruf aussuchen, Geld verdienen. Würde mir ein Auto kaufen, würde ausziehen, würde mich nach meinem Geschmack kleiden und wäre selbstbewußt.

FS FRITZ SIMON Nehmen wir mal an, Sie fangen jetzt wieder mit dieser jugendlich-frechen Verhaltensweise an, wer würde denken: Das ist eine Psychose!? Wer würde das zuerst denken?

C CARLA Die Mutter!

FS FRITZ SIMON Und an zweiter Stelle?

C CARLA Der Vater!

FS FRITZ SIMON Und an dritter Stelle?

C CARLA Der Bruder!

FS FRITZ SIMON Und an vierter Stelle?

C CARLA *(lacht fragend)*

FS FRITZ SIMON Wo würden Sie sich denn selbst einordnen – was Sie über sich denken?

C CARLA Also ich käme zuallerletzt. Ich würde ja am Anfang gar nicht merken, daß es eine Psychose ist.

FS FRITZ SIMON Na ja, ich behaupte ja auch gar nicht, daß es eine ist. Womöglich ist es ja gar keine!

C CARLA Ja.

FS FRITZ SIMON Woran unterscheidet man denn, ob es eine Psychose ist, wenn Sie frech sind, oder ob es normale Frechheit ist?

C CARLA Also bisher war es immer eine Psychose, wenn ich so frech war!

FS FRITZ SIMON Ja! Aber irgendwann ist es das erste Mal.

C CARLA Frech ohne Psychose?

FS FRITZ SIMON Ja! Das könnte ja eine Falle sein, deswegen frag ich so. Denn erfahrungsgemäß, meiner Erfahrung nach, und nicht nur meiner Erfahrung nach, ist es ein Stadium zum Erwachsenwerden, daß man frech wird – auch gegen die Eltern. Mal mehr und mal weniger. Aber auf jeden Fall setzt man klarere Grenzen. Man sagt: „Nein, du willst das zwar, aber ich will das nicht!" Wenn man irgendwann einmal die Diagnose Psychose hatte, ist die Falle, daß das keiner mehr merkt, daß das womöglich ein normaler Schritt zum Erwachsenwerden ist, und daß das sofort für krank gehalten wird. Das könnte ja bei Ihnen auch sein, daß Sie selber denken, das ist krank, daß Ihre Mutter denkt, Ihr Vater denkt, Ihr Bruder, was weiß ich, daß alle denken: Es ist krank! Und wenn man denkt, es wäre krank, dann geht man anders damit um. Was würde denn Ihre Mutter machen, wenn sie denkt: Das ist krank! Und was macht sie, wenn sie denkt: Das ist gesund! Was ist der Unterschied?

C CARLA Wenn sie denkt, das ist krank, würde sie mich zum Arzt schleppen, damit ich Tabletten bekomme. Und wenn sie denkt, das ist gesund, dann würde sie sich freuen und würde mich so lassen.

FS FRITZ SIMON Auch, wenn Sie ihr Frechheiten an den Kopf schmeißen?

C CARLA Ja, die würde sie dann runterschlucken.

FS FRITZ SIMON Aber, es ist ja oft sehr kränkend für Eltern, wenn ihnen die erwachsen werdenden Kinder Frechheiten, irgendwelche abgrenzenden aggressiven Bemerkungen an den Kopf werfen!

C CARLA Na ja, da wüßte sie dann ja, daß ich gesund bin und daß es irgendwann aufhört.

FS FRITZ SIMON Aber wenn Sie gesund sind, könnte es ja sehr viel kränkender sein. Im Sinne von: „Ja, sie meint es wirklich so, wie sie es sagt." Wenn sie Sie dagegen für krank hält, könnte sie immer noch denken: „Ach, sie meint es eigentlich gar nicht so, es ist nicht sie, die jetzt so frech ist, sondern die Krankheit!"

C CARLA Dann würde sie sich vielleicht ab und zu mal wehren und zurückschreien, aber mich diesmal nicht zum Arzt schleppen und nicht dauernd drohen: „Du wirst wieder krank!"

FS FRITZ SIMON *(zur Mutter)* Nehmen wir mal an, dieser Bluttest ist gemacht, und es wäre klar, Ihre Tochter ist nicht krank und kann es nicht werden, und sie würde sich auf einmal Ihnen gegenüber so frech verhalten ... Was würde denn Ihre Tochter über sich selber denken? Hätte sie dann Schuldgefühle?

M MUTTER Ja, möglicherweise. Und durch die Schuldgefühle rast sie dann richtig in dieses Dilemma hinein. So würde ich das sehen.

FS FRITZ SIMON Das heißt, wenn sie sich selber für psychotisch hält, dann hat sie nicht so viele Schuldgefühle?

M MUTTER Das weiß ich nicht. Ich weiß nur, daß es angefangen hat, daß sie gesagt hat: „Ich bin krank, ich bin krank!" und ich gesagt hab: „Du bist überhaupt nicht krank, gar nichts bist du!"

FS FRITZ SIMON Ich möchte sagen, was mir durch den Kopf geht. So, wie ich das jetzt verstanden hab, ist das ja auch eine Entlastung von Schuldgefühlen, wenn sie sich für psychotisch hält. Für einen gewissenhaften Menschen ist das ja sehr erleichternd zu wissen: Ich war es eigentlich gar nicht. Ich brauche nicht die Verantwortung zu tragen für das, was war, sondern es ist eigentlich die Psychose, die an allem schuld ist.

M MUTTER *(wiegt den Kopf hin und her)* Ja, könnte schon sein, könnte sein, wie das Erscheinungsbild so ist.

FS FRITZ SIMON So, wie Sie Ihre Tochter kennen, was denken Sie, paßt das?

M MUTTER Ja, das kann zu ihr passen.

FS FRITZ SIMON *(zum Vater)* Was meinen Sie, paßt das?

V VATER Das ist schon so, also, wenn sie glaubt, sie sei krank, daß sie das dann ... als eine Art Entschuldigung angibt. Aber es gibt ... ich habe vorhin auch überlegt ... wenn sie überzeugt sein könnte, auf Grund eines sogenannten fiktiven Testes, daß der Zustand Gesundheit ... daß sie gesund ist und sie in diesem gesunden Zustand Aggressionen und so weiter zeigt, daß das vielleicht eine Möglichkeit wäre, wenn man sie oder ihr alles alleine überließe, ohne Einfluß zu nehmen *(blickt die Mutter an)*, daß sie dann ausbrechen könnte in eine Daseinsform, die sie eben positiv beschrieben hat, daß sie selber entscheiden könnte, ohne Tabletten ...

(...)

***

Am Beispiel von Carla zeigt sich, welche Wirkung die Etikettierung als „psychisch krank" gerade auf Jugendliche haben kann. Die Adoleszenz ist eine Übergangsphase, in der es zu einem Wechsel der Identität vom „Kind" zum „Erwachsenen" kommt. Da es in unserer westlichen Gesellschaft keine verbindlichen Übergangsriten gibt, die eindeutig festlegen, wann einem Heranwachsenden welcher Status zuzubilligen ist, muß wohl jede Familie durch eine längere Phase der Unsicherheit und Verwirrung gehen. Die Eltern wissen nicht, ob sie ihrer Verantwortung besser gerecht werden, wenn sie sich in das Leben ihrer Kinder einmischen oder wenn sie sich raushalten, und die Kinder wissen nicht, ob sie sich das eine oder das andere wünschen sollen. Normalerweise ist dieser Übergang zeitlich begrenzt, die Diagnose führt jedoch zu einer Situation, in der die Unentscheidbarkeit, ob das Kind nun noch als Kind oder schon als Erwachsener zu behandeln ist, chronifiziert.

8. Die Rolle der Psychiatrie / Chronifizierung mit Hilfe der Institution (Herr Florin)

Wenn Institutionen zur Lebenswelt eines Menschen werden, dann tritt die Institutionsdynamik an die Stelle der Familiendynamik. Die Psychiatrie bildet ein soziales System, das für viele Personen zum Überlebensraum, zur ökologischen Nische geworden ist. Das gilt nicht nur für diejenigen, die in ihr arbeiten, sondern auch für viele Patienten.

So kann es dazu kommen, daß im Laufe der Jahre für einzelne Patienten die Beziehung zur Institution Psychiatrie bzw. ihren Repräsentanten wichtiger wird als die Beziehung zur Familie bzw. den Familienmitgliedern.

Die Kommunikationsmuster, die sich innerhalb der Psychiatrie entwickeln, weisen dabei häufig eine strukturelle Ähnlichkeit mit familiären Kommunikationsmustern auf. Wenn das der Fall ist, haben sie im allgemeinen eine chronifizierende Wirkung, da in der alltäglichen Kommunikation die Erwartungen des Patienten bestätigt werden. Sein Weltbild wird nicht gestört, er kann so bleiben, wie er ist. Er ist optimal an seine „ökologische Nische" angepaßt.

Wie in der Familie findet mit der Zuschreibung von Krankheit als Erklärung für das merkwürdige Verhalten des Patienten eine Exkommunikation statt, das heißt, dem Verhalten wird der Status eines Symptoms zugeschrieben und damit die kommunikative Bedeutung abgesprochen. Da dieses Verhalten aber nicht immer und zu 100 Prozent als Ergebnis einer Krankheit betrachtet werden kann, entsteht zwischen Therapeuten und Patienten eine Beziehungsform, die Ähnlichkeiten zu der zwischen Adoleszenten und ihren Eltern hat. Es chronifiziert eine Situation, in der es unentscheidbar ist, welcher Kontext zur Interpretation des Verhaltens des Patienten herangezogen werden muß und welche Spielregeln anzuwenden sind: Ist er ein eigenverantwortlich handelndes, schuldfähiges Subjekt, oder ist er ein fürsorgebedürftiges Objekt, das kindlich-hilflose Opfer einer Krankheit?

Im folgenden Fallbeispiel läßt sich die Zwiespältigkeit der Rolle der Psychiatrie und des Psychiaters illustrieren: Sie werden als Hilfe erlebt, aber die Inanspruchnahme dieser Hilfe wird vom Patienten oft auch als demütigend erlebt. Die Ungleichheit der Therapeut-Patienten-Beziehung stellt seine Selbstachtung in Frage. Darüber hinaus hat diese Beziehung einen paradoxen Gehalt: Wenn sie erfolgreich ist, wird sie beendet, soll sie erhalten bleiben, darf sie nicht erfolgreich sein.

Herr Florin ist 34 Jahre alt und seit 15 Jahren in der Betreuung einer sozialpsychiatrischen Klinik. Er kommt regelmäßig in die angeschlossene Beratungsstelle, läßt sich sein Langzeitneuroleptikum spritzen und nimmt gelegentlich an gemeinsamen, von der Beschäftigungstherapie organisierten Aktivitäten teil. Die Mitarbeiter der Klinik, vom Chefarzt bis zur Putzfrau, kennen ihn alle seit Jahren. Er ist sehr beliebt, und alle machen sich viele Gedanken darüber, wie man ihm wohl aus seiner Patientenkarriere heraushelfen könnte. Das nachfolgende Gespräch fand als Konsultation im Rahmen eines Forschungsprojektes statt, das der Frage nach Bedingungen der Chronifizierung galt. Anwesend war der größte Teil des therapeutischen Personals. Obwohl es die explizite Zielsetzung des Gesprächs war, die Aufmerksamkeit auf die Kommunikationsmuster zwischen den Mitarbeitern der Klinik und Herrn Florin zu richten, konzentrierte und beschränkte sich der Interviewer nach kurzer Zeit auf den Dialog mit Herrn Florin. Hintergrund dafür war, daß fast alle Fragen, die er an das therapeutische Personal stellte, von den Klinikmitarbeitern „therapeutisch" beantwortet wurden; das heißt, wenn sie nach ihrer Sichtweise als außenstehende Beobachter befragt wurden, waren sie offenbar durch die Anwesenheit des Patienten gehemmt. Sie schilderten nicht die beobachtbaren Phänomene und Verhaltensweisen, sondern sie versuchten, ihrer therapeutischen Verantwortung gerecht zu werden, und äußerten nur, was sie als therapeutisch nützlich für Herrn Florin erachteten (ihn ermutigt, sein Selbstbewußtsein stärkt usw.). Es bot sich daher an, die Therapeuten aus dem Gespräch auszuklammern und sie in die Rolle der Zuschauer zu versetzen, um dem Patienten die Überflutung mit gutgemeinten Botschaften zu ersparen.

Das Transkript beginnt mit Herrn Florins Anwort auf die Frage, was seiner Meinung nach die Therapeuten von diesem Gespräch erwarten.

***

HF HERR FLORIN Was sich die Therapeuten hier von dem Gespräch erwarten? ... Sie setzten sich ja beruflich dafür ein, daß es den Patienten gutgeht. Und für sie ist das dann auch eine besondere Genugtuung, wenn sie sehen können, daß ein Patient oder ein Mensch, der einmal behindert war, oder ... leidend war, daß er wieder am Leben teilnimmt.

FS FRITZ SIMON Das ist jetzt sehr allgemein formuliert. Ich möchte es ganz konkret auf Sie beziehen und die Frage noch einmal stellen: Was erhofft sich jeder einzelne für Sie?

FS Fritz Simon
HF Herr Florin
PF A Pfleger a
PF B Pfleger b
K Kommentar

H F HERR FLORIN *(überlegt lange)* ... Also, ich weiß nicht, ob das ein guter Wunsch ist, aber ... daß ich einfach die Beziehungen, die ich unterhalten habe all die Jahre hindurch, daß ich die abbreche ...

FS FRITZ SIMON Das wäre der Wunsch der Mitarbeiter der Klinik? Daß Sie diese Beziehungen abbrechen?

H F HERR FLORIN Daß ich meine Rolle einfach nicht mehr spiele.

FS FRITZ SIMON Welche Rolle?

H F HERR FLORIN Die Rolle des Kranken.

FS FRITZ SIMON Heißt das, die würden Sie aus dieser Rolle rauswerfen wollen?

H F HERR FLORIN Nein, aus dem Haus hier!

FS FRITZ SIMON Das hängt zusammen: Ohne die Rolle kommen Sie auch nicht ins Haus ... Aber ... wie kommen Sie auf die Idee?

H F HERR FLORIN Also, ich finde einfach, daß diese Kontakte und diese Beziehungen, die in dieser Klinik angeknüpft werden oder auch gepflegt werden, einfach nur ein Ersatz sind, für die ... – die das Scheitern in der großen Welt rechtfertigen sollen, irgendwie ...

FS FRITZ SIMON Finden Sie das, oder glauben Sie, daß die Mitarbeiter hier im Haus das glauben?

H F HERR FLORIN Ich weiß nicht, ob sie das glauben.

FS FRITZ SIMON Was vermuten Sie?

H F HERR FLORIN Ja, sie können bestenfalls sagen: „Das ist jetzt wirklich ein netter Kerl, der ist schon seit Jahren da, dem geben wir jetzt den Treuebonus ..."

FS FRITZ SIMON Aber eigentlich wäre das Ziel ... das Ziel der Beziehung zu Ihnen wäre es, die Beziehung zu beenden? Habe ich Sie da richtig verstanden?

H F HERR FLORIN Oder mich von einer anderen Seite kennenzulernen.

FS FRITZ SIMON Können Sie sich vorstellen, daß jemand hier im Raum sagt: „O.K., soll er ruhig die nächsten 30 Jahre zu uns kommen, wir lassen ihn das selber bestimmen." Daß man Sie hier läßt ohne irgendein Ziel, ohne Sie da rauszuwerfen? Nach dem Motto „Sie haben Wohnrecht. Sie können kommen, solange Sie wollen. Wir behelligen Sie nicht mit irgendwelchen Wünschen, die Beziehung abzubrechen. Sie können sich darauf verlassen, auf 100 Jahre oder mehr ..."

H F HERR FLORIN Ja, schon.

FS FRITZ SIMON Könnten Sie sich vorstellen, daß Sie so ganz bedingungslos einfach kommen und bleiben können?

H F HERR FLORIN Also, ich finde das eine tolle Geste, daß das ...

FS FRITZ SIMON Was?

HF HERR FLORIN Daß das möglich ist, überhaupt. Ich sehe das am ehesten so, daß ich die andern ja … *(schweigt lange, nachdenklich).*

FS FRITZ SIMON Ich verstehe das noch nicht.

HF HERR FLORIN Daß es … ich finde irgendwie, daß ich gar kein Recht habe, ihre Zeit zu beanspruchen, daß sie für mich da sind, oder …

FS FRITZ SIMON Mm.

HF HERR FLORIN … oder daß ich ihre Hilfe in irgendwelcher Weise beanspruche.

FS FRITZ SIMON Wenn Sie das so sehen, hat das für Sie irgendwelche Konsequenzen? Nehmen wir mal an, Sie haben das Gefühl, Sie haben ein Recht, diese Hilfe zu beanspruchen, wie werden Sie sich dann verhalten?

HF HERR FLORIN Ich glaube, ich sähe mich weniger bedroht von all meinen Problemen.

FS FRITZ SIMON Und dann? Was werden Sie dann tun?

HF HERR FLORIN Ich würde erhobenen Hauptes und kerzengerade durch die Straßen stolzieren.

FS FRITZ SIMON Und was werden die anderen über Sie denken? Wenn Sie erhobenen Hauptes und kerzengerade durch die Straßen stolzieren?

HF HERR FLORIN Jedenfalls glaube ich, daß sie sicher nicht denken werden, da ist einer, der einen Psychiater nötig hat. Oder der sich in psychiatrischer Behandlung befindet.

FS FRITZ SIMON Und hätte das Auswirkungen auf Sie, wenn das keiner denken würde?

HF HERR FLORIN … *(schweigt lange)*

FS FRITZ SIMON Also, nehmen wir mal an, es wäre noch nie jemand auf die Idee gekommen, daß Sie einen Psychiater oder eine psychiatrische Behandlung brauchen, wie würden Sie dann Ihr Leben gestalten?

HF HERR FLORIN Kann sein, daß ich auswandern würde.

FS FRITZ SIMON Wohin?

HF HERR FLORIN Nach Australien.

FS FRITZ SIMON Was würden Sie dort tun?

HF HERR FLORIN Ich weiß auch nicht. Hilfsarbeiter.

FS FRITZ SIMON Klingt nicht sehr verlockend.

HF HERR FLORIN Für mich ist es besser als nichts.

K *Diese Fragephase galt der Auswirkung des Patientenstatus auf die Lebensgestaltung des Patienten. Wie er antwortet, erweckt den Eindruck, daß ihm die Fragerichtung nicht gefällt. Auch daß er mit Auswanderungsphantasien antwortet und damit der Antwort ausweicht, deutet eher darauf hin, daß er sich festgenagelt fühlt. In solch einem Fall, in dem man als Therapeut Gefahr läuft, zu sehr auf die Seite der Veränderung zu gehen, empfiehlt es sich – wie bereits erwähnt –, auf die andere Seite zu gehen und selbst zu „bremsen".*

FS FRITZ SIMON Ich habe Sie jetzt so in die Mangel genommen ... Wenn es zuviel ist, müssen Sie es mir sagen. Ich sitze ihnen zu sehr auf der Pelle ...

HF HERR FLORIN Ja, es ist schon sehr ausführlich.

FS FRITZ SIMON Wenn ich Ihnen so auf die Pelle rücke, müssen Sie mir ein Stopzeichen geben, irgendwie. Ich möchte die anderen jetzt gern noch mal fragen, was aus ihrer Sicht ein optimales Ergebnis so eines Gesprächs sein könnte. Ich möchte gern jeweils einen Kollegen zur Rechten oder zur Linken von Herrn Florin fragen. Sie sind von Herrn Florin zur Rechten und zur Linken plaziert worden, und ich weiß nicht genau, was es zu bedeuten hat. Ich tue mal so, als ob es was zu bedeuten hätte ...

K *Herr Florin hatte zu Beginn der Sitzung die Aufgabe bekommen, die Sitzordnung der Klinikmitarbeiter zu bestimmen. Dabei hatte er scheinbar gezielt bestimmte Pfleger und Therapeuten links und rechts von sich postiert.*

PF A PFLEGER A *(zu Herrn Florin)* Also, ich weiß auch nicht, was es zu bedeuten hat, daß du mich hierher so nahe zu dir genommen hast. Es hat mich persönlich sehr gefreut, weil unsere Beziehung wirklich, in den letzten Jahren, immer so sporadisch war. Wir haben uns oft in der Stadt getroffen, zufällig, und haben uns begrüßt und vielleicht ein paar Worte gewechselt. Das Optimale für dieses Gespräch, denke ich, wäre für mich schon, wenn es mit dir in naher Zukunft oder auch in ferner Zukunft besser wird.

K *Daß Pfleger A nicht dem Interviewer antwortet, sondern den Patienten anspricht, ist ein Indiz dafür, daß er dem Interviewer nicht ungefragt die Verantwortung und Entscheidung darüber zubilligt, nach welchen Spielregeln das Gespräch zu verlaufen hat. Dadurch, daß immer ein konkreter Teilnehmer an der Sitzung angesprochen wird, wird implizit die Spielregel einer sternförmigen Kommunikation angeboten. Dieses Angebot wird von Herrn A nicht angenommen, wenn er sich direkt an den Patienten wendet. Das kann man als milde Disqualifikation des Interviewers verstehen: Pfleger A beansprucht die Rolle des Therapeu-*

ten für sich und billigt FS daher nicht ohne weiteres zu, die Spielregeln der Sitzung zu bestimmen.

FS FRITZ SIMON Was heißt „besser“?

PF A PFLEGER A *(zu Herrn Florin)* Daß du die Psychiatrie nicht mehr brauchst, das wäre das Optimale.

FS FRITZ SIMON Woran würden Sie das merken, daß er sie nicht mehr braucht?

PF A PFLEGER A *(zu Herrn Florin)* Ich denke, ich würde es am Gang merken. Das hat mir gefallen, das Bild. Weil ich erlebte dich oft, wenn ich dich sah in der Straße, so vornübergebeugt mit relativ schnellem Schritt. Das Bild, das du selber gebracht hast, mit dem aufrechten Gang, das hat mir gut gefallen. Das wäre für mich ein Zeichen, das ich wahrnehmen würde ... daß ich denke, es ginge dir besser.

K *„Besser“ ist wieder eine der Worthülsen, mit denen man sich nur zu leicht abspeisen läßt, obwohl man eigentlich nicht weiß, was damit gemeint ist. Deswegen empfiehlt es sich auch hier, genau nachzufragen. An den Antworten des Pflegers fällt auf, daß er sich bemüht, dem Patienten zu zeigen, daß er sich über Zeichen der persönlichen Beziehung freut. Offensichtlich bemüht er sich, therapeutisch „richtig“ zu antworten.*

FS FRITZ SIMON Wird er sonst noch was verändern ...? Woran werden Sie es merken, wenn Sie ihn nicht gehen sehen, sondern nur sitzen?

PF A PFLEGER A Ich weiß nicht, da hab ich keine Phantasien, an was ich es merke. Dazu ist der Kontakt zu lose. Aber so etwas arbeiten, denke ich ... Ich mag mich auch noch gut erinnern, daß du bei uns in der Tagesklinik immer wieder gerne gezeichnet hast, gut gezeichnet hast.

H F HERR FLORIN Ich war ja eigentlich länger in der Tagesklinik als in der Reha-Abteilung. Und ich habe eigentlich dadurch eine ganz andere Einstellung zu der Hilfe, die mir angeboten wurde. Dort habe ich, glaube ich, mehr profitiert als anderswo.

FS FRITZ SIMON Wodurch? Wie kam das?

H F HERR FLORIN Also, ich haßte das Therapieangebot.

FS FRITZ SIMON Und das war für Sie hilfreich?

H F HERR FLORIN Für mich war das hilfreich.

FS FRITZ SIMON Alles gleich, oder gab es Unterschiede?

H F HERR FLORIN *(überlegt lange)* Es gab da Unterschiede, aber die waren ihrem Wesen nach nicht so gravierend ...

FS FRITZ SIMON Aber das ist doch eine entscheidende Frage, für Sie und für uns auch: Was war für Sie hilfreich? Was ist für Sie hilfreich? Was würde hilfreich sein?

HF HERR FLORIN Ja, hilfreich war dann in erster Linie, daß die Tagesklinik für Patientenarbeiten eingerichtet ist.

FS FRITZ SIMON Daß Sie da arbeiten konnten?

HF HERR FLORIN Daß ich da etwas arbeiten konnte, ja ...

FS FRITZ SIMON Arbeit allein ist schon etwas hilfreiches für Sie? Wäre jede Arbeit für Sie hilfreich?

HF HERR FLORIN Nicht gerade jede Arbeit ...

FS FRITZ SIMON Wenn Sie mal zurückschauen, was war für Sie bisher die hilfreichste Arbeit?

HF HERR FLORIN Das waren schon so viele, ich kann es nicht mehr sagen. *(Herr Florin überlegt lange, liefert aber keine Antwort)*

FS FRITZ SIMON *(gibt sich nach einiger Zeit damit zufrieden, keine Antwort zu erhalten und richtet sich an Pfleger B)* Ich würde Sie auch noch gerne nach Ihren Hoffnungen fragen ...

PF B PFLEGER B Von mir aus gesehen war die gute Fee schon da. Also ich erlebe ihn seit über einem halben Jahr viel besser und gesünder als je zuvor. Und wenn ich ihn nicht kennen würde und wir würden zusammen einen Kaffee trinken irgendwo in der Stadt, vis-à-vis, da würde ich da überhaupt keinen Unterschied merken zwischen dir und irgend jemand anderem. Und für mich ist es gar keine Frage. Ich habe in diesem Sinne auch gar keine Erwartungen an dieses Gespräch und denke, jetzt muß das noch viel besser werden. Es ist ja schon wahnsinnig gut, erstens. Und was ich noch gehört habe, war, daß du gesagt hast, ja, das mit der Tagesklinik ist ja schon gut. Das ist der Beruf von denen. Ich glaube, du hast auch irgendwie gesagt, du möchtest es noch ein bißchen menschlicher und freundschaftlicher, zusammen fortgehen, wahrscheinlich die Freizeit verbringen. Und ich fühle mich auch nicht als Therapeut in der Tagesklinik dir gegenüber. Ich fühle mich fast als kleinerer Bruder von dir. Das scheint so meine Rolle dir gegenüber zu sein.

K *In dieser Aussage des Pflegers zeigt sich ein ambivalenter Aspekt der Beziehung psychiatrischer Patienten zu ihren Betreuern bzw. zu den Institutionen der psychiatrischen Versorgung. Es wird mit zunehmender Dauer des Kontaktes unklar, ob es sich in der Beziehung zwischen Patienten und Therapeuten (oder Betreuern und wie sie – von Institution zu Institution unterschiedlich – auch immer genannt werden mögen) um eine professionelle oder eine private Beziehung handelt. Je länger der*

Kontakt besteht und je alltäglicher das Zusammenleben wird, umso familienartiger wird die Beziehung. Wenn dann die Charakteristika der Kommunikationsmuster in der jeweiligen Einrichtung sich denen der Herkunftsfamilien annähern, ist eine Chronifizierung der Symptomatik nicht verwunderlich. Die psychiatrische Einrichtung bietet dem Patienten keinen neuartigen Erfahrungsraum, sondern bestätigt lediglich die zu Hause gewonnenen Vorerfahrungen. Denn auch zu Hause hat man im allgemeinen versucht, die Probleme des Patienten „menschlich", d. h. dem sogenannten „gesunden Menschverstand" folgend, zu lösen.

FS FRITZ SIMON *(zu Herrn Florin)* Er hat nun gerade die Beziehung beschrieben und auch Sie. Erkennen Sie sich da wieder? Wie sieht das von Ihrer Seite aus?

HF HERR FLORIN Ja, ich kann mir nicht so recht ein Bild machen, was er unter menschlicher versteht. Menschlicher *(zu Pfleger B)*, wie meinst du das?

PF B PFLEGER B Ja, weißt du, du kommst zu uns in die Tagesklinik, als ... so quasi als Patient, sagen wir mal, oder als Klient oder als Besucher, oder ... Da haben wir einen sogenannten therapeutischen Auftrag, nämlich dir zu helfen, daß du im Leben besser zurechtkommst. Und um dir zu helfen, hat man einen Therapieplan: Medikamente, wöchentlich zweimal zusammen reden und so. Also irgendeinen Plan, oder ... Und da fühl ich mich nicht dazugehörig, das macht vor allem der Peter mit dir; vielleicht der Doktor, oder ich weiß auch nicht, die anderen ... Aber ich bin da ein bißchen draußen. Mir ist das nämlich mehr oder weniger Wurst, ich habe einfach Freude an dir, wie du dich bewegst und was du für Zeichnungen machst, Geschichten, die du erzählst ... Das macht mir einfach Freude. Du stellst mich auf, du stellst auch andere Leute auf. Und das finde ich, ist das Menschlichere in meiner Arbeit zu dir.

(...)

K *Die hier folgende Sequenz ist nicht abgedruckt. Es wurde versucht herauszufinden, welche Vorstellungen die unterschiedlichen Teammitglieder davon haben oder hatten, was für Herrn Florin hilfreich sein könnte und welche Beziehungen sich zwischen ihm und ihnen entwickelt haben. Dabei wurde meist ein Dritter über die Beziehung von Herrn Florin zu den einzelnen Teammitgliedern befragt. Es zeigte sich kein einheitliches Bild, weder was die Beziehungsformen noch die Hilfsideen und -konzepte betraf. Im Laufe der Jahre hat sich offenbar ein Gespinst unterschiedlicher Beziehungen entwickelt, auf die der Patient nach Bedarf Zugriff hat. Was der einzelne Betreuer dann jeweils mit ihm anstellt, scheint eher von dessen augenblicklicher Intuition als von einem gemeinsamen Therapieverständnis bestimmt. Die Fragen danach werden vom Team eher mit Unverständnis registriert.*

FS FRITZ SIMON (*zu Herrn Florin*) Ich würde Ihnen gern erklären, warum ich so viele Fragen stelle. Ich habe Sie und einige andere gefragt, was das Ziel solch eines Gesprächs ist, und ich würde Ihnen gern erklären, was mein Ziel dabei ist. Ich habe gehört, daß Sie schon lange mit Psychiatern und der Psychiatrie zu tun haben. Und für mich stellt sich die Frage, ist es überhaupt hilfreich, was die Psychiatrie Ihnen zu bieten hat?

HF HERR FLORIN Es ist belastend.

FS FRITZ SIMON Das ist genau die Frage. Ist es wirklich hilfreich, oder ist es womöglich genau das Gegenteil? Daß alle, die hier im Raum sitzen, die besten Absichten haben, daran habe ich keine Zweifel. Ich bin selber Psychiater und habe lange genug genau dasselbe gemacht, was jetzt die Kollegen hier machen. Jetzt bin ich in einer anderen Position, tue was anderes ... Aber meine Grundideen sind immer noch dieselben, merke ich. Man hat Ideen, was für einen anderen Menschen hilfreich ist. Aber ob es wirklich hilfreich ist, das muß er selbst entscheiden. Man muß ihn hören, seine Erfahrungen. Sie selber wissen, was für Sie hilfreich ist. Und deswegen gucken wir ein wenig darauf: Was ist eigentlich hilfreich? Ja, und Sie sind der beste Experte, um zu beurteilen, was für Sie hilfreich war oder nicht. Deswegen frage ich jetzt auch, was wer denkt, was für Sie hilfreich ist. Weil zwischen dem, was die Absicht ist, dem Gedanken dabei, und dem, was dabei herauskommt, nicht immer eine Übereinstimmung besteht.

Es sind viele Fragen, die ich habe. Sie kommen jetzt etwas ungeordnet. Sie haben gesagt, es ist belastend. Können Sie das ein bißchen näher erklären, was Sie damit meinen?

HF HERR FLORIN Also, insofern belastend, damit meine ich die Anliegen und die Probleme, die andere Leute an mich herantragen ... das verlangt von mir, daß ich zum Teil meinen Kopf mit Sachen vollstopfe, die ich überhaupt nicht verstehe.

FS FRITZ SIMON Können Sie das ein wenig konkreter sagen, welche anderen Leute? Die hier im Team?

HF HERR FLORIN Ja, jetzt Sie, die Anwesenden.

FS FRITZ SIMON Und was sind das für Probleme, die sie, die wir an Sie herantragen?

HF HERR FLORIN Ja, Sie hätten gern, daß ich so und so wäre, und nicht immer so, wie ich bin. Und daß Sie mich umkrempeln wollen. Weil Sie denken, das ist das Beste für mich.

K *Das ist natürlich ein grundlegendes Problem jeder Fürsorge, sei es nun der elterlichen oder der psychiatrischen: Wer entscheidet, was für wen gut ist. Kann man es zulassen, daß ein Patient/einKind sich ins Unglück manövriert, nicht tut, was er/es tun sollte, oder etwas macht, was er/es besser nicht tun sollte? Hier zeigt sich die ganze Ambivalenz der Abgrenzungsproblematik zwischen Selbst- und Fremdverantwortung, Selbst- und Fremdkontrolle. Es ist das prinzipielle – und unausweichliche – Dilemma der Psychiatrie.*

FS FRITZ SIMON Sie helfen immer so, als würden sie einer alten Dame über die Straße helfen, und die Dame will gar nicht rüber?

HF HERR FLORIN Ja … in bestimmter Weise schon.

FS FRITZ SIMON Das heißt, Sie müssen dem irgendwo gerecht werden. Die anderen haben gute Absichten, dann können Sie die auch nicht enttäuschen?

HF HERR FLORIN Es kann ja auch falsch sein von mir.

FS FRITZ SIMON Ja, natürlich, das weiß man nie. Aber wenn ich das jetzt richtig verstanden habe, dann haben Sie jetzt die Schwierigkeit: Sie müssen sich auf Leute einstellen, die ein bestimmtes Bild von Ihnen haben. Und Sie müssen dem irgendwie gerecht werden, diesem Bild, damit die andern zufrieden sind. Und Sie müssen trotzdem sehen, daß Sie noch auf Ihre Kosten kommen, sozusagen?

HF HERR FLORIN Genau, ja.

FS FRITZ SIMON Das ist schwer. Wie machen Sie das? Wie schaffen Sie das?

HF HERR FLORIN *(schweigt lange, gibt keine Antwort)*

FS FRITZ SIMON Eins möchte ich auch noch sagen …

HF HERR FLORIN *(unterbricht)* Ich kann Ihnen nicht einmal garantieren, daß ich es schaffe. Ich bin einfach nach wie vor der Meinung, daß ich es schaffe. Aber mit Sicherheit kann ich es nicht sagen …

FS FRITZ SIMON Wie hätten die Kollegen hier Sie denn gerne? Hätten die Sie gern alle gleich, oder gibt es da verschiedene Bilder von Ihnen? … Verschiedene Entwürfe, gewissermaßen, Herrn Florin Version 1, 2, 3 … Das ist so ähnlich wie bei Eltern. Die haben manchmal ein Bild von einem Kind. Und wenn das Kind geboren wird und zwei Stunden alt ist, ist es klar, das wird mal Rechtsanwalt. So was gibt's ja. Und manchmal tun die Kinder den Eltern den Gefallen auch, Rechtsanwalt zu werden. Manche sagen aber auch: Ich pfeif drauf, ich denke nicht daran! So ähnlich ist es ja bei Therapeuten auch – vielleicht nicht ganz so extrem. Was haben die verschiedenen Therapeuten für eine Wunschvorstellung von Ihnen? Wie hätten sie Sie gern? Haben Sie eine Idee davon?

HF HERR FLORIN Also eigentlich besteht die Gefahr für mich ... Wenn ich da nicht nachdenke, neige ich dazu, am ehesten zu glauben, daß es ihnen herzlich gleichgültig ist, ob ich da bin oder nicht. Sie haben ja ihr Dasein schon gefristet, bevor sie mich gekannt haben. Ich glaube gar nicht, daß sie mich vermissen würden.

FS FRITZ SIMON Ja, kann sein ... Und wenn Sie darüber nachdenken?

HF HERR FLORIN Ich muß jetzt auch sagen, daß ich gar nicht der Meinung bin, daß ich etwa ... durch meine Anwesenheit sie ... ihr Leben bereichere, oder ...

FS FRITZ SIMON Hm, das würden Sie gern ...? Hätten Sie gern das Gefühl, Leben zu bereichern? Das ist ja nicht nur was Positives, wenn man andere Leben bereichert. Dann wird man auch sehr wichtig für andere Leute, und das ist ein zweischneidiges Schwert.

HF HERR FLORIN Ja, jedenfalls ... sagen wir mal, es bildet sich jeder ein, daß er das kann. Wer sähe das nicht gerne von sich, daß er was kann in dieser Beziehung.

FS FRITZ SIMON Das hab ich jetzt nicht verstanden. Also: Jeder bildet sich ein, daß er was kann, in welcher Beziehung?

HF HERR FLORIN Also, durch seine Anwesenheit, andere zu bereichern.

FS FRITZ SIMON Ah, ja. Wäre das auch für Sie wichtig? Hab ich Sie richtig verstanden?

HF HERR FLORIN Ja, doch ... es wäre bis zu einem bestimmten Grad sicher wichtig.

FS FRITZ SIMON Irgendwen? Oder gibt's bestimmte Leute, wo Ihnen das wichtig wäre?

HF HERR FLORIN Sagen wir mal so, ich wäre neugierig darauf zu erfahren, was ich für jemand bedeute.

FS FRITZ SIMON Ja ... Auch hier jetzt, oder allgemein?

HF HERR FLORIN Ja, auch hier jetzt. Das ist ja einfach so, daß ... daß ich ja unmöglich nur einfach der Psychiatriepatient bin, der einfach eine Ecke fort hat. Sondern auch, eh ... ja, also ich glaube nicht, daß ich darauf hinausgehen kann, daß ich einfach ein Teil der menschlichen Gesellschaft bin.

FS FRITZ SIMON Wenn Sie wichtig sein wollen für einzelne Mitglieder des therapeutischen Teams, hat das Einfluß auf die Art und Weise, wie

Sie mit den Wünschen und Problemen, die man an Sie heranträgt, umgehen? Versuchen Sie, dem eher gerecht zu werden, diesem Bild, das die einzelnen von Ihnen entworfen haben, diesem Zukunftsplan?

HF HERR FLORIN Ich blühe einfach in dieser Umgebung, der Zufall wollte es, daß ich hier mit all diesen Leuten zu tun habe.

FS FRITZ SIMON Ich würde gerne zu meiner Frage nochmal zurückkommen. Was hat jeder denn eigentlich für ein Bild von Ihnen, was wollen ... was will die Psychiatrie aus Ihnen machen?

HF HERR FLORIN Also, was ich am meisten befürchte, wovor ich am meisten Angst habe in der Psychiatrie, ist einfach, daß ich gleichgeschaltet werde ...

FS FRITZ SIMON Das heißt was? Woran würden Sie merken, daß Sie gleichgeschaltet sind? Oder daß es jemand versucht, Sie gleichzuschalten? Was bedeutet gleichgeschaltet für Sie?

HF HERR FLORIN Also, daß einfach so viel auf mir herumgehackt wird, daß ich einfach nur noch grübeln kann, zum Beispiel. Und daß ich ein Außenseiter bin, der abgestempelt ist und keine weiteren Forderungen an das Leben stellen darf, weil es sich nicht gehört für ihn.

FS FRITZ SIMON Wie würden Sie dann gehen, wenn Sie sich gleichgeschaltet fühlen würden? Aufrecht, gerade, gebeugt, oder wie?

HF HERR FLORIN Ich glaube, ich hätte eine ... ich würde an einer Art Lebensüberdruß kaputtgehen, irgendwie ...

FS FRITZ SIMON Und das hieße?

HF HERR FLORIN Es könnte sein, daß ich mir mit Gewaltanwendung all das zu verschaffen suchte, was ich durch einen geordneten ... durch einen seriösen Lebenswandel nicht zu erraffen vermochte.

FS FRITZ SIMON Zum Beispiel ...? Was würden Sie zu erraffen versuchen?

HF HERR FLORIN Sehr wahrscheinlich viel Geld.

FS FRITZ SIMON Haben Sie eine bestimmte Bank im Auge ...?

HF HERR FLORIN Noch nicht ...

FS FRITZ SIMON Das mit dem Gleichschalten, das beschäftigt mich noch. Mit dem, was man in der Psychiatrie Sinnvolles oder weniger Sinnvolles tun kann. Also: Zu versuchen, Sie gleichzuschalten, wäre nicht sinnvoll. Habe ich das richtig verstanden?

HF HERR FLORIN Ja, eigentlich habe ich deswegen Angst vor dem Gleichgeschaltetwerden, weil ich ja nachher nicht das Sagen habe ... daß ich nicht derjenige bin, der die Kontakte anknüpft ... und den Umgang, den er pflegt, sich aussucht ... sondern andere tun das für mich. Und ich bin dann aufgrund dieser Gleichschaltung nicht mehr in der Lage, das zu tun ...

FS FRITZ SIMON Das heißt, Sie können nicht mehr nein sagen ...?

HF HERR FLORIN Ja.

FS FRITZ SIMON ... wenn man bei Ihnen klingelt, sozusagen.

HF HERR FLORIN Ja.

FS FRITZ SIMON Nehmen wir mal an, die berühmte gute Fee käme und Sie werden ganz fit – fit wie ein Turnschuh, wie man so sagt –, Sie gehen ganz streßfrei Ihren Hobbies nach und gehen aufrecht durch die Straße. Und alle Leute meinen: „Der ist gesund, er braucht die Psychiatrie nicht!" Ja?

HF HERR FLORIN Bitte.

FS FRITZ SIMON Das ist ein Gedankenexperiment. Es ist so schön bei Gedankenexperimenten: Man kann alle Bedingungen einfach verändern. Wie könnten Sie die Psychiater wieder einladen, aktiv zu werden? Was müßten Sie tun, damit die wieder auf die Idee kämen: „Aha, der ist noch nicht so weit, den können wir nicht in Ruhe lassen!"?

HF HERR FLORIN Ich müßte mutwillig etwas zerstören.

FS FRITZ SIMON Was gibt's da für Sachen, die besonders geeignet wären, Psychiater aufmerksam auf Sie zu machen?

HF HERR FLORIN Ich glaube, ich müßte mutwillig etwas zerstören oder ... oder betrügen, jemanden ... oder, ja betrügen, und wenn ich dann ... und wenn die andern dann von mir wissen wollen, weshalb ich das getan habe, mich dann in Schweigen hüllen.

FS FRITZ SIMON Ich glaube, das wäre hervorragend. Ja, wahrscheinlich würde das klappen. Könnten Sie irgendwelche ...

HF HERR FLORIN *(unterbricht)* Oder nein, nicht in Schweigen hüllen, einfach sagen: Ich weiß nicht.

FS FRITZ SIMON „Ich weiß nicht" ist besser als in Schweigen ...? Das heißt: Sich dumm stellen? Oder was?

HF HERR FLORIN Dumm stellen. Gewissermaßen, ja. Sicher ein Stück weit.

FS FRITZ SIMON Könnten Sie das? Da gehören ja bestimmte Fähigkeiten dazu. Sich dumm zu stellen. Das kann ja auch nicht jeder. Das ist ja eine Form der Intelligenz, sich dumm zu stellen.

HF HERR FLORIN Ja, ich glaube, das ist auch schon ein gewisse Art von Dummstellen, daß ich hierher gekommen bin.

FS FRITZ SIMON Jetzt, nachdem ich Sie schon eine Stunde geknetet habe, würden Sie jetzt noch weitermachen?

HF HERR FLORIN Ja.

FS FRITZ SIMON Geben Sie mir ein bißchen einen Eindruck: Wie ist das bisher für Sie? Eigentlich wollte ich ja mit allen hier reden, aber irgendwie haben wir uns festgeschwätzt.

HF HERR FLORIN Ja ... Ich bin nur deshalb gekommen, weil ... weil meine Beteiligung da bewirkt, daß einer mehr da ist, der etwas von sich gibt, um die Psychiater zu ... ja ... zu stützen, oder ...?

FS FRITZ SIMON Ja, richtig!

HF HERR FLORIN ... und auch dadurch manifestiert, daß er an die Heilungschancen ... daß er die halb bestehenden Aussichten auf Heilung verbessert. Und daß er dadurch auch vielleicht andere Patienten motivieren kann, im Gespräch mit den Psychiatern einen gangbaren Weg zu finden, vielleicht ... Ich kenne jetzt niemanden, den ich besonders angesprochen hätte, dadurch, daß ich in dieser Runde teilgenommen habe. Aber ich sähe es als eine Ermutigung, vielleicht ...

FS FRITZ SIMON Für wen?

HF HERR FLORIN Ja, für jemanden, der nicht mehr weiß, was er soll, zum Beispiel.

FS FRITZ SIMON Wie ist denn jetzt auf Sie die Wirkung dieses Gesprächs?

K *Es empfiehlt sich, von Zeit zu Zeit seine Gesprächspartner zu fragen, wie sie das Gespräch erleben. Jede Konversation ist eine Form der Zusammenarbeit. Daher ist es nur angemessen, sich regelmäßig eine Rückmeldung geben zu lassen, ob das Ganze überhaupt von dem oder den Gesprächspartnern als sinnvoll und nützlich bewertet wird.*

HF HERR FLORIN Ja, Sie wollen natürlich enorm viel wissen. Und Sie glauben, daß ich so rede ... das sehen Sie als Verdienst der andern an. Sie wollen ja sehen, wie die arbeiten.

FS FRITZ SIMON Wie kommen Sie auf die Idee, daß ich das als Verdienst der andern ansehe? Aber es ist gut, daß Sie mir das sagen ... Sehen die andern das als ihr Verdienst an, daß Sie so reden, glauben Sie das?

K *Viele der Probleme, mit denen man in der Psychiatrie konfrontiert ist, drehen sich um die Frage der individuellen Autonomie. Das zeigt sich auch in dieser Phase des Gespräches. Es war sehr intensiv, der Patient wurde nicht geschont, und er hat sich als belastungs- und reflexionsfähig erwiesen. Dies scheint eine Leistung zu sein, auf die Herr Florin stolz ist. Aber, ist diese Leistung nun ihm oder seinen Therapeuten als Verdienst zuzurechnen? Das ist eine Frage, die sich jedem Patienten stellt, über dessen Fortschritte die Therapeuten sich freuen ...*

HF HERR FLORIN Also, es ist für mich eigentlich schwer zu sagen.

FS FRITZ SIMON Sehen Sie's denn als Verdienst der andern an oder als Ihr eigenes? Also ich wäre nicht auf die Idee gekommen, daß das das Verdienst der andern ist. Ich habe allerdings auch nicht darüber nachgedacht, wessen Verdienst das ist. Deswegen frage ich Sie: Wie sehen Sie es denn selber?

HF HERR FLORIN ... Ich sehe es einfach ... was ich glaube, ist, daß ... daß ich, zum Beispiel, mit einer seelsorgerischen Beratung sehr wahrscheinlich weitergekommen wäre als mit einer psychiatrischen Behandlung ... Das sehe ich nur, und ... und ich spreche ja jetzt auch, weil Sie sehen wollen, wie die andern gearbeitet haben ...

FS FRITZ SIMON Das ist genau die Frage, die mich interessiert ... Was denken Sie, was wäre passiert, wenn Sie nicht irgendwann in eine psychiatrische Behandlung, sondern in eine seelsorgerische Beratung gekommen wären? Was denken Sie, wie es weitergegangen wäre? Was wäre da anders gelaufen?

HF HERR FLORIN ... Ich glaube, daß ich mich für mein Fortkommen in meinem Leben ganz entscheidend intensiver eingesetzt hätte.

K *Hier spricht Herr Florin ein im Zusammenleben von Menschen wahrscheinlich unvermeidliches Dilemma an: Wo immer einer für den anderen Sorge und Verantwortung übernimmt, besteht die Gefahr – ob er will oder nicht –, daß er die Autonomie des anderen de facto in Frage stellt. Wo sich ein anderer Sorgen um mein Wohl macht, brauche ich es nicht zu tun, wo ein anderer meine Arbeit erledigt, brauche ich sie nicht zu erledigen, wo ein anderer die Funktionen übernimmt, die ich als Individuum eigentlich übernehmen müßte, brauche ich es nicht. Das gilt nicht nur für die Beziehung zwischen Eltern und Kindern, sondern auch für die Beziehung zwischen der Psychiatrie und ihren Patienten. Daraus sollte nun nicht die Folgerung gezogen werden, es sei besser, die Patienten sich selbst zu überlassen; aber die gegenteilige Annahme, es sei immer sinnvoll, sich fürsorglich und versorgend zu zeigen, ist genausowenig angemessen.*

FS FRITZ SIMON Das heißt, Sie hätten selber die Verantwortung für sich behalten?

HF HERR FLORIN Ja, ich habe ja die Verantwortung für mich.

FS FRITZ SIMON Aber warum, denken Sie, hätten Sie sich intensiver eingesetzt?

HF HERR FLORIN Das ist eben Gleichgültigkeit, ein Stück weit ...

FS FRITZ SIMON Ihre? Oder wessen ...?

HF HERR FLORIN Ja, also, meine ... *(lächelt)* Es müssen ja nicht immer die andern sein ...

FS FRITZ SIMON Das interessiert mich sehr ... Was wäre der Unterschied, wenn Sie nicht Psychiatern begegnet wären, vor x Jahren – ich weiß nicht, wann es zum ersten Mal war –, sondern wenn jemand Sie seelsorgerisch beraten hätte? Was hätten Sie persönlich anders gemacht?

HF HERR FLORIN In all den Jahren?

FS FRITZ SIMON Ja.

HF HERR FLORIN ... Ich glaube einfach, daß ich mich besser gefunden hätte.

FS FRITZ SIMON Aber wie hat die Psychiatrie verhindert, daß Sie sich gefunden haben? Oder wie hat die Psychiatrie dazu beigetragen, daß Sie sich nicht gefunden haben?

HF HERR FLORIN Einfach dadurch, daß die Psychiatrie nicht ein Gemeinwesen ist.

FS FRITZ SIMON Was heißt das? Das verstehe ich nicht.

HF HERR FLORIN Wir sind nicht eine Gemeinde.

FS FRITZ SIMON *(überlegt)* Ich verstehe immer noch nicht diesen Zusammenhang zwischen dem Sich-Finden und der Psychiatrie oder dem Sich-nicht-Finden und der Betreuung durch Psychiater oder psychiatrisches Personal ... Ich will es nochmal verschärfen: Nehmen wir an, die Psychiatrie wäre noch nicht erfunden worden, oder sie würde jetzt abgeschafft von einem Moment zum anderen. Die gute Fee erfüllt nicht nur Wünsche, sondern schafft auch Psychiatrien ab. Wie würden Sie dann weiterleben? Was würden Sie anders machen in Ihrem Leben? Seelsorger gäb es. Alles mögliche gäb es, aber Psychiater, die das hauptberuflich machen, gäb es nicht. Was würden Sie dann tun?

HF HERR FLORIN ... Ich würde mal Ferien machen und es genießen, daß nicht ständig jemand auf mir herumhackt.

FS FRITZ SIMON Und wie lange würden Sie Ferien ...

HF HERR FLORIN *(überlegt)* ... oder in mir herumbohrt.

FS FRITZ SIMON Wie lange würden Sie Ferien machen ...?

(Pause)

FS FRITZ SIMON Bohr ich jetzt auch gerade?

HF HERR FLORIN Nein, aber ich müßte mich nicht immer unmittelbar bedroht fühlen.

FS FRITZ SIMON Heißt das, die Psychiatrie bedroht Sie? Oder: Sie fühlen sich durch sie bedroht, egal, ob sie's tut?

HF HERR FLORIN Nein, aber sie kommt auch der Wahrheit bedrohlich nahe.

FS FRITZ SIMON Die Psychiatrie?

HF HERR FLORIN Ja.

FS FRITZ SIMON Welcher Wahrheit?

HF HERR FLORIN Ja, der Wahrheit über mich.

FS FRITZ SIMON Und die ist ...? Wollen Sie sie sagen ...?

HF HERR FLORIN Lieber nicht.

FS FRITZ SIMON Na gut, dann bleiben wir mal bei diesem Gedankenexperiment: Es gibt keine Psychiatrie, die Sie bedroht oder nach Wahrheit sucht. Was werden Sie machen? Urlaub? Wie lange? Ganz entspannt und unbedroht, was dann?

HF HERR FLORIN ... Wenn ich dann ein Angestelltenverhältnis eingehen würde ... könnte ich sehr wahrscheinlich meinen Verpflichtungen besser nachkommen ... Dann käme ich ihnen besser nach ... Und ich hätte auch weniger Mühe, mich unterzuordnen.

FS FRITZ SIMON Das müssen Sie mir erklären, wie die Psychiatrie – jetzt, wo es sie gibt, wo sie nicht abgeschafft ist, wo sie schon erfunden ist –, wie die Psychiatrie Sie daran hindert, das zu tun ... das trotzdem zu tun. Das versteh ich noch nicht.

HF HERR FLORIN Ich möchte ja zum Beispiel auch der wohltätigen Ursache dankbar sein, die das bewirkt hat, daß es mir gutgeht, daß ich mich wohl fühle, daß ich etwas zustande gebracht habe. Und ich glaube eben nicht, daß sich die Psychiatrie rühmen kann, an mir Wunder vollbracht zu haben ... Ich glaube, ich müßte unehrlich sein, wenn ich der Psychiatrie danken wollte.

FS FRITZ SIMON Das heißt, wenn Sie jetzt Ihre Fähigkeiten nutzen und Ihr Leben in die Hand nehmen und Ihre Talente ausschöpfen, dann könnte es passieren, daß die Psychiatrie denkt, sie hat Ihnen etwas Gutes getan. Die Psychiatrie war es dann, und nicht Sie?

HF HERR FLORIN Also, eben, das, was wir vorhin gesagt haben ... daß es ihr Verdienst wäre, daß ich als ihr Zögling es zu etwas gebracht habe.

FS FRITZ SIMON Habe ich Sie dann richtig verstanden, daß Sie lieber darauf verzichten, es zu was zu bringen, als der Psychiatrie die Genugtuung zu geben ...

HF HERR FLORIN Genau!

FS FRITZ SIMON Ah, jetzt haben wir es klarer ... Ich schau ein bißchen auf die Uhr, unser Gespräch dauert schon ziemlich lange. Ich habe Sie lange geknetet ... Was denken Sie denn, wie es weitergehen wird? Wenn wir uns z. B. in fünf Jahren wiedertreffen ... Wir treffen uns zusammen in einem Café, werde ich jemanden treffen, der seine Talente nutzt und damit Geld verdient, oder werde ich einen Psychiatriepatienten treffen?

HF HERR FLORIN Also, ich für meinen Teil glaube, daß ich für Sie ja gar nie aufhören werde, Psychiatriepatient zu sein.

FS FRITZ SIMON Wie kommen Sie auf diese Idee? Nach dem Motto: Einmal ... – immer ...?

HF HERR FLORIN *(schweigt lange)*

FS FRITZ SIMON Lassen Sie mich eine andere Frage stellen, die mir so durch den Kopf geht ... Einerseits glaube ich das schon, daß Sie lieber Patient bleiben, als der Psychiatrie den Eindruck zu vermitteln, daß Sie es geschafft hat, sie zu irgendwas „Besonderem" zu machen. Aber ich frage mich, ob es nicht noch andere Vorteile für Sie hat, Psychiatriepatient zu sein. Ja ... ob es nicht noch irgendwelche Vorteile für Sie hat, die Sie dazubringen, sich zu entscheiden, lieber Psychiatriepatient zu bleiben.

K *Jede Symptombildung, jede Karrierewahl (auch die der Patientenkarriere) kann unter dem Anpassungsaspekt als Ergebnis einer Wahl – der Wahl einer erfolgreichen Überlebensstrategie – betrachtet werden. Dies zu tun schützt den Therapeuten wie den Patienten davor, sein bisheriges Leben – auch das als Psychiatriepatient – zu entwerten. Schließlich kann niemand guten Gewissens sagen, ob er auch ohne den Status als Patient und ohne die damit verbundenen Vor-und Nachteile überlebt hätte. Die Fokussierung auf die funktionellen Aspekte des Status quo schützt den Therapeuten davor, die Neutralität im Konflikt Veränderung versus Nichtveränderung zu verlieren.*

HF HERR FLORIN Das ist ja eigentlich keine Tätigkeit, das ist ein ... das ist einmal ein Status.

FS FRITZ SIMON Na ja, aber es gibt Leute, die waren Psychiatriepatienten, und auf einmal vergessen sie es selber, und die andern vergessen es auch. Ich glaube, Sie haben recht: Das ist keine Tätigkeit und auch kein Status. Das ist nichts, was irgendwo im Paß eingetragen wird, als unveränderliches Kennzeichen. Das heißt, man muß die Leute immer wieder daran erinnern, daß man Psychiatriepatient ist. Sonst wird das vergessen. Die Leute vergessen, daß sie mal in der Kirche waren, und manche Leute vergessen, daß sie mal in einer bestimmten Schule waren. Deswegen frage ich mich: Sie sind ja schon lange in der Psychiatrie und setzen sich auch mit ihr in einer Art und Weise auseinander, die auch die Feinheiten beschreibt. Und ich kann mir nicht vorstellen, daß Sie sich nicht auch damit auseinandergesetzt haben und nicht ziemlich genau wissen, was für Sie die Vorteile daran sind, Psychiatriepatient zu sein – außer daß Sie es den andern nicht gönnen, sich unverdient einen Erfolg an die Backe zu kleben ... Was sind die Vorteile, alles so zu lassen, wie es ist?

HF HERR FLORIN Ich kann mich irren, wann und wie ich will. Es heißt dann einfach, ja ... der kann einfach nichts dafür, daß er sich geirrt hat ...

FS FRITZ SIMON Sie haben einen unheimlichen Freiraum ... Ja ... Leuchtet mir ein ... Heißt das, es wär schlimm für Sie, wenn Sie sich irren ...? Oder es könnte schlimme Konsequenzen haben ...?

HF HERR FLORIN Ja, das ... also, die Selbsteinschätzung spielt dabei sicher eine Rolle. Und warum ich eigentlich ... denke, daß die Psychiatrie mir etwas bringt, ist ... daß die Psychiatrie einen Raum ausfüllt oder einen Platz einnimmt ... ist, daß eben diese Selbsteinschätzung, wenn sie nicht richtig vorgenommen wird und etwas passiert, dann ist jemand schuld ... oder es hat jemand Schuld. Und daß eben dazu die Psychiater da sind ... dann dazu da sind, diese Schuldfrage abzuklären und ...

FS FRITZ SIMON ... freizusprechen ...

HF HERR FLORIN ... und mich davon freizusprechen.

K *Die positiv erlebte Funktion der Psychiatrie ist das Freisprechen von Schuld. Dies eröffnet einen Freiraum – den Bereich der Narrenfreiheit. Der Preis, der dafür zu zahlen ist, besteht in der Aufgabe der Selbstverantwortung – nicht nur für schuldhaft erlebtes Verhalten, die „bösen" Taten, sondern auch für eigentlich anerkennenswerte Handlungen, Leistungen, die „guten" Taten. Hier nun kehrt sich die Beziehung um: Der Patient spricht die Psychiatrie „frei" von der „Schuld" daran, daß es ihm bessergeht. Er verweigert ihr die Anerkennung ihrer Leistung, weil damit für ihn die Entwertung seiner Leistung verbunden ist. Lieber behält er seine Symptome und chronifiziert als Patient, als der Psychiatrie die Genugtuung zu gönnen, gut gearbeitet zu haben ...*

FS FRITZ SIMON *(nickt)* ... Ich habe keine weiteren Fragen mehr. Haben Sie noch Fragen an mich?

HF HERR FLORIN Nein, soweit nicht.

FS FRITZ SIMON Wenn ich normalerweise ein Gespräch mit mehreren Leuten führe, mache ich eine Pause und lasse mir das nochmal alles durch den Kopf gehen. Diesmal haben eigentlich nur wir beide geredet. Und ich habe nicht das Gefühl, daß ich noch etwas zu dem sagen müßte, was wir besprochen haben.

HF HERR FLORIN Ich hätte es noch reizvoll gefunden, das Ganze schriftlich zu sehen.

FS FRITZ SIMON Das hier, alles?

HF HERR FLORIN Ja.

FS FRITZ SIMON Ja, die Videoaufnahme kann man sicherlich abschreiben. Das ist nur eine Sauarbeit. Aber ich fände es auch reizvoll, das schriftlich zu haben. Insofern wäre ich Ihnen dankbar, wenn Sie das machen oder jemand anderen davon überzeugen könnten. Vielleicht können Sie ja jemanden davon überzeugen, daß Sie es nicht können ... Ich danke Ihnen auf jeden Fall für das Gespräch. Ich habe viel gelernt dabei.

HF HERR FLORIN Was haben Sie gelernt davon, das würde mich interessieren.

FS FRITZ SIMON Ich habe gelernt, daß es in der Psychiatrie nicht gleichzusetzen ist, eine gute Absicht zu haben und eine gute Wirkung zu erzielen. Was auf seiten des Therapeuten als gute Absicht da ist, wird nicht unbedingt als gute Absicht erlebt. Und daß man sehr in die Klemme kommen kann, als Patient, wenn man jemandem gerecht werden will, von dem man sieht, daß er gute Absichten hat und helfen will ... daß man sich anpassen muß an diese Wünsche und Gefahr läuft, seine eigene Sichtweise aufgeben zu müssen. Das war das, was ich unter Gleichschalten verstanden habe. Daß es Schwierigkeiten und Fallstricke in der Beziehung gibt, die man anbietet, wenn man in der Psychiatrie arbeitet; daß man gewissermaßen sagt: Ich biete dir eine Beziehung an, mit dem Ziel, daß sie aufhört. Das ist eine schwierige Sache. Daß die Psychiatrie die Funktion hat, für Leute, die einen hohen Anspruch an sich haben oder die mit hohen Ansprüchen konfrontiert sind und dazu neigen, mit Schuldgefühlen zu reagieren, wenn sie den Ansprüchen nicht gerecht werden – den eigenen oder denen anderer –, Schuldentlastung zu bieten, indem sie einen großen Freiraum zur Verfügung stellt. Das sind alles Dinge, die ich gelernt habe. Aber auch, daß es manchmal wahrscheinlich besser wäre – ich weiß nicht, ob das immer so ist –, wenn man nicht in die Hände der Psychiatrie gerät, auch nicht in die hilfreichen Hände. Dann muß man sich zwar mit Schuldgefühlen auseinandersetzen, aber es kann einen auch weiterbringen, daß man die Schuld behält. Und wenn man sie behält, kann das auch eine Chance sein. Das sind alles solche Dinge, die ich daraus gelernt habe. Ich weiß nicht, ob das auch das war, was Sie wirklich gesagt haben, da ich das auch ein Stück weit herausgelesen habe. Insofern ist jeder Satz interpretationswürdig. Aber das waren für mich wichtige Sachen ... War das ausreichend als Antwort?

HF HERR FLORIN Ja.

FS FRITZ SIMON Ja? Wollen wir dann hier Schluß machen? Können wir hier Schluß machen?

HF HERR FLORIN Bitte.

* * *

Wie häufig in der Arbeit mit Familien, in denen ein Mitglied schon seit geraumer Zeit eine Karriere als psychiatrischer Patient durchläuft, ist auch dieses Gespräch – ganz anders als geplant – zum Dialog zwischen dem von außen kommenden Berater und dem Patienten geworden. Daß es eine therapeutische Wirkung auf den Patienten gehabt hat, mag in Zweifel gezogen werden. Schließlich dürften sich für ihn nur wenige neue Perspektiven ergeben haben. Ganz anders war die Situation für die Betreuer. Sie konnten und mußten ihr Bild des Patienten und die Bewertung ihrer eigenen Aktivitäten zum Teil weitgehend revidieren. Der Patient erschien ihnen weit bewußter, kompetenter und „verantwortlicher für sein Schicksal“ als in den letzten Jahren. Die Frage der „Krankheit“ spielte im Gespräch keine Rolle, die alltäglichen Geschehnisse im Umgang mit dem Patienten ließen sich auch ohne Rückgriff auf sie als Erklärungsmodell verstehen. Und das wiederum „kratzte“ an einigen therapeutischen Gewißheiten. Zumindest ist dies eine der Rückmeldungen der am Gespräch eher passiv beteiligten Mitarbeiter der Klinik. Im Idealfall hat dies längerfristige Folgen, wenn der Patient auch als handelndes Subjekt statt nur als Opfer einer Krankheit gesehen wird. Dasselbe passiert auch in Familieninterviews mit psychiatrischen Patienten, in denen die Angehörigen manchmal ebenfalls zur Rolle der Zuhörer verdammt sind. Auch hier eröffnet sich oft durch die Beobachtung des Dialogs zwischen Therapeut und Patient nach langer Zeit zum ersten Mal der Blick auf die kompetente Seite ihres als „behindert“ klassifizierten und exkommunizierten Familienmitglieds.

9. Das Problem der Einzeltherapie / Chronifizierung mit Hilfe des Therapeuten (Frau Bürgi)

„Die Ehe ist der Versuch, zu zweit die Probleme zu lösen, die man allein nicht hätte", so lautet eine alte Single-Weisheit. Analog dazu kann man über die Zweierbeziehung zwischen einem Einzeltherapeuten und seinem Patienten feststellen: Die Einzeltherapie ist der Versuch, zu zweit die Probleme zu lösen, die man in der Arbeit mit einer ganzen Familie (oder einem Paar) nicht hätte.

Auch wenn die meisten Psychotherapeuten in einem einzeltherapeutischen Setting arbeiten, kann aus systemischer Perspektive festgestellt werden, daß dies die schwierigste und komplizierteste Form der Therapie ist. Der Hintergrund dafür liegt im Problem der Selbstbezüglichkeit der Kommunikation über die therapeutische Beziehung, die sich in einer Zweierbeziehung nicht vermeiden läßt. Was immer Therapeut oder Patient über ihre Beziehung zueinander sagen und was immer sie miteinander anstellen, es ist Teil der Beziehung. Das gilt auch für die Metakommunikation, d. h. die Kommunikation über die Kommunikation. Am einfachsten läßt sich dies wahrscheinlich wieder anhand eines banalen Beispiels aus einer anderen – nichtprofessionellen – Paarbeziehung illustrieren:

Eine Frau fordert von ihrem Mann ein Gespräch zwecks Beziehungsklärung (= Metakommunikation). Er ist als – wie er meint – guter Partner selbstverständlich sofort dazu bereit. Die Unzufriedenheit seiner Frau resultiert aus einem für sie schwer erträglichen Aspekt der Kommunikation, den sie folgendermaßen formuliert: „Immer bist du es, der entscheidet, wie alles wirklich ist!" Die Antwort des Mannes: „Aber nein, mein Schatz, so ist es doch wirklich nicht!"

Es dürfte deutlich sein, daß sich hier in der Kommunikation über die Beziehung (zumindest aus der Sicht der Frau) genau das Muster realisiert, über das sie sich beschwert. Die Metakommunikation unterliegt den Regeln der Kommunikation. Die von beiden angebotene Außenperspektive, d. h. der Blick auf die Beziehung, ist ein Aspekt der Innenperspektive, d. h. der Beziehung. Dieses Problem der Selbstbezüglichkeit der Kommunikation dürfte einer der Hauptgründe dafür sein, daß Paare miteinander in Schwierigkeiten kommen. Was immer der eine Partner sagt, er bestätigt dadurch die Vorannahmen und Vorerfahrungen des anderen. Das Ergebnis kann eine stabile und für beide befriedigende Beziehung sein, in der beide sich in einer gemeinsamen Weltsicht gegenseitig bestätigen. Resultat kann aber auch ein Kampf um die Realität sein, eine ständige Auseinandersetzung darüber, wessen Wahrheit die wirkliche ist. In solch einem Fall besteht für die beiden Beteiligten logisch keine Möglichkeit, sich aus ihrer Selbstbestätigungsschleife, die zu einer Chronifizierung des Kommunikationsmusters führt, zu befreien. Hier kann nur ein tatsächlich außerhalb der Zweierbeziehung stehender Dritter etwas Neues in die Kommunikation einführen.

Diese logische Falle jeder Zweierbeziehung bedroht auch die Einzeltherapie (was nicht heißen soll, daß jede Einzeltherapie daran scheitern muß). Seit Sigmund Freuds Arbeiten zu Übertragungs- und Gegenübertragungsphänomenen ist man sich im Feld der Psychotherapie über diese Gefahren bewußt. Die Konsequenz der Psychoanalyse war es, aus der Not eine Tugend zu machen und die Analyse von Übertragung und Gegenübertragung zu einem elementaren Bestandteil der analytischen Arbeit zu erheben. Aus systemischer Sicht scheint es einfacher und ökonomisch günstiger, die Verwicklungen des Therapeuten in solche Muster dadurch unwahrscheinlicher zu machen, daß der Therapeut gegenüber dem Kommunikationssystem, innerhalb dessen die zur Therapie führenden Probleme entstanden sind, von vornherein die Außenperspektive behält, indem er mit dem Paar oder der Familie arbeitet. Was er tut oder sagt, ist zwar auch in dessen Fall immer Bestandteil des therapeutischen Systems, es wird aber nie zum Bestandteil des alltäglichen familiären Kommunikationssystems, welches das Problem oder Symptom hervorbringt oder erhält.

Während der Einzeltherapeut immer nur *ein* soziales Beobachtungsfeld hat, die Kommunikation zwischen ihm selbst und seinem Patienten, zu dessen Form er selbst auch noch entscheidend beiträgt, stehen dem Therapeuten in der Sitzung mit mehreren Personen mehrere Beobachtungsfelder offen, zu denen er zum Teil die Außenperspektive gewinnen kann: die Kommunikation zwischen den Partnern und/oder Familienmitgliedern. Er kann ihre Interaktion und Kommunikation direkt beobachten. Auch wenn man berücksichtigen muß, daß die so beschreibbaren Interaktionsmuster in Anwesenheit eines fremden Beobachters stattfinden, so läßt sich doch durch entsprechende Nachfrage überprüfen, ob sie aus Sicht der beteiligten Akteure im häuslichen Alltag in ähnlicher Weise ablaufen oder erstmalig auftauchen.

Aus diesen Gründen läßt sich feststellen, daß aus systemischer Sicht die Arbeit mit Einzelklienten am schwierigsten ist. Ihr Gelingen hängt davon ab, daß beide – Therapeut und Klient – in der Lage sind oder im Verlauf des Prozesses in die Lage gelangen, eine gemeinsam geteilte

Außenperspektive auf das gemeinsam hergestellte Kommunikationsmuster einzunehmen (die „Arbeitsbeziehung“ der Psychoanalyse). Dennoch finden angesichts der Strukturen unseres Gesundheitssystems mit ihrem an der Medizin orientierten Krankheitsmodell immer noch die meisten Therapien in einem Einzelsetting statt. Im folgenden Beispiel soll illustriert werden, welche – manchmal chronifizierenden – Folgen das haben kann und wie systemische Interviewtechniken dazu genützt werden können, den Blick auf die Therapeut-Patienten-Beziehung zu richten.

Frau Bürgi hatte telefonisch um einen Termin gebeten. Gleich zu Beginn erklärte sie, sie sei bereits bei sieben Psychiatern gewesen. Die Überweisung erfolgte durch einen Kollegen, der in Kalifornien lebt und arbeitet. Er ist durch seine populärwissenschaftlichen Bücher sehr bekannt geworden. Auch an ihn hatte die Patientin sich telefonisch gewandt. Da ihm eine transozeanische Therapie nicht sinnvoll erschien, verwies er sie weiter an FS. Auf eine ausführliche Kontextklärung wurde am Telefon verzichtet.

***

F B FRAU BÜRGI Ja, was führt mich her und wie bin ich überhaupt hierher gekommen? *(seufzt)* Ich habe Ihnen gesagt, daß ich bereits bei sieben Psychiatern war.

FS FRITZ SIMON Was für Psychiater? Niedergelassene oder Psychotherapeuten eher?

F B FRAU BÜRGI Ganz verschiedene.

FS FRITZ SIMON Was haben Sie alles ausprobiert?

F B FRAU BÜRGI Innerhalb der letzten zehn Jahre, muß ich dazu sagen – das fing also vor zehn Jahren bei mir an –, war ich bei den verschiedensten Psychiatern. Allerdings oft nur ganz kurze Angelegenheiten. Wenn mir irgendwas nicht gepaßt hat, bin ich weggegangen. Ich war auch schon in Klinikbetrieben – allerdings nur ambulant –, habe zweimal Gruppentherapien mitgemacht und habe also eine Psychotherapie bzw. Psychoanalyse vor einem oder zwei Monaten abgeschlossen.

FS FRITZ SIMON Abgeschlossen?

F B FRAU BÜRGI Abgeschlossen! Das war eine Einzeltherapie ...

FS FRITZ SIMON Das heißt, Sie beide waren sich einig, daß jetzt Schluß ist?

F B FRAU BÜRGI Ja! Das war eigentlich das letzte ... *(Pause)* Und ich habe dann eigentlich gedacht, ich wäre so einigermaßen stabil. Habe dann auch eine Zeitlang wieder hart gearbeitet und habe jetzt aufgehört mit

FS Fritz Simon
F B Frau Bürgi
K Kommentar

dem Arbeiten. Und ich merke schon wieder, daß ich solche Störungen bekomme, und zwar kann ich das vielleicht einmal damit ...

FS FRITZ SIMON Äh, entschuldigen Sie, wenn ich Sie unterbreche. Ich stelle manchmal so dumme Zwischenfragen. Erzählen Sie mir, wie war das vor zehn Jahren? Warum sind Sie das erste Mal zum Therapeuten gegangen?

K *Die Schilderung der „Störungen" der Patientin wird hier sofort unterbrochen. Hintergrund dafür ist, daß durch ihre Darstellung nicht zu erwarten ist, daß irgend etwas für die Patientin Neues geschieht. Schließlich hat sie ihre Symptome schon etliche Male etlichen Therapeuten erzählt. Und da diese aller Wahrscheinlichkeit nach kompetent genug gewesen sein und sich um ein Verständnis der Symptombildung bemüht haben dürften (vier Jahre Psychoanalyse), besteht die Gefahr, nur einfach mehr desselben zu tun. Der Fokus der Aufmerksamkeit des Therapeuten richtet sich daher auf die Wirkung der „Störungen": Sie stiften Beziehungen zu Therapeuten. Die Hypothesenbildung und – verbunden damit – die Fragerichtung orientiert sich daher an der Funktion der Therapie bzw. des Therapeuten innerhalb des realen Beziehungsnetzes der Patientin. „Die Therapie ist das Problem, das es zu behandeln gilt", so lautet also zunächst versuchsweise die Hypothese. Daher gilt das Interesse – ganz traditionell – der Auslösesituation der Symptombildung (d. h. der Therapie).*

FB FRAU BÜRGI *(lacht)* Ja, das ist vielleicht ein Schlüsselereignis. Mein Mann war damals in München, und ich habe in Karlsruhe gelebt und bin nicht mit ihm nach München gegangen aus bestimmten Gründen ...

FS FRITZ SIMON Er hat da gearbeitet?

FB FRAU BÜRGI Ja, und er ging dann nach München. Ich habe dann ein Jahr alleine gelebt und habe mich in dieser Zeit in einen anderen Mann verliebt. Und dann kam mein Mann wieder zurück. Und das sagte ich meinem Mann. Und ich wollte ausziehen. Da schlug mich mein Mann, und das war also ziemlich schlimm, was da abgelaufen ist, damals zwischen uns. Ich nahm mir ein Messer und schloß mich dann aber in ein Zimmer ein, um da meine Aggressionen nicht loszuwerden. Wir hatten dann hinterher ein Gespräch. Das tat ihm so furchtbar leid, und mir auch. Ich war so verwirrt dann auf einmal und ... Wir haben uns also nicht getrennt. Ich bekam schwere Depressionen. Ich konnte nicht mehr aufstehen ...

FS FRITZ SIMON Wieso haben Sie sich nicht getrennt? Haben Sie eine Erklärung dafür? Sie hatten einen anderen Mann zur Verfügung.

FB FRAU BÜRGI Ja, ich konnte nicht. Ich konnte einfach nicht. Ich weiß es nicht. Ich bin dann zurück nach Karlsruhe gegangen und habe da gewohnt.

FS FRITZ SIMON Mit Ihrem Mann?

FB FRAU BÜRGI Mit meinem Mann, ja. Habe dann gearbeitet.

K *Die Schilderung der Ereignisse vor zehn Jahren zeigt, daß die Symptombildung wie auch das damit verbundene Hinzuziehen eines Therapeuten von Anbeginn eingebettet war in die Paardynamik. Trennungswünsche und Aggressivität sind eng miteinander verknüpft. Der Ehemann reagiert auf die Trennungsabsichten seiner Frau mit Gewalttätigkeit. Sie kontrolliert ihre aggressiven Gefühle ihm gegenüber, indem sie sich wegschließt, und richtet sie statt dessen gegen sich selbst. Die Trennungsideen werden nicht in Taten umgesetzt, die Patientin wird depressiv, sie ist handlungsunfähig und könnte sich nicht von ihrem Mann trennen, selbst wenn sie wollte: Der erste Therapeut kommt an Stelle des Liebhabers als „Dritter" ins Spiel.*

FS FRITZ SIMON Was wäre damals passiert, wenn Sie sich getrennt hätten? Was denken Sie? Wie ist Ihre Phantasie?

FB FRAU BÜRGI Das war so: Der Mann, der mich damals interessiert hatte, das war Liebe auf den ersten Blick. Und das war so ... Ich habe mich mit dem im Auto getroffen, und das war eine äußerst unangenehme Geschichte, muß ich Ihnen sagen. Und trotzdem fühlte ich mich hingezogen, ja ... Aber das ...

FS FRITZ SIMON Das wäre kein so verläßlicher Partner gewesen?

FB FRAU BÜRGI Nein, nein!

FS FRITZ SIMON Und Ihr Mann war eher jemand, auf den Sie sich verlassen konnten?

FB FRAU BÜRGI Ja.

FS FRITZ SIMON Und dann sind Sie zu einem Therapeuten gegangen? Das erste Mal damals?

FB FRAU BÜRGI Ja.

FS FRITZ SIMON Ist es Ihnen dann besser gegangen?

FB FRAU BÜRGI Nein. Ich bin dann noch einmal in eine Klinik gegangen. Der Therapeut war so eine Vaterfigur, mit Gruppentherapie. Aber ich habe gedacht, ich habe ja eigentlich keine Kontaktprobleme, und habe das ein paar Monate gemacht. Und der gab mir damals auch Pillen, aber die habe ich nicht genommen ...

FS FRITZ SIMON Sie waren dann siebenmal, insgesamt siebenmal bei einem Therapeuten, und jetzt beim letztenmal ja länger. Weswegen sind Sie das letzte Mal zum Therapeuten gegangen?

FB FRAU BÜRGI Weil ... Ich hatte mich total überarbeitet. Mein Vater war gestorben, ich mußte mich stark um meine Mutter kümmern. Ich habe eine Tochter von 18 Jahren, die hatte Schulprobleme. Dann habe ich noch meine 90jährige Oma betreut, also die Mutter meines Vaters und ... ich klappte dann zusammen.

FS FRITZ SIMON Was war das Hauptproblem, mit dem Sie damals zu dem Therapeuten gegangen sind?

FB FRAU BÜRGI Ja, ich lag nur noch zu Hause in meiner wunderschönen Maisonnette-Wohnung mitten im Wald und bekam Angstzustände und konnte nicht mehr raus. Ich konnte in keine Parkhäuser mehr, nichts mehr.

FS FRITZ SIMON Und das wurde dann besser im Laufe der Therapie?

FB FRAU BÜRGI Ja, ja! Ich habe nur zu Hause gelegen und habe wahnsinnig viele Bücher gelesen. Ich habe mich schon ein Leben lang mit Psycho-Büchern beschäftigt und habe dann alles mögliche, von Märchen über Gott weiß, was alles, gelesen.

FS FRITZ SIMON Jetzt, nachdem die Therapie vor zwei Monaten zu Ende war, wie sind Sie auf die Idee gekommen, einen neuen Therapeuten aufzusuchen? Was war so der Auslöser?

K *Auch hier gilt die Frage wieder der Funktion der Therapie, d. h., was war der Auslöser für das aktuelle Auftreten des „Symptoms" (d. h. den Therapiewunsch)?*

FB FRAU BÜRGI Mein Analytiker sagte mir: „Sie haben noch nicht Ihren Meister gefunden!"

FS FRITZ SIMON Und den suchen Sie jetzt?

FB FRAU BÜRGI *(lacht)* Vielleicht! Ja.

FS FRITZ SIMON Woran werden Sie merken, daß Sie ihn gefunden haben?

K *Wenn die Therapie das zu behandelnde „Symptom" ist, dann ist das Finden des Meisters – was immer darunter zu verstehen sein mag – das Ziel der Therapie.*

FB FRAU BÜRGI *(zuckt die Achseln)* Ich weiß es nicht. Vielleicht bin ich auch zu wendig und habe immer Schlupflöcher, irgendwo.

FS FRITZ SIMON Warum sollten Sie die nicht haben?

FB FRAU BÜRGI Richtig! Das sage ich mir ja auch.

FS FRITZ SIMON Ja, meinen Sie, Sie sollten welche haben, oder meinen Sie, Sie sollten keine haben?

FB FRAU BÜRGI Na, auf jeden Fall!

FS FRITZ SIMON Na, meine ich doch! Das ist doch ganz beruhigend, wenn man welche hat.

FB FRAU BÜRGI Ich bin ganz froh, daß ich bei manchen flüchten konnte.

FS FRITZ SIMON Na, ja, aber Sie sind ja nun … Sie haben sich auf die Socken gemacht, um sich einen neuen Therapeuten zu suchen. Was war denn der Auslöser dafür? Der Satz Ihres vorigen Therapeuten, daß Sie noch keinen Meister gefunden haben?

FB FRAU BÜRGI Vielleicht ist das … ich glaube an eine göttliche Fügung … Und ich glaube auch, daß alles, was vorher gelaufen ist bei mir im Leben, daß das alles seinen Sinn hat. Vielleicht sehen Sie, an welche Dinge ich mich auch manchmal halte. *(zeigt eine Zigarettenschachtel, ihre Marke ist „Auslese, Simon Arzt“).*

FS FRITZ SIMON Simon Arzt?

FB FRAU BÜRGI Ja.

FS FRITZ SIMON So bin ich überhaupt auf die Idee zu diesem Beruf gekommen, aber das ist eine andere Geschichte.

FB FRAU BÜRGI *(lacht)* Also, vielleicht ist es ja ein glatter Witz, aber das sind solche Punkte, vielleicht nur Erinnerungsstücke …

FS FRITZ SIMON Die Zigaretten haben Sie ja nun früher schon geraucht. Wie sind Sie denn auf die Idee gekommen: „Ich suche mir einen neuen Therapeuten“? Wie lange nach dem Ende der vorigen Therapie war denn das?

FB FRAU BÜRGI Das dürfte jetzt so drei, vier Wochen her sein jetzt.

FS FRITZ SIMON Da haben wir telefoniert, vor drei, vier Wochen.

FB FRAU BÜRGI Ja, genau! Und vor acht Wochen etwa war die andere Therapie zu Ende.

FS FRITZ SIMON Was war, würden Sie sagen, jetzt der Auslöser dafür, daß Sie sich gesagt haben: „Ich brauche jetzt einen neuen Therapeuten“?

FB FRAU BÜRGI Ich will Ihnen Folgendes sagen. Ich hatte immer irgendwo die fixe Idee im Kopf, selbst Therapeut zu werden. Ich habe nie gewagt, meinen Analytiker zu fragen … Doch, ich habe es irgendwann einmal gesagt. Da hat er gesagt: „Größenwahn!“ Ja, und … ich bin heute also immer noch auf der Suche und überlege, ob ich vielleicht das mit der Therapieausbildung noch mache oder ob ich mich vielleicht etwas Praktischerem zuwende … daß vielleicht mein Kopf nicht so sehr beschäftigt ist, wie er vielleicht in den vergangenen Jahren war, wo ich nun einmal geistige Auskipper hatte.

FS FRITZ SIMON Hm, was heißt das: Auskipper?

FB FRAU BÜRGI Ich hab schon … ich hab mich also so vollgesogen mit … ich habe in einer geistigen Welt gelebt, ja?

FRITZ SIMON Nun ja, das machen ja viele. Ich meine, was ist da so
FS schlimm?

FRAU BÜRGI Ich habe darüber eigentlich auch die Realitäten ver-
FB gessen.

FRITZ SIMON Ja, nun sind Sie hier ... Aber, was ist Ihr aktuelles
FS Problem? Daß Sie sich nicht entscheiden können, ob Sie Therapeut werden wollen oder können? Ich denke, Sie haben ja schon einige Lehrjahre hinter sich, nicht?

FRAU BÜRGI Ja, eigentlich.
FB

FB FRITZ SIMON Therapie ist ja eigentlich etwas, was man nicht aus
FS Büchern lernt, sondern von irgendeinem Meister oder irgendeinem Lehrer, und Sie haben schon einige Lehrer gesehen. Sie haben einen guten Überblick. Wahrscheinlich könnten Sie schon ein Buch über Psychotherapie schreiben oder zumindest über Psychotherapeuten.

FRAU BÜRGI *(lacht)* Ja, denke ich auch.

FB FRITZ SIMON Welche Schlupflöcher Therapeuten sehen, welche sie
FS nicht sehen. Welche Löcher sie sich selbst lassen ... Was wollen Sie von mir?

Jeder Therapeut sollte versuchen herauszufinden, welche Funktion ihm
K *von seinem Patienten zugedacht ist. Nur wenn er Ideen darüber entwikkelt, kann er sich entscheiden, ob er solch eine Aufgabe und das damit verbundene Beziehungsangebot annehmen will oder nicht.*

FRAU BÜRGI Tja, was? Wenn ich zu Hause bin, dann geht es bei mir
FB also immer so *(macht eine Hin-und-Her-Bewegung mit der Handfläche vor dem Gesicht)*: Hin und her, Gedanken hin und her. Was ist richtig, was ist falsch? Bin ich mit einem Therapeuten zusammen, ist das für mich, sagen wir einmal, Unterhaltung, ja?

Zweifellos ein Kompliment für die Therapeuten, wenn sie unterhaltsam
K *waren. Das ist wahrscheinlich nicht die Regel ...*

FRITZ SIMON Ja, das kann ich gut nachfühlen. Sind ja meist gar nicht
FS so uninteressante Menschen, diese Therapeuten. Sie haben auch immer neue Ideen, die man selber nicht hat.

FRAU BÜRGI Ja.

FB FRITZ SIMON Und man kann ihnen auch selbst neue Ideen
FS bringen ...

FRAU BÜRGI Ja, das beruht auch auf Gegenseitigkeit.

FB FRITZ SIMON ... eine Beziehung auf Gegenseitigkeit, die ganz
FS befriedigend sein kann.

FB FRAU BÜRGI Ja! Also nicht unbedingt immer. Dafür habe ich schon zu viele kennengelernt, ja? Aber ...

FS FRITZ SIMON Na ja, die kann man ja aussortieren.

FB FRAU BÜRGI Aber das ist ... ich muß Ihnen sagen, ich unterhalte mich immer gern. Wogegen ich mit den Bekannten meines Mannes, die durch das Geschäft kommen, eigentlich unheimliche Hemmungen habe, überhaupt mitzugehen. Das interessiert mich nicht so ... Aber ich kann mich doch auf der anderen Seite nicht immer in diesen Kreisen bewegen!

FS FRITZ SIMON Was sagt denn eigentlich Ihr Mann dazu, daß Sie zum Therapeuten gehen?

K *Therapeuten übernehmen nicht nur Funktionen für die Patienten, mit denen sie direkt arbeiten, sondern immer auch für die Familie bzw. die Paarbeziehung. Der Therapeut kann als Dritter Wirkungen innerhalb einer Zweierbeziehung ausüben, die er sich nicht träumen läßt. Im Zweifel bringen hier direkte Fragen die direktesten Antworten.*

FB FRAU BÜRGI *(seufzt)* Na ja, also das ... *(zögert)* Mein Mann geht dann auf die andere Seite. Also ich gehe mehr nach innen, und er geht mehr nach außen.

FS FRITZ SIMON Na ja, aber wie ist das für ihn? Das ist ja für viele Männer ein Problem, wenn sie sich sagen: „Meine Frau geht zum Therapeuten und erzählt da Intimitäten, also auch über mich. Ich muß sie teilen mit wem anderen." Wie ist das für ihn?

FB FRAU BÜRGI Ja, das ist für ihn schlimm. Er sagt das zwar nicht, aber er geht nach außen und sucht sich auch entsprechende Pendants.

FS FRITZ SIMON Was heißt das?

FB FRAU BÜRGI Er geht mit Frauen mal gut essen, oder er hatte letztes Jahr auch ein Verhältnis mit einer sehr jungen Frau. Das hat mich natürlich dann zurückgeworfen.

K *Es bedarf wohl keines tiefgehenden psychoanalytischen Trainings, um Hypothesen darüber entwickeln zu können, welche Funktion (männliche) Therapeuten für die Patientin haben, wenn die Geliebte des Ehemanns als ein „Pendant" dazu charakterisiert wird. Allerdings sollte nicht vergessen werden, daß die Patientin eine längere psychoanalytische Behandlung hinter sich hat und dementsprechend auch ein ganz gutes Einfühlungsvermögen dafür entwickelt haben dürfte, was Psychotherapeuten gerne hören, d. h., welche Art von Hypothesenbildung sie bevorzugen ...*

FS FRITZ SIMON Was wäre für ihn denn leichter zu ertragen, wenn Sie zu einem Therapeuten gehen oder wenn Sie sich einen Freund suchen?

FB FRAU BÜRGI Ich weiß es nicht.

FS FRITZ SIMON Wenn Sie sich einen Freund suchen würden, würde er das so hinnehmen, oder würde er sich trennen?

K *Ein Versuch, die hypothetischen Konsequenzen hypothetischer Prämissen zu erfragen.*

FB FRAU BÜRGI Ich weiß es nicht.

FS FRITZ SIMON Was schätzen Sie? Sie kennen ihn seit einer Ewigkeit!

FB FRAU BÜRGI Man kennt sich und kennt sich doch nicht!

FS FRITZ SIMON Na ja, aber geben Sie mal einen Tip ab. Es ist ja nicht verpflichtend für ihn.

FB FRAU BÜRGI Es gab jedesmal, wenn ich gehen wollte ... weil ... das ist ... Für mich ist das immer ... mit der großen Trennung verbunden ... Das gab da also ganz große Probleme.

FS FRITZ SIMON Welcher Art?

FB FRAU BÜRGI Ja, wie gesagt, damals hat er mich geschlagen.

FS FRITZ SIMON Da wollten Sie ihn verlassen.

FB FRAU BÜRGI Ja.

FS FRITZ SIMON Da versuchte er, Sie zu halten. Nehmen wir an, Sie würden sich nur einfach einen Freund anschaffen und sagen: „Das ist meine Ehe hier. Ich mache das Frühstück und wasche die Wäsche und sorge dafür, daß meine Tochter gut in die Schule kommt, und im übrigen habe ich einen Freund!"

FB FRAU BÜRGI *(schmunzelt)* Hatte ich früher.

FS FRITZ SIMON Wie würde Ihr Mann darauf reagieren?

FB FRAU BÜRGI Ich habe das damals so erlebt, daß ich dann einen Freund hatte und ...

FS FRITZ SIMON Mich interessiert im Moment nicht so, wie Sie es erleben oder wie Sie es erlebt haben. Das ist zwar wichtig ...

FB FRAU BÜRGI Was ich für eine Vorstellung habe ...?

FS FRITZ SIMON Was Sie für eine Vorstellung haben, was er dann machen würde. Nehmen wir einmal an, Sie wären jetzt heute nicht zu einem neuen Therapeuten gegangen, sondern Sie hätten sich einen Freund gesucht.

K *Die Patientin bietet – wie sie es wahrscheinlich in ihren früheren Therapien gelernt hat – Introspektion an. Sie berichtet, wie sie was erlebt oder erlebt hat. Gefragt ist hier aber die Perspektive auf die Interaktion und die Beziehung. Die Frage fordert zu einem Gedankenexperiment auf, in dem der Unterschied zwischen der Reaktion des Ehemanns darauf, daß ein Freund statt eines Therapeuten ins Spiel kommt, ausphantasiert wird. Die zugrundeliegende Hypothese ist, daß die Funktion eines Therapeuten sowohl ähnlich als auch verschieden von der eines Freundes ist. Gemeinsamkeiten und Unterschiede können die Sinnhaftigkeit der Chronifizierung der Psychotherapie erhellen.*

FB FRAU BÜRGI Ich sage mir immer, mein Mann hat durch seinen Beruf ja auch viele ...

FS FRITZ SIMON Das ist eine gute Antwort, aber nicht auf meine Frage.

FB FRAU BÜRGI *(lacht)* Ja.

FS FRITZ SIMON Was würde er dazu sagen? Was würde er machen, wenn er das herausbekäme?

FB FRAU BÜRGI Also gut, als ich zu meinem Mann gesagt habe: „Ich habe mich in meinen Psychiater verliebt“, da ... da hat er Himmel und Hölle in Bewegung gesetzt und sämtliche Daumenschrauben angesetzt und das in alle Winde nach außen verstreut ... *(lacht)*, so daß über diese geistige Geschichte hinaus nichts anderes möglich war.

K *Eine Ehefrau, die eine Affäre mit einem anderen Mann (sei er nun Therapeut oder nicht) beginnen will, sollte das erfahrungsgemäß lieber nicht ihrem Ehemann erzählen. Es sei denn, sie ist sich nicht ganz sicher, ob sie diese Affäre wirklich will ... Sollte dies der Fall sein, so ist es allerdings ganz geschickt, ihm davon zu erzählen. Er wird dann schon dafür sorgen, daß es nicht zum Ehebruch kommt. So kann die eine Seite der Ambivalenz erlebt werden (die Verliebtheit), während die andere Seite externalisiert wird (der Ehemann übernimmt die Sicherung der Ehe). Eine elegante, arbeitsteilige Form, mit einem intrapsychischen Konflikt umzugehen. Sie funktioniert aber nur, wenn der Mann mitspielt.*

FS FRITZ SIMON Er würde dann eher versuchen ...

FB FRAU BÜRGI Er hat nach allen Seiten intrigiert.

FS FRITZ SIMON Wenn Sie einen Freund hätten, würde er dann eher versuchen, Sie zu halten, oder würde er eher auf eine Trennung hinarbeiten?

FB FRAU BÜRGI Ich glaube, er würde eher versuchen, mich zu halten.

FS FRITZ SIMON Wenn Sie einen Freund hätten, würden Sie dann eher auf eine Trennung hinarbeiten, oder würden Sie eher versuchen, die Ehe aufrechtzuerhalten?

FB FRAU BÜRGI Das käme darauf an, was das für ein Verhältnis wäre!

FS FRITZ SIMON Ja. Welche verschiedenen Möglichkeiten sehen Sie da?

FB FRAU BÜRGI Also, wenn es ein Gesprächsfreund ist, dann gibt es ja keinen Grund für mich, eine Ehe aufzugeben.

FS FRITZ SIMON Ja.

FB FRAU BÜRGI Aber wenn ich ein intimes Verhältnis mit jemandem hätte, dann wäre das für mich schon ein Grund. Vielleicht ist das die Problematik bei mir ...

FS FRITZ SIMON Was würde denn ... Wenn Ihre Tochter da wäre, und ich würde sie fragen: Was würde Ihrer Mutter denn mehr Sorge bereiten, ein intimes Verhältnis zu einem anderen Mann oder eine Gesprächsfreundschaft? Was würde Ihre Tochter antworten?

K *Die Einführung der nicht anwesenden Tochter als fiktive Beobachterin dient dem Versuch, die Patientin mit in die Außenperspektive gegenüber den verschiedenen durchgespielten Dreiecksbeziehungen zu nehmen.*

FB FRAU BÜRGI Vom Gewissen her?

FS FRITZ SIMON Vom Gewissen her oder auch von den Folgen, die es haben könnte. Es ist ja ein Unterschied, ob sie sagen: „Ich lasse alles so, wie es ist, oder ..."

FB FRAU BÜRGI Meine Tochter würde bestimmt sagen, ein intimes Verhältnis würde mir mehr Sorgen machen.

FS FRITZ SIMON Und was würde sie meinen, was Ihre Sorgen und Probleme dabei wären?

FB FRAU BÜRGI Weil das für mich einfach einen Bruch darstellen würde.

FS FRITZ SIMON Sieht Ihre Tochter Sie eher als jemanden, dem es wichtig ist, daß der Zustand, so wie er ist, mit seinen Vorteilen, mit seinen Nachteilen, erhalten bleibt? Oder sieht sie Sie eher als jemanden, dem es wichtig ist, an neue Ufer vorzustoßen und alte Brücken abzubrechen?

FB FRAU BÜRGI Die Brücken, die ich abbreche – und das würde auch meine Tochter sagen –, sind eher zu den Menschen, mit denen ich irgendwann einmal außerhalb Kontakt hatte. Ich würde dann eher auf den Familienbereich sehen.

FS FRITZ SIMON Das heißt, die Familie ist die Insel, die Festung, und ab und zu schlagen Sie mal Brücken nach draußen? Da können Sie auch enge Beziehungen haben – die brechen Sie aber wieder ab?

FB FRAU BÜRGI *(zustimmend nickend)* Hm, die werden dann wieder abgebrochen.

FS FRITZ SIMON Wenn Sie eine enge Beziehung nach außen haben, welche Auswirkungen hat das auf die Beziehung zu Ihrem Mann? Wird die dadurch distanzierter oder wird die …

K *Dreiecksbeziehungen eignen sich vorzüglich zur Nähe-Distanz-Regulation. Zumindest ist dies eine Hypothese, mit der sich gut arbeiten läßt.*

FB FRAU BÜRGI Durch meinen Mann wird das eigentlich eher distanzierter, weil ich immer sehr offen in meinen Aussagen war – an und für sich ziemlich ehrlich –, und nur in den Momenten, wo ich dann tatsächlich gehen wollte, wo es für ihn oder auch für mich eskalierte, dann kam diese Brutalität …

FS FRITZ SIMON Und diese Brutalität, ist das etwas, was Sie näher zusammenbringt oder was Sie auseinanderhält?

FB FRAU BÜRGI *(seufzt)* Teils teils. Es gab Zeiten, wo ich gemerkt habe, wie tief das an ihn ran gegangen ist. Wie weh es ihm tat, wenn ich gehen wollte. Und dann habe ich auf einmal gemerkt, wie verletzlich er ist. Dann habe ich gesagt: „Das ist ja alles Quatsch! Das ist ja uninteressant, was da draußen ist, und so toll ist der andere Mann ja auch nicht …“ Dann bin ich halt wieder zurückgegangen.

FS FRITZ SIMON Nehmen Sie an, Sie haben eine sehr enge Außenbeziehung. Was machen Sie dann in der Ehe? Sagen Sie es Ihrem Mann?

FB FRAU BÜRGI Ja!

FS FRITZ SIMON Ist das etwas, was ihn eher dazu bringt, Abstand von Ihnen zu nehmen, oder ist das etwas, was ihn dazu bringt, näher auf Sie zuzugehen?

FB FRAU BÜRGI Ich glaube, er kommt näher auf mich zu. Er würde dann alles für mich tun. Er würde sagen: „Ach komm, wir fahren in Urlaub! Da gehen wir chic essen. Oder kauf dir was!“ Mir geht das dann immer um die inneren Zustände, die in mir ablaufen oder die auch in unserer Ehe ablaufen. Und mich bedrückt das dann eher, wenn er sagt: „Komm, wir machen Urlaub!“ Weil ich mit meinen Gedanken wo ganz anders bin, ja? Und dann habe ich mir aber auch schon gesagt: Er kann das vielleicht gar nicht anders ausdrücken als mit dem Urlaub oder so …

FS FRITZ SIMON Was müßten Sie denn tun, um Ihren Mann auf Abstand zu halten?

FB FRAU BÜRGI Ich meine, er hält sich ja selbst genug auf Abstand *(lacht)*, indem er halt sehr, sehr viel arbeitet, Dienstreisen macht …

FS FRITZ SIMON Also, wenn Sie nichts Besonderes machen, dann wäre er eher auf Abstand? Dann wäre eher Distanz in Ihrer Beziehung – Abstand?

FB FRAU BÜRGI Von der Zeit her, ja!

FS FRITZ SIMON Und gefühlsmäßig?

FB FRAU BÜRGI *(seufzt)* Ich habe immer das Gefühl, wenn er dann da ist, dann sind auch meine Sorgen alle verflogen. Dann lösen sich auch meine Spannungen, und dann kann ich es aber auch oft nicht verstehen. Ich habe einen sehr zärtlichen Mann, der viel für mich tut. Ich kann das dann manchmal ... Ich kriege dann so Schübe hinterher und habe dann oft das Gefühl: Vielleicht liebe ich den ja gar nicht, ja?

K *Das mag als Bestätigung dafür verstanden werden, daß die Zweierbeziehung zwischen Frau Bürgi und ihrem Mann von einem Nähe-Distanz-Konflikt bestimmt wird. Wenn ihr Mann da ist und sich um sie kümmert, ist für Frau Bürgi alles in Ordnung. Aber wenn dieser Zustand länger andauert, führt diese Nähe zu der Frage, ob sie ihn überhaupt liebt, was als Ausdruck von Distanzierungswünschen verstanden werden kann. Vor diesem Hintergrund kann die stabilisierende Funktion des Therapeuten als Nähe-Distanz-Regulator gesehen werden.*

FS FRITZ SIMON Folgen Sie mir in eine Phantasie: Wie würde Ihre Ehe aussehen, wie würde es anders in Ihrer Ehe aussehen, wenn es keine Psychiater gäbe auf der Welt?

FB FRAU BÜRGI *(lacht)* Wenn es keine Psychiater gäbe? Ja, früher hatte ich meinen Vater! Mein Vater, der kam so dreimal in der Woche vormittags, mein Mann kam abends!

FS FRITZ SIMON Das war gut balanciert!

FB FRAU BÜRGI Ja!

FS FRITZ SIMON Würden Sie sagen, Sie hatten eine enge Beziehung zu Ihrem Vater?

FB FRAU BÜRGI Ja! Vor zwei Jahren, als alles von mir weggewichen war im Laufe der Therapie, fühlte ich mich sehr, sehr einsam und stellte mir vor ... Ich konnte mir keinen anderen Liebhaber als meinen Mann ... äh ... als meinen Vater vorstellen. Ich war dann natürlich erschreckt darüber und fand das eigentlich ziemlich armselig.

FS FRITZ SIMON Die wahren Abenteuer sind im Kopf.

FB FRAU BÜRGI *(lacht)* Ja.

K *Mann, Vater, Psychiater ... Sie werden in eine interessante Reihe gestellt. Sicher eine Einladung für jeden Psychotherapeuten, sich in seiner Deutungskunst zu üben. Die Frage danach, was ohne Therapeuten anders gelaufen wäre und anders laufen würde, d. h. wessen Funk-*

tion er übernimmt, wen er entlastet und arbeitslos macht, wird nur indirekt und metaphorisch beantwortet.

FS FRITZ SIMON Nun kommen wir noch einmal zurück zu meiner Frage. Also: Ihr Vater ist ja nun nicht mehr unter den Lebenden. Was würde in Ihrer Ehe geschehen, wenn es keine Psychiater gäbe?

FB FRAU BÜRGI Ja, ich kann Ihnen sagen, in dem Vierteljahr, wo wir hart zusammen gearbeitet haben, da habe ich auch mehrere Zusammenbrüche bekommen. Dann haben wir uns angeschrien und Wutausbrüche gehabt und nachts nicht geschlafen. Und ich habe ihn angeschrien, weil er auch immer so jüngere Mitarbeiter hat, wo er dann solche geistigen Intim- oder Berufsverhältnisse hat. Und das mußte ich auch durchbrechen, um überhaupt an Informationen heranzukommen. Ich fühlte mich so manipuliert und hintergangen, manchmal wie eine Marionette. Ich habe mich natürlich furchtbar darüber aufgeregt, denn wenn ich etwas mache, möchte ich auch wissen, was ich tue, und möchte entsprechende Informationen bekommen. Wir haben uns also furchtbar angeschrien und haben uns dann aber auch in diesen Momenten, wo das zum Ausbruch kam, wieder gesagt, daß wir uns lieben und ... Das war eine ganz außergewöhnliche Situation eigentlich.

FS FRITZ SIMON Das klingt aber für einen Außenstehenden so, als ob das dann eine sehr intensive Beziehung war in der Zeit.

FB FRAU BÜRGI Immer! Ja, es war immer eine intensive Beziehung zwischen meinem Mann und mir.

FS FRITZ SIMON Wenn es jetzt keine Therapeuten auf der Welt gäbe, würde sich die Beziehung zu Ihrem Mann intensivieren? Es würde höher hergehen? Mehr Dampf drin sein?

FB FRAU BÜRGI Nur ist ja die Situation jetzt so, daß ich nicht mehr mit meinem Mann zusammen arbeite.

FS FRITZ SIMON Die Frage ist ja, ob dieses Sich-Auseinandersetzen nicht auch in anderen Bereichen stattfinden kann.

FB FRAU BÜRGI Das findet auch statt, ja!

FS FRITZ SIMON Meine Frage ist ja: Was würde passieren, wenn es keine Therapeuten auf der Welt gäbe, keine Psychiater, keine Psychotherapeuten?

FB FRAU BÜRGI Ja, ich habe eigentlich immer gearbeitet und hatte durch die Arbeit vielleicht auch immer irgendwelche Vaterfiguren, ja?

FS FRITZ SIMON Das heißt, Sie würden sich dann wahrscheinlich eine Arbeit suchen?

FB FRAU BÜRGI Auf jeden Fall!

FS FRITZ SIMON ... wo Sie jemanden finden, der Ihnen so eine Art geistiger Gesprächspartner oder Führer, Meister sein kann?

FB FRAU BÜRGI *(lacht)* Ja, nun kommt ja jetzt der Punkt: Ich habe ja keine Lust mehr, in der Bank zu arbeiten.

FS FRITZ SIMON Gut, und was wollen Sie tun mit Ihrer Nichtlust? Therapeuten stünden nicht zur Verfügung ...

FB FRAU BÜRGI Tja, ich bin auf der Suche auch nach einem neuen Beruf und bin am Überlegen ...

FS FRITZ SIMON Werden Sie einen finden? Einen Beruf, der Sie befriedigt?

FB FRAU BÜRGI Also, ich würde mich nicht nochmal auf eine Schule setzen, um Ihnen das zu sagen.

FS FRITZ SIMON Wie wird das denn sein, wenn Ihre Tochter aus dem Haus geht. Die ist ja jetzt 18, und es ist ja abzusehen, daß sie irgendwann ihre Koffer packt und sagt: „Ich fühle mich erwachsen! Egal, ob ihr das auch so seht. Tschüs! Ich geh meiner eigenen Wege." Was wird das für Auswirkungen auf Ihre Ehe haben?

FB FRAU BÜRGI Also, ich bin immer ganz froh, wenn meine Tochter mal nicht da ist! Denn ich fahre mit meinem Mann ganz gerne allein in Urlaub. Das haben wir auch immer schon gemacht. Wir haben eine lockere Beziehung zu unserer Tochter. Die ist gerne zu Hause, aber sie ist auch gern weg.

FS FRITZ SIMON Aber sehen Sie da irgendeine Auswirkung ...?

FB FRAU BÜRGI Ich sehe da schon eine Auswirkung, weil ich doch mit meiner Tochter ein intensiveres Gesprächsverhältnis habe als mit meinem Mann ... über Jahre hinaus.

FS FRITZ SIMON Dann wird der Bedarf nach Gesprächspartnern noch größer?

FB FRAU BÜRGI Ja!

FS FRITZ SIMON Dann brauchen Sie zwei Therapeuten!

FB FRAU BÜRGI *(lacht)* Ja, irgendwo sage ich mir, warum kann ich nicht wie ... – ich muß Ihnen sagen, ich habe kein Interesse, andere Frauen kennenzulernen. Ich habe einen großen Bekanntenkreis von Frauen. Warum kann ich nicht, wie ein normaler Mensch, andere Männer kennenlernen? Ist mir nicht möglich!

FS FRITZ SIMON Warum nicht?

FB FRAU BÜRGI Ich weiß nicht, wieso!

FS FRITZ SIMON Wie schaffen Sie das, keine anderen Männer kennenzulernen? Es ist für Sie wahrscheinlich gar nicht so einfach, keine anderen Männer kennenzulernen, stelle ich mir vor. Sie sind eine attraktive Frau! Wie schaffen Sie das, keine anderen Männer kennenzulernen?

FB FRAU BÜRGI Ja, ich verstehe das auch nicht!

FS FRITZ SIMON Na ja, irgend etwas müssen Sie machen, daß Sie keine anderen Männer kennenlernen! Sie verjagen die oder verscheuchen die ...!

FB FRAU BÜRGI Bestimmt!

FS FRITZ SIMON Ich denke mir, Sie werden Ihre Gründe dafür haben! Was wäre denn, wenn Sie welche kennenlernen würden? Nehmen Sie an, Sie würden einen attraktiven Mann kennenlernen ...

FB FRAU BÜRGI Ich hätte Angst, daß das weitergehen könnte. Und deshalb würde ich das sofort abschotten.

FS FRITZ SIMON Was heißt weitergehen?

FB FRAU BÜRGI Daß das vielleicht ein intimes Verhältnis werden könnte oder eine Liebesbeziehung daraus entstehen könnte.

FS FRITZ SIMON Und dann? Was hätte das für Folgen?

K *Zur Erinnerung: Eine der wichtigsten Fragen lautet: „Und dann?“ Sie bringt den Schatten der Zukunft, die befürchteten Konsequenzen, in den Fokus der Aufmerksamkeit, d. h. all das, was Angst und Sorge bereiten könnte und daher vermieden wird.*

FB FRAU BÜRGI Ja, daß ich mich trennen würde.

FS FRITZ SIMON Und dann?

FB FRAU BÜRGI *(zaghaft)* Und dann? Ja, weiter habe ich noch gar nicht gedacht ... *(zögernde, nachdenkliche Pause)* Das bricht bei mir in diesem Moment schon ab, so wie es gefährlich wird, ja? *(lacht)*

FS FRITZ SIMON In der Phantasie ist es ja nicht so gefährlich. Spielen wir das mal durch in der Phantasie. Sie würden sich trennen ..., ja? Und was wäre dann? Wie ginge es weiter? Was wäre so schlimm daran? Was wäre das Schlimmste, was passieren könnte? Lassen Sie Ihren schwarzen Phantasien mal die Zügel schießen!

K *Die schlimmsten Phantasien durchzuspielen ist ein gutes Mittel gegen Vermeidungstendenzen. Meist zeigen sie nämlich, daß alles weniger gefährlich würde, als stillschweigend vorausgesetzt. Nichts hat therapeutisch so weitreichende Konsequenzen für die Gegenwart wie die Veränderung der Zukunft (d. h. der jeweiligen Zukunftsperspektive).*

FB FRAU BÜRGI Ich hätte auch Angst, irgendwann alleine zu leben.

FS FRITZ SIMON Das heißt, Sie wären nicht sicher, daß das dauerhaft ist?

FB FRAU BÜRGI *(nickt)*

FS FRITZ SIMON Dann hätten Sie Ihrem Mann, dem verläßlichen, den Laufpaß gegeben oder er Ihnen ...

FB FRAU BÜRGI Ja, klar ...

FS FRITZ SIMON Und der andere wäre ... Insofern wäre es ja ganz sinnvoll, daß Sie rechtzeitig abblocken.

FB FRAU BÜRGI Ja, gut, das sage ich mir auch, aber ...

FS FRITZ SIMON Insofern ist es doch ganz sinnvoll, wenn Sie sich solche männlichen Gesprächspartner suchen, die nicht mit der Gefahr des Ehebruchs, im Sinne von: die Ehe geht kaputt, verbunden sind. Haben Sie eigentlich auch weibliche Psychiater gehabt?

FB FRAU BÜRGI Ja, einmal.

FS FRITZ SIMON Einmal. Und? Welche Erfahrungen haben Sie mit der Kollegin gemacht?

FB FRAU BÜRGI Sie gab mir Librium, und ich habe gesagt: „Nein, ich möchte keine Tabletten, ich möchte mich nicht unter Drogen setzen."

FS FRITZ SIMON Ich würde jetzt gerne eine Pause machen. Haben Sie noch etwas, was ich wissen sollte, was wichtig ist? Nicht, daß Sie das Gefühl haben: „Das Wichtigste habe ich nicht gesagt!"

FB FRAU BÜRGI Mich hat das ... Es sind vielleicht auch diese Äußerlichkeiten wie dieses „Simon Arzt", das ruft in mir Erinnerungen wach. In einer Straße wie dieser in Karlsruhe lernte ich Fahrradfahren mit meinem Vater *(lacht)*. Und es ging ihm nicht schnell genug, ich flog vom Rad. Ich habe mir natürlich die Knie aufgeschlagen, und an das Rad kam ein Kratzer. Und das war ganz furchtbar, daß an dem Rad ein Kratzer war, ja? Also nicht, was mir passierte ... Das nur so ... Gut!

K *Vielleicht eine letzte Ermahnung an den Therapeuten, es nicht zu eilig zu haben und die Kratzer an seinem Fahrrad nicht wichtiger zu nehmen als das Wohl der Patientin!*

* * *

Das Gespräch zeigt, wie eine Einzeltherapie (oder besser: eine Folge von Einzeltherapien) zur Stabilisierung einer Zweierbeziehung genutzt werden kann. Als Therapeut interveniert man immer in die Familie seines Patienten, das heißt, man übernimmt Aufgaben, die ohne Therapeuten von Familienmitgliedern oder dem Patienten selbst übernommen werden müßten. Im vorliegenden Fall kann man wohl davon ausgehen, daß beide Eheleute ihren gemeinsamen Nähe-Distanz-Konflikt mit Hilfe des jeweiligen Therapeuten regeln. Der Ehemann delegiert darüber hinaus die Aufgabe, sich um das Wohlbefinden seiner Frau zu kümmern und ihr ein Gesprächspartner zu sein, an den Therapeuten (er bezahlt deshalb auch dessen Rechnungen). Falls die Beziehung zum Therapeuten zu eng zu werden droht, alarmiert seine Frau rechtzeitig ihren Mann, so daß die Hitze einer intimen Beziehung im Bereich der Phantasie bleiben kann und nicht realisiert werden muß. Auf diese Weise ist die Stabilität der Ehe gesichert. Allerdings gilt dies nur, solange die Therapie andauert. Der paradoxe Effekt der Einzeltherapie ist, daß auf diese Weise jede Veränderungsnotwendigkeit – sei es auf der Ebene der Beziehung, sei es auf der Ebene der intrapsychischen Mechanismen der Patientin – beseitigt wird. Therapie ist hier nicht das Mittel, eine gangbare Lösung zu finden, sondern sie *ist* die Lösung: Der Weg ist das Ziel. Ob er das sein sollte, darüber kann man natürlich streiten.

10. Konsultation / Die festgefahrene Einzeltherapie (Frau Fuchs)

Eine grundlegende Schwierigkeit des einzeltherapeutischen Settings besteht darin, daß die Arbeitsfähigkeit des Therapeuten zu einem guten Teil vom Verhalten des Patienten abhängt. Vor allem Therapeuten, die sich in erster Linie für das Innenleben ihres Patienten interessieren, sind auf dessen Kooperation angewiesen. Denn nur ein einziger Beobachter hat direkten Zugang zu den psychischen Prozessen des Patienten, zu seinem Erleben, seinem Denken und Fühlen. Und dieser exklusive Beobachter ist der Patient selbst. Aus dieser privilegierten Beobachtungsposition resultiert die Macht der Patienten innerhalb der Einzeltherapie.

Dieser Machtaspekt der Selbstoffenbarung oder Nichtselbstoffenbarung eines Individuums wird ganz allgemein noch dadurch verstärkt, daß sich jeder Mensch in gewissem Ausmaß berechenbar macht, wenn er sich anderen offenbart. Die an sich undurchdringbare Grenze zwischen ihm und dem anderen wird geöffnet, er gibt einen Teil seiner Autonomie preis, da seine Reaktionen kalkuliert werden können. Damit liefert er sich dem anderen aus, denn der könnte zum Beispiel sein Wissen um eventuelle Verletzlichkeiten nützen, um ihn zu kränken ... (daher die alte Volksweisheit: Wer immer offen ist, ist nicht ganz dicht!)

Dieser allgemeine Zwiespalt gegenüber „Aufmachen"/„Zumachen" gilt auch für die Therapeut-Patienten-Beziehung. Sie ist für den Patienten ständig mit dem Konflikt verbunden, daß er einerseits dem Therapeuten einen Zugang zu seinem Denken und Fühlen ermöglichen muß, wenn er verstanden werden will; andererseits gibt er aber auf diese Weise Kontrolle auf und liefert sich der Macht des Therapeuten aus. Folge ist meist ein Oszillieren des Patienten: Er schwankt zwischen Sich-Öffnen und Sich-Verschließen. Und je mehr der Therapeut versucht, Zugang zum Patienten zu finden, desto mehr „macht" mancher Patient „zu". Manchmal kann so die Einzeltherapie zur Arena für Machtkämpfe werden.

In der therapeutischen Beziehung entwickeln sich dann festgefahrene Kommunikationsmuster – wie in anderen Zweierbeziehungen auch. Die Entwicklung stagniert, die Therapie landet in einer Sackgasse. In solch einem Fall empfiehlt sich in allen Paarbeziehungen, einen außenstehenden Dritten hinzuzuziehen, der die Aufmerksamkeit auf die gemeinsam hergestellten Kommunikationsmuster statt der individuellen Psychodynamik richtet.

Der hier dargestellte Ausschnitt einer Konsultationssitzung mit einer Einzelpatientin und ihrer Therapeutin soll beispielhaft verdeutlichen, wie in solch einem Dreier-Setting die Schwierigkeiten der Zweier-Konstellation überwunden werden können.

Die Patientin, Frau Fuchs, ist 26 Jahre alt, sie ist verheiratet und hat ein Kind (vier Jahre alt). Sie ist zur Zeit in stationärer psychotherapeutischer Behandlung in einer Fachklinik. Ihre Therapeutin, eine 35jährige Ärztin, führt mit ihr regelmäßige Einzelgespräche und leitet auch die Gruppentherapiesitzungen, an denen die Patientin teilnimmt. Frau Fuchs ist wegen einer Alkoholproblematik und regelmäßig auftretender Freß-Kotz-Attacken in Behandlung genommen worden.

In einem Vorgespräch vor der Konsultationssitzung hat die Therapeutin ihre Sichtweise der Probleme der Patientin und ihre Schwierigkeiten in der Arbeit mit ihr dargestellt. Sie sieht einen engen Zusammenhang zwischen einem sexuellen Mißbrauch, den die Patientin in ihrer Kindheit (mit 12 Jahren) erlitten hat (oder zumindest haben soll), und ihrem Verhalten in der Therapie. Hier kommt es – in der Einzeltherapie wie in der Gruppe – immer wieder zu Situationen, in denen die Patientin ihre „Zustände" bekommt, das heißt, sie schweigt, richtet den Blick versunken auf den Boden und ist nicht ansprechbar. In dieser Zeit (mehrere Minuten) versucht die Therapeutin eher hilflos, mit ihr wieder in Kontakt zu kommen, indem sie formuliert, was ihrer Meinung nach im Moment in der Patientin abläuft. Nach einiger Zeit kann so der Dialog wieder aufgenommen werden. Therapeutin und Patientin teilen die Sichtweise, die Patientin gehe in dieser Zeit in einen dissoziativen Zustand und nehme die Persönlichkeit des 12jährigen Mädchens an.

Von wem die Idee, Frau Fuchs leide unter einer „multiplen Persönlichkeit", ursprünglich stammt, läßt sich nicht mehr rekonstruieren. Im Vorgespräch wird aber deutlich, daß sich das Interesse der Therapeutin überwiegend auf die Psychodynamik der Patientin, vor allem ihre Dissoziationsprozesse, richtet. Die kommunikativen Wirkungen des dargestellten Verhaltens der Patientin scheinen weitgehend ausgeblendet.

Im folgenden Abschnitt gilt daher die Aufmerksamkeit vor allem dem Umgang mit den „Zuständen" der Patientin und ihrer Umdeutung.

* * *

K *Die Klärung des Kontextes zeigte, daß die Patientin wenige Vorinformationen und Vorstellungen davon hatte, was bei solch einem Ge-*

FS Fritz Simon
T Therapeutin
FF Frau Fuchs
K Kommentar

spräch passieren könnte. Sie nimmt – wie sie sagt – daran teil, weil es der Wunsch der Therapeutin ist und sie ihre Meinung schätzt. Die würde schon wissen, warum sie solch ein Gespräch für sinnvoll erachte. Sie selbst habe „keine Ahnung", was hier geschehen könnte oder wozu das Ganze gut sein könnte.

FS FRITZ SIMON *(an die Therapeutin gewandt)* Meinst du, Frau Fuchs erhofft sich irgend etwas von diesem Gespräch?

T THERAPEUTIN Das denk ich schon, daß sie sich was erhofft.

FS FRITZ SIMON Ja, und was?

T THERAPEUTIN Daß es hier auch weitergeht, daß sie Unterstützung kriegt ... Ich erlebe, daß Frau Fuchs sehr intensiv arbeitet und sehr interessiert daran ist, daß es ihr bessergeht, und daß sie das auch nutzt, um ihre Zwecke zu erfüllen.

FS FRITZ SIMON Können Sie da zustimmen? Ist das so? Sieht sie das richtig?

FF FRAU FUCHS *(wirkt auf einmal sehr starr)* Könnte stimmen. Ja! So hab ich es mir zwar nicht überlegt, aber es könnte schon sein.

FS FRITZ SIMON *(zur Therapeutin)* Glaubst du, daß sie auch irgendwelche Befürchtungen hat wegen des Gesprächs? Ich meine, all das, was etwas Gutes bewirken kann, kann ja wohlmöglich auch etwas Schlechtes bewirken!

T THERAPEUTIN Also, mein Vorschlag stammt aus der Geschichte, wie ich die Frau Fuchs kenne. Ich habe die Einzelgespräche nicht gezählt, aber wir kennen uns jetzt schon fast zehn Wochen. Vielleicht könnte sie Befürchtungen haben, daß hier über Dinge gesprochen wird, die für sie sehr verletzlich sein können. Daß vielleicht Dinge zum Thema gemacht werden können, die ihr nicht angenehm sind. Ich denke, daß es wichtig ist für Frau Fuchs, daß sie auch „Stop!" sagen und es abwenden kann. Da merke ich so ein bißchen eine Zwickmühle auch für mich.

FS FRITZ SIMON *(an Frau Fuchs)* Erkennen Sie sich da wieder in dieser Beschreibung?

FF FRAU FUCHS Zum Teil, ja.

FS FRITZ SIMON Dann ist es mir ganz wichtig, daß wir das vielleicht vorher klarmachen: Wenn ich eine Frage stelle, die Sie nicht beantworten wollen, ja – ich stelle halt die Fragen, die mir in den Sinn kommen –, wenn Sie sie nicht beantworten wollen oder wenn ich irgendein Thema anschneide, vor dem Sie lieber Ruhe haben wollen, dann sagen Sie es, bitte!

FF FRAU FUCHS Ich versuch es.

FS FRITZ SIMON Dann sagen Sie einfach: Will ich nicht! oder: Ist mir zu dicht! Oder was auch immer, ja? Nur damit Sie die Kontrolle haben über das, was hier passiert. Das ist Ihre Verantwortung! Nicht daß Sie mich dann nachher hauen für das, was hier passiert. Ich bin bereit, mich da sehr auf Sie einzustellen, und ich bin ein gehorsamer Mensch. Wenn Sie sagen, ein Thema wollen Sie lieber nicht ansprechen, dann kann ich das respektieren.

K *Jede psychotherapeutische Sitzung, in der ein Patient sein Inneres offenbart, ist in gewisser Weise eine Grenzverletzung. Nach den Informationen des Vorgesprächs ist zu vermuten, daß es Frau Fuchs nicht leichtfällt, die Kontrolle aufzugeben und sich einem Fremden anzuvertrauen. Deswegen und auch um jeden Machtkampf um die Beantwortung der gestellten Fragen zu vermeiden, wird hier gleich zu Beginn der Sitzung der Patientin die Verantwortung für alles zugeschrieben, was sie während des Gesprächs sagen wird. Damit soll gleichzeitig die Verantwortung des Therapeuten begrenzt werden. Er stellt Fragen, und zwar alle, die ihm in den Sinn kommen; er übt keine Selbstzensur aus, um die Patientin zu schützen; ob sie die Fragen beantworten will, muß sie selbst entscheiden. Damit bleibt es ihrer Entscheidung überlassen, ob sie die Thematisierung eines Themas zuläßt oder nicht. Und es ist ihr explizit erlaubt, „die Aussage zu verweigern". Sie braucht deshalb (eigentlich) nicht auf irgendwelche Symptombindungen zurückzugreifen, wenn sie nicht sprechen will. Allerdings wird so der Rahmen für eine alternative Deutung des Schweigens gegeben: Sie entscheidet sich, nicht zu sprechen, statt: Die Symptombildung hindert sie daran, zu sprechen.*

FF FRAU FUCHS Ja.

FS FRITZ SIMON *(zur Therapeutin)* Na gut! Also, nehmen wir an, dieses Gespräch liefe optimal, so wie du dir das in deinen kühnsten Träumen ausphantasierst (wobei ich nicht glaube, daß du von Konsiliargesprächen träumst), aber nehmen wir es einfach einmal an: Was wär dann? Woran würdest du es merken, daß das hier ein erfolgreiches Gespräch ist?

T THERAPEUTIN Daß ich erleichterter hier herausgehe und daß ich das Gefühl habe, daß das Ende der Therapie in Sicht kommt ... daß ich weiß, was die nächsten Schritte sind, und daß ich mit dem guten Gefühl dann Frau Fuchs auch gehen lassen kann; daß ich nicht das Gefühl habe, ich bin unsicher, wackelig, eiere noch so rum ... daß ich das Gefühl habe, Frau Fuchs kann besser damit umgehen, wenn sie in ihre Zustände gerät ... daß sie besser damit umgehen kann und das einfach besser in die Hand nehmen kann und daß sie da nicht mehr so unserer Hilfe bedarf. Und daß ich da Unterstützung bekommen möchte, wie sie oder wie wir weiter damit umgehen können ... daß sie damit besser umgehen kann.

FS FRITZ SIMON Gut, da werde ich gleich noch einmal nachfragen. *(zur Patientin gewandt)* Was wäre für Sie ein gutes Ergebnis dieses Gespräches?

FF FRAU FUCHS *(lächelt, zuckt die Achseln)* Weiß ich nicht.

FS FRITZ SIMON Nehmen wir einmal an, Sie könnten es sich wünschen. Es gibt ja manchmal Wunschmaschinen, nehmen wir an, das hier wäre eine große Wunschmaschine, und Sie könnten sagen: „Das möchte ich gerne und jenes möchte ich gerne!"

FF FRAU FUCHS Oh ... *(schweigt)* ... daß ich, wenn ich aus der Klinik heimgehe, für mich vielleicht etwas klarer sehe oder die Möglichkeit habe, irgendwie in der Sit... irgendwie mit einem besseren Gefühl gehe, als ich vielleicht gestern abend gegangen wär. Weiß ich nicht ...

FS FRITZ SIMON Wenn Sie dieses bessere Gefühl haben, wenn Sie aus der Klinik weggehen, also: Wenn alles gut läuft, hat das auch irgendwelche Konsequenzen, die man von außen sehen kann? In dem, was Sie tun, zum Beispiel? Werden Sie etwas anderes tun als vorher?

K *Ein Versuch der Konkretisierung auf der Verhaltensebene. Was wäre ein – und das ist besonders wichtig – auch von anderen beobachtbares Merkmal der Unterscheidung für ein gelungenes Gespräch? In dieser Frage ist die Aufforderung zu einer eindeutigen Beziehungsdefinition zum Interviewer, d. h. zu einer Festlegung, enthalten. Falls sie solch ein Merkmal angibt, wird „objektiv", d. h. interpersonell, überprüfbar, ob das Ziel erreicht ist. Damit wird die Bewertung, ob das Gespräch zielführend war oder nicht, der willkürlichen Entscheidung von Frau Fuchs entzogen. Mit dem Blick auf ihr Verhalten statt auf ihre Gefühle und Gedanken verliert sie ihre Position als privilegierte, exklusive Beobachterin.*

FF FRAU FUCHS Ja klar!

FS FRITZ SIMON Was zum Beispiel?

FF FRAU FUCHS Werde das Leben genießen!

K *Eine wenig konkrete Antwort, das heißt, es wird kein signifikantes Verhalten beschrieben. Ob sie „das Leben genießt" oder nicht, kann nur die Patientin selbst entscheiden.*

FS FRITZ SIMON Was wäre dazu nötig, zum „Leben genießen"?

K *Diese Nachfrage kann als ein Eskalationsschritt verstanden werden: Die Patientin hat auf die Forderung nach einer Festlegung ausweichend geantwortet, der Therapeut fordert erneut eine Festlegung ...*

FF FRAU FUCHS *(richtet den Blick starr auf den Fußboden und schweigt; sie hat offensichtlich einen ihrer „Zustände")*

FS FRITZ SIMON Ich will die Frage noch einmal anders formulieren. Vielleicht ist sie dann einfacher zu beantworten. Also nehmen wir an, wir erreichen dieses Ziel, ja, Sie gehen in einer Art und Weise nach Hause, daß Sie ein anderes Gefühl haben und daß Sie das Leben genießen. Wem wird das denn auffallen? Wem wird das als erstem auffallen?

FF FRAU FUCHS *(zeigt keinerlei Reaktion, es bleibt völlig unklar, ob sie die Frage gehört hat oder nicht, sie blickt starr auf den Boden und schweigt)*

FS FRITZ SIMON *(nach mehreren Minuten)* Oder wird es gar keiner merken?

FF FRAU FUCHS *(„Zustand" unverändert, Schweigen über mehrere Minuten)*

K *Hier wird die Macht der Patientin physisch spür- und erlebbar. Sie bestimmt faktisch, über welche Themen gesprochen wird. Durch ihr Schweigen übt sie, ob ihr das nun bewußt ist oder nicht, einen ungeheuren Druck auf alle aus, die mit ihr im Raum sind. Dem Handlungsimpuls, sie irgendwie aus diesem Schweigen herauszuholen, ist nur schwer zu widerstehen. Im Rahmen eines einzeltherapeutischen Settings ergeben sich für den Therapeuten nur wenige Alternativen: Er kann entweder in die passive Rolle gehen und auch schweigen oder versuchen, die Patientin aktiv aus ihrem Schweigen herauszuholen. Beides dürften Muster sein, die der Patientin bekannt sind und die keinen Neuigkeitswert für sie haben. Hier eröffnet das Dreiersetting eine neue Möglichkeit: Es kann über die Patientin gesprochen werden.*

FS FRITZ SIMON *(zur Therapeutin)* Habe ich etwas falsch gemacht, oder warum antwortet sie mir jetzt nicht? Was meinst du?

T THERAPEUTIN Meine Phantasie ist, daß du vielleicht etwas gefragt hast, was sie nicht sagen will. Meine Phantasie ...

FS FRITZ SIMON Hm ...

T THERAPEUTIN Hören Sie uns noch Frau Fuchs?

FF FRAU FUCHS *(hält die Hand vor den geschlossenen Augen und schweigt)*

FS FRITZ SIMON Warum sollte sie uns nicht hören?

T THERAPEUTIN Daß sie abgeschaltet hat …

FS FRITZ SIMON Aber das ist bei den Ohren schwierig abzuschalten. Die Augen kann man ja zuhalten, vielleicht … *(zur Therapeutin)* Ja, ist das eine Situation, die du kennst aus der Arbeit mit Frau Fuchs, daß sie eine Frage nicht beantwortet oder sich zurückzieht?

T THERAPEUTIN Ja!

FS FRITZ SIMON Und sich eher so nachdenklich zeigt?

K *Das Schweigen der Patientin wird hier nicht als ein irgendwie mysteriöser oder pathologischer „Zustand" definiert, sondern als etwas ganz Alltägliches: als Nachdenklichkeit. Sich nachdenklich zu zeigen ist schließlich eine angemessene Reaktion auf schwierige Fragen.*

T THERAPEUTIN Ja, in der Einzel- und in der Gruppentherapie.

FS FRITZ SIMON Ja, in Gruppen auch?! Und welche Situationen sind das normalerweise, wo sie das so macht? Gibt es irgendwie bestimmte Themen, oder machen andere irgend etwas?

K *Die Therapeutin wird als außenstehende Beobachterin genutzt, um dieses Verhalten bestimmten Situationen bzw. Interaktions- und Kommunikationsmustern zuordnen zu können.*

T THERAPEUTIN Ich kann es an speziellen Themen nicht so recht festmachen.

FS FRITZ SIMON Für dich kommt das eher unvermutet?

T THERAPEUTIN Ja!

FS FRITZ SIMON Könntest nicht drauf wetten, sozusagen?

T THERAPEUTIN Nein, könnte ich nicht. Ich kann es auch nicht auslösen.

FS FRITZ SIMON Ist es eher, wenn sie aufgefordert wird, eine Frage zu beantworten … oder Stellung zu beziehen … oder wie sieht das aus?

T THERAPEUTIN Kann beides auftreten.

FS FRITZ SIMON Ist es erst im Laufe der Behandlung bei euch aufgetreten?

T THERAPEUTIN Nein, von Anfang an.

FS FRITZ SIMON Von Anfang an … Und wie gehen dann die anderen Leute normalerweise mit ihr um, wenn sie sich eher so nachdenklich zeigt?

T THERAPEUTIN Du meinst jetzt die Mitpatienten oder die Schwestern?

FS FRITZ SIMON Alle: die Mitpatienten, die Schwestern, du.

T THERAPEUTIN Ich versuche dann, sie zu fragen, wo sie ist, sich befindet, woran sie denkt, wo sie sich innerlich befindet, ob sie noch da ist …

FS FRITZ SIMON Das heißt, du versuchst dann, irgendwie in sie einzusteigen, zu verstehen, was in ihr abläuft?

T THERAPEUTIN Genau!

FS FRITZ SIMON Aha. Und ist das eine erfolgreiche Strategie?

T THERAPEUTIN Phasenweise denke ich, das ist hilfreich, weil ich sie da wieder erreichen kann. Und phasenweise denke ich auch, wir entfernen uns aus der Realität, dem Hier und Heute.

FS FRITZ SIMON Ja, daß ihr gemeinsam gewissermaßen …

T THERAPEUTIN … abdriften …

FS FRITZ SIMON Und wenn du versuchst, diese Strategien zu bewerten: 100 Prozent wäre optimal, die richtige Strategie, null Prozent wäre die schlechteste. Wie würdest du dann deine Versuche, mit solchen Situationen umzugehen, einschätzen?

K *Quantifizierung als Möglichkeit, schnell Informationen zu gewinnen, d. h. Unterschiede zu verdeutlichen.*

T THERAPEUTIN So bei 50 bis 60.

FS FRITZ SIMON Also eher Richtung Erfolg?

T THERAPEUTIN Eher Richtung Erfolg.

FS FRITZ SIMON Hast du mal beobachtet, wie andere, wie Mitpatienten, zum Beispiel, mit ihr in solchen Situationen umgehen?

T THERAPEUTIN Nein.

FS FRITZ SIMON Hast du eine Phantasie oder weißt du es, ob sie so etwas auch zu Hause macht?

T THERAPEUTIN Was ich aus der Geschichte weiß, ist, daß es noch nicht so lange geht. Das ist erst seit ein paar Wochen, daß es so geht.

FS FRITZ SIMON Denkst du, es war vor der Behandlung schon, oder ist es erst während der Behandlung aufgetreten?

T THERAPEUTIN Ich denke, daß es auch vor der Behandlung war.

FS FRITZ SIMON *(zu Frau Fuchs)* Wollen Sie das kommentieren? Wenn solche Situationen … wenn Sie sich so nachdenklich zeigen, was ist da hilfreich? Wie sollen andere Leute auf Sie zugehen? Was nützt Ihnen da?

FF FRAU FUCHS *(zuckt mit den Schultern)*

FS FRITZ SIMON Sie zucken mit den Schultern. Das heißt, Sie haben … Sie haben aber doch schon Erfahrung damit gemacht … Was ist Ihnen denn am unangenehmsten in solchen Situationen? Wenn irgend jemand in Sie eindringt und sagt: „Jetzt sag doch!“ Oder wenn jemand Sie einfach läßt … Sie sitzen läßt und darauf wartet, daß Sie von alleine wieder anfangen zu reden? Was ist Ihnen am nützlichsten und was am wenigsten nützlich? Wie würden Sie es einschätzen?

K *Ein Versuch, mit der Patientin in Metakommunikation über die Wirkungen ihres Verhaltens bzw. das ihrer Interaktionspartner einzutreten. Sie antwortet zwar nicht mit Worten, signalisiert aber durch ihre Gestik, daß sie das Gespräch verfolgt hat und „da“ war. (Wo sollte sie auch sonst gewesen sein?)*

FF FRAU FUCHS *(zuckt mit den Achseln und schweigt)*

FS FRITZ SIMON Wie soll ich Ihr Schulterzucken jetzt verstehen? Daß Sie das nicht beantworten können oder daß Sie es nicht wollen? *(zur Therapeutin)* Was meinst du?

T THERAPEUTIN Meine Phantasie ist eher: nicht wollen.

FS FRITZ SIMON Nicht wollen?

T THERAPEUTIN Aber ich weiß jetzt nicht, ob das nicht meine Phantasie ist.

FS FRITZ SIMON Ja, ja. Es geht ja jetzt auch erst einmal nur um Phantasien. Wissen kann das ja keiner. Was denkst du denn, daß sie sich jetzt von mir erhofft? Soll ich sie eher sitzen lassen oder soll ich versuchen, sie zu knacken?

K *Hier wird die Therapeutin genutzt, um aus der Außenperspektive auf die Beziehung Fritz Simon – Patientin zu blicken.*

T THERAPEUTIN Kann ich nicht beantworten. Ich merke nur, daß bei mir die Spannung steigt, daß ich unruhig werde und denke, ich würde jetzt gerne mal …

FS FRITZ SIMON Ja, bleiben wir doch einfach mal dabei. Du kennst diese Situation, und nutzen wir das doch einfach. Du kennst diese Situation. Wie sieht das denn normalerweise bei dir aus, wenn du so im Zweiergespräch bist?

T THERAPEUTIN So wie jetzt auch. Ich komme unter Druck, ich kriege Spannung und ich denke, ich will sie da irgendwie rausholen und in Kontakt treten. Ich habe das Bedürfnis, mit ihr in Kontakt zu kommen.

FS FRITZ SIMON Das heißt, du übernimmst dann die Verantwortung dafür, daß das Gespräch wieder ins Laufen kommt?

T THERAPEUTIN Ja, genau! In der Gruppe wie eben im Einzelgespräch.

FS FRITZ SIMON Das heißt, du wendest dich ihr dann sehr stark zu?

T THERAPEUTIN Im Einzelgespräch mehr als in der Gruppe. In der Gruppe eher nicht. Da laß ich sie, frag nur, wie es ist. Und dann ... da gebe ich auch eher noch Rückmeldung, daß ich sage: Ist jetzt o.k., und dann laß ich sie auch.

FS FRITZ SIMON Wie gehen die anderen damit um in der Gruppe?

T THERAPEUTIN Ich hab das Gefühl, die lassen es dann auch. Im Einzelgespräch da dring ich eher ein.

FS FRITZ SIMON Bleiben wir noch einen Moment bei der Gruppe. Wann fängt sie denn in der Gruppe wieder an zu reden?

T THERAPEUTIN Sie redet dann gar nicht mehr, aber sie ist dann trotzdem noch da und schaut auch wieder andere an.

K *Es gibt also einen Weg, sie aus ihrem „Zustand" herauszuholen, ohne sie aktiv herauszuholen ...*

FS FRITZ SIMON Wie lange dauert das etwa, zeitmäßig?

T THERAPEUTIN Kann ich ganz schwer sagen. Eher zehn Minuten, so was, ja.

FS FRITZ SIMON Und redet sie dann auch wieder?

T THERAPEUTIN Ja, es gibt dann auch Situationen, wo sie, wenn sie sich angesprochen fühlt, dann wieder eine Rückmeldung gibt. Aber das war eher in der letzten Zeit. Am Anfang war es für sie auch in der Gruppentherapie bei Rückmeldungen eher schwerer, überhaupt zu sprechen und da zu sein, im Raum zu sein. War für sie sehr schwer ...

FS FRITZ SIMON Was meinen denn die anderen in der Gruppe über sie? Was denken die über sie?

T THERAPEUTIN Ich glaube, eher Mitleid und Sorge ... Die fragen auch nach. Ich habe noch eine Gruppenstunde von letzter Woche in Erinnerung, wo Frau Fuchs für meine Verhältnisse sehr viel gesprochen hat. Sie hat viel erzählt und war aktiv, was die Zeit vorher nicht war; wo dann aber nur so angedeutet wurde, um den Brei so gesprochen wurde, wo wir auch so tänzelten, und wo die Gruppe erst ganz interessiert war, sie zu unterstützen, und dann die Aufmerksamkeit wegging. Wo man dann auch so eierte, aber da hat sie gesprochen.

FS FRITZ SIMON Wenn sie so dasitzt wie jetzt, glaubst du, die anderen haben dann eher Schuldgefühle? Fühlen die sich eingeladen, irgend etwas zu tun?

K *Man kann sich bekanntlich nicht nicht verhalten. Und wenn man dies in Anwesenheit von anderen tut, so ist damit immer ein Beziehungsangebot an die anderen verbunden; eine Einladung an sie, bestimmte Gefühle zu entwickeln, eine Handlungsaufforderung. Die jeweilige Frage ist: welche …?*

T THERAPEUTIN Ja, das denk ich eher!

FS FRITZ SIMON Heißt das, zumindest, was die Mitpatienten anginge, wäre das eine gute Strategie, andere Leute aktiv zu machen? Ob sie es will oder nicht.

T THERAPEUTIN Ob sie es will oder nicht, ja!

K *Es scheint der Therapeutin wichtig, der Patientin hier keine Absicht zuzuschreiben.*

FS FRITZ SIMON Also, ich will jetzt nicht unterstellen, daß sie das will. Da müßte man noch einmal nachgucken. Aber es wär auf alle Fälle eine gute Methode, jemandem Beine zu machen und zu sagen: „Jetzt kümmere dich mal!"

T THERAPEUTIN Das könnte die Auswirkung so haben, ja! Meine Phantasie ist jetzt, wenn sie uns so zuhört, möchte sie am liebsten aufspringen und rausgehen, wie sie das am Anfang gemacht hat. Also das ist meine Phantasie.

FF FRAU FUCHS *(lächelt)*

T THERAPEUTIN Daß sie denkt: „Die sind unmöglich hier, was die über mich reden! Das halt ich kaum aus!" Ich glaube, das fällt ihr jetzt ganz schwer, hier zu sitzen, und sie möchte am liebsten rausrennen und die Tür zumachen.

FS FRITZ SIMON Möchte sie lieber, daß wir über sie reden, ohne daß sie dabei ist? Nach dem Motto: „Ich möchte nicht hören, was ihr über mich redet"?

T THERAPEUTIN *(neigt zweifelnd den Kopf hin und her)* Hm, hm …

FS FRITZ SIMON Als ich klein war, hab ich mich manchmal hinter der Couch versteckt, um zu hören, was die Leute über mich sagen. Es wäre mir sehr peinlich gewesen, wenn die gewußt hätten, daß ich dabei bin. Auf der anderen Seite war es schon höchst spannend für mich zu hören, was die Leute sagen. Woher weiß man, wer man ist, wenn man nicht hört, was die anderen über einen erzählen? Glaubst du, Frau Fuchs möchte eher wissen oder möchte eher nicht wissen, was die anderen Leute über sie …?

T THERAPEUTIN Ich glaube, es ist auch so ähnlich, teils teils.

FS FRITZ SIMON Das heißt, sie sitzt jetzt gewissermaßen hinter der Couch, nur daß wir keine Couch hier haben. Was für Psychiater ja eher unüblich ist, daß sie keine Couch haben ... Und bei dir *(zur Therapeutin)* löst das so etwas Ähnliches aus: daß du das Gefühl hast, du müßtest dich aktivieren, du müßtest sehr viel tun?

T THERAPEUTIN Ja, genau!

FS FRITZ SIMON Das heißt, im Kontakt zwischen euch ist da eine Arbeitsteilung: Einer tut alles, und der andere wartet ab. Sie läßt dich arbeiten.

T THERAPEUTIN Im ersten Moment jetzt so, wo sie nichts sagt. Aber es ist ja ...

FS FRITZ SIMON Ja! Aber du wirst ja auch bezahlt für. Ist ja gut ...

T THERAPEUTIN Ja, gut, ist ja mein Job. Ich würde aber auch bezahlt werden, wenn ich gar nichts sage! Ich kann ja auch schweigen. Kriege ich auch meine Kohle, ja! Aber jetzt, in den letzten Einzelstunden, habe ich schon erlebt, daß es besser wurde, daß sie schneller in Kontakt kommt und daß wir auch miteinander ins Gespräch kommen und auch von ihr Aktivität kommt.

FS FRITZ SIMON Hm, hm

T THERAPEUTIN Ich habe eher das Gefühl, daß sie in dieser neuen Situation mit dir wieder in diese Anfangszeit zurückgeht.

FS FRITZ SIMON Ich bin außerdem natürlich auch ein ziemlich furchterregender Mensch, das gebe ich zu ...

T THERAPEUTIN Vielleicht liegt es auch daran, daß du ein Mann bist!

FS FRITZ SIMON *(zu Frau Fuchs)* Wenn wir jetzt über Sie reden, hat sie das richtig gesehen, daß Sie da am liebsten rausrennen und die Tür zuknallen würden? Daß Ihnen das unangenehm ist? Eher ja, eher nein?

FF FRAU FUCHS Ja!

FS FRITZ SIMON Das ist Ihnen unangenehm. Ja, das kann ich verstehen, das ist eine unangenehme Situation. Normalerweise ist man nicht dabei, wenn andere Leute über einen reden.

FF FRAU FUCHS *(schüttelt den Kopf)* Ja.

FS FRITZ SIMON Das ist es nicht? Das ist es?

FF FRAU FUCHS *(richtet sich nach der langen Schweigepause auf)* Ich hab die totalen Schwierigkeiten. Ich schwanke hin und her.

FS FRITZ SIMON Na ja, das macht ja nichts. Schwierigkeiten. Können wir Ihnen irgendwie helfen bei den Schwierigkeiten? Ist Ihnen lieber, wenn wir einfach über Sie reden und Sie können zuhören? Das ist für mich auch o.k. Sie haben die freie Wahl. Sie dürfen es sich so einfach machen, wie Sie wollen.

FF FRAU FUCHS Nein, ich würde gern mitreden.
(...)

K *Ab hier beteiligt sich die Patientin wieder am Gespräch. Sie beantwortet auch die zu Anfang gestellte Frage, woran man erkennen würde, daß das Gespräch ein Erfolg ist. Von dort aus verschiebt sich das Thema zur Herkunftsfamilie, die „perfekt, aber nicht gut" ist, zur Beziehung zum Vater, der zuviel trinkt, zur Mutter, die sehr ordentlich ist. Und schließlich landet es bei ihren zumindest zwei Persönlichkeiten, dem „Kind" und der „Erwachsenen", die „ohne jede Verbindung miteinander" existieren und sich abwechseln. Aber das ist eine andere Geschichte ...*

***

Im Laufe der weiteren stationären Behandlung spielten die „Zustände" der Patientin – so berichtet die Therapeutin in einem späteren Gespräch – nicht mehr die zentrale Rolle. Statt dessen verschob sich der Fokus der Arbeit hin zur Beziehung zum Ehemann, der schließlich in die Therapie einbezogen wurde.

11. Paartherapie / Die Funktion des Symptomverhaltens für die Zweierbeziehung (Herr und Frau Schönberg, Teil 1)

Herr und Frau Schönberg kommen auf Überweisung einer niedergelassenen Psychotherapeutin. Sie hatten sie wegen der „Spielsucht“ des Ehemannes aufgesucht und um Rat gefragt. Nach einem ersten Paargespräch erklärte diese Kollegin sich für nicht zuständig und schickte die beiden weiter zur Paartherapie.

Herr Schönberg ist 35 Jahre alt, von Beruf Vertreter; Frau Schönberg ist 28 Jahre alt und von Beruf Buchhalterin. Die beiden haben keine Kinder.

Im Erstgespräch nimmt der Ehemann sofort sehr bereitwillig alle Schuld für die Probleme auf sich. Sie würden durch seine „Spielleidenschaft“ entstehen. Die überweisende Therapeutin sähe „Verständigungsschwierigkeiten“ zwischen den beiden Partnern als Hintergrund. Was sie damit meine, sei beiden nicht klar. Bei genauerer Nachfrage, was unter „Spielleidenschaft“ zu verstehen sei, stellt sich heraus, daß Herr Schönberg jedes Jahr etwa 30 000 DM in Spielautomaten wirft …

Der folgende Gesprächsausschnitt beginnt mit Frau Schönbergs Antwort auf die Frage, wie sich ihr Mann sein Spielen erklärt.

***

F SCH FRAU SCHÖNBERG Ja, ich würde sagen, er sieht es so, daß er halt irgendwann mal angefangen hat – so mehr aus Zeitvertreib oder so – und jetzt zwar gerne aufhören möchte, aber es nicht kann.

FS FRITZ SIMON Aber wie sieht er das, daß „er das nicht kann“? Ich meine, es führt ihm ja keiner den Arm, oder?

F SCH FRAU SCHÖNBERG Ja, es ist eine Sucht. Eine richtige Sucht. Er kommt nicht davon los.

FS FRITZ SIMON Meint er?

F SCH FRAU SCHÖNBERG Ja, meint er …

FS FRITZ SIMON Und diese Sucht, gegen die … die ist stärker als er?

F SCH FRAU SCHÖNBERG Ja, ich würde sagen, mein Mann ist ein sehr labiler Mensch. Der hat also kein inneres Ich, das dagegen ankämpfen kann.

FS FRITZ SIMON Ah! Da wird er vergewaltigt, gewissermaßen?

FS Fritz Simon
F SCH Frau Schönberg
H SCH Herr Schönberg
K Kommentar

F SCH FRAU SCHÖNBERG *(lacht)* Tja ...

FS FRITZ SIMON Und wie sehen Sie es?

F SCH FRAU SCHÖNBERG Ja, ich bin auch der Meinung, daß es davon herrührt, daß es ihm Samstag abends, wenn ich hinter meinen Büchern saß, langweilig wurde. Und er es auch irgendwie so zum Ausdruck gebracht hatte, so ein Unwohlfühlen oder so, und, na ja, mit der Zeit hat sich das dann so ergeben, daß es dann anfing mit der Spielerei ...

FS FRITZ SIMON Das war eher Langeweile am Anfang?

F SCH FRAU SCHÖNBERG Ja!

FS FRITZ SIMON Und jetzt? Was ist es jetzt? Denken Sie auch, es ist eine Sucht?

F SCH FRAU SCHÖNBERG Pffff! *(überlegt)* Ja, ich bin wohl auch der Meinung, es ist eine Sucht, ja!

FS FRITZ SIMON Das heißt, Sie meinen, er könnte gar nicht aufhören, auch wenn er will?

F SCH FRAU SCHÖNBERG Ja doch, er kann schon, wenn er seinen Charakter, sein inneres Ich irgendwie stärken kann!

FS FRITZ SIMON Was meinen Sie: So, wie er jetzt ist, könnte er oder könnte er nicht aufhören?

F SCH FRAU SCHÖNBERG So, wie er jetzt ist, könnte er nicht aufhören.

K *Das Konzept der Sucht hat mit allen anderen Krankheitskonzepten die Gemeinsamkeit, daß die Verantwortung für individuelles Verhalten einem virtuellen Subjekt, einer mythischen handelnden Einheit, deren Eigenname ein diagnostisches Etikett ist, zugeschrieben wird. Es ist irgendein „Es", welches das Verhalten steuert. Die Sucht führt gewissermaßen die Hand zum Automaten, wie sie auch das Glas des Alkoholikers zum Mund führt. Er selbst hat – so die Idee – keine Kontrolle mehr über sein Handeln; deshalb fühlen sich andere dazu aufgerufen, diese Funktion für ihn zu übernehmen. An die Stelle der von einem Erwachsenen in unserem westlichen Kulturkreis erwarteten Selbstkontrolle tritt dann die Fremdkontrolle. Im Umgang mit dem „Patienten" (d. h. dem leidenden „Opfer" einer „Krankheit") entwickelt sich bei den „Süchten" ein sehr ähnliches Kommunikationsmuster wie bei der „manisch-depressiven Erkrankung". Das Fatale an diesem Muster ist, daß man als verantwortungsbewußter Mensch nur schlecht aus diesem Muster aussteigen kann: Man kann einen „Kranken" doch nicht sich selbst überlassen. Wenn man aber die Einladung zur Übernahme der Verantwortung annimmt, so steigt man in ein Spiel ein, bei dem einer versucht, den anderen zu kontrollieren. Da aber das Verhalten des menschlichen*

Individuums innengesteuert ist, sind derartige Versuche zum Scheitern verurteilt. Das Ergebnis ist im allgemeinen ein Spiel ohne Ende, das heißt, das Kommunikationsmuster und damit die Symptomatik chronifizieren. Aus therapeutischer Sicht geht es also darum, die Idee der Sucht in Frage zu stellen und dem Symptomverhalten, d. h. dem Spielen, einen Sinn zuzuschreiben, der es allen Beteiligten ermöglicht, ein anderes Verhalten zu zeigen.

FS FRITZ SIMON Aha. Und woran liegt das Ihrer Meinung nach?

F SCH FRAU SCHÖNBERG Tja, wir haben da schon alles mögliche probiert. Wir haben uns auch nach dem Gespräch mit der Therapeutin umzustellen versucht – auch in der Beziehung, und das hat irgendwie kein Resultat erbracht. Da geschieht nichts. Also er kommt nicht davon los.

FS FRITZ SIMON *(zu Herrn Schönberg)* Wie sehen Sie es denn selber?

H SCH HERR SCHÖNBERG Eigentlich so, wie es meine Frau sagt.

FS FRITZ SIMON Da sind Sie sich einig. Sie sind das gar nicht, der da ...

H SCH HERR SCHÖNBERG Es gibt auf der Bank zum Beispiel einen bestimmten Überziehungskredit. Wenn ich den erreicht hab, dann weiß ich, es geht nichts mehr. Irgendwo packe ich's dann und sag: Jetzt schmeiß ich nichts mehr rein. Dann ist eine Zeitlang Ruh, vier, fünf Wochen, und irgendwann geht es dann wieder los. Ich weiß auch nicht, also!

K *Herr Schönberg nutzt hier die Bank bzw. die Beschränkung des Überziehungskredits als Mittel zur Begrenzung seiner Spielleidenschaft. Er schafft es offensichtlich, nicht zu spielen. Aber dieser Umstand ist unterschiedlich interpretierbar: Entweder er hat in der Zeit, in der sein Überziehungskredit ausgeschöpft ist, die Selbstkontrolle, oder aber die Bank hat dann die Kontrolle über ihn. Im ersten Fall kann er sich kontrolllieren, wenn er sich dazu entscheidet. Es geht also nur noch darum herauszufinden, unter welchen Bedingungen er sich wie entscheidet. Im zweiten Fall wird er von außen kontrolliert, und es geht nur um die Frage, wer jeweils als Kontrolleur rekrutiert wird. Therapeutisch nützlicher ist zweifellos die erste Interpretation.*

FS FRITZ SIMON Also, Sie sehen schon, daß Sie auch können? Wenn eine klare Grenze gesetzt wird, können Sie auch aufhören?

H SCH HERR SCHÖNBERG Ja.

K *Wer – so die Frage, die sich daraus ergibt – hat die Verantwortung für das Setzen klarer Grenzen?*

FS FRITZ SIMON Ja. Was soll denn nun bei diesem Gespräch hier herauskommen?

H SCH HERR SCHÖNBERG Daß es mir hilft irgendwie ... auf irgendeine Art und Weise ... daß Sie mich eben unterstützen können, oder mir ... weil es ja eigentlich mein Fehler ist ... daß ich die Willenskraft bekomme, daß ich eben nichts mehr in die Scheißautomaten schmeiße.

FS FRITZ SIMON Ich soll Ihnen so eine intramuskuläre Willenskraft-Spritze geben, oder so etwas Ähnliches?

H SCH HERR SCHÖNBERG *(lacht)* Ich weiß nicht, was es da für Methoden gibt ...

FS FRITZ SIMON Ja, fragen wir einmal anders: Woran würden Sie merken, daß das hier ein Erfolg war?

H SCH HERR SCHÖNBERG Wenn ich irgendwo in einer Kneipe sitze, in der zehn Automaten stehen oder von mir aus auch bloß einer, und ich kann mich ganz normal mit den Leuten unterhalten, ohne daß der Reiz da ist, Geld in den Automaten zu schmeißen.

FS FRITZ SIMON Auch ohne den Reiz! Also, wenn Sie kein Geld reinschmeißen, das würde nicht reichen? Wenn Sie da zum Beispiel sitzen, und Sie spüren den Reiz und Sie sagen: „Aber ich werfe trotzdem nichts rein, obwohl es mich reizt!", das wäre kein Erfolg?

H SCH HERR SCHÖNBERG Doch, das würde auch reichen. Wenn der Reiz da ist, aber ich schmeiße trotzdem nichts rein. Dann ist es für mich trotzdem schon ein Erfolg ...

FS FRITZ SIMON Ja, das ist ein Unterschied, was das Ergebnis angeht, ob Sie sagen: „Der Reiz soll weg sein!", oder ob Sie sagen: „Ich möchte den Reiz spüren und es trotzdem nicht tun!" Das sind zwei sehr verschiedene Ziele. Einmal möchten Sie gewissermaßen in Narkose gelegt werden und sagen: „Ich möchte gar nichts mehr spüren!", und das andere Mal sagen Sie: „Ich möchte einen Widerstand auskosten!"

H SCH HERR SCHÖNBERG Ja, eigentlich ist es ja so: Es steht auf jedem Automaten drauf, daß er nur 60 Prozent von dem rausschmeißt, was man reinschmeißt. Eigentlich müßte mir das ja sagen, daß ich eigentlich nichts gewinnen kann; und trotzdem schmeiß ich rein! Also ist es eigentlich der Reiz, daß die Möglichkeit besteht, daß man trotzdem gewinnen kann.

FS FRITZ SIMON Das müßten wir erst einmal klären. Vielleicht ist ja auch der Reiz, das Geld loszuwerden.

H SCH HERR SCHÖNBERG Ich ärgere mich hinterher selbst darüber, daß ich überhaupt das Geld reingeschmissen habe.

FS FRITZ SIMON Na gut, darauf kommen wir noch einmal zurück.

(zu Frau Schönberg) Was meinen Sie: Was soll rauskommen durch so ein Gespräch?

F SCH FRAU SCHÖNBERG Ja, also ich würde sagen, das Geld nicht reinzuwerfen, das reicht nicht aus, weil dann die Versuchung, darauf zurückzukommen, doch groß ist. Sondern es muß seine eigene Überzeugung sein, und auch der Wille darf gar nicht mehr da sein.

FS FRITZ SIMON Die Versuchung soll wegfallen?

F SCH FRAU SCHÖNBERG *(nickt)* Ja.

FS FRITZ SIMON Und woran würden Sie das merken, daß ...

F SCH FRAU SCHÖNBERG Ja, wenn ich sagen würde, ich gebe jetzt meinem Mann 2000 DM, und die hat er in vier Wochen noch in der Tasche.

FS FRITZ SIMON Die müßte er in der Tasche behalten?

F SCH FRAU SCHÖNBERG Ja, ich meine, nur dann kann ich ermessen: Kann er jetzt darauf verzichten oder kann er es nicht?

FS FRITZ SIMON Das wäre ein harter Test, den Sie da ...

F SCH FRAU SCHÖNBERG Ha ja, ich meine, auf der einen Seite nützt es ja nichts, wenn ich jetzt hergehe und zu ihm sage: „Also, alles Geld kommt jetzt beiseite. Du hast überhaupt keine Möglichkeit mehr, einen Pfennig in der Tasche zu tragen!" Ich muß ihn ja irgendwie ... muß er wieder den Umgang mit Geld lernen! Finde ich.

FS FRITZ SIMON Ja, aber das ist für mich die Frage: Woran merken Sie, daß er den Umgang gelernt hat? Also, wenn zum Beispiel der Reiz noch da ist und er folgt ihm nicht, hat er dann den Umgang gelernt oder hat er ihn nicht gelernt?

F SCH FRAU SCHÖNBERG Wenn der Reiz noch da ist, bin ich der Meinung, daß er das nicht auf Dauer aushalten kann. Wenn irgendwelche Problemsituationen auf ihn zukommen, wird er wieder spielen, wenn der Reiz noch da ist!

K *Die Beseitigung des „Reizes zu spielen" ist ein interessantes Therapieziel. Als außenstehender, naiver Beobachter sollte man annehmen, daß es reicht, wenn Herr Schönberg kein Geld mehr in Automaten wirft. Frau Schönberg hat jedoch ein bestimmtes Erklärungsmodell für das Verhalten ihres Mannes. Sie hat ein Modell seines Seelenlebens konstruiert, die Ursache für sein Spielen ist seine „Willensschwäche" (oder so ähnlich); und nur wenn sie sicher ist, daß dieser in seinem Inneren liegende Mechanismus verändert ist, sieht sie das Therapieziel erreicht. Da aber das Innenleben ihres Mannes nicht direkt beobachtbar ist, kann das Erreichen des Therapieziels nicht überprüft werden. Das ist nicht nur ein Ungewißheitsfaktor, der die therapeutische Beziehung beein-*

flußt, sondern auch ein logisches Problem für die Entwicklung von Vertrauen in der Partnerbeziehung.

FS FRITZ SIMON Woher wissen Sie das? Oder woher glauben Sie das zu wissen?

F SCH FRAU SCHÖNBERG Puhhh ... Ja ... das ist irgendwie ... da ... bei irgendwelchen Problemen setzt er sich in die Wirtschaft und spielt dann.

FS FRITZ SIMON Ja, so war es bisher, aber woher wissen Sie, daß es so bleibt? Oder woher denken Sie, daß Sie das wissen?

F SCH FRAU SCHÖNBERG Ja, weil ich eben meine, er hat einen labilen Charakter und kann sich nicht sicher seiner Herr sein, und deswegen bin ich der Meinung, daß er ...

FS FRITZ SIMON Nehmen wir einmal an, heute Nacht käme eine gute Fee und würde ihm einen stabilen Charakter, also das Gegenteil von einem labilen Charakter, verpassen. Woran würden Sie das merken, morgen früh?

F SCH FRAU SCHÖNBERG Tja, morgen früh sicherlich nicht gleich *(lacht)*. Das bringt also die Zeit mit sich wohl.

K *Hier zeigt sich wieder das prinzipielle Problem, das zwangsläufig bei dieser Art von Therapieziel entsteht. Wenn das Merkmal eines „labilen Charakters" ist, daß etwas getan wird, was den durchschnittlichen Erwartungen an einen psychisch gesunden Erwachsenen nicht entspricht („Geld in Automaten werfen"), woran kann man dann eindeutig feststellen, daß an die Stelle der Labilität des Charakters seine Stabilität getreten ist? Die Tatsache, daß kein Geld in Automaten geworfen wird, reicht nicht als Merkmal der Unterscheidung, da kein Mensch 24 Stunden am Tag Geld in Automaten wirft, sondern immer nur zeitweise. In derartigen Fällen, in denen es kein positiv überprüfbares Merkmal für das Erreichen des Therapieziels gibt, bleibt (nur?) die Möglichkeit, einen Zeitraum der Symptomfreiheit als Merkmal des Therapieerfolgs einzuführen. Bei den Alkoholikern, zumindest den anonymen, ist diese Zeit unlimitiert, das heißt, wer sich seine Diagnose einmal verdient hat, behält sie immer: einmal „süchtig", immer „süchtig". Ob dies eine sinnvolle Definition oder die einzige sinnvolle Definition ist, sei dahingestellt und sollte nach pragmatischen Gesichtspunkten beurteilt werden.*

FS FRITZ SIMON Aber wann wüßten Sie es? Nach wie langer Zeit?

F SCH FRAU SCHÖNBERG Na ja, bisher war es ja so, daß er es immer etwa ein Vierteljahr aushalten konnte, ohne zu spielen. Aber dann kam es halt wieder.

K *„Es" kam wieder ... Das Spielen als Interaktionspartner, als „Dritter" in der Beziehung.*

FS FRITZ SIMON Wie lange müßte er ohne Spielen auskommen?

F SCH FRAU SCHÖNBERG Also mindestens ein halbes Jahr, ein dreiviertel Jahr. Daß ich wieder einigermaßen Vertrauen haben kann.

FS FRITZ SIMON Nehmen wir einmal an, er wird die Lust am Spielen verlieren. Ja? Über Nacht! Ab morgen hat er wirklich keinerlei Lust mehr, er sagt sich: „Ist ja schwachsinnig, da immer mein Geld reinzuwerfen! Ich will auch gar nicht! Ich mag gar nicht. Es ist langweilig!" Was wird sich in Ihrer Beziehung ändern?

F SCH FRAU SCHÖNBERG Tja, auf jeden Fall wäre irgendwo wieder eine Vertrauensbasis da.

FS FRITZ SIMON Und was werden Sie beide anders machen? Was wird Ihr Mann anders machen, wenn zwischen Ihnen beiden die Vertrauensbasis wieder da ist?

F SCH FRAU SCHÖNBERG Tja, hm, was wird mein Mann anders machen? Ja, auf jeden Fall eben nicht mehr spielen. Daß ich ihm auch wieder vertrauen könnte ...

(...)

***

Im weiteren Verlauf des Gesprächs wird deutlich, daß Frau Schönberg meint, ihrem Mann eigentlich nur dann wieder vertrauen zu können, wenn sie weiß und sicher sein kann, daß er nicht mehr spielt. Auch diese Vorannahme wirft gewisse logische Probleme auf, die weitreichende Folgen für das Zusammenspiel der beiden haben können. Vertrauen ist eine Möglichkeit, die Komplexität von Situationen, in denen man über keine vollständigen Informationen verfügt, zu vereinfachen. Wer seinen Mitmenschen vertraut, geht von bestimmten Hypothesen über deren Verhalten aus, das heißt, er füllt seine Informations- und Wissensdefizite in einer Weise aus, die ihn handlungsfähig macht. Vertrauen erweist sich immer dort als funktionell und ökonomisch, wo kein Wissen vorhanden ist. Wo man weiß, braucht man nicht zu vertrauen. Wenn Frau Schönberg ihrem Mann nur vertrauen kann, wenn sie weiß, daß er nicht spielen wird (weil ihm beispielsweise der „Reiz" dazu abhanden gekommen ist), dann braucht sie ihm eigentlich nicht zu vertrauen. Da sie aber – bezogen auf das künftige Verhalten ihres Mannes – nie wissen kann, was er tun wird (weil man das prinzipiell bei keinem Menschen wissen kann), braucht sie Vertrauen. Hier beißt sich die berühmte Katze in den nicht minder berühmten Schwanz, eine merkwürdige Schleife, ein Teufelskreis: Um ihrem Mann vertrauen zu können, versucht Frau Schönberg, ihren Mann zu kontrollieren. Da sie nicht in der Lage ist, ihren Mann zu kontrollieren, vertraut sie ihm nicht usw.

Wenn das Vertrauen da wäre (d. h., man hat „einen hypothetischen Bluttest gemacht, der zeigt, daß Herr Schönberg jeden Reiz und jede Fähigkeit, Geld in Automaten zu stecken, verloren hat"), so würden beide sich gegenseitig viel mehr Freiraum lassen als jetzt. Sie würden weniger Zeit miteinander verbringen, öfter getrennt aktiv werden und Kontakte zu unterschiedlichen Freunden und Bekannten halten.

Beide Partner kommen aus sehr unterschiedlichen Herkunftsfamilien. Frau Schönberg ist die behütete einzige Tochter in einer emotional sehr eng gebundenen, fürsorglichen Familie. Ihre Eltern hatten ursprünglich Bedenken gegen den Ehemann, da er sehr viel älter als sie und bereits geschieden war. Jetzt wohnen sie alle im selben Dorf, ganz nah beieinander. Wenn ihre Eltern von seinem Spielen erfahren würden, so würden sie sicher den Kontakt zu ihm abbrechen und darauf drängen, daß sich ihre Tochter von ihm trennt.

Zu seinen Eltern ist der Kontakt sehr viel distanzierter, ja, er ist überhaupt erst durch Frau Schönberg wieder hergestellt worden. Als Nesthäkchen aufgewachsen und verwöhnt, hat Herr Schönberg dann später die Erwartungen und Hoffnungen seiner Eltern nicht erfüllt. Zum Beziehungsabbruch kam es, als er zum ersten Mal heiratete. Seine Eltern lehnten seine damalige Frau ab und versuchten, die Ehe mit allen Mitteln zu verhindern. Erst nach der Scheidung und Neuverheiratung kam es erneut zur Kontaktanbahnung durch die neue Schwiegertochter. Herrn Schönbergs Mutter weiß von seinem Spielen und steckt ihm gelegentlich Geld zu.

Der radikale und kompromißlose Beziehungsabbruch war auch in der ersten Ehe die Methode, mit der Herr Schönberg auf Schwierigkeiten in der Beziehung reagierte. Als er seine Frau in flagranti mit einem anderen Mann erwischte, packte er seinen Koffer und verschwand. Selbst zur Scheidungsverhandlung erschien er nicht, nachdem er zuvor alle Versöhnungsversuche seiner Frau hatte ins Leere laufen lassen. Er scheint ein sehr konsequenter Mensch zu sein, der keine halben Sachen macht und nach dem Alles-oder-nichts-Prinzip lebt.

Seine berufliche Karriere ist von Widersprüchen geprägt. Die ursprüngliche Ausbildung bei der Polizei brach er ab, um anschließend in der Gastronomie zu arbeiten. Hier scheint es so, als ob er zwei unterschiedliche, miteinander im Konflikt liegende Rollen nacheinander ausprobiert hätte, die möglicherweise den zwei miteinander im Widerstreit liegenden Seelen in seiner Brust entsprechen. Als Polizist war er Vertreter der gesellschaftlichen Ordnung und Kontrolle, später als Kneipenbesitzer lebte er die ungezügelte Lustseite. Er machte die Nacht zum Tag, hatte viele wechselnde Freundinnen und lebte ein ausgesprochen lockeres Leben.

Da eine erfolgreiche wirtschaftliche Existenz als Besitzer einer Szenekneipe aber auch gewisser ordnender Funktionen bedarf, geriet Herr Schönberg zunehmend in finanzielle Schwierigkeiten. In dieser Zeit lernten Herr und Frau Schönberg sich kennen und lieben.

Da man ganz allgemein die These aufstellen kann, daß die Faktoren, die ein Paar zusammenbringen, es später auch wieder auseinanderbringen, sollte diese Startsituation der Paarbeziehung ein wenig näher betrachtet werden. Es zeigt sich, daß die Frage des Vertrauens bzw. des fehlenden Vertrauens von Anbeginn die Beziehung strukturierte.

***

(...)

H SCH HERR SCHÖNBERG Wobei man sagen muß, daß ich in der Anfangszeit, als ich meine Frau kennengelernt habe, fremdgegangen bin. Das war auch ein Fehler, das hat eigentlich schon unsere Vertrauensbasis gestört.

FS FRITZ SIMON Ja, kommen wir mal zu Ihrer Beziehung. Wie haben Sie sich kennengelernt?

F SCH FRAU SCHÖNBERG Ja, damals, als er die Wirtschaft hatte, da haben wir uns kennengelernt.

FS FRITZ SIMON Erzählen Sie ein bißchen, das ist noch ein wenig blaß für mich.

F SCH FRAU SCHÖNBERG Tja, wann haben wir uns kennengelernt? Das war vor zwölf Jahren. Ja, damals, da hat er wohl ziemlich am Abgrund gestanden, würde ich sagen.

FS FRITZ SIMON Woran haben Sie das gemerkt?

F SCH FRAU SCHÖNBERG Er hatte finanzielle Schwierigkeiten ... Und dann ging es so weit, daß er die Wirtschaft nicht mehr gehabt hat. Da gab es dann auch Schwierigkeiten mit dem Besitzer und hin und her. Dann hat er nicht mehr gearbeitet. Hatte keine gescheite Wohnung, hatte mit zwei anderen Freunden eine Wohnung gemietet. Da wurde die Miete nicht bezahlt. Halt irgendwie, wie soll ich sagen, ziemlich am Ende, irgendwie. Und dann habe ich mir das halt zur Aufgabe gemacht, ihm irgendwie da rauszuhelfen.

K *Was die beiden zusammengebracht hat, waren seine finanziellen Schwierigkeiten auf der einen Seite und ihre Bereitschaft, ihm zu helfen, auf der anderen Seite. Wenn man es etwas sarkastisch formuliert, so lag seine Attraktivität für sie in seinem unkontrollierten Lebensstil, und ihre Attraktivität für ihn in ihrer Fähigkeit zur Übernahme einer ordnenden Verantwortung.*

FS FRITZ SIMON Sie waren der rettende Engel!

F SCH FRAU SCHÖNBERG *(kraust die Nase)* Na, so würde ich das nicht sehen, aber ...

FS FRITZ SIMON Was hat denn Ihrem Mann an Ihnen gefallen, damals, als Sie sich kennengelernt haben?

F SCH FRAU SCHÖNBERG *(zu ihrem Mann)* Tja, was hat dir an mir gefallen? *(lacht)*

FS FRITZ SIMON Das sollen Sie mir beantworten! Wenn ich es von ihm wissen wollte, würde ich ihn schon selber fragen.

K *Was ihm tatsächlich an ihr gefallen hat, ist nicht so sehr von Bedeutung. Viel wichtiger ist, was sie denkt, was ihm an ihr gefallen hat. Denn beide Partner richten sich in der Wahl ihres Verhaltens nicht nach dem, was dem anderen gefällt, sondern nach dem, was sie glauben, was dem anderen gefällt. Was das ist, erfährt man aber nur, wenn man zunächst nach der Außenperspektive fragt.*

F SCH FRAU SCHÖNBERG Tja, ich würde sagen, vielleicht die Art.

FS FRITZ SIMON Und was an der Art?

F SCH FRAU SCHÖNBERG Was an der Art?

FS FRITZ SIMON Ja, an Ihrer Art.

F SCH FRAU SCHÖNBERG Na ja, wenn ich irgend etwas sage, dann meine ich das auch so. Dann stehe ich auch zu meinem Wort und ... ich weiß auch nicht. Irgendwie kann man das auch nie so selbst sagen. *(lacht)*

K *Das heißt, sie glaubt, daß es ihre Zuverlässigkeit und Berechenbarkeit ist, die ihrem Mann an ihr gefallen hat – und gefällt.*

FS FRITZ SIMON Na ja, man hat schon seine Phantasien darüber und baut das aus, was gefällt, und läßt das weg, was nicht gefällt. Deswegen frage ich.

F SCH FRAU SCHÖNBERG Ja ...

FS FRITZ SIMON Hat es ihm gefallen, daß Sie sich's zur Aufgabe gemacht haben, ihn zu retten?

F SCH FRAU SCHÖNBERG Ich würde es nicht so sagen, daß ich mir das zur Aufgabe gemacht habe. Ich habe ihn halt kennengelernt und irgendwie versucht, ihn da rauszuholen. Aber jetzt nicht als die Starke oder so, daß er mir da hinterher hundertmal dankbar sein muß oder was. Sondern nur, weil ich ihn halt gern hatte und ihm da raushelfen wollte.

FS FRITZ SIMON Was wäre denn ohne Sie aus ihm geworden? Was schätzen Sie?

F SCH FRAU SCHÖNBERG Ich weiß nicht, vielleicht hätte er dann eine andere kennengelernt, und die hätte ihm dann ...

FS FRITZ SIMON Nehmen wir einmal an, es gäbe keine hilfreichen Frauen mehr auf der Welt. Was wäre dann aus ihm geworden?

F SCH FRAU SCHÖNBERG *(seufzt, schaut ihren Mann an)* Na, ich glaube, damals hättest du es schon schwer gehabt, nicht? Da wieder Land zu finden ...?

FS FRITZ SIMON Ja, und? Was wäre im schlimmsten Fall aus ihm geworden?

F SCH FRAU SCHÖNBERG Na, da war er wirklich irgendwo am Abgrund: ohne Verdienst, irgendwann mal ohne Wohnung, weil ja die Miete nicht bezahlt wurde ...

FS FRITZ SIMON Er wäre so etwas wie ein Penner geworden?

F SCH FRAU SCHÖNBERG Ja, schon!

FS FRITZ SIMON *(zu Herrn Schönberg)* Sehen Sie es auch so?

H SCH HERR SCHÖNBERG Die Möglichkeit ziehe ich in Betracht.

FS FRITZ SIMON Also, wenn es keine auf Sie aufpassenden Frauen gäbe ...?

H SCH HERR SCHÖNBERG Ich muß dazu sagen: Das war damals meine blöde Zeit. Es war die Zeit, wo ... wie soll man sagen, die ... wie ich damals gelebt habe, das war keine gerade Linie. Die Miete wurde nicht bezahlt. Dann ging der Pachtvertrag mit dem Verpächter der Wirtschaft auseinander. Ich hatte damals schon genug Schulden ...

FS FRITZ SIMON Hm, und die haben Sie dann gemeinsam ausgebügelt?

H SCH HERR SCHÖNBERG Ja, also, wenn ich damals nicht separat mit ihr irgendwo eine Basis gefunden hätte, da wäre es wirklich so weit gekommen ...

FS FRITZ SIMON Was hat denn Ihrer Frau an Ihnen damals gefallen?

H SCH HERR SCHÖNBERG Das war wahrscheinlich damals meine überzeugende Art, die ich nach außen hin abgegeben habe.

FS FRITZ SIMON Was meinen Sie damit, mit „überzeugende Art"?

H SCH HERR SCHÖNBERG Na, man konnte sich damals gut mit mir unterhalten. Ich war aufgeschlossener. Sie hatte teilweise Probleme mit ihren Eltern, auch wegen der Beziehung zu mir. Dann haben wir darüber gesprochen. Nach außen hin habe ich mich stark gegeben, obwohl ich innerlich eigentlich gar nicht zufrieden war.

FS FRITZ SIMON Hm, also Ihre überzeugende Art! Das Selbstbewußtsein.

H SCH HERR SCHÖNBERG Ja, das Selbstbewußtsein, das ich nach außen gespielt habe!

FS FRITZ SIMON Hat es lange gedauert, bis Ihre Frau spitzgekriegt hat, daß Sie finanzielle Schwierigkeiten haben und daß Ihre selbstbewußte Art mit der Notwendigkeit gekoppelt war, auf Sie aufzupassen?

H SCH HERR SCHÖNBERG Ja, die selbstbewußte Art ... Nein, das war eigentlich damals noch nicht so, beziehungsweise damals war das Mißtrauen da, weil ich noch andere Bekanntschaften hatte ... Wann sie das spitzgekriegt hat, weiß ich jetzt nicht mehr genau. Ob ich dir das selber gesagt habe oder ob ich dir die Unterlagen gezeigt habe oder ob es anders gelaufen ist ... Ich weiß es nicht mehr.

F SCH FRAU SCHÖNBERG Nein, die Mahnbescheide und Strafbefehle fand ich zufälligerweise ...

FS FRITZ SIMON Wie lange, nachdem Sie sich kennengelernt hatten?

F SCH FRAU SCHÖNBERG Ich würde sagen: ein halbes Jahr.

FS FRITZ SIMON Wohnten Sie da zusammen?

F SCH FRAU SCHÖNBERG Nein.

FS FRITZ SIMON Und er hatte damals noch andere Freundinnen, als Sie ihn kennenlernten?

F SCH FRAU SCHÖNBERG Ja.

FS FRITZ SIMON Das wußten Sie?

F SCH FRAU SCHÖNBERG Nein, das wußte ich anfangs nicht.

FS FRITZ SIMON Aber es hat Sie nicht abgeschreckt?

F SCH FRAU SCHÖNBERG Pfff, doch, irgendwann dann schon und ... Wir haben uns ja dann auch einmal getrennt. Und zwar ... da haben wir dann aber schon zusammengewohnt. Ja, und anfangs war es ja so, ich war ja noch ziemlich jung und mußte immer um halb zehn abends zu Hause sein. Und dann fing für meinen Mann so richtig das Nachtleben an. Dann habe ich durch Bekannte irgendwann erfahren, daß da noch andere sind, und dann hat er mir immer beteuert, wie treu er doch wäre, und es wäre alles gelogen und so weiter. Anfangs habe ich ihm dann geglaubt. Aber irgendwann habe ich dann doch merken müssen, daß es wirklich so ist. Und dann haben wir uns auch mal getrennt. Da hat er mir gesagt, daß er eine andere Freundin hätte, und ich möchte doch bitte ausziehen. Das habe ich dann auch gemacht. Ja ... und dann waren wir keine acht Tage auseinander, dann kam er wieder.

FS FRITZ SIMON Haben Sie eine Erklärung dafür, daß er wiederkam?

F SCH FRAU SCHÖNBERG Pfffff! Ich weiß nicht, das liegt vielleicht in seiner Art. Das, was er hat, was er besitzt, das interessiert ihn nicht mehr. Und da er mich dann ja verloren hatte, war das ein Grund, mich wieder zurückzuholen.

FS FRITZ SIMON *(zu Herrn Schönberg)* Was denken Sie, warum Ihre Frau wieder zurückgekommen ist?

H SCH HERR SCHÖNBERG Sie?

FS FRITZ SIMON Ja, warum ist Sie wiedergekommen, nachdem Sie zu ihr gesagt haben: „Zieh aus!"?

H SCH HERR SCHÖNBERG Na, ich glaube, daß ... ich weiß, daß sie mich sehr gern und sehr lieb hat. Die Fehler waren ja eigentlich nur bei mir. Ich war ja derjenige, welcher ....

FS FRITZ SIMON Ja, ja, aber das ist ja doch noch kein Grund zurückzukommen, wenn die Fehler bei Ihnen sind. Warum hat sie nicht gesagt: „Ich suche mir einen ohne Fehler!"?

(beide lachen)

H SCH HERR SCHÖNBERG Es waren ja nicht nur die Probleme, die dazu geführt haben. Ich glaube, das war echt, daß ich halt versprochen habe, daß ich den Kram – also das, was ich gemacht habe – dann nicht mehr mache. Und sie hat gesagt, daß sie es noch einmal versucht mit mir!

FS FRITZ SIMON Aber wieso?

H SCH HERR SCHÖNBERG Ja, weil eben eine starke Beziehung vorhanden war!

FS FRITZ SIMON Hm!

H SCH HERR SCHÖNBERG Auch von meiner Seite. Also ich muß sagen, das waren, glaube ich, zwei oder drei Tage, die sie ausgezogen war, und dann haben wir schon wieder zusammen telefoniert.

FS FRITZ SIMON Wie kam es zu dem Entschluß zu heiraten? Wessen Idee war das?

F SCH FRAU SCHÖNBERG Tja, wessen Idee?

H SCH HERR SCHÖNBERG Ja, ich glaube, die Idee kam eher von mir.

F SCH FRAU SCHÖNBERG Ja, kann sein.

FS FRITZ SIMON Aber Sie kannten sich ja schon ziemlich lange. Warum dann noch heiraten?

F SCH FRAU SCHÖNBERG Tja, warum da noch heiraten?

FS FRITZ SIMON Sie wohnten auch zusammen ...

F SCH FRAU SCHÖNBERG Tja, warum heiratet man überhaupt noch?

FS FRITZ SIMON Hm, ja, wichtige Frage. *(zur Ehefrau)* Was hat er sich davon versprochen?

F SCH FRAU SCHÖNBERG Was er sich davon versprochen hat?

FS FRITZ SIMON Ja, wenn es seine Idee war.

F SCH FRAU SCHÖNBERG Ich weiß nicht … Irgendwie war es halt doch irgendwie nicht so das Wahre zu sagen: „Ich bin geschieden und lebe mit meiner Freundin zusammen." Aber zu sagen: „Ich bin verheiratet." Da fragt keiner: „Wieso und warum?"

FS FRITZ SIMON Ja, haben Sie für die anderen Leute geheiratet?

F SCH FRAU SCHÖNBERG Nein, das würde ich nicht sagen, aber ich glaube, *(blickt zu ihm)* daß es ein bißchen mit ein Grund war, oder?

H SCH HERR SCHÖNBERG Von meiner Seite nicht.

F SCH FRAU SCHÖNBERG Dann habe ich mich getäuscht.

FS FRITZ SIMON Warum hat Ihre Frau geheiratet?

H SCH HERR SCHÖNBERG Weil sie mich lieb hat! Weil sie mich gern hat.

FS FRITZ SIMON Aber das hätte sie ja auch tun können, ohne zu heiraten.

(Frau Schönberg lacht)

FS FRITZ SIMON Ich meine, das Liebhaben und das Gernhaben fängt ja meist ohne Heirat an.

H SCH HERR SCHÖNBERG Ja, ich glaube, ich wollte es fest haben. Wobei das wohl eher der Grund von meiner Seite war.

FS FRITZ SIMON Haben Sie Angst gehabt, sie läuft Ihnen sonst weg?

H SCH HERR SCHÖNBERG Ah … könnte sein, weil äh … diese Sachen so nebenbei, also das habe ich gemacht bis kurz vor der Heirat, also, daß ich meine Frau noch betrogen habe. Und dann habe ich gesagt: „Jetzt nichts mehr!" Und eine Heirat …

FS FRITZ SIMON *(zu Frau Schönberg)* Das klingt ja fast so, als hätte er den Wunsch zur Heirat entwickelt, um Sie nicht mehr betrügen zu dürfen?

F SCH FRAU SCHÖNBERG *(lacht)* Ja, so klingt es!

FS FRITZ SIMON Kann man das so sagen?

F SCH FRAU SCHÖNBERG Ja.

H SCH HERR SCHÖNBERG Kann man sagen.

FS FRITZ SIMON Nach dem Motto: Bis dahin darf ich ja. Das ist offiziell erlaubt bis dahin. Und ab da verbiete ich es mir.

F SCH FRAU SCHÖNBERG Ja, anscheinend war das so.

FS FRITZ SIMON Damit er Sie nicht dauernd betrügen muß, hat er Sie geheiratet! Das war ihm zu anstrengend, Sie immer betrügen zu müssen. Wollte endlich seine Ruhe haben!

(Alle lachen)

FS FRITZ SIMON Seit wann ist das mit dem Spielen? Wann war das zeitlich? Wie lange nach dem Heiraten haben Sie angefangen, sich regelmäßig mit fremden Automaten zu treffen? Wie lange nach Ihrer Eheschließung ...?

(Frau Schönberg lacht)

H SCH HERR SCHÖNBERG Dreiviertel Jahr!

K *Hier liegt die Hypothese nahe, daß das Spielen als virtueller Dritter an die Stelle der wechselnden Freundinnen getreten ist. Innerhalb dieser Dreiecksbeziehung können Nähe und Distanz reguliert werden. Es kann als eine kreative Lösung betrachtet werden, die es Herrn Schönberg ermöglicht, einen dritten Weg zwischen Trennung und Ganz-und-gar-Zusammensein zu gehen. Das Spielen stellt einen idealen Kompromiß zwischen den Wünschen nach Sicherheit, Geborgenheit und Berechenbarkeit in der Beziehung und den Wünschen nach dem Thrill des Risikos, der Unberechenbarkeit und Freiheit der Beziehungslosigkeit dar. Dies dürfte aber nicht nur die psychische Funktion des Spielens für Herrn Schönberg sein, sondern auch für Frau Schönberg (schließlich hat sie ihn nicht im Lotto gewonnen, sondern ihn sehenden Auges ausgewählt; und da sie eine attraktive Person ist, hätte sie wohl auch noch einen anderen gefunden). Offenbar praktizieren hier beide eine Form der Kooperation, um den Konflikt zwischen der durch eine verläßliche Ordnung gewonnenen Angstfreiheit und der Lust des Kontrollverlustes gemeinsam zu balancieren. (Wogegen eigentlich nur der doch etwas überhöhte Preis von 30 000 DM pro Jahr und eventuell die Ungleichheit der Rollenverteilung spricht.)*

(...)

FS FRITZ SIMON *(zu Frau Schönberg)* Eine Frage habe ich noch. Nehmen wir einmal an, das wären keine Automaten, sondern eine andere Frau. Was würden Sie dann anders machen?

F SCH FRAU SCHÖNBERG Tja, was würde ich dann anders machen? Ich würde zwar irgendwie versuchen, unsere Ehe zu retten, die Beziehung wieder herzustellen, aber ich meine irgendwo ...

FS FRITZ SIMON Wäre die Gefahr, daß Sie sagen: „Ich will nicht mehr!“, größer oder kleiner, als wenn er Geld in den Automaten wirft?

F SCH FRAU SCHÖNBERG Ja, ich glaube, die Gefahr wäre wohl größer!

FS FRITZ SIMON Wäre größer! Also, wenn er das nicht riskieren wollte, wäre es besser, er schmeißt Geld in Automaten, statt sich eine Freundin anzuschaffen!

F SCH FRAU SCHÖNBERG *(lacht)* Ja, ich meine, momentan sind wir ja da, wo ich echt sagen muß, so kann ich also nicht mehr weitermachen.

FS FRITZ SIMON Ja, nehmen wir mal an, niemand von außen könnte ein Heilmittel bringen. Wie würde es dann in einem Jahr aussehen? Würden Sie dann noch zusammen sein oder nicht?

F SCH FRAU SCHÖNBERG Also, wenn es so weitergeht ... dann wahrscheinlich nicht.

FS FRITZ SIMON Wie groß sehen Sie die Chance, daß Sie dann noch zusammen sind?

F SCH FRAU SCHÖNBERG Ich würde sagen, mit Sicherheit werde ich mich dann von meinem Mann trennen, mit Sicherheit!

FS FRITZ SIMON Aha. Wie sehen Sie es?

H SCH HERR SCHÖNBERG Genauso! Und das ist eigentlich auch richtig.

FS FRITZ SIMON Wenn es diese Spielerei nicht gäbe, hätte dann einer von Ihnen schon einmal an Trennung gedacht?

F SCH FRAU SCHÖNBERG Nein, glaube ich nicht.

(Herr Schönberg schüttelt den Kopf)

FS FRITZ SIMON Ich würde gern eine Pause machen. Haben Sie noch irgend etwas, was ich noch wissen sollte?

F SCH FRAU SCHÖNBERG Nein.

H SCH HERR SCHÖNBERG Nein.

K *Nachdem während der Sitzung der Interviewer durch sein aktives Fragen bestimmt hat, welche Themen angesprochen wurden, ist es notwendig, am Ende der Sitzung den Klienten den Raum zu eröffnen, die Themen anzusprechen, die ihnen wichtig erscheinen und bislang übersehen oder vergessen worden sind. Manchmal wird diese Chance genutzt, manchmal nicht ... Wichtig ist, sie zu eröffnen.*

Die nun folgende Pause gibt dem Therapeuten die Möglichkeit, die Sitzung zu reflektieren und eine Intervention vorzubereiten.

***

Eine Paradoxie vieler Paartherapien besteht darin, daß sie de facto Veränderung verhindern. Ein Partner (oder auch beide) ist mit der häuslichen Situation nicht zufrieden. Er signalisiert deshalb, daß sich etwas ändern muß, andernfalls trennt er sich, da er alle Hoffnung auf eine spontane Veränderung ohne fremde Hilfe aufgegeben hat. Beide einigen sich schließlich, einen Therapeuten aufzusuchen. Nun wird alle Hoffnung auf die Therapie oder, schlimmer noch, auf den Therapeuten gesetzt. Solange die Therapie läuft, so scheint es, besteht noch eine Chance auf ein gutes Ende. Die Entscheidung, sich zu trennen, wird zumindest aufgeschoben. Eine Bedenkzeit ist eingeläutet, in der keine Notwendigkeit zu irgendwelchen schwerwiegenden Entschlüssen (mehr) besteht. Solch eine Wirkung hat die Therapie auch bei Herrn und Frau Schönberg.

Eine ähnliche, Entscheidungen verhindernde Wirkung hat die Bewertung des Spielens als Ausdruck einer behandlungsbedürftigen „Sucht" oder eines Persönlichkeitsdefizits. Für beides wird Herrn Schönberg von seiner Frau keine Verantwortung zugeschrieben. Konsequenz ist eine eher erzieherische Einstellung von Frau Schönberg ihrem Mann gegenüber. Sie weist ihm eine Art Kindstatus zu und versucht, die Kontrolle zu übernehmen. Die – hier nicht im Transkript wiedergegebene – Reflexion darüber, mit welchen Lösungsversuchen sie bislang den größten Erfolg gehabt hat, scheint diese Kontrollideen zunächst zu bestätigen. Wenn ihm klare Grenzen gesetzt werden, sei es von der Bank, sei es von seiner Frau, so verspielt Herr Schönberg weniger Geld. Auf der anderen Seite beantwortet Frau Schönberg die hypothetische Frage, wie sie ihren Mann wieder zum Spielen bringen könnte, falls er schon ein dreiviertel Jahr kein Geld mehr in Automaten gesteckt hätte und eigentlich überhaupt keine Lust dazu hätte, folgendermaßen: „Ich müßte ihn morgens beim Frühstück mit kritischer Stimme fragen: Du spielst mir doch nicht?!"

Da man bei Paarbeziehungen immer davon ausgehen kann, daß beide Partner sich gegenseitig verdienen, wäre es aus Gründen der Neutralität wenig nützlich gewesen, das von beiden angebotene Bild von Herrn Schönberg als „behindertem Kind" zu stützen. Statt dessen bestand die therapeutische Strategie darin, dem Spielen eine Beziehungsbedeutung zuzuschreiben, um beide Partner – was die Verantwortung für das Symptomverhalten betrifft – auf eine Stufe zu stellen.

(Schlußintervention und weiterer Verlauf der Therapie in Kapitel 16)

II. DIE PAUSE

12. Zwischenbemerkung: Intervention oder Konversation?

Seit einigen Jahren gibt es im systemischen Feld eine theoretische Debatte darüber, ob Therapeuten in ein Klientensystem „intervenieren" sollten, dürften oder könnten. Diese Debatte steht im engen Zusammenhang mit dem Wechsel grundlegender erkenntnistheoretischer Vorannahmen, die mit systemischem Denken verbunden sind. Sie haben zu einer Abwendung von einem objektivistischen Weltbild geführt; es ging von der Möglichkeit einer klaren Subjekt-Objekt-Trennung aus, bei der zwischen dem Beobachter (z. B. dem Therapeuten) und dem beobachteten System (z. B. der Familie) unterschieden werden konnte. Seit dem Schritt zur Kybernetik zweiter Ordnung, d. h. der Betrachtung des übergeordneten, aus Beobachter und beobachtetem System zusammengesetzten Systems, ist solch eine Vorannahme nicht mehr haltbar. Der Beobachter läuft stets Gefahr, die von ihm beobachteten Phänomene durch die Methoden seines Beobachtens selbst hervorzurufen. Mit anderen Worten: Er findet die von ihm selbst versteckten Ostereier.

Eine zweites theoretisches Modell beeinflußt die Debatte um die Interventionen des Therapeuten: die Anwendung der Theorie autonomer, autopoietischer Systeme auf soziale Systeme. Sie führt zu dem Schluß, daß es zwischen den Strukturen und Kommunikationsmustern von Systemen wie der Familie und dem Verhalten ihrer Umwelten (z. B. des Therapeuten) keine „instruktive Interaktion" gibt; das heißt, zwischen dem, was ein Therapeut tut oder sagt, und dem, was die Familie tut oder sagt, besteht keine geradlinige Ursache-Wirkungs-Beziehung.

Als Konsequenz dieser und ähnlicher Überlegungen propagieren die „Anti-Interventionisten" das Modell der „Konversation": Therapeut und Klient bzw. Klientensystem begeben sich in einen Prozeß des „Sich-gegenseitig-Drehen-und-Wendens", bei dem alle Beteiligten sich verändern können. Der Therapeut ist in diesem Verständnis nicht der Experte, der weiß, was zu tun ist, und dementsprechend steuernd „interveniert", sondern das therapeutische System „driftet" in eine nicht vorhersehbare Richtung.

Auch wenn den Einwänden, daß psychische und soziale Systeme als autonom zu betrachten sind und nicht von außen gesteuert werden können, zugestimmt werden kann, soll an dieser Stelle eine klar „interventionistische" Position vertreten werden. Allerdings steht das hier dargestellte Modell von Intervention nicht im Widerspruch zum Modell der Konversation, sondern – ganz im Gegenteil – der Prozeß der Konversation wird als eine Aneinanderreihung von Interventionen verstanden. Um es noch klarer und unmißverständlicher zu sagen: Als Therapeut kann man nicht *nicht* intervenieren. Wenn das aber gilt, dann kann man auch besser oder schlechter intervenieren. Hier setzt die psychotherapeutische Professionalisierung an.

Aber gehen wir einen Schritt zurück zu der Grundannahme, daß sich Therapeut und Klienten miteinander in einem Prozeß des Driftens befinden. Diese Metapher scheint nicht nur die Merkwürdigkeiten therapeutischer Prozesse gut zu erfassen, sie illustriert obendrein auch den gegenwärtigen Stand der Theorieentwicklung.

Driften bedeutet – sowohl was das Führen eines Bootes als auch das Führen eines therapeutischen Interviews betrifft – nicht, daß man nicht navigieren kann. Es handelt sich um keine Entweder-oder-Alternative zwischen Steuern und Sich-Treibenlassen. Der Steuermann eines Segelschiffes hat niemals die totale Kontrolle über den Kurs seines Bootes, er ist aber im allgemeinen auch nicht hilflos den Unbilden des Wetters und der Strömungen, in die er gerät, ausgesetzt. Er kann Seekarten lesen, seine Position bestimmen, die Windgeschwindigkeit messen, Segel setzten, steuern, Ballast laden, den Hilfsmotor anwerfen usw. Ob er am Ziel ankommt, hängt von seinen Entscheidungen und seinen „Interventionen" ab. Und die sind – so ist im Interesse der Passagiere zu hoffen – nicht zufällig, sondern nach den Regeln der Segelkunst gewählt.

Aber auch etwas weniger metaphorisch betrachtet, erscheint die Idee der Intervention weiter höchst sinnvoll. Sieht man Familien als Kommunikationssysteme, deren Kommunikationsmuster dafür sorgen, daß die Familie sich als abgegrenzte Einheit entfaltet und erhält, so läßt sich sehr wohl durch den Therapeuten eine Außenperspektive gegenüber diesen Mustern einnehmen. Derartige familieneigene Kommunikationsmuster können sich in der Sitzung mit dem Therapeuten auf vielfältige Weise zeigen: sei es, daß die Familienmitglieder untereinander kommunizieren, sei es, daß sie den Therapeuten zu typischen Spielen einladen, sei es, daß sie gezielte Fragen entsprechend beantworten. In jedem dieser Fälle läßt sich unterscheiden, ob diese Phänomene erstmalig in der Sitzung mit dem Therapeuten auftreten oder ob sie regelmäßig auch zu Hause auftreten. Hier erscheint es legitim, Hypothesen über familiäre Spielregeln und Muster zu erstellen. Ihre „Objektivierung" erfolgt allerdings nicht über Wahrheitsbeweise, sondern durch die intersubjektive Einigung unterschiedlicher Beobachter. Und falls es gute Gründe dafür gibt, einen Zusammenhang zwischen derartigen Mustern und der Entstehung und Aufrechterhaltung von Symptomen zu vermuten, empfiehlt es sich, gezielt zu intervenieren.

Intervenieren heißt in diesem Zusammenhang, mit der Familie oder dem Einzelpatienten so zu kommunizieren, daß – der klinischen Erfahrung oder auch wissenschaftlichen Studien entsprechend – die Wahrscheinlichkeit der Symptombeseitigung erhöht wird.

Dabei kann man grundsätzlich zwischen zwei Interventionstypen unterscheiden. Wo immer ein Symptom oder Problem dadurch entsteht oder erhalten wird, daß charakteristische Kommunikationen regelhaft wiederholt stattfinden (d. h., es wird etwas getan, was besser unterlassen würde), zielen die Interventionen darauf, das problemerhaltende Muster zu beseitigen („stören"). Falls das Symptom oder Problem dadurch entsteht oder erhalten wird, daß lösungsdienliche Muster nicht etabliert werden (d. h., es wird etwas unterlassen, was besser getan würde), zielen die Interventionen darauf, die Ausbildung solcher, eine Lösung herbeiführender Muster zu initiieren (sie „anzuregen") .

Versteht man therapeutische Interventionen in diesem Sinne als „Störung" oder „Anregung" („Perturbationen"), so ist jede gestellte oder nicht gestellte Frage eine Intervention. Der Therapeut hat zwar nicht die Kontrolle über den Prozeß, aber er kann ihn durch sie beeinflussen und lenken. Und das sollte er auch tun. Schließlich besteht zwischen ihm und seinen Klienten keine Privatbeziehung, wo er sich, wie bei einem Abenteuerurlaub auf einem Floß, dem gemeinsamen Driften hingeben kann, sondern er hat einen zielgerichteten Auftrag zu erfüllen. Ohne seine gesellschaftlich definierte Expertenrolle wäre der Kontakt gar nicht zustande gekommen. Daher hat der Therapeut die Verantwortung für den Prozeß (das zielgerichtete Driften) zu übernehmen.

Um dieser Steuerungsfunktion möglichst effektiv gerecht werden zu können, hat sich eine Zwei- oder besser gesagt: Dreiteilung der Sitzung als nützlich erwiesen:

(1) Der erste und der Zeit nach längste Teil besteht aus der Interviewphase. Beispiele dafür waren in den vorigen Kapiteln ausführlich genug zu lesen. In dieser Phase ist der Therapeut sehr aktiv, er fokussiert die Aufmerksamkeit durch seine Fragen. Zwischen ihm und den Familienmitgliedern (oder wer sonst an der Sitzung teilnimmt) findet eine überwiegend sternförmige Kommunikation statt. Spontane Dialoge zwischen den Teilnehmern werden nicht ermuntert. Manchmal werden sie sogar direktiv unterbrochen, wenn sie beispielsweise dem Therapeuten die Verantwortung für die Fokussierung der Aufmerksamkeit zu nehmen drohen oder wenn es zu Interaktionen kommt, die als nicht

förderlich für das Erreichen des Therapieziels angesehen werden (etwa zu symmetrischen Eskalationen).

(2) Die zweite Phase besteht aus einer Pause (ca. 10 Minuten). Sie gibt dem Therapeuten die Chance, mit etwas Distanz und ohne den erwartungsvollen Blicken seiner Klienten ausgesetzt zu sein, zu reflektieren, was besprochen wurde. Üblicherweise hat man als Therapeut viele gute Ideen über seine Klienten auf dem Weg nach Hause. Wenn man dem Handlungs- und Kommunikationszwang der Sitzung entronnen ist, gewinnt man die Möglichkeit, aus der Außenperspektive auf das Geschehen, auch auf die eigenen Aktionen und die Kommunikationsmuster der Sitzung, zu schauen. Dieser Blick eröffnet sich auch durch die Pause. Der Therapeut gewinnt die Zeit, zu überlegen, was der Familie oder dem Patienten zum Abschluß der Sitzung gesagt werden kann. Wenn man im Team arbeitet, so kann man gemeinsam überlegen, wie das weitere Vorgehen sein könnte.

Als erstes gilt es dabei zu überlegen, ob allen Beteiligten und den konflikthaften Themen gegenüber die Neutralität gewahrt wurde. Wenn das nicht der Fall gewesen sein sollte, kann man nach der Pause gegensteuern, die eigene Position relativieren, um Nachsicht bitten, Besserung geloben usw. Meist reicht dies schon, um den Neutralitätsverlust rückgängig zu machen oder zumindest seine Bedeutung für den weiteren Verlauf zu mindern.

Der zweite Schritt besteht darin zu überlegen, in welche Richtung man intervenieren könnte oder sollte. Welche Ideen möchte man streuen, wem möchte man „in die Suppe spucken", das heißt, welches Muster will man stören und welches will man fördern?

Diese Auswahl ist nicht beliebig, da die Klienten im allgemeinen sehr genau zuhören, was der Therapeut sagt. Schließlich haben sie ihm einen Vertrauensvorschuß gegeben, sonst wären sie nicht zur Sitzung gekommen. Und sie werden nach einer Pause noch aufmerksamer zuhören, als wenn der Therapeut ohne Pause seinen Schlußkommentar abgeben würde. Dadurch, daß er sich Zeit läßt, um über die Sitzung nachzudenken, signalisiert er, daß er sich nicht leichtfertig sein Urteil bildet.

(3) Der dritte Teil der Sitzung besteht in einem Schlußkommentar, in dem der Therapeut (oder das Team) seine Sichtweise darstellen, alternative Erklärungen und Bewertungen geben, Hausaufgaben verschreiben usw.

In dieser Phase wird der Therapeut aktiv, er äußert sich als Experte, beantwortet die Fragen, mit denen die Klienten gekommen sind. Dadurch wird er endlich auch den gesellschaftlich vorgegebenen Erwartungen an seine Rolle gerecht. Die Klienten suchen einen „Experten" auf, sie haben viele Fragen an ihn. In der Interviewphase sind sie aber selbst diejenigen, die antworten müssen, die Experten für die Abläufe in ihrer Familie. Diese Beziehung kehrt sich nach der Pause wieder um: Der Therapeut ist nun derjenige, der antwortet, er ist der Experte, der die von ihm gewünschte Stellungnahme abgibt. Damit entspricht er den erwarteten Rollenschemata. Diese institutionell definierte Autoritätsbeziehung füllt er dann aber oft mit überraschenden, für die Klienten „revolutionären" Inhalten.

Ein letzter Grund für diese Dreiteilung der Sitzung besteht darin, bestimmten dramaturgischen Anforderungen gerecht zu werden. In der Interviewphase baut sich eine gewisse Spannung auf, in der Pause wird sie – im optimalen Fall – auf einem hohen Niveau gehalten, und der Schlußkommentar bringt dann – wiederum im idealen Fall – die überraschende Wendung, die eine neue Perspektive für die Zeit nach der Sitzung eröffnet. Auf jeden Fall schließt er die Gestalt und besiegelt das Ende der Sitzung.

III. DIE ABSCHLUSSINTERVENTION

13. Umdeutungen / Verschreibung des problematischen Musters (Familie Gerlach, Teil 2)

Legt man eine konstruktivistische Sichtweise zugrunde, so bestätigen Menschen, die für längere Zeit eine gemeinsame Geschichte durchlaufen (also auch und gerade die Mitglieder einer Familie), sich gegenseitig ihre Weltbilder. Es ist das berühmte Nichts-Neues-Syndrom: Was immer ein Familienmitglied auch tun mag, es ist immer schon klar, was es zu bedeuten hat (Neugeborenen gegenüber mag das vielleicht noch anders sein, obwohl auch hier Zweifel angebracht sind, da ihr Verhalten ebenfalls nach vorgegebenen Interpretationsmustern gedeutet wird: „Es lächelt wie Onkel Erwin, der war gut in Mathematik").

Jedes Familienmitglied nimmt nur bestimmte Verhaltensweisen der anderen wahr, es hat seine festgelegten Bewertungskriterien, urteilt dementsprechend und wendet die bereits früher erprobten Erklärungsschemata an. So erlebt jeder den anderen in einer festgelegten Form, es entsteht ein System sich wechselseitig stabilisierender selbsterfüllender Prophezeiungen. Nichts Neues kann es zwischen Himmel und Erde geben, wenn nichts als neu gesehen wird. Dies ist der Grund, warum die Veränderung familiärer Kommunikationsmuster von innen heraus so schwierig ist.

Angesichts dieser Bestätigungslogik kann die Bildung von Symptomen (welcher Art auch immer) einen innovativen Gehalt gewinnen. Zum einen haben sie gute Chancen, als etwas Neues erlebt zu werden, zum anderen ermöglichen sie die Einbeziehung von Außenstehenden (z. B. Therapeuten), die eine neue Sichtweise einführen und den Zirkel sich ständig bestätigender Vorurteile des einen über den anderen unterbrechen können. Wenn dies gelingt, können problemerhaltende Kommunikationsmuster sich auflösen und/oder lösungs- und entwicklungsfördernde Muster sich entfalten.

Unverzichtbarer Bestandteil (nahezu) aller Interventionstechniken sind daher Umdeutungen, d. h. alternative Interpretationen der berichteten oder direkt beobachteten Geschehnisse.

Als Beispiel sollen hier die Kommentare und Verschreibungen dienen, die nach der ersten und zweiten Sitzung der Familie Gerlach gegeben wurden. Die in Kapitel 5 abgedruckten Ausschnitte stammen aus der zweiten Sitzung.

***

Zusammenfassung der ersten Sitzung

In der ersten Sitzung, vier Wochen zuvor, standen die Symptome der Tochter (ihr ewiges Duschen und die damit verbundenen hohen Wasserkosten) sowie die daraus folgenden Auseinandersetzungen und Streitereien zwischen den Eltern und der Tochter im Mittelpunkt des Gesprächs. Hier knüpfte der Kommentar der beiden Therapeuten an.

Zunächst brachten sie ihre Überzeugung zum Ausdruck, daß die gegenwärtigen Probleme im Zusammenhang mit Monikas natürlicher Entwicklungsphase gesehen werden müßten. Sie sei – ganz altersgemäß – auf der Suche nach ihrer eigenen Identität. Da sie – wie ausführlich in der Sitzung berichtet – als Kind eine sehr enge Beziehung zu den Eltern gehabt habe, falle es ihr wahrscheinlich schwerer als anderen Gleichaltrigen zu unterscheiden, was gut für sie selbst ist und was gut für ihre Eltern ist. Die im Erstinterview berichteten Streitigkeiten zwischen ihr und den Eltern seien eine gute Methode, ganz sicher zu sein, daß das, was sie macht, nicht die Befolgung elterlicher Wünsche ist. Für die Eltern sei es aber schwierig, sich jetzt richtig zu verhalten. Am besten könnten sie ihr helfen, sich von den Eltern abzugrenzen und erwachsen zu werden, wenn sie es ihr schwermachen.

Dazu wollten die Therapeuten ihnen eine Hausaufgabe geben: Beide Eltern sollten bis zur nächsten Sitzung in einem Monat mindestens einmal in der Woche in einer Situation, in der ihre Tochter etwas macht oder machen will, was ihnen nicht gefällt, versuchen, sie unter Hinweis auf irgendeines ihrer körperlichen Symptome („sich ans Herz fassen“ usw.) davon abzuhalten. Dabei sollten sie ihr ruhig ein schlechtes Gewissen zu machen versuchen.

Wenn sie das nicht konsequent machen würden, würde ihre Tochter wahrscheinlich – angesichts der engen familiären Bindung – noch mit 40 Jahren zu Hause sitzen. Die Tochter erhält den Auftrag, herauszufinden, wann die Eltern nur so tun als ob und wann es ihnen wirklich körperlich schlechtgeht.

K *Die hier skizzierte Verschreibung besteht aus zwei unterschiedlichen Teilen: (1) Der Streit zwischen den Eltern und der Tochter wird als „normal“ und „altersentsprechend“ umgedeutet. Die dahinterliegende Absicht ist eine Entpathologisierung des Verhaltens der Tochter. Auch die Symptome (das Duschen = Verbrauchen von Wasser) wurden daher im Sinne der normalen Abgrenzung und Identitätsfindung umgedeutet.*

Der Familie wurde aber nicht nur eine neue Erklärung für das Verhalten der Tochter und die Streitereien geliefert, sondern auch eine positive Symptombewertung. Angeboten wurde die Alternative „Streit" oder „Mit 40 noch zu Hause".

(2) Der andere Bestandteil der Intervention ist eine So-tun-als-ob-Verschreibung. Den Eltern wird der Auftrag erteilt, so zu tun, als hätten sie körperliche Symptome, und zwar gerade dann, wenn sie eigentlich keine körperlichen Probleme spüren. Diese Aufgabe wird interaktionell begründet: Der Tochter soll – ganz im Sinne der vorgeschalteten Umdeutung – ein Übungsfeld für Abgrenzung zur Verfügung gestellt werden. Da diese Aufgabe in Anwesenheit der Tochter gestellt wird, ist einer der Effekte die Ausweitung der Bedeutung der von den Eltern gezeigten körperlichen Beschwerden. Die Idee ist gestreut, daß es zwei Deutungsmöglichkeiten für sie gibt: Wenn der Vater sich ans Herz faßt, kann das heißen, er hat was am Herzen, oder es kann heißen, er erfüllt die Hausaufgabe und versucht seine Tochter daran zu hindern, das zu tun, was sie eigentlich will. Auf diese Weise wird Unentscheidbarkeit in die Kommunikation eingeführt. Das von den Therapeuten als problematisch erachtete automatisch und unreflektiert ablaufende Interaktionsmuster (Symptome lösen bei den anderen ein schlechtes Gewissen aus und sind daher eine Möglichkeit, Macht über sie auszuüben) wird – so ist die therapeutische Absicht und Hoffnung – gestört. Daß diese Wirkung eintritt, ist nicht mit Sicherheit vorhersehbar. Es gibt aber – angesichts der Logik menschlicher Kommunikationsprozesse – eine gewisse Wahrscheinlichkeit dafür.

Was in der Familie passiert, wenn solch ein Muster gestört wird, ist ebenfalls nicht vorhersehbar. Insofern läßt sich die Sinnhaftigkeit oder Sinnlosigkeit solcher Interventionen immer erst später – frühestens bei der nächsten Sitzung – abschätzen, wenn berichtet wird, was tatsächlich in der Zwischenzeit geschehen ist.

* * *

Die zweite Sitzung

Zu Beginn der zweiten Sitzung erklären beide Eltern, die Streitigkeiten zwischen ihnen und ihrer Tochter hätten in der Zwischenzeit abgenommen. Die Tochter sei viel außer Haus, habe mit der Tanzstunde begonnen und sondere sich zunehmend von der Familie ab. Angesprochen auf die Hausaufgabe, erklären beide Eltern, sie hätten in dieser Zeit keine körperlichen Beschwerden gehabt. Sie hätten auch nicht getan, als ob sie welche hätten, da sie ihre Glaubwürdigkeit nicht erschüttern wollten.

Im weiteren Verlauf des Interviews ging es fast gar nicht mehr um die Konflikte zwischen den Eltern und der Tochter; statt dessen verschob sich die Aufmerksamkeit zu den tödlichen Konflikten zwischen den Eltern. Die Kinder waren weitgehend aus dem Spiel.

Wie das Gespräch weiter verlief, war fast vollständig in Kapitel 5 zu lesen. Zur Erinnerung: Es kam zu einer dramatischen, affektiv sehr dichten Zuspitzung, als der Konflikt um die Teilnahme der Mutter an Vereinssitzungen thematisiert wurde. Am Ende hatte Herr Gerlach signalisiert, er könne sich eventuell „aufgeben", und falls seine Frau nun auf einmal nicht mehr zum Verein gehe, sei es zu spät ...

***

Überlegungen in der Pause der zweiten Sitzung

K *In der Diskussion in der Pause waren die Therapeuten mit der Wirkung ihrer ersten Verschreibung ganz zufrieden. Sie hatten nicht erwartet, daß die So-tun-als-ob-Aufgabe tatsächlich von den Eltern ausgeführt würde. Es reichte ihnen, die Idee, die demonstrativ gezeigten körperlichen Symptome der Eltern könnten die Tochter an ihrer Abgrenzung hindern, zu streuen. Nach der ersten Sitzung hat Monika ihre Aktivitäten außer Haus gesteigert. Positiv bewertet wurde vor allem, daß sie den Kontakt zu Gleichaltrigen gesucht hat (Tanzstunde). Es wird verabredet, die Abgrenzungsbemühungen der Tochter weiter zu unterstützen. Dazu erscheint eine „paradoxe" Vorgehensweise (Verschreibung des problematischen Musters) am elegantesten. Die Begründung dafür ist relativ einfach: Monika scheint es im Moment sehr wichtig zu sein, sich ihre Selbständigkeit zu beweisen. Wenn die Therapeuten ihr raten würden, sich weiter klar von den Eltern abzugrenzen, könnte sie erneut in die Klemme kommen, da ihre Abgrenzungsbemühungen nun als Zeichen der Abhängigkeit von den Therapeuten verstanden werden könnten. Wird ihr hingegen gesagt, sie solle ihre Autonomiebestrebungen wieder zurückschrauben, so hat sie die Möglichkeit, sich selbständig dagegen zu entscheiden.*

Darüber hinaus wird überlegt, eine Umdeutung zu geben, welche beide Eltern auf eine Stufe stellt, da es nicht günstig erscheint, den Vater in der „Patientenrolle" zu lassen, in die er im Laufe der Sitzung geraten ist.

Es wird abgesprochen, daß Helm Stierlin als der ältere und deswegen in der Hierarchie höher stehende mit seinem Kommentar beginnt. Weder Rollenverteilung noch Wortlaut des Kommentars werden im

FS Fritz Simon
HS Helm Stierlin
K Kommentar

einzelnen abgesprochen. Die genauen Formulierungen und das Zusammenspiel der Kommentatoren werden nicht festgelegt. Das ist nicht nötig, da sie hinreichend aufeinander eingespielt sind.

***

Schlußkommentar der zweiten Sitzung (nach der Pause)

HS HELM STIERLIN Es ging uns ja darum, Sie besser zu verstehen, auch durch die Aufgabe, die wir Ihnen gegeben hatten. Wir meinen, gerade im Anschluß an das, was wir jetzt gehört haben, haben wir manches besser verstanden. Und was wir verstanden haben, ist, daß *(zu den Eltern gerichtet, mit einer zeigenden Handbewegung verdeutlichend)* zwischen Ihnen beiden eine ganz enge, ungewöhnlich nahe Beziehung besteht.

K *Diese Charakterisierung der elterlichen Beziehung scheint nach den sichtbar gewordenen Konflikten in der Sitzung auf den ersten Blick überraschend und weit hergeholt. Sie wird aber durch das Kopfnicken der Eltern, die gar nicht so überrascht erscheinen, bestätigt. Die Kinder scheinen eher verblüfft.*

FS FRITZ SIMON Und das ist das Problem.

HS HELM STIERLIN ... und daß das Problem ist. Diese Beziehung ist von beiden Seiten ganz gleich nah. Sie ist aber dadurch gekennzeichnet, daß Sie die Positionen in einer Art von sehr günstiger Arbeitsteilung aufgespalten haben ...

FS FRITZ SIMON Vielleicht kann ich einen Satz zur Erläuterung dazwischen fügen. Das Problem bei sehr nahen emotionalen Beziehungen, wie Sie beide sie unseres Erachtens haben, ist, daß man, wenn man sich so verbunden fühlt, sehr unsicher wird: „Bin ich überhaupt noch ein Einzelwesen, bin ich überhaupt noch ein Individuum? Oder kann ich nur existieren als Teil so einer Zweisamkeit?" Und es ist in all diesen sehr engen Beziehungen das Problem, wie man damit umgeht. Denn, wenn man sich sehr nah ist, dann genießt man das zwar, aber es macht auch Angst, daß man gar nicht mehr weiß: „Wo fang ich an, wo hört der andere auf?" Und das ist einfach so ein Stück Zwiespalt des Gefühls, das immer mit einer so nahen Beziehung verbunden ist, mit so einer ganz engen Beziehung, daß man unsicher wird: „Bin ich überhaupt noch ein Lebewesen, das allein leben könnte, wenn es sein müßte, oder bin ich vollkommen abhängig?" Und Abhängigkeit ist ja etwas, was auch nicht sehr schön ist, nicht so angenehm ist. Man ist eingeschränkt in seiner eigenen Willensfreiheit, wenn man sich abhängig fühlt. Das ist die Kehrseite der Nähe der Beziehung. Und das ist ein Problem: Wie geht man damit um? Mit dem Wunsch nach der Nähe einerseits und der Angst vor der Abhängigkeit andererseits. Und da haben Sie unseres Erachtens eine wirklich sehr gute Arbeitsteilung gefunden, indem der eine die Rolle übernommen hat, den Wunsch nach Nähe auszudrücken, gewissermaßen für beide ... Denn Sie erscheinen uns da eher wie Spiegelbilder in Ihren Wünschen nach Nähe und Abhängigkeit. Der andere, daß heißt Sie *(richtet sich an Frau Gerlach)* haben dagegen die Autonomiewünsche übernommen, die Sie ein Stück weit repräsentieren. Wir denken, daß Sie auf diese Weise eine ganz gute Möglichkeit gefunden haben, gemeinsam den richtigen Abstand zu bestimmen. Wo keiner das Gefühl hat, es ist zu nah, daß er Angst haben muß, seine Grenze nicht mehr zu erkennen. Sie *(blickt zur Mutter)* helfen Ihrem Mann, seine Grenze zu sehen. Denn er sieht, wo er machtlos ist, wo er Sie nicht mehr beeinflussen kann. Das ist zwar einerseits sehr kränkend für ihn, aber andererseits auch entlastend. Denn, wenn er alle Macht hätte, hätte er auch alle Verantwortung, zum Beispiel für Ihre Gesundheit. Umgekehrt, hilft Ihr Mann Ihnen dabei, nach draußen gehen zu können und sich beweisen zu können, daß Sie doch unabhängig sind. Wenn er mit den Vereinen einverstanden wäre, dann wäre es auch kein Zeichen mehr, kein Beweis mehr dafür, daß Sie unabhängig sind. Das wär geschenkt, sozusagen. Da haben Sie ein ganz elegantes Arrangement gefunden.

K *Hier wird, mit vielen Worten und Wiederholungen, versucht, den erlebten Konflikt als Kooperation umzudeuten. Beide haben im Sinne einer Kollusion dasselbe Nähe-Distanz- oder Autonomie-Abhängigkeits-Problem, beide sind ambivalent zwischen den beiden Seiten des Konfliktes hin- und hergerissen. Das merken sie aber im Alltagsleben nicht, da sie de facto eine Form der Arbeitsteilung gefunden haben, die es beiden ermöglicht, nur die eine Seite des Konfliktes zu erleben und ambivalenzfrei zu handeln. Durch diese Form der Umdeutung wird eine alternative Erklärung für das Kommunikationsmuster geliefert, das die beiden Partner auf eine Stufe stellt und all das, was geschieht, positiv bewertet. Dadurch wird den Therapeuten ermöglicht, ihre Neutralität in zweifacher Sicht zu gewinnen oder zu bewahren: zum einen gegenüber beiden Partnern, zum andern gegenüber der Frage, ob Veränderung oder Beharrung besser ist.*

HS HELM STIERLIN Das Problem ist halt, daß ein Preis dafür bezahlt wird für dieses Arrangement. Und da kommt jetzt das Dilemma wieder ins Spiel. Denn wir meinen, daß damit doch eine ungeheure körperliche Daueranspannung bei Ihnen beiden einhergeht.

FS FRITZ SIMON Und wir halten Sie *(blickt zu Frau Gerlach)* körperlich für genauso gefährdet wie Sie *(blickt zu Herrn Gerlach)*. Also wenn Sie *(wieder zu Frau Gerlach gerichtet)* zum Beispiel von heute auf morgen aufhören würden, in den Verein zu gehen, könnten wir uns genauso vorstellen, daß Sie genauso resigniert es sich dann über die Leber laufen lassen würden.

K *Auch hier wieder – was die körperliche Gefährdung angeht – der Versuch, beide Partner auf eine Stufe zu stellen. Außerdem wird die Aufmerksamkeit auf die Kosten gerichtet, die mit dem gegenwärtigen Muster verbunden sind oder sein könnten (ein Leberschaden, zum Beispiel).*

HS HELM STIERLIN Und wenn wir dieses Bild des „Auf-der-Strecke-Bleibens" gebraucht haben, dann meinen wir, das ist wirklich im Augenblick für uns so eine Sache des Würfelns, wer von Ihnen möglicherweise eher auf der Strecke bleibt. Aber das wissen wir aus Erfahrung, daß in solchem Arrangement das Maß der körperlichen Gefährdung echt groß ist.

FS FRITZ SIMON Es muß nicht so kommen, ja, weil viele Paare einen dritten Weg finden, wo keiner auf der Strecke bleiben muß. Und wir sehen zum Beispiel, daß Monika so einen dritten Weg angeboten hat, indem sie Probleme geliefert hat. Das ist etwas, wo beide Elternteile dann in ihrer ... wo sie beiden geholfen hat. Wo beide in ihrer Elternrolle gefragt waren und beide gesagt haben: „Jetzt stellen wir unsere Abhängigkeits- bzw. Unabhängigkeitswünsche ein Stück zurück. Die vertagen wir, weil das andere wichtiger ist."

HS HELM STIERLIN ... was für uns jetzt die Sache doch so problematisch macht. Wir haben beobachtet, daß Monika sich im Vergleich zur letzten Stunde offenbar entschlossen hat, mehr ihren eigenen Weg zu gehen. Das ist uns aufgefallen. Da ist eine junge Frau, die sich viel klarer zeigt, die zur Tanzstunde geht, die sich offenbar entschieden hat: „Ich entwickle mich wie eine junge Frau, wie das meinem Alter entspricht." Und darin sehen wir jetzt ein großes Problem. Wir meinen, das hat die negativen Belastungsaspekte *(zu den Eltern gewandt)* Ihrer Situation noch verstärkt, weil sie da wirklich bisher eine Balancierungsfunktion hatte. Monika fühlte sich Ihnen in gleicher Weise verbunden, in gleicher Weise eingestimmt Ihnen gegenüber. Und wir haben uns lange überlegt, was wir Ihnen da empfehlen können. Herr Simon spricht von dem dritten Weg. Wir wissen aus unserer Erfahrung, es gibt einen dritten Weg, oder einen vierten, wenn man so will.

FS FRITZ SIMON Der dritte Weg ist aber erst gangbar, wenn Sie beide gewissermaßen merken, daß Sie sowohl die Wünsche nach Nähe wie auch nach Unabhängigkeit haben, und nicht nur der eine die eine Seite merkt und der andere die andere Seite. Deswegen würden wir Ihnen davon abraten, im Moment schon irgend etwas zu ändern. Sie sollten erst etwas ändern, wenn Sie beide das bei sich spüren, unabhängig voneinander.

K *Es wird – mit mehrfachen Wiederholungen, damit die Chance erhöht wird, daß es auch wahrgenommen wird – auf einen dritten Weg hingewiesen. Allein dies könnte schon eine formale Erweiterung eines Weltbildes anregen, das bislang in der zweiwertigen Alternative „Entweder ich gewinne oder ich verliere" gefangen war. Daß die Therapeuten vor Veränderung „im Moment schon" warnen, bezieht sich auf die Äußerung von Herrn Gerlach, daß eine Veränderung im Verhalten seiner Frau jetzt zu spät sei. Er kündigt damit schon im voraus an, daß er einem geänderten Verhalten seiner Frau die alte Bedeutung zuschreiben wird, da er nicht an eine Veränderung ihrer inneren Einstellung glaubt (Nichts-Neues-Syndrom). Damit eine eventuelle Veränderung auch für ihn eine alternative Bedeutung gewinnen kann, wird von den Therapeuten die zeitliche Reihenfolge umdefiniert: erst die innere Veränderung, dann die äußere Veränderung. Jedes neuartige Verhalten – von wem auch immer – wird so stillschweigend zum Symptom eines objektiven Wandels umgedeutet. Die Warnung davor, „im Moment schon" etwas zu verändern, soll andeuten, daß es später sehr wohl ohne Gefahr möglich ist.*

HS HELM STIERLIN Ja also, was wir nur raten können, und dieser Rat, der richtet sich an dich, Monika,

FS FRITZ SIMON An *Sie*, Monika!

HS HELM STIERLIN Ja, bewußt sagen wir jetzt mal „Sie", Monika, daß *Sie* diese Entwicklung eher bremsen!

FS FRITZ SIMON Dann sollten wir doch besser wieder „dich" sagen!

HS HELM STIERLIN *(lacht)* Ja, vielleicht ... dann sollten wir doch lieber wieder „dich" sagen. Das geht zu schnell. Also, wenn man auf die Eltern schaut, dann würden wir sagen: langsamer, wieder ein Stück zurückkommen, im Sinne von Probleme zeigen, und sich unselbständiger zeigen! Vielleicht kann der Bruder Heinz einspringen, indem er ein bißchen die Schwester entlastet, sich selbst ein bißchen anbietet als Problemkind. Also, das waren Überlegungen, die uns sehr beschäftigt haben.

K *Das ist jetzt eine der merkwürdigen Verschreibungen systemischer Therapeuten. Der Tochter wird vorgeschlagen, ihre Abgrenzungsbemühungen zu verlangsamen, um die Eltern zu entlasten. Diese Form der Intervention ist zum einen an die Kinder (beide) gerichtet, um ihren Trotz ein wenig anzustacheln, zum anderen an die Eltern, die – damit kann man im allgemeinen rechnen – ihre Kinder nicht bewußt zu Hause halten oder gar ihre Symptombildung für egoistische Zwecke nutzen. Auch und gerade bei ihnen kann so eine Umbewertung und Veränderung des eigenen Verhaltens angeregt werden.*

FS FRITZ SIMON *(zu Heinz, der nicht sehr begeistert dreinschaut)* Ja, das ist natürlich so eine Frage, wie weit man das jetzt sagen kann: Opfere deine eigene Entwicklung ...! Aber, wir halten es zumindest für möglich, daß du das tun würdest. So im Sinne von: „Die kommen alleine nicht zurecht. Ich trau denen das nicht zu. Einer bleibt womöglich auf der Strecke. Dann bleib ich lieber da und paß auf."

HS HELM STIERLIN Denn das ist uns deutlich geworden, daß du schon Möglichkeiten hast, um das zu ermöglichen. Da sind wir uns beide klar geworden drüber, als wir noch mal darüber diskutiert haben.

K *Diese Aufforderung hat präventive Gründe. Sie soll verhindern, daß Heinz spontan irgendwelche Probleme im Sinne einer Symptomverschiebung entwickelt. Wenn sie verschrieben werden, können sie nicht mehr als „spontan entstanden" interpretiert werden. Sie werden zu „Handlungen", denen gute Absichten zugeschrieben werden können.*

FS FRITZ SIMON Wir würden auf jeden Fall, um das jetzt noch einmal auf so eine Formel zu bringen, davor warnen, irgendwas jetzt hau-ruck-zuck zu ändern! Sie müssen sehen, daß Sie nur etwas anders machen können, wenn Sie auch emotional, auch gefühlsmäßig „Ja!" dazu sagen können. *(zum Ehemann)* Solange Sie nur Ihre Abhängigkeitswünsche spüren und solange Ihre Frau nur die Unabhängigkeitswünsche spürt, solange werden Sie nicht guten Gewissens zu Ihrer Frau sagen können:

„Geh in den Verein!" Sie merkt das schon, wenn Sie es nicht so meinen. Wenn Ihre Frau daheim bliebe, würden Sie es auch merken, wenn sie es nicht so meinen würde. Also erst etwas ändern, wenn Sie beide der Meinung sind: „Jetzt, ja, stimmt, ich will ja nicht nur weg. Ich will auch die Beziehung, ich will auch meinen eigenen Raum, ich bin ganz froh, daß ich mal nicht mit ihr zusammen bin!" Erst dann, nicht vorher! Nicht ruck-zuck!

K *Noch einmal, um es zu unterstreichen: Die Veränderung, die kommen wird, ist wirklich Veränderung. Keiner von beiden soll und wird so tun, als ob! Zumindest warnen die Therapeuten davor. Es gibt ein allgemeines Problem der Veränderung in Paarbeziehungen, das sich als Sei-spontan-Paradoxie charakterisieren läßt: Wenn einer der Partner sich vom anderen eine Veränderung (als Liebesbeweis) erwünscht, so möchte er meist, daß sie spontan erfolgt. Wenn dieser Wunsch geäußert wird und die Veränderung anschließend erfolgt, so ist sie entwertet und ihrer Bedeutung als Liebesbeweis entkleidet, da sie nicht spontan erfolgt ist. Die Betonung, daß die Veränderung erst erfolgen soll, wenn eine innere Veränderung erfolgt ist, schafft erneut die Möglichkeit der Spontaneität.*

HS HELM STIERLIN Ja, das ist das, was wir Ihnen zu sagen haben. Wir können Ihnen einen nächsten Termin anbieten: in fünf Wochen.

* * *

Die dritte Sitzung

Zur nächsten Sitzung kommen die Eltern ohne Kinder. Monika habe nicht mitkommen wollen, da sie am nächsten Tag eine Französischarbeit zu schreiben habe. Heinz, der eigentlich ganz positiv der Sitzung gegenüber eingestellt gewesen sei, habe daraufhin erklärt, wenn Monika eine Französischarbeit schreibe, dann schreibe er eine Englischarbeit.

Der Vater beklagt sich, daß die Beziehung zu seiner Tochter „unerträglich" geworden sei. Er könne mit ihr überhaupt nicht mehr reden, es komme wegen jeder Kleinigkeit zu massiven Auseinandersetzungen. Auch zwischen Frau Gerlach und Monika gebe es täglich Streit, wenn auch weniger aggressiv. Vor allem der Vater spielt mit dem Gedanken, die Tochter in ein Internat zu stecken.

Monika sei jetzt sehr nach draußen orientiert, unternehme viel mit Freunden und Freundinnen. Die Symptomatik, die sie in Therapie geführt habe, sei vollkommen verschwunden.

Befragt, was es sonst noch für Veränderungen seit dem letzten Mal gegeben habe, berichtet Frau Gerlach, daß sie ganz gerührt gewesen sei, daß ihr Mann – ohne es vorher anzukündigen – zu einem Vereinsfest gekommen sei. Sie habe ihm das hoch angerechnet. Er erwähnt, ganz nebenbei, daß seine Frau sich zu ihm an den Tisch gesetzt habe und ihre Vereinsgenossinnen etwas befremdet geschaut hätten. Beide berichten, daß sie zur Zeit gut miteinander auskämen.

Im Abschlußkommentar deuten die Therapeuten das Verhalten von Monika wieder im Sinne einer Ablösungsdynamik. Sie müsse sich deswegen dem Vater gegenüber so aggressiv zeigen, weil die Bindung an ihn so groß sei. Ohne enge emotionale Bindung an die Eltern gebe es auch keine Notwendigkeit, sie abzuwerten oder solch negative Gefühle ihnen gegenüber zu zeigen. Die Eltern sollten nur durchhalten, das sei alles normal und altersentsprechend, und es gehe auch später wieder vorüber.

Den nächsten Termin, drei Monate später, sagen die Eltern brieflich ab. Die Situation habe sich inzwischen weitgehend beruhigt. Die Symptomatik der Tochter spiele weiterhin keine Rolle mehr, und die Auseinandersetzungen mit der Tochter seien deutlich abgemildert. Sie bedanken sich und bitten, erneut ins Institut kommen zu können, falls sie wieder irgendwelche Probleme in der Familie haben sollten.

14. „Fürsorgliche Belagerung“ (Familie Lukas, Teil 2)

Manchmal verstricken sich Eltern und Kinder in tragischer Weise miteinander. Aus guten Absichten entstehen Katastrophen, vermeintlich logische erzieherische Maßnahmen führen zu paradoxen Ergebnissen, und die verzweifelten Versuche, befürchtetes Unglück zu vermeiden, führen geradewegs in den Abgrund (oder zumindest – etwas weniger dramatisch beurteilt – in die Sackgasse).

Familien verändern im Laufe ihrer Geschichte ihre Interaktions- und Kommunikationsregeln. Die Verantwortung für das Handeln und Wohlergehen der Kinder verschiebt sich im Laufe der Zeit, den unterschiedlichen gesellschaftlichen Rollenerwartungen entsprechend, von den Eltern zu den Kindern. Der Identitätswandel des Heranwachsenden von der Fürsorgebedürftigkeit und Unmündigkeit zur Selbstverantwortlichkeit und Autonomie erfolgt – anders als es die gesetzlichen Bestimmungen oder das Wahlrecht suggerieren – nicht von einem Tag zum anderen. Die Familie mit Kindern in der Adoleszenz durchläuft fast zwangsläufig eine schleichende Phase unklarer Spielregeln. Die Kinder fordern die Freiheiten und Privilegien der Erwachsenenrolle und ernten damit den Widerstand ihrer Eltern. Die Eltern ihrerseits sind unsicher, ob sie die Verantwortung für ihre Kinder schon abgeben dürfen. Sie wollen ihnen aber meistens – als gute Eltern, deren Erziehungsziel die Autonomie ihrer Kinder ist – nicht die Freiheit nehmen, eigene Erfahrungen zu machen. Sie sind also stets hin- und hergerissen. Doch auch die Kinder sind ambivalent, denn sie genießen im allgemeinen, trotz aller Wünsche nach Erwachsensein, die Fürsorge im „Hotel Mama“.

In der „normalen“ Entwicklung kommt es zu einer Folge von Eltern-Kind-Konflikten, die sich über Jahre hinziehen. In deren Verlauf werden die Grenzen der elterlichen Einmischung immer wieder aufs Neue ausgehandelt. Durch eine Art Salamitaktik „erkämpfen“ sich die Kinder schließlich die Anerkennung als „Erwachsene“, gleichzeitig „befreien“ sich die Eltern von ihren Aufsichts- und Fürsorgepflichten. Beide Seiten haben den Preis für diesen Statuswechsel zu bezahlen. Die Kinder müssen weitgehend auf die mit der Kindrolle verbundene Versorgung verzichten und die Verantwortung für das eigene (Über-)Leben übernehmen; und die Eltern müssen das Gefühl, von ihren Kindern gebraucht zu werden und für sie (über-)lebenswichtig zu sein, aufgeben.

Da sich dieser Prozeß – in unserem westlichen Kulturkreis – über einen längeren Zeitraum erstreckt, haben die Beteiligten die Gelegenheit, sich den veränderten Beziehungskonstellationen anzupassen. Nach und nach wandelt sich so die Eltern-Kind-Beziehung aus einer asymmetrischen Beziehung zwischen Erwachsenen und Kindern zu einer symmetrischen Beziehung unter Erwachsenen. Am Anfang und am Ende dieses Prozesses bestimmen unterschiedliche Spielregeln die Interaktion und Kommunikation. Bis dieser Übergang endgültig vollzogen ist, herrscht allgemein Uneindeutigkeit und Unsicherheit darüber, welche Spielregeln wann anzuwenden sind.

Wenn Psychiater ins Spiel kommen und ihre Diagnosen verteilen, besteht die Gefahr, daß diese Übergangsphase mit ihrer allumfassenden Rollenunsicherheit chronifiziert.

Wenn, wie in Familie Lukas (siehe Kapitel 6), das 34jährige „Kind", das irgendwann einmal als „psychotisch" etikettiert wurde, mit Forderungen konfrontiert wird, wie sie üblicherweise an Erwachsene gerichtet werden, dann hat es als „krankes Familienmitglied" eine Möglichkeit, diesen Forderungen auf elegante Weise auszuweichen. Wenn es signalisiert, daß es leidend und nicht belastungsfähig ist und mit dem Gedanken spielt, sich „auf die Schienen zu legen", vergessen die Eltern und Geschwister ihre Forderungen ganz schnell. Nun ist ihre Hilfe gefordert, und sie verweigern sich nicht. Täten sie es, hätten sie ein schlechtes Gewissen und würden sich schuldig fühlen. Es zeichnet die „gute" Familie eben aus, daß ihre Mitglieder sich aufeinander verlassen können. Wer „krank" ist, kann Fürsorge beanspruchen. So sorgt die Diagnose (wohlgemerkt: nicht die „Krankheit") dafür, daß sich die Beziehung zwischen den Eltern bzw. den gesunden Geschwistern und dem Patienten so entwickelt, als sei der „Patient" dauerhaft in der Adoleszenz – ganz unabhängig von seinem biologischen Alter.

Der Unterschied zur typischen Eltern-Kind-Beziehung in der Adoleszenz besteht darin, daß Kinder üblicherweise für die Fürsorge, die sie genießen, mit einer Beschränkung ihrer individuellen Freiheit zu bezahlen haben. Dieser Preis hilft ihnen meist, sich früher oder später zwischen den beiden Seiten der Ambivalenz – den kindlichen Abhängigkeitswünschen und den erwachsenen Autonomiewünschen – zugunsten ihrer Unabhängigkeit zu entscheiden.

Ganz anders stellt sich die Situation für den Diagnosebesitzer dar: Er braucht sich nicht zu entscheiden, er kann beide Seiten leben, abhängig und autonom zugleich. Wird er wie ein „hilfsbedürftiges Kind " behandelt, kann er sich auf sein Alter berufen und die Rechte des Erwachsenen einklagen. Werden an ihn die Anforderungen an einen für „voll" zu nehmenden, „eigenverantwortlichen Erwachsenen" gestellt, kann er auf seinen Krankenstatus verweisen. Da es keine Möglichkeiten gibt, objektiv festzustellen, wann er wie „richtig“ zu behandeln ist, bleibt ihm die Freiheit der Wahl. Die Diagnose gibt ihm die Definitionsmacht darüber, welche Spielregel in der Familie anzuwenden ist. Er gewinnt dadurch faktisch eine Macht über seine Angehörigen, wie er sie als „Gesunder“ niemals erreichen könnte. Der Preis, den er und die Familie dafür zahlen, ist oft die Chronifizierung der Adoleszenz.

Die logische Falle, in der Familien mit einer Psychosediagnose sich fast zwangsläufig verstricken, kann folgendermaßen skizziert werden: Die Eltern (und/oder Geschwister) fordern den Patienten nachdrücklich auf, er möge doch bitte (möglichst schnell) „selbständig“ und „autonom“ sein. Er „befolgt“ diese Anweisung und zeigt sich „autonom“, indem er nicht tut, was von ihm gefordert wird. Er bleibt also in der Rolle des Abhängigen und „beweist“ dadurch seine Unabhängigkeit ...

Das Ganze weist die Form einer seltsamen Schleife auf, einer klassischen Paradoxie. Das therapeutische Problem besteht darin, diese Paradoxie aufzulösen, die immer wieder dazu führt, daß die gut gemeinten Aktivitäten von Angehörigen und Therapeuten eine chronifizierende Wirkung haben.

Vor allem sozialpsychiatrisch orientierte Therapeuten neigen dazu, dem Patienten dabei zu „helfen“, von seinen Eltern „loszukommen“ und selbständig zu werden (siehe beispielhaft das Interview mit Herrn Florin, Kapitel 8). Sie appellieren an die Eltern, ihre Kinder „loszulassen“ und sie „erwachsen werden zu lassen“. Um den Abstand zwischen Eltern und Kindern zu vergrößern, werden die Patienten in betreute Wohnheime gesteckt, und manchmal wird gar der Kontakt zu den Eltern untersagt. Auch die Eltern und Angehörigen der Patienten sind bereit, viel für ihre Unabhängigkeit zu investieren. Auch sie setzen oft räumliche Distanz mit psychischer Abgrenzung gleich. Der Kauf einer Einzimmerwohnung für den Patienten erscheint deshalb in so manch wohlhabender Familie das therapeutische Mittel der Wahl.

Alles in allem ist die Erfolgsbilanz solcher vom „gesunden Menschenverstand“ diktierter Maßnahmen eher bescheiden. Einer der Gründe dafür dürfte darin liegen, daß es Eltern meist nicht einmal auf ausdrückliche therapeutische Anordnung hin möglich ist, ihre fürsorgliche und verantwortliche Rolle aufzugeben. Wenn es dem „Kind“ nur schlecht genug geht, schaffen sie einfach nicht, sich „raus“zuhalten. Sie lassen sich wieder in die Verantwortung nehmen und kümmern sich. Wer wollte von ihnen auch verlangen, sehenden Auges zuzulassen, daß sich ihr Kind unglücklich macht oder gar umbringt. So hat es der Patient letztlich doch wieder in der Hand, das Verhalten seiner Eltern zu steuern.

Eine Möglichkeit, dieses Muster zu stören, soll hier am Beispiel der Schlußverschreibung der Familie Lukas (Interviewausschnitte siehe Kapitel 6) illustriert werden. Sie soll – angeregt durch einen Buchtitel von Heinrich Böll (ohne Bezugnahme auf dessen Inhalt) – „fürsorgliche Belagerung" genannt werden.

Ihr Ziel ist es, der Familie den Ausstieg aus der Paradoxie, die Möglichkeit logisch widerspruchsfreien Handelns – und damit die Fortsetzung einer „normalen" familiären Entwicklung – zu eröffnen.

Das hier abgedruckte Transkript beginnt unmittelbar nach der Pause. Die Familie war ca. eine Viertelstunde spazieren. Zur Erinnerung: Anwesend sind Mutter und Vater Lukas sowie die drei Söhne Kurt (36), der identifizierte Patient Stefan (34), Paul (31) und Sylvie (27). Im Interview ging es unter anderem um die Frage, ob Stefan, der seit zehn Jahren eine psychiatrische Patientenkarriere durchläuft und zur Zeit in einem Übergangswohnheim lebt, wieder nach Hause, d. h. zu den Eltern, kommen soll, kann oder darf ...

* * *

FS FRITZ SIMON Sie haben jetzt ein bißchen frische Luft schnappen können, und wir haben die Zeit genutzt, um in aller Ausführlichkeit zu diskutieren, was man tun kann.

Zunächst will ich Ihnen sagen, daß es uns unter die Haut gegangen ist und uns sehr berührt hat, eine Familie zu sehen, in der sehr viel Zusammenhalt besteht und in der jeder bereit ist, große Opfer auf sich zu nehmen; eine Familie, in der man sich aufeinander verlassen kann, wo man solidarisch ist. Das ist nicht mehr selbstverständlich, heutzutage.

K *Wenn man seinen Klienten etwas Positives und etwas Negatives zu sagen hat, ist es immer besser, mit dem Positiven zu beginnen. Die meisten Leute werden einfach neugieriger, wenn ihnen jemand etwas (vielleicht sogar überraschend) Nettes sagt. Sie werden offener und sind eher bereit, der geäußerten Meinung zuzustimmen, als wenn sie gleich mit kritischen Äußerungen verschreckt werden. Wer seinen Kommentar mit negativen Aspekten beginnt, läuft Gefahr, daß bereits nach Sekunden bei seinen Zuhörern „die Klappe fällt". Sie hören dann meist auch nicht mehr, wenn später Anerkennung und Wertschätzung gezollt werden.*

FS Fritz Simon
M Mutter
KU Kurt
SY Sylvie
S Stefan
K Kommentar

FS FRITZ SIMON Das hat positive Seiten, sehr positive Seiten. Es bringt aber manchmal auch Schwierigkeiten mit sich, z. B., *(zu Sylvie gewandt)* wie Sie es geschildert haben, als Sie von zu Hause weggegangen sind. Sie haben sich die Frage gestellt: „Wieweit darf ich an mich denken? Wieweit darf ich einen gesunden Egoismus leben? Tue ich den anderen nicht etwas Böses damit an?“

Man kommt also durch diesen engen Zusammenhalt auch in Konflikt, das muß man sehen. Das hat seinen Preis. In einer Familie selbständig zu werden, in der kein Zusammenhalt besteht, wo man sich gegenseitig egal ist, das ist einfach. Da geht man einfach. Das hat auch seinen Vorteil.

Man muß also sehen, auch diese tolle Sache hat ihren Preis. Aber es ist mir wichtig, Ihnen zu sagen, daß uns das berührt hat.

Was uns noch aufgefallen ist, ist, daß Sie sehr offen über alles gesprochen haben, daß man über sehr kontroverse Punkte offen diskutieren und seine Position auf den Tisch legen kann. Wir haben die Phantasie, daß es vielleicht nicht immer so war und daß das etwas ist, wo Sie *(zu Stefan gewandt)* womöglich auch geholfen haben ... dadurch, daß Sie sich als Konfliktlieferant zur Verfügung gestellt gehabt haben. Dadurch gibt es ein Stück mehr Möglichkeiten, auch gegensätzliche Positionen darzustellen. In einer harmonischen Familie ist das sonst eher schwierig, meiner Erfahrung nach. Ich weiß nicht, ob es bei Ihnen so war, aber unsere Phantasie ist, daß das eher schwierig ist; daß man eher was schluckt und sich zurückstellt, wenn man immer guckt: „Wie geht's dem anderen?“ Und da haben Sie *(zu Stefan)* sicher allen einzelnen geholfen ...

(verneinendes Kopfschütteln der Brüder und der Schwester)

FS FRITZ SIMON ... gut, hier sind wir verschiedener Meinung.

K *Hier zeigt sich, daß es gefährlich und wenig nützlich ist, in einem Schlußkommentar auf etwas Bezug zu nehmen, das nicht in der Sitzung gesagt oder besprochen wurde. Eine Vermutung diente als Grundlage einer Umdeutung und Umbewertung. Sie war für die Geschwister nicht annehmbar. Wenn man als Therapeut schon nicht der Versuchung widerstehen kann, über seine Spekulationen zu reden, statt über die Schilderungen der Familie, so muß man bereit sein, sie in Frage stellen zu lassen. Im Prinzip ist es aber immer günstiger, gar nicht erst über etwas zu sprechen, über das nicht geredet worden ist ...*

FS FRITZ SIMON Wir haben auf jeden Fall den Eindruck, Sie sind alle einer Meinung, daß es wichtig wäre, daß *(zu Stefan)* Sie selbständig werden können. *(nacheinander zu allen einzeln)* Da sind Sie der Meinung ... Sie ... Sie ... Sie ... Sie ... Sie ... Aber über den Weg sind sie unterschiedlicher Meinung.

K *Dadurch, daß jeder angesprochen wird, soll zum einen das Maß der Übereinstimmung hervorgehoben werden. Außerdem soll sich – um der Einbeziehung aller willen – jeder angesprochen fühlen ...*

FS FRITZ SIMON Man kann eine Beziehung genießen, wenn man das Gefühl hat, daß man auch alleine leben kann. Wenn man das Gefühl hat: „Ich will jetzt ... ich will jetzt bei dir sein", dann kann man die Beziehung sehr viel mehr genießen, als wenn man das Gefühl hat: „Ich könnte ohne dich nicht leben" und sich abhängig fühlt.

Nun, es gibt verschiedene Wege, um in die Unabhängigkeit, in das Erwachsensein, in die Selbständigkeit zu gelangen. Der eine ist, daß keiner da ist, der sich um einen kümmert. Dann ist man gezwungen, selbständig zu werden. Dann springt man ins kalte Wasser, und dann schwimmt man. Es scheint *(zu Sylvie)*, daß Sie eher diesen Weg gegangen sind, weil Ihre Mutter mit der Sorge um Stefan so beschäftigt war. Und Sie haben den Sprung geschafft.

Mal ganz neutral und losgelöst von all dem Schmerz ... das hat Ihnen auch geholfen, selbständig zu werden. Aber, wie gesagt, das hat seinen Preis gehabt.

K *Ein Thema, auf das in dieser Verschreibung – wie in den meisten anderen – immer wieder die Aufmerksamkeit gerichtet wird, läßt sich am besten mit der (nun wirklich nicht revolutionären) Formel umschreiben „Alles hat seinen Preis!". Man bekommt zwar nichts umsonst, aber man hat die Wahl zwischen unterschiedlichen Preisen, die man für das Erreichen unterschiedlicher Ziele zu zahlen hat.*

FS FRITZ SIMON Es gibt aber auch einen anderen Weg, und das ist der Weg, der in einer Familie, in der es einen großen gefühlsmäßigen Zusammenhalt gibt, beschritten werden kann. Man muß sich Selbständigkeit erkämpfen, die wird einem nicht geschenkt. Wenn Sie an die Länder im Ostblock denken, die haben sich die Selbständigkeit erkämpft. Die SED ist nicht von sich aus zurückgetreten. Wenn man sich die normale Entwicklung von Jugendlichen anschaut, dann müssen sich die meisten die Selbständigkeit erkämpfen.

Das ist auch verständlich. Die Eltern sind fürsorglich und fragen sich: Ist mein 16jähriges Kind in der Lage, auf sich aufzupassen, oder ist es meine elterliche Pflicht, auf es aufzupassen? Und um die Antwort gibt es Konflikte. Der 16jährige sagt: „Ich kann schon nachts bis 24 Uhr wegbleiben.“ Die Eltern sagen: „Quatsch, du bist um 22 Uhr zu Hause!“ Und dann einigen sie sich auf 23 Uhr. Dann sehen die Eltern, er kann, ohne daß etwas Schlimmes passiert ... dann erlauben sie bis um 23.30 Uhr, und dann gibt es den nächsten Konflikt. Das heißt, Selbständigkeit muß erkämpft werden.

Wir haben hier zwei Wege in die Selbständigkeit. Der erste Weg wäre, man schmeißt Stefan ins kalte Wasser. Es gibt gute Argumente dafür. Man kann ja mit guten Gründen sagen: „Schmeißt ihn ins Wasser!“ Wir trauen ihm das zu, er kann das, wenn es sein muß. Er hat selber gesagt: „Wenn die Eltern mal nicht mehr sind, dann werde ich das schon können!“

Auf der anderen Seite: Muß man unbedingt ins kalte Wasser geschmissen werden, wenn es auch anders geht? Es gibt Situationen, wo man nicht mehr die Wahl hat. Dann muß man all seine Kräfte aktivieren und tut es erfahrungsgemäß auch. Aber wenn es mehrere Möglichkeiten *(zu Stefan)* gibt, zwingen kann man Sie nicht! Wenn man Sie ins kalte Wasser wirft, dann werden Sie wieder rauskommen aus dem kalten Wasser und in dem wärmenden Zuhause ihren Unterschlupf suchen.

Also, ich persönlich tendiere zu dieser Nicht-ins-kalte-Wasser-spring-Strategie. Denn *(zur Mutter gewandt)* Sie werden es nicht durchhalten, wenn Sie ihn ins kalte Wasser werfen und sagen: „Schwimm alleine!“ Spätestens beim dritten Mal, wenn er dann sagt: „Ich leg mich auf die Schienen“, werden Sie die Tür aufmachen. Da bin ich ganz sicher. Von Eltern kann man das auch nicht verlangen.

K *Das dürfte einer der Hauptgründe dafür sein, daß die meisten therapeutischen Maßnahmen, die darauf zielen, eine klare Grenze zwischen Eltern und Kindern zu etablieren, scheitern. Man kann es einfach von liebenden Eltern nicht verlangen, sich ihren Kindern gegenüber so „distanziert“ zu verhalten. Da das Grundprinzip systemischen Intervenierens darin besteht, das Beste aus den gegebenen Bedingungen zu machen, ergibt sich die Frage, wie man diese enge Bindung zwischen Eltern und Kindern „paradox“ nützen kann, um die Entwicklung einer klareren innerfamiliären Abgrenzung wahrscheinlicher zu machen.*

FS FRITZ SIMON Andererseits denke ich, Sie wollen gute Eltern sein, Sie wollen, daß er selbständig wird. Wie können Sie das anstellen? Meine

Erfahrung ist, daß es einen Weg dazu gibt. Ich will Ihnen den erzählen, aber nicht sagen, daß Sie es so machen sollen. Ich will Ihnen den nur sagen, damit Sie darüber nachdenken können, ob Ihnen dieser Weg gangbar erscheint ...

Wenn Sie sich in Erinnerung rufen, daß niemandem die Selbständigkeit geschenkt wird und daß jeder sie sich erkämpfen muß, dann können Sie alle Stefan helfen, selbständig zu werden, wenn Sie Bedingungen schaffen, wo er um die Selbständigkeit kämpfen muß. Das heißt, schenken Sie ihm nicht seine Selbständigkeit! Mißtrauen Sie ihm! Trauen Sie ihm nicht zu, daß er in der Lage ist, allein zu wohnen. Holen Sie ihn nach Hause und behandeln Sie ihn wie einen 15jährigen. Das wäre mein Rat.

Als 15jähriger bekommt er Fürsorge, kriegt seine Unterwäsche gewaschen, und Sie können ihm auch mal Mickymaushefte kaufen. Aber schränken sie ihn auch ein, wie man Kinder einschränkt. Wenn er der Meinung ist, daß er älter ist, daß er mehr eigenverantwortlich tun kann, dann muß er Ihnen das beweisen.

Das wäre mein Ratschlag: Behandeln Sie ihn wie jemanden, der noch nicht reif ist, alleine zu leben – sei es nun, weil er sich irgendwann entschlossen hat, seine Entwicklung einzustellen, oder weil die Krankheit gekommen ist. Die Erklärung ist egal. *(zur Mutter)* Bemuttern Sie ihn mit all den Vorteilen, aber schränken Sie ihn auch ein! Alles hat seinen Preis – auch das Nichtselbständigsein. Ja?

K *Durch diese Verschreibung soll die Frage „Krank oder nicht krank?" ihre Bedeutung verlieren. Ob Stefan nur einfach „unselbständig" oder „krank" ist, macht keinen Unterschied. In beiden Fällen muß er von seinen Angehörigen gleich behandelt werden.*

FS FRITZ SIMON Ursprünglich habe ich gedacht, Sie sollten ihn behandeln wie einen Dreijährigen. Man wird sehen, wie lange es ihm Spaß macht. Ich denke, wenn er bereit ist für die Selbständigkeit, wird er sich dagegen wehren, daß Sie ihn so bemuttern. Dann wird es zu Konflikten kommen, das heißt, es wird nicht nur harmonisch sein. Das will ich Ihnen sagen zur Warnung, das heißt, es wird Konflikte geben, wie es sie normalerweise zwischen Jugendlichen und ihren Eltern gibt.

K *Was Eltern und Angehörige üblicherweise daran hindert, ihre Kinder „loszulassen", ist ihre Angst, ihrer Verantwortung und Fürsorgepflicht nicht gerecht zu werden. In dieser Umdeutung wird versucht, die zu erwartenden Konflikte positiv zu bewerten und als Zeichen zunehmender Selbständigkeit umzudefinieren, statt sie als Symptom zu verstehen.*

FS FRITZ SIMON Das klingt, zugegeben, sehr widersprüchlich. Wenn Sie ihm helfen wollen, selbständig zu werden, behandeln Sie ihn immer ein bißchen unselbständiger, als er selber denkt, daß er ist. Dann muß er sich von Ihnen freikämpfen, muß sich gegen Sie wehren. Er muß Ihnen beweisen: „Ich bin selbständig, ich kann es allein.“

K *Auf diese Weise soll die Beweislast umgekehrt werden. Eltern und Geschwister sind sehr verunsichert und haben ständig ein schlechtes Gewissen, da sie immer irgendwie alles „falsch“ machen. Entweder Stefan wirft ihnen vor, ihn nicht wie einen Erwachsenen zu behandeln, oder er macht ihnen Vorhaltungen, daß sie nicht genug Rücksicht auf seine Krankheit nehmen (manchmal tun das auch die Therapeuten). An die Stelle dieser zwei sich gegenseitig ausschließenden Spielregeln wird eine einzige, logisch widerspruchsfreie Regel gesetzt. Stefan ist immer als Kind zu behandeln, und wenn er das nicht will, muß er beweisen, daß die Eltern es „richtig“ machen.*

FS FRITZ SIMON Eine eigene Wohnung, die würde ich ihm nicht kaufen oder mieten. Denn normalerweise müssen Jugendliche die sich selber beschaffen. Warum soll ihm das hinten reingeschoben werden? Da muß er eben beweisen, daß er es auch kann, muß auch selber was dafür tun. Wie hoch Sie da die Schwelle setzen, das ist eine andere Frage. Aber behandeln Sie ihn unselbständiger, als er selbst meint, daß er ist. Dann muß er Ihnen beweisen, daß er es nicht mehr ist.

Das ist, denke ich, eine Möglichkeit, wie Sie Ihre Rolle als Eltern und Geschwister verantwortlich handhaben können.

Als Geschwister haben Sie es da auch einfacher, denke ich. Sonst haben Sie ja Angst um ihn, wenn Sie ihn einfach so rausschicken. Sie schlafen dann nicht und werden sich lebenslang Vorwürfe machen, wenn etwas passiert. So passen Sie auf ihn auf, und dann muß er Ihnen beweisen, daß das nicht nötig ist.

(Die Mutter wird unruhig auf ihrem Sitz und signalisiert, daß sie etwas sagen möchte)

Sie haben eine Frage?

M MUTTER Also, die große Aufgabe liegt speziell bei mir?

FS FRITZ SIMON Na ja, ich will Ihnen nicht sagen, daß Sie es unbedingt so machen sollen. Ich habe damit gute Erfahrungen gemacht, aber es ist nicht der einzige Weg. Ich bin nicht der Papst, der Ihnen sagt, daß das der einzige Weg ist.

(Kurt signalisiert, daß er etwas sagen möchte)

Sie haben eine Frage?

KU KURT Eine Frage: Wenn die Mutter und wir das jetzt versuchen und Stefan wieder zurückkommt ... und ich behandele ihn so ... mit Einschränkungen. Und Stefan gibt mir zur Antwort: „Ja, ich bin aber krank ...!"

FS FRITZ SIMON Dann sagen Sie: „Es ist mir egal, ob du 15 bist oder krank, gerade dann muß ich dich so klein behandeln." Das ist auf der Verhaltensebene dasselbe.

K *Die Krankheit als mächtiges Familienmitglied kann nicht mehr einseitig als Machtmittel genutzt werden – zumindest ist das die Hoffnung.*

KU KURT Ich muß ehrlich sagen, da wußte ich bisher nicht mehr weiter, wenn er mir sagte: „Sei du froh, daß du nicht krank bist."

FS FRITZ SIMON Na ja, das ist ja auch sicher richtig. Alles hat seine Vor- und Nachteile.

KU KURT Ich bin dann immer ... ich wußte nicht, was ...

FS FRITZ SIMON Wissen Sie, ich bin Psychiater. Und ich habe die Erfahrung gemacht, daß es auf der Verhaltensebene die gleichen Folgen hat, ob man in seiner Entwicklung stehenbleibt oder ob man krank ist, und ... daß man Einflußmöglichkeiten hat.

Wenn man sich selber freikämpft, dann kämpft man sich auch ein bißchen von der Krankheit frei. Die Krankheit hängt eng damit zusammen. Die hilft einem dabei, abhängig zu bleiben, und sie verhindert ein Stück weit, all seine Fähigkeiten zu nutzen, die man hat.

Behandeln Sie Stefan wie einen 15jährigen! Das ist angemessen für einen Kranken. Kranke dürfen nicht einen draufmachen! So können Sie sicher sein, daß Sie nicht viel falsch machen.

Ich glaube, es würde nicht klappen, wenn Sie ihm eine Wohnung suchen – so, wie ich Sie erlebe. Sie machen sich Sorgen um ihn. Beim dritten Mal, wenn er sagt: „Ich bin krank, ich bin allein", werden Sie die Wohnung wieder weitervermieten.

SY SYLVIE Und wenn er einsteigt? Wenn er den 15jährigen weiterspielt?

FS FRITZ SIMON Dann lassen Sie ihn. Bis es ihm zu den Ohren wieder raushängt. Und wenn es zehn Jahre dauert. Meine Hypothese und meine Erfahrung ist, daß das ein paar Wochen lang Spaß macht, er ist 34.

SY SYLVIE Er sagt ja auch oft: „Ich bin ja 34!"

FS FRITZ SIMON Aber glauben Sie ihm nicht, daß er 34 ist! Irgendwo im Innern behält jeder Mensch das Kind in sich. Sie haben die Dreijährige auch noch zur Verfügung. Wenn Sie wollen, können Sie sich auch so verhalten wie eine Dreijährige. Ich kann es auch. Sie können es auch. Sie sind aber auch 26. Das können Sie auch. Das heißt, es gibt immer mehrere Möglichkeiten, wo man gerade seine Bedürfnisse hat. Und er hat, das ist die eine Hälfte von ihm, das Bedürfnis, noch 15 Jahre alt zu sein. Aber er hat auch andere ...

SY SYLVIE Praktisch geben wir dann nach ...

FS FRITZ SIMON Sie müssen kämpfen mit ihm.

SY SYLVIE Mir kommt es vor, wir geben jetzt nach. Er will nach Hause, und wir sagen: „Gut, dann soll es so sein.“

K *Die Sorge nachzugeben, mag als Hinweis dafür gedeutet werden, daß die alltäglichen Auseinandersetzungen mit Stefan von seinen Angehörigen als Machtkampf erlebt werden. Der Sorge um „Waffengleichheit“ und der Angst „zu verlieren“ sollte daher Rechnung getragen werden.*

KU KURT Vielleicht haben wir unsere Ziele zu hoch gesteckt.

FS FRITZ SIMON Ja, ich sehe diesen Aspekt schon. Sie sollen sich ja auch heute nicht entscheiden. Ich meine nicht, daß Sie nachgeben sollen: Er geht nach Hause, und es bleibt alles, wie es vorher war. Ich meine, man kann auch einen dritten Weg zu Hause gehen. Er geht nach Hause, und zu Hause wird alles anders. Zu Hause wird er ganz konsequent wie ein kleines Kind behandelt.

(zu Stefan) Ich erlebe Sie so, als wenn Sie hin- und hergerissen wären: „Will ich nun erwachsen sein oder nicht? Will ich selbständig sein oder nicht?“ Wenn alle Leute sagen: „Nun sei erwachsen!“, dann kriegen Sie Angst und sagen: „Wo bleiben meine kindlichen Wünsche?“ Wenn alle Leute zu Ihnen sagen: „Sei Kind!“, dann erleben Sie auch ein bißchen mehr die Seite, wo Sie nicht Kind sein wollen, und dann müssen Sie sich mit den anderen auseinandersetzen. „Heute will ich ins Kino gehen, abends allein, und das könnt ihr mir nicht verbieten!“ Und dann gibt es eine Auseinandersetzung, und dann gibt es Konflikte zwischen Ihnen, und dann werden Sie entweder gehen oder nicht gehen, je nachdem, und dann werden Sie aufs neue überprüfen können: „Will ich erwachsen werden oder nicht?“ Sie werden alle anderen überzeugen müssen, daß Sie auch wirklich bereit sind.

M MUTTER Darf ich eine Sache fragen? Sollte er jetzt als Kind behandelt werden und einmal ausgehen und ein Glas trinken ...

FS FRITZ SIMON Würden Sie das einem 15jährigen erlauben?

M MUTTER Dann würde ich sagen: Nein, ein Kind darf das nicht! Dann muß ich ihn strafen.

FS FRITZ SIMON Und was machen Sie dann? Kaufen Sie ihm dann keine Gummibärchen mehr ...? Dann werden Sie sich überlegen müssen, wie Sie sich damit auseinandersetzen. Das wird nicht einfach ... Das ist kein einfacher Weg, das kann ich Ihnen sagen, das ist kein einfacher Weg ... Sie sind nicht die erste Familie, der ich das rate.

(zu Stefan) Ich sehe einfach, daß man Sie nicht zwingen kann, etwas zu tun. Man kann verhindern, daß Sie irgend etwas tun. Aber man kann Sie nicht zwingen, selbständig zu werden. Da sehe ich keine Chance.

(zu den Eltern) Deswegen meine ich, das gemeinsame Ziel haben Sie ja. Machen Sie es ihm schwer ... machen Sie es ihm schwer, erwachsen zu werden. Dann ist er am Schluß sicher, wenn er es geschafft hat, daß er es auch wollte.

SY SYLVIE Also mir leuchtet das schon ein.

FS FRITZ SIMON Es gibt Leute, die wandern nach Australien aus, weil sie sagen: „Da ist meine Mutter weit weg, dann fühle ich mich selbständig." Aber die sind natürlich nicht selbständig. Sobald Mutter anruft, steigen sie ins Flugzeug und kommen zurück. Das kann man nicht der Mutter vorwerfen, denn derjenige hat sich vor dem Konflikt gedrückt.

Sie werden sich streiten. Sie werden das lösen, denke ich. Dann hängt eben mal der Haussegen schief, und das ist auch o.k. so.

SY SYLVIE Und wenn wir sagen: „Nein, Autofahren sollst du nicht, du bist ja krank und nimmst Medikamente."

FS FRITZ SIMON Dann muß er Ihnen eben beweisen, daß er wirklich fahren kann.

SY SYLVIE Und wir können auch die Krankheit benutzen?

FS FRITZ SIMON Sie dürfen die Krankheit genauso benutzen wie er. Wenn er sie benutzt, dürfen Sie sie auch benutzen. Wichtig ist, daß er sich seine Selbständigkeit erkämpfen muß. Der Preis dafür ist, daß er die Fürsorge auch genießen kann.

M MUTTER *(aufgeregt)* Ja, ja.

FS FRITZ SIMON Verwöhnen Sie ihn, schieben Sie es ihm vorne und hinten hinein, bis es ihm zu den Ohren herauskommt.

M MUTTER *(freudig)* Ja, ja.

FS FRITZ SIMON *(zu den Geschwistern)* Es könnte natürlich sein, daß Sie neidisch werden. Aber dafür haben Sie ja ihre Selbständigkeit. Die haben Sie sich ja auch erkämpfen müssen.

KU KURT Es gibt noch ein Problem. Ein 15jähriger kann auch arbeiten. Wie machen wir das?

FS FRITZ SIMON Dann machen wir ihn jünger. Machen Sie ihn zwölf. Dann ist die Frage des Arbeitens noch nicht so akut. Schicken Sie ihn nicht zur Arbeit. Wenn er will, dann schauen Sie, wie man es bei einem 12jährigen auch macht: „Mal sehn, ob du das schon kannst.“ Das heißt, der 12jährige wird noch ein bißchen mehr bemuttert und noch mehr eingeschränkt. Wenn er arbeiten will, dann muß er es Ihnen beweisen, daß er es kann. Er muß es Ihnen beweisen.

K *Ihn jünger zu machen dient dazu, die Eröffnung eines zweiten Konfliktfeldes „Arbeit“ zu verhindern. Aus systemischer Sicht gewinnt solche Konflikte immer der Mächtigere. Und die (relative) Macht hat immer derjenige, der weniger vom anderen will. Wird nun versucht, Stefan irgendwie zur Arbeit zu bewegen, so wird ihm ein Machtmittel in die Hand gegeben, da sich vermutlich die „gutbürgerlichen“ Angehörigen dem potentiellen Arbeitgeber gegenüber mehr in der Verantwortung fühlen würden als Stefan …*

M MUTTER Ich bin sehr einverstanden. Ich freue mich schon.

FS FRITZ SIMON Ihnen geht es dann auch eine Zeitlang ganz gut. Sie haben wieder ein kleines Kind zu Hause.

M MUTTER Ja, ich freue mich schon.

SY SYLVIE Dann brauchst du keinen Dackel.

FS FRITZ SIMON *(zur Mutter)* Sie brauchen keinen Dackel …

M MUTTER Dann habe ich wieder einen Dackel.

FS FRITZ SIMON Dann haben Sie ihn als Dackel. Ob er immer Dackel bleiben will, das ist dann die Frage …

M MUTTER *(klopft Stefan auf die Schulter)* Mein Dackel *(lacht)*, mit 15 Jahren folgt man der Mutti.

S STEFAN *(schüttelt den Kopf, wirkt verwirrt, entsetzt, versteht offenbar nicht, was gerade abläuft)*

M MUTTER *(wendet sich zu Stefan, versucht ihm zu erklären)* Paß auf! Wir sollen dich jetzt behandeln wie einen Bub von 15 Jahren.

S STEFAN Wieso?

M MUTTER Na ja. Du hast nicht zugehört. Du kommst nach Hause und wirst von mir behandelt wie ein Bub von zwölf bis 15 Jahren. Du mußt dir von mir alles sagen lassen, bis es dir selber zu blöd wird. Die Methode machen wir jetzt. Wir werden es dir schon noch erklären. Wir treiben es solange, bis es dir zu blöd wird. Damit du selbständig wirst, damit du uns beweist, daß du nicht 15 bist, sondern 34.

FS FRITZ SIMON *(zu Stefan)* Haben Sie das verstanden? Es ist ein bißchen mühsam für Sie?

S STEFAN Das hat ja auch mit der Krankheit zu tun. Wenn ich gesund bin, dann kann ich auch arbeiten.

FS FRITZ SIMON Überlegen Sie diesen Vorschlag, sprechen Sie's nochmal durch. Er hat Vor- und Nachteile. Es gibt nicht nur einen Weg, es gibt viele Wege nach Rom. Es ist nicht der einzige, das will ich Ihnen auch sagen. Es gehört zu meiner Aufklärungspflicht, Ihnen zu sagen, daß es nicht der einzige Weg ist. Aber es ist einer …

M MUTTER Es ist einer. Vielen herzlichen Dank. Es war sehr schön, diese ganze Stunde, sehr, sehr schön. Wir werden uns bestimmt danach richten.

K *Wenn nach solch einem überraschenden Vorschlag Fragen gestellt werden, muß man sie als Therapeut ausführlich beantworten. Sie bieten die Möglichkeit, die besonders wichtigen Punkte zu wiederholen und auszuführen. Außerdem wird deutlich, wie die Aufgabe von den Familienmitgliedern verstanden worden ist. Widersprüche lassen sich vom Therapeuten aufnehmen und zur Bestätigung der vorgetragenen Argumente verwenden. In dieser letzten Sequenz wird deutlich, daß – zum Beispiel bei Sylvie – durch dieses Frage-und-Antwort-Spiel eine Annäherung an den zunächst sehr fremd erscheinenden Auftrag erfolgt.*

* * *

Auch wenn diese Intervention bei der Mutter auf viel Zustimmung gestoßen ist, läßt sich immer erst bei der nächsten Sitzung beurteilen, ob sie als „Störung", „Anregung" oder gar nicht gewirkt hat.

Beim nächsten Termin betrat die Mutter den Therapieraum mit den Worten: „Ein Wunder ist geschehen!" Dieser Satz ist natürlich kein Beweis für die Nützlichkeit des dargestellten Interviews oder der Verschreibung, sondern nur ein Hinweis auf die bescheidenen Ansprüche der Mutter an Wunder. Geschehen war folgendes: Nach der Sitzung beschloß die Familie, sich auf das Projekt „Fürsorgliche Belagerung" einzulassen. Die Mutter war Feuer und Flamme und drängte Stefan, einen Entlassungstermin aus seinem Wohnheim zu vereinbaren. Je mehr die Eltern, vor allem die Mutter, drängten, umso zwiespältiger zeigte sich Stefan.

Wenn er mit seinen Eltern oder seinen Geschwistern zusammen war, erschien er allen Beteiligten zum ersten Mal seit zehn Jahren als „gesund" (das ist es, was die Mutter als „Wunder" bezeichnete). Er zeigte keine der bekannten Symptome, drohte nicht, sich etwas anzutun, unterhielt sich über sachliche, familienfremde Themen mit den anderen und berief sich nicht auf seinen Status als „Kranker", um Forderungen zu stellen oder abzuwehren. Wenn er mit den Geschwistern zusammen war, verhielt er sich als Gleicher unter Gleichen.

Nach diesem Wandel in seinem Verhalten wunderte es niemanden mehr, daß er es ablehnte, nach Hause zu ziehen, um sich verwöhnen (und einschränken) zu lassen. Statt dessen freundete er sich mit einer Mitpatientin an und beschloß, mit ihr gemeinsam in eine Wohnung zu ziehen.

Auch wenn diese unmittelbare Reaktion auf die Sitzung als „erfolgreich“ im Sinne des angestrebten Ziels angesehen werden kann, muß deutlich gesagt werden, daß eine derartige Sitzung noch keine erfolgreiche Therapie ausmacht.

Auch aus systemischer Sicht gibt es nur selten (wenn überhaupt) therapeutische Wunder. Erfahrungsgemäß können solche dramatischen Änderungen, wie sie hier beschrieben sind, zwar durchaus durch eine einzelne Sitzung ausgelöst werden. Um sie langfristig zu festigen, bedarf es aber einer therapeutischen Begleitung der Familie über längere Zeit (erfahrungsgemäß eineinhalb bis zwei Jahre); dies vor allem, weil sich ohne äußere Unterstützung die alten, über Jahre praktizierten Interaktions- und Kommunikationsregeln durchsetzen. Die Familie „vergißt“ dann, daß sie Zeuge solcher „Wunder“ geworden ist, und fügt sich wieder in das traditionelle Krankheitsbild. Sie braucht den gesellschaftlich legitimierten Experten als Begleiter, der ihr – gewissermaßen als äußerer Fixpunkt – die Sicherheit vermittelt, alternative Sicht- und Umgehensweisen in der Familie durchzuhalten. Die Sitzungen können dann in großen Abständen (viertel- bis halbjährlich) erfolgen. Wichtig ist, daß der Therapeut als Repräsentant der eigensinnigen Hoffnung auf Veränderung (zumindest virtuell) verfügbar bleibt. Am besten geeignet sind für diese Rolle wohl „richtige“ Psychiater, die hinreichend Erfahrung mit „Verrückten“ haben und sich nicht von ihren ärztlichen Kollegen und den vermeintlichen Wahrheiten der biologischen Psychiatrie bluffen lassen.

15. Ein Ritual (Familie Bastian, Teil 3)

Worte sind nicht die einzigen Mittel der zwischenmenschlichen Kommunikation, sie sind wahrscheinlich nicht einmal die wichtigsten. Zu den bedeutungsvollsten Ereignissen, die unsere individuellen und kollektiven Wirklichkeitskonstruktionen gestalten, gehören Rituale. Es handelt sich dabei um einen stereotyp geordneten Handlungsablauf, der zu bestimmten Zeiten oder Gelegenheiten wiederholt wird und dessen Bedeutung über den der einzelnen Aktionen hinaus auf einen anderen, tieferen Sinn (welcher das auch immer sein mag) verweist.

Rituale spielen eine wichtige Rolle bei der Verknüpfung der Wirklichkeitskonstruktion des einzelnen mit denen seines sozialen Umfelds. Ein ganzer Kulturkreis feiert zur selben Zeit Ostern und Weihnachten, Länder zelebrieren den Nationalfeiertag. Sie strukturieren auf diese Weise das Jahr. Wenn man heiratet, spricht man ein ritualisiertes Ja und vollzieht damit nicht nur den Übergang von der Rolle des freien und ledigen Menschen zum verheirateten und in Pflichten eingebundenen Ehepartner, sondern auch von der einen zur anderen Steuerklasse. Rituale haben, das dürfte deutlich sein, weitreichende soziale Wirkungen. Im allgemeinen sind mehrere Personen einbezogen, und ihre Handlungen und ihre Wirklichkeitskonstruktionen werden in bedeutungsvoller Weise koordiniert.

Die planbare Kopplung von Verhalten und Bedeutungsgebung in der Form des Rituals macht ihre Verschreibung zu einem besonders attraktiven Mittel systemischen Intervenierens.

Als Beispiel dafür soll die Hausaufgabe dienen, die der Familie Bastian (siehe Kapitel 3 und 4), oder besser gesagt: dem identifizierten Patienten, Ernst, am Ende des Erstinterviews gegeben wurde.

Zur Erinnerung: Ernst ist von seiner besorgten älteren Schwester zur Sitzung gebracht worden, weil er trotz einer Lebertransplantation Alkohol trinkt und sich dadurch um seine Lebenschancen zu bringen droht. Im Gespräch wurde deutlich, daß die gescheiterte Beziehung zu einer früheren Freundin eine wichtige Rolle für das Trinken spielen könnte ...

* * *

Der Kommentar nach der Pause beginnt zunächst mit einer Würdigung der Offenheit und des Engagements der Familie, in der offenbar jeder bereit ist, sehr viel für den anderen zu tun und viel Verantwortung für ihn zu übernehmen. Deutlich sei auch geworden, unter welch enormer Belastung die Familie angesichts der Transplantation steht. Man könne der Familie eigentlich nur Komplimente machen, wie sie das Ganze bislang bewältigt habe. Die Fähigkeit zu gefühlsmäßigen Bindungen sei sehr stark.

An dieser Stelle beginnt das Transkript.

***

FS FRITZ SIMON Auch die Geschichte mit der Freundin oder früheren Frau spricht ja sehr dafür. Es gibt ein Muster in der Familie: Wenn man eine Beziehung mit jemandem hat, ist man bereit, alles zu geben, das letzte Hemd! Alles oder nichts. Das macht es natürlich auch schwierig, denn die Alternative ist nichts.

Man gibt sehr, sehr viel. Sie sind alle bereit, sehr viel zu geben. Außerdem scheint es eine Regel zu geben, daß man im Zweifel seine Gefühle lieber nicht zeigt. Vor allem, wenn man denkt, sie könnten für den anderen belastend sein. Also, ich weiß nicht, wie es bei Ihnen zu Hause zugegangen ist, als Sie Kinder waren, aber ich habe nicht den Eindruck, daß Sie gut gelernt haben, aggressiv zu sein.

E ERNST Wir waren nie aggressiv!

FS FRITZ SIMON Ah, genau! Also, im Zweifel ist man eher aggressiv gegen sich selbst als gegen andere. Wenn schon aggressive Gefühle, dann richte ich sie in dieser Familie lieber gegen mich selbst als gegen den anderen. Dann kann mir niemand einen Vorwurf machen und nachher womöglich sagen, ich hätte etwas Schlechtes getan. Das scheint mir ein bißchen zu erklären, warum Sie ... Warum ist er nie vorbeigegangen an dem Haus seiner Freundin? Das wäre eine „normale" – in Anführungsstrichen – Reaktion gewesen. Ich weiß, ich habe auch einige Trennungen hinter mir, traumatisch, bin verlassen worden, ein chronisch verlassener Mann. Und das hat mich natürlich umgetrieben. Ich bin da immer hingegangen und hätte am liebsten die Scheiben eingeschmissen. Ganz so weit habe ich mich natürlich nicht immer hinreißen lassen, aber dann ... Ich denke, das tut einem einfach gut, wenn man seine Wut ein Stück lebt. Also mir hat das gutgetan. Ich will das jetzt auch nicht verallgemeinern, aber ich denke, es ist die durchschnittliche Reaktion, daß man das zeigt.

Das sind so einige Aspekte, die deutlich gemacht haben, was es Ihnen schwerer gemacht hat, mit der Trennungssituation fertigzuwerden. Hätten Sie trainiert, aggressiv zu sein, dann hätten Sie es womöglich auch sein können. Dann wäre es Ihnen nachher bessergegangen. Aber

FS Fritz Simon
E Ernst
M Mutter
SCH Schwester
K Kommentar

man kann ja niemandem einen Vorwurf dafür machen, daß er nicht trainiert hat, aggressiv zu sein. Das ist einfach ein Stück Pech.

Was mich am meisten beschäftigt, ist: Wie kann das kommen, daß eine Beziehung, die Beziehung zu Ihrer Freundin, so wichtig wird? Daß man bereit ist, sein eigenes Leben aufs Spiel zu setzen? Das ist eine Frage, die ich noch nicht ganz verstehe nach diesem Gespräch. Was mich in der Pause am meisten beschäftigt hat, war die letzte Runde eigentlich, was die Prognose angeht. Sie *(zum Sohn)* haben sich ja sehr optimistisch geäußert. Sie *(zur Mutter)*, bei Ihnen war mehr Hoffnung als Prognose, Wunschdenken. Sie *(zur Schwester)* waren eher skeptisch. Sie wollen sich nichts in die Tasche lügen in der Hinsicht, sondern den klaren Blick bewahren. Ob der so klar ist, ist eine andere Frage, aber Sie waren eher skeptisch, auch wenn Sie sicherlich etwas anderes wünschen. Ich bin da ein bißchen gespalten. Ein Teil von mir, der kleinere, ist eher skeptisch. Skeptisch heißt 50/50. Und der größere sagt: Da ist so viel an Kraft in dieser Familie. In dieser Familie lernt man, auch mit extrem schwierigen Situationen fertigzuwerden, auch wenn es lange dauert. Das braucht manchmal lange Zeit. Aber ich sehe da eine gute Prognose, was die nächsten fünf Jahre angeht. Und ich muß sagen, ich bin eher optimistisch. So, wie ich Sie erlebt habe, denke ich mir, wenn Sie für sich selber beschlossen haben, es zu schaffen, dann schaffen Sie es auch. Aber es wird nicht einfach, darüber sollten Sie sich auch klar sein.

E ERNST Das weiß ich.

K *Die Zweiteilung des Therapeuten oder des therapeutischen Teams („Splitting") ist eine Möglichkeit, die beiden Seiten einer Ambivalenz zu thematisieren, ohne eine der beiden Seiten zu disqualifizieren. Der Therapeut als Anwalt der Ambivalenz steigt nicht in irgendwelche Verleugnungsmuster ein, er behält den klaren Blick, aber er vermittelt dennoch eher Optimismus. Daher benennt er seine Sorge, zeigt sich aber doch hoffnungsvoll, wenn … Seine Zuversicht ist allerdings an Bedingungen gebunden, an Veränderungen auf seiten des oder der Klienten. Dieser formale Umgang mit Ambivalenzen kann auch von Teams übernommen werden. Das Team muß sich dann gespalten zeigen, die größere Fraktion auf der optimistischen Seite, die kleinere auf der skeptischen, die erfahreneren Kollegen zuversichtlich, die unerfahreneren mit Vorbehalten …*

FS FRITZ SIMON Ich glaube sogar, daß Sie eigentlich keine Hilfe brauchen. Wenn Sie denken, ich könnte Ihnen von Nutzen sein, bin ich gerne bereit dazu, Gespräche in größeren Abständen mit Ihnen zu führen und zu schauen: Was war hilfreich? Was war nicht hilfreich? Was sollten Sie besser weitermachen, und was sollten Sie lieber lassen?

Scheint Ihnen das ein sinnvolles Modell? Gespräche in Zwei-, Dreimonatsabständen, das wäre mein Vorschlag. Und nicht mehr als zehn Gespräche. Das ist unser üblicher Rahmen. Wir bieten zwischen ein und zehn Gesprächen an und machen nur den nächsten Termin jeweils fest. So können wir dann jedesmal schauen: Ist es sinnvoll weiterzumachen oder nicht? Aber mehr als zehn Gespräche sind es im allgemeinen auch nicht. Über eine längere Zeit natürlich, wenn es Zwei-, Dreimonatsabstände sind.

M MUTTER Muß er *(weist auf den Sohn)* entscheiden.

E ERNST Ich sage ja.

FS FRITZ SIMON Gut. Können wir es dabei erst einmal lassen …?

K *Die Beendigung der Sitzung mit einer Familie, in der eine hohe emotionale Bindung zwischen den Familienmitgliedern besteht, ist erfahrungsgemäß schwierig. Man kann oder will sich auch vom Therapeuten nicht so ohne weiteres trennen. Die Familienmitglieder richten relativ hohe Heilserwartungen an den Therapeuten und warten auf irgendeine erlösende Idee, die ihnen Hoffnung gibt. Wenn die nicht geliefert wird oder irgendwelche Konflikte angesprochen, aber nicht aus dem Weg geräumt sind, bleiben alle sitzen, schauen den Therapeuten an und signalisieren: „Das kann doch nicht alles gewesen sein!“ So ist es auch in diesem Fall. Der Abschlußkommentar war offenbar nicht so, daß die Familie befriedigt mit dem Gefühl nach Hause fahren kann, daß sich alles zum Guten wenden wird …*

FS FRITZ SIMON *(zur Schwester)* Sie gucken mich mit großen, wartenden Augen an?

SCH SCHWESTER *(lacht verlegen)* Nein, ich habe das da so auf mich wirken lassen … *(seufzt)* Also, es hat mich so betroffen gemacht, daß ich skeptisch war. Ich war skeptisch unter der Voraussetzung, daß nicht irgend etwas in Bewegung kommt. Da war meine Skepsis gegeben, und das war mir auch wichtig, diese Ängste zum Ausdruck zu bringen. Also, nicht jetzt irgendwie zu unken, zu sagen, da kriege ich gleich Beklemmungen …

K *Die Spielregeln der familiären Kommunikation („psychosomatisches Muster“) legen eine individuelle und kollektive Bewältigung von Kon-*

flikten nahe, bei der nur die eine Seite der Ambivalenz erlebt, wahrgenommen und kommuniziert wird. Die enge Bindung aneinander wird gezeigt, aggressive und trennende Impulse werden verleugnet und tabuisiert. Optimismus wird gezeigt, Pessimismus behält man besser für sich. Dahinter dürfte die Sorge stehen, einen angstauslösenden Ausgang der Geschichte (Trennung, Tod) „zu beschreiten" und dadurch schuld zu sein, wenn es wirklich so kommen sollte. Über die andere Seite des Konfliktes (wo nicht „positiv" gedacht wird) zu kommunizieren wird deshalb eher vermieden.

Hier besteht für den Therapeuten immer die Wahl zwischen zwei wenig nützlichen Alternativen: Entweder er steigt in dieses schönfärberische Muster ein, dann bestätigt er die Sichtweise der Familie und ihr Kommunikationsmuster. Sollte dies – wie auch immer – an der Entstehung oder Aufrechterhaltung der Problematik oder Symptomatik beteiligt sein, so trägt er zur Chronifizierung bei. Bezieht er Position auf der anderen, ausgeschlossenen Seite des Konfliktes, indem er beispielsweise die Familienmitglieder dazu zu bringen versucht, „ihre Aggressivität zu leben", wird er so sehr gegen die tiefverwurzelten Werte der Familie verstoßen, daß der Kontakt zu ihm von der Familie abgebrochen wird.

Es bleibt ein dritter Weg: Der Therapeut kann die Werte der Familie anerkennen, aber gleichzeitig darauf hinweisen, welcher Preis dafür zu bezahlen ist. Er übernimmt die Rolle des Anwaltes der Ambivalenz, indem er eine Ja-aber-Haltung einnimmt.

FS FRITZ SIMON Ja, ich habe den Eindruck, in der Familie darf man nicht nur nichts Aggressives sagen, man darf sich auch nicht pessimistisch äußern oder Skepsis haben! Ich finde es ganz sinnvoll zu schauen, wo die Risiken sind. Das wissen Sie *(zu Ernst)* selber ja auch! Sie machen gefährliche Sachen. Und wenn Sie das tun, ist eine gewisse Skepsis durchaus angebracht! Eine Skepsis ... aber das heißt ja nicht, daß da etwas Schicksalsmäßiges darin ist, daß es so kommen muß. Das, denke ich, sind zwei verschiedene Sachen. Und ich finde es wichtig, genau zu gucken, wie kann man das eine wahrscheinlicher machen und wie das andere.

SCH SCHWESTER Nein, ich wollte das loswerden, weil das so angefangen hat zu arbeiten.

FS FRITZ SIMON Nicht, daß Sie jetzt alle optimistisch werden, dann werde ich womöglich skeptisch.

M MUTTER *(lacht)*

FS FRITZ SIMON *(zu Ernst)* Ja, dann ist noch etwas Letztes. Da bin ich aber sehr unsicher, ob ich Ihnen das sagen soll. Ich würde Ihnen eigentlich gerne eine Hausaufgabe geben.

K *Eigentlich ist es zu früh, nach der ersten Sitzung eine Hausaufgabe zu geben. Im allgemeinen ist die therapeutische Beziehung noch nicht gefestigt genug, daß der Klient ihretwegen bereits auf der Handlungsebene Veränderungen vollziehen würde. In diesem Fall gilt das eigentlich auch, allerdings ist dem Therapeuten ein großer Vertrauensvorschuß gegeben worden. Außerdem gibt die Familie nach der bisherigen Verschreibung keinerlei Signale, daß sie die Sitzung für beendet hält. Es könnte also, angesichts der großen Erwartungen der Familie, möglich sein, bereits zu diesem frühen Zeitpunkt eine Intervention zu geben, die als Zumutung erlebt werden könnte und daher eigentlich eine tragfähige Therapeut-Patienten-Beziehung voraussetzt.*

E ERNST Machen Sie es!

FS FRITZ SIMON Ja, das Problem bei Hausaufgaben ist: Ich gebe manchmal etwas merkwürdige Hausaufgaben; und das traue ich mich im allgemeinen nur, wenn ich das Gefühl habe, ich kann es mir leisten. Und da bin ich mir bei Ihnen nicht sicher, ob ich mir das leisten kann, Ihnen so eine Hausaufgabe zu geben ... Ich erzähle Ihnen mal, was für eine Idee mir ... Ich hätte gerne ... *(zögert, sichtbar hin- und hergerissen)* Ja, ich weiß nicht ... vielleicht sollte ich es doch lieber nicht ... weil, ich strapaziere womöglich ... Unsere Beziehung ist ja noch relativ kurz, und ich überstrapaziere sie dann womöglich, und Sie sagen dann: der Arsch! oder so was und ... äh ...

E ERNST Jetzt reden Sie nicht lange rum, sagen Sie es!

K *Das Hin und Her wirkt als Beziehungstest. Der Patient drängt auf die Hausaufgabe und übernimmt so die Mitverantwortung dafür, daß sie gegeben wird.*

M MUTTER *(lacht)*

FS FRITZ SIMON Nicht, daß Sie mir dann nachher Vorwürfe machen! Doch, die machen Sie mir auf jeden Fall ... Also, ich sag es jetzt: Ich würde gerne ... ich hätte gerne, daß Sie einmal in der Woche ein ... nein, daß Sie jetzt, wenn Sie nach Hause kommen, ein Bild Ihrer Freundin aus irgendeinem Album heraussuchen, wenn Sie eins haben. Ich bin sicher, Sie haben eins.

E ERNST Ja.

FS FRITZ SIMON Es wäre aggressiv gewesen, die zu verbrennen. Eins haben Sie bestimmt ... Ich möchte, daß Sie das heraussuchen, in das Zimmer mit den gemeinsamen Möbeln gehen, ja?

E ERNST Ja.

FS FRITZ SIMON Ich weiß nicht, ob Sie einen Wechselrahmen haben oder so etwas. Sonst gehen Sie und kaufen einen Rahmen für dieses Bild. Rahmen Sie es ein!

E ERNST Und dann?

FS FRITZ SIMON Dann machen Sie folgendes: Dann nehmen Sie einen Tisch oder irgend etwas Ähnliches in diesem Zimmer, wenn es da so etwas gibt, ja?

E ERNST Ja, gibt's.

FS FRITZ SIMON Da stellen Sie das Bild drauf. Das ist der erste Schritt. Und dann möchte ich, daß Sie einmal in der Woche an einem festen Tag ... Welcher wäre der beste Tag? Wann haben Sie Zeit für etwas, was Sie regelmäßig tun sollen?

E ERNST Donnerstag.

FS FRITZ SIMON Donnerstag. Welches wäre die beste Uhrzeit?

E ERNST Sieben Uhr.

M MUTTER 19 Uhr, abends immer.

E ERNST Ja, abends.

FS FRITZ SIMON 19 Uhr abends. Dann möchte ich, daß Sie jeden Donnerstagabend um 19 Uhr in dieses Zimmer gehen. Da ist eine Stereoanlage drin?

E ERNST Stimmt!

FS FRITZ SIMON Haben Sie irgendeine Platte, die Sie melancholisch macht?

E ERNST Nein!

FS FRITZ SIMON Gibt es irgendeine, die Ihnen trauriger vorkommt als andere?

E ERNST Ich kaufe immer nur fröhliche Musik. Also jetzt nicht Musikantenstadel ...

FS FRITZ SIMON Dann möchte ich trotzdem, daß Sie sich eine traurige Platte kaufen, ja? Und die auflegen.

E ERNST Es gibt aber keine Platten mehr!

FS FRITZ SIMON CDs! Haben Sie keinen CD-Player drin?

E ERNST *(grinst)* Doch, doch!

K *Kleines Scharmützel: Ernst zeigt, daß er bereit ist, sich auf eine spielerische Ebene einzulassen.*

FS FRITZ SIMON Es gibt Musikstücke, was weiß ich, Sachen, die bei Beerdigungen gespielt werden. So etwas in der Art. Die legen sie auf, und rechts und links neben dem Bild zünden Sie eine Kerze an, ja?

E ERNST Ja, ja, ich verstehe.

FS FRITZ SIMON Eine Kerze anzünden, das Zimmer zusperren, daß kein anderer Sie stört. Am besten lassen Sie auch die Rolläden herunter, damit es dunkel ist. Sonst lohnen sich die Kerzen nicht. Und dann setzen Sie sich zehn Minuten vor dieses Bild und sagen: Für die Beziehung zu dir bin ich bereit, mein Leben zu riskieren! Zehn Minuten lang! Sie müssen es nicht dauernd sagen. Aber Sie sollten es wenigstens dreimal sagen in den zehn Minuten, und diese zehn Minuten vor diesem Hausaltar bleiben. Dann können Sie die Kerzen wieder auspusten, Licht machen. Dann haben Sie wieder eine Woche Ruhe, und dann tun Sie es wieder! Das ist die Hausaufgabe, die ich Ihnen verordnen möchte. Nun habe ich es gesagt, nun gilt sie auch!

M MUTTER Habe ich das richtig verstanden? Daß ich für diese Liebe mein Leben riskieren würde? Ich habe angenommen, Sie kommen darauf, daß man nun zur Beerdigung der Liebe bereit ist, sozusagen.

K *Hier zeigt sich das Denken der Mutter, das offenbar den Regeln des „gesunden Menschenverstands“ folgt: Wenn Ernst nicht die Kraft hat, sich von der alten Liebe zu trennen und sie zu vergessen, dann muß sie ihm helfen und die eigene Kraft in Richtung Trennung und Vergessen richten. Die Mutter ist deutlich entsetzt über die Hausaufgabe, da sie der Logik ihrer Lösungsideen zuwiderläuft. Wo sie meint, daß Totschweigen das Mittel der Wahl ist, wird Erinnerung vorgeschlagen. Aus einer systemischen Sicht erscheint es aber günstiger, bewußt die Bindung zur alten Freundin ritualisiert in Erinnerung zu bringen, um eine Trennung von ihr zu ermöglichen. Es wird aber nicht nur die verleugnete Freundin ins Bewußtsein gebracht, sondern es wird eine Umdeutung eingeführt und ritualisiert festgeschrieben: Das Alkoholtrinken hat mit der nicht beendeten Beziehung zur Freundin zu tun, es ist Ausdruck der Treue, einer Beziehung, die wichtiger ist als das Leben … Und wofür sonst als die Liebe sollte es sich lohnen, sein Leben aufs Spiel zu setzen?*

FS FRITZ SIMON Er riskiert sein Leben für diese Beziehung, offensichtlich. Das ist für mich deutlich. Und ich denke, es geht darum, das noch einmal wirklich zu sagen! Er sagt es ihr nicht persönlich, aber so kann er es ihr ja doch symbolisch sagen. *(zum Sohn)* Werden sie das tun?

E ERNST Ja.

M MUTTER Könnte er nicht ebensogut sagen: „Für dich riskiere ich mein Leben nicht!"?

FS FRITZ SIMON Ich will Ihnen überhaupt nicht vorschreiben ... Sie können sich gerne noch andere ähnliche Abläufe ausdenken, als Gegenmittel sozusagen, ja? Mir erscheint dies das Sinnvollste. Das schließt nicht aus, daß er ja noch etwas anderes macht, ja?

E ERNST Ja.

FS FRITZ SIMON Dann machen wir jetzt noch einen neuen Termin aus, ja?

E ERNST Ja!

***

Innerhalb der nächsten sieben Monate fanden noch zwei weitere Gespräche statt. Bereits beim zweiten Gespräch scheint sich Ernst in einem körperlich besseren Zustand zu befinden. Während seine Augen beim Erstgespräch eine deutlich sichtbare Gelbfärbung hatten, sind sie jetzt weiß. In den sieben Monaten nach diesem ersten Gespräch hat er keinen Alkohol mehr getrunken. In seiner Lebensgestaltung ist es aber noch zu weiteren Veränderungen gekommen: Er hat seine Prüfung bestanden und wieder Kontakt zu alten Freunden hergestellt. Er sitzt nicht mehr nur zu Hause, sondern zeigt sich unternehmungslustig. Es gibt sogar Phantasien in der Familie, er könne eine Freundin haben, zumindest erscheint es auch ihm denkbar, wieder das Risiko einzugehen, sich zu verlieben.

Das Ritual hat Ernst, wie versprochen, ausgeführt – allerdings nur ein einziges Mal.

16. „Mein Joghurt, dein Joghurt“ (Herr und Frau Schönberg, Teil 2)

Herr Schönberg, der 30 000 DM im Jahr in Münzautomaten wirft, und Frau Schönberg, die kostenbewußte Buchhalterin, haben miteinander eine Rollenverteilung entwickelt, bei der er dafür sorgt, daß Unberechenbarkeit und Risiko in die Beziehung kommen, während sie um Berechenbarkeit und Sicherheit kämpft. Aus der Außenperspektive betrachtet, haben die beiden eine Form der Arbeitsteilung gefunden, bei der die jeweils zueinander im Widerspruch stehenden individuellen Wünsche nach Zuverlässigkeit und Spannung einerseits und die Angst vor Langeweile und Gefahr andererseits gemeinsam balanciert werden.

Diese Möglichkeit der Kooperation hat die Partner, als sie sich kennenlernten, füreinander attraktiv gemacht, jetzt droht es sie auseinanderzubringen. Um es noch einmal zu betonen: Was Partner zusammenbringt, bringt sie sehr häufig auch wieder auseinander. Die Begründung dafür ist relativ einfach: Jeder Partner verstärkt – bewußt oder unbewußt – die Verhaltensmuster, die für den Partner attraktiv waren. Wenn beide das tun, kommt es zur Eskalation, jeder „kultiviert“ seine Vorzüge und erreicht dadurch ein paradoxes Ergebnis. Mit der Veränderung der Quantität verändert sich die Qualität des Verhaltens, was einst als reizvoll erlebt wurde, wird nun unerträglich.

In unserem Beispiel wurde so aus dem etwas chaotischen, spielerisch in den Tag hinein lebenden Bräutigam der „Spieler“ und aus der ordentlichen, verantwortlich die Zukunft planenden Braut die „Kontrolleurin“. Und das nur, weil beide sich vermeintlich logisch verhielten.

Folgt man dieser Hypothese, so ergibt sich daraus eine Richtung für die Intervention. Sie sollte im Idealfall dazu führen, daß sich beide aus ihrer komplementären Rollenzuschreibung befreien können. Wenn sich Frau Schönberg ein wenig unberechenbarer zeigt – so die Überlegung –, ist ihr Mann genötigt, auf die Seite der Berechenbarkeit zu gehen, falls er das Gleichgewicht zwischen beiden Seiten des Konflikts bewahren will.

***

Aus derartigen Erwägungen heraus wurde den beiden am Ende des Erstgesprächs folgender Vorschlag gemacht: Frau Schönberg soll bis zum nächsten Termin in vier Wochen mindestens einmal wöchentlich irgend etwas tun, womit ihr Ehemann auf keinen Fall rechnet. Herr Schönberg soll seine Frau sorgfältig beobachten und herausfinden, wann sie wirklich etwas Überraschendes tut.

Obwohl diese Hausaufgabe von einer mehr oder weniger plausiblen Begründung begleitet wurde, erschienen die beiden nach vier Wochen zur nächsten Sitzung, ohne die Aufgabe ausgeführt zu haben. Es sei daran gescheitert, daß Frau Schönberg nichts Überraschendes eingefallen sei. Ihr Mann habe ihr dann helfen wollen, indem er ihr Vorschläge gemacht habe: „Wenn du dieses ... oder jenes ... tun würdest, das würde mich ganz besonders überraschen!" Diese Hilfsangebote führten die Aufgabe ad absurdum, zumindest sorgten sie dafür, daß Frau Schönberg überhaupt nichts mehr einfiel.

Verspielt hat Herr Schönberg genauso viel Geld wie in den Monaten zuvor.

K *Da die Kommunikationsmuster innerhalb der Paarbeziehung im ersten Gespräch hinreichend beleuchtet worden waren, wurde die zweite Sitzung nach der Reflexion der Durchführung, oder besser: der Nichtdurchführung der Hausaufgabe, nicht weiter ausgedehnt, sondern eine neue Aufgabe gegeben:*

Zu Beginn eines jeden Monats, wenn Herr Schönberg sein Gehalt erhält, sollen beide zur Bank gehen und das Geld, das Herr Schönberg normalerweise verspielt, abheben. Diesen Betrag, d. h. sein gesamtes Nettogehalt, sollen sie in zwei Teile teilen. Den einen Teil erhält er, den anderen sie. Am Ende des Monats wird abgerechnet. Den Betrag, den er nicht verspielt, erhält er von seiner Frau zurück. Das gilt für das Geld, das er noch übrig hat, aber auch für alle Ausgaben, die er für den Haushalt übernommen hat und mit Quittungen belegen kann. Übrig behält seine Frau bei diesem Verfahren einen Betrag, der dem entspricht, den er verspielt hat. Diesen Betrag *muß* sie dann innerhalb der nächsten Woche für sich, und zwar für ganz persönliche Dinge wie Parfum, Schuhe, Unterwäsche, Klamotten usw., verwenden. Daß sie dies getan hat, muß sie nicht nur durch Vorführen und Zeigen ihrer Einkäufe beweisen, sondern ihrem Mann ebenfalls durch Quittungen belegen. Dieses Programm soll für drei Monate durchgezogen werden. Beide erklären sich bereit dazu.

K *Bei diesem recht komplizierten Vorschlag geht es darum, die beiden Partner auf eine Stufe zu stellen (was das jeweils ausgegebene Geld betrifft). Ein weiteres Ziel ist es, dem Spielen von Herrn Schönberg die aggressive Note seiner Frau gegenüber zu nehmen. Je mehr er verspielt, um so mehr kann und muß sie sich leisten. Dadurch, daß sie „gezwungen“ wird, das „gewonnene“ Geld aktuell und ohne Blick auf die Zukunft zu „verschwenden“, soll – wie bei der ersten Verschreibung – Frau Schönberg gewisse Eigenarten ihres Mannes übernehmen. Die Hoffnung ist, daß so die strikte Rollenaufteilung aufgeweicht wird.*

Drei Monate später kam Herr Schönberg – entgegen der Verabredung – ohne seine Frau zur Sitzung. Er habe sie gebeten, zu Hause zu bleiben, um mal mit dem Therapeuten allein reden zu können. In diesem Gespräch zeigt sich, daß sich Herr Schönberg sehr unfrei und kontrolliert in der Beziehung zu seiner Frau fühlt. Sie achte sehr darauf, wie er sich benehme, und versuche, ihn zu erziehen. Er wisse allerdings auch nicht, was er oder sie anders tun könnten.

Was die Hausaufgabe betrifft, so hätten sie sie ausgeführt. Er hat seinen Anteil jeweils verspielt, seine Frau hat ihren Teil erhalten und das Geld, der Anweisung entsprechend, ausgegeben. Da er mit diesem Resultat nicht einverstanden sei – das Geld sei schließlich weg –, solle doch seine Frau die ganze Kontrolle (alleinige Kontovollmacht usw.) übernehmen.

Dieser Vorschlag wird nicht aufgenommen, statt dessen versucht der Therapeut, das Spielen positiv umzudeuten: Wenn Herr Schönberg nicht spielen würde, würde er sich wahrscheinlich von seiner Frau trennen, da er den Kitzel des Risikos brauche. Er gehe gewissermaßen fremd, ohne die damit verbundenen Gefahren ...

Um der Gleichbehandlung willen wird Frau Schönberg ebenfalls zu einem Einzelgespräch eingeladen, eine Woche später.

In diesem Gespräch wird deutlich, daß Frau Schönberg nur durch die Hoffnung auf die Therapie in der Ehe gehalten wird. Wenn die Therapie ohne Erfolg bleiben sollte, müsse sie sich von ihrem Mann trennen, obwohl sie ihn liebe. Sie müsse sich trennen, um sich und ihre Zukunft zu schützen; da er sein Geld verspiele, würden sie beide von ihrem Geld leben; sie werde gewissermaßen „ausgeblutet“ und könne keinerlei Zukunftssicherung vornehmen. Dies könne sie nur noch eine begrenzte Zeit aushalten. Daß sie jetzt einen Teil des Geldes für sich verwenden könne, ändere nichts daran, da es dann weg sei und nicht mehr damit kalkuliert werden könne.

Penetrantes Nachfragen ergibt, daß sich Frau Schönberg nicht trennen würde, weil sie glaubt, mit dem falschen Mann verheiratet zu sein, oder die Beziehung – losgelöst vom Spielen – in Frage stellt. Sie sieht aber keinen anderen Weg, sich selbst vor dem „finanziellen Ausbluten" zu schützen. Daher wird ihr ein Verhalten vorgeschlagen, mit dem sie sich absichern kann, ohne die Beziehung zu kündigen:

Sie solle mit ihrem Mann eine radikale und konsequente Trennung der Kassen vollziehen, so, als ob sie tatsächlich getrennt wären und getrennt leben würden. Alle Ausgaben für den Haushalt sollten haarklein abgerechnet werden. Wenn sie gemeinsam einen Becher Joghurt essen, solle sie die Hälfte der Kosten von ihm einfordern usw. Auf diese Weise behalte sie die Verfügung über das von ihr selbst verdiente Geld, ihr Mann könne soviel spielen, wie er will, sie würde nicht ausbluten. Dieser Vorschlag der klaren Trennung der Kassen wurde noch durch konkrete Beispiele illustriert.

Die Begründung für diesen Vorschlag, die sich aus systemtheoretischen Überlegungen ergibt, wurde – allerdings mit anderen Worten – auch Frau Schönberg mitgeteilt:

K *Aus systemischer Sicht sind Menschen autonom, d. h. nicht von außen steuer- oder kontrollierbar. Das gilt auch für Herrn Schönberg. So sehr sich Frau Schönberg auch bemühen mag, sie wird ihn nie kontrollieren können. Sie müßte ihn einsperren oder 24 Stunden am Tag begleiten. Und selbst dann würde er wahrscheinlich noch einen Weg finden, der Kontrolle zu entgehen.*

Solange Frau Schönberg ihre finanzielle Sicherheit daran bindet, daß ihr Mann nicht mehr spielt, liefert sie sich ihm aus. Das ist für sie langfristig nicht auszuhalten. Deswegen versucht sie ihn, um ihres Selbstschutzes willen, zu kontrollieren. Da dies nicht geht, wird sie sich so nie sicher fühlen können.

Die Alternative ist, daß sie kontrolliert, was sie kontrollieren kann: sich selbst. Sie muß die Verantwortung für sich und ihre Zukunft übernehmen. Wenn sie mit ihm – was die finanzielle Autonomie betrifft – so lebt, als ob sie allein leben würde, kann sie sich vor dem finanziellen Ausbluten schützen, sich sicher fühlen und gleichzeitig ihren Mann in Ruhe lassen.

Falls sie diesen Vorschlag annehme, solle sie wöchentlich einen Brief an den Therapeuten schreiben und über ihre Erfahrungen berichten.

K *Dieser briefliche Kontakt soll den Therapeuten als Mitspieler auf der ehelichen Bühne präsent halten, um die Wahrscheinlichkeit zu erhöhen, daß Frau Schönberg die ihr eigentlich sehr fernliegende Aufgabe durchhält.*

Der erste Brief kam eine Woche später, die folgenden in etwas größeren Abständen.

***

Brief vom 24. Juni

Sehr geehrter Herr Dr. Simon,
wie bei unserem letzten Gespräch vereinbart, möchte ich Ihnen kurz über den Verlauf der vergangenen Woche berichten.

Bereits am Anfang dieser Woche habe ich versucht, alle anfallenden Aufwendungen für den gemeinsamen Lebensunterhalt zu teilen, so daß mir mein Mann dann nach jedem Einkauf seinen Anteil ersetzte. Wenn wir gemeinsam ausgehen, zahlt jeder für sich. Auch die anfallende Post bearbeitet jeder von uns beiden für sich selbst.

All das hat in dieser Woche ganz gut funktioniert, worüber ich froh und erleichtert bin und nicht sagen könnte, daß mir dadurch etwas fehlt.

Mein Mann nimmt die strikte Teilung aller Aufwendungen mit einem Lächeln hin und meint, man müsse dies nicht so genau nehmen. Ich bin jedoch davon überzeugt, daß er sich im Laufe der Zeit auch daran gewöhnen wird.

Vor allem versuche ich nicht mehr, für alles Verständnis zu zeigen (Krankenschwester), sondern setze auch mal meinen Willen ganz massiv durch.

In der Hoffnung, daß all diese Maßnahmen zum Erfolg führen, verbleibe ich
mit besten Grüßen

Beate Schönberg

***

Brief vom 2. Juli

Sehr geehrter Herr Dr. Simon,
auch heute wieder möchte ich Sie kurz über die Ereignisse der vergangenen Woche informieren.

Seit dem 25. Juni befinden wir uns in Österreich im Urlaub. Bereits vor der Reise stand fest, daß jeder seinen Urlaub selbst bezahlt und daß wir in finanzieller Hinsicht strikt getrennt voneinander leben. Mein Mann hält sich an diese Regelung und achtet auch selbst darauf, daß wir sie einhalten. Ich empfinde dies als großen Vorteil, weil ich nun einen

Teil der Verantwortung meinem Mann übertragen habe, der dadurch gezwungen wird, sein Geld selbst einzuteilen. Es ist mein fester Wille, ihm dabei auf keinen Fall zur Hilfe zu stehen. In dieser Woche habe ich mich viel auf mein eigenes Leben konzentriert und habe auch alleine Dinge unternommen, die mir Spaß machen. Bis zu meinem Bericht der nächsten Woche verbleibe ich

mit besten Grüßen

Beate Schönberg

* * *

Brief vom 14. Juli

Sehr geehrter Herr Dr. Simon,

wir sind am letzten Wochenende von unserer Reise zurückgekehrt und stehen seit Anfang dieser Woche beide wieder im Berufsleben.

In unserer Post, die sich während des Urlaubs ansammelte, befanden sich auch zwei Mahnungen für Rechnungen, die mein Mann nicht bezahlt hatte. Noch vor kurzer Zeit hätte ich diese beiden Überweisungen rasch vorgenommen, um Schlimmeres zu verhindern, doch jetzt unternahm ich nichts.

Es war eine neue und fremde Situation, die ich dadurch meinem Mann präsentierte. Er war nun gezwungen, selbst etwas zu unternehmen, was dann auch geschah.

Ich befasse mich nur noch mit meinen eigenen Angelegenheiten und lehne alle Dinge, die meinen Mann betreffen, konsequent ab.

Er versucht nun, mit dieser Situation zurechtzukommen, was ihm manchmal nicht so einfach gelingt.

In der nächsten Woche möchte ich versuchen, weiterhin Abstand von ihm zu gewinnen, und verbleibe bis dahin

mit freundlichen Grüßen

Beate Schönberg

* * *

Brief vom 23. Juli

Sehr geehrter Herr Dr. Simon,

auch über den Verlauf der vergangenen Woche kann ich eigentlich nichts Negatives berichten. Immer noch trennen wir jede, auch noch so kleine Ausgabe. Dennoch habe ich jetzt den Eindruck, mein Mann empfindet dies nun als verordnetes Übel und glaubt, daß mein Verhalten und meine innere Einstellung zur Sache nicht übereinstimmen. Immerhin sei mein Verhalten in finanziellen Dingen bereits über zehn Jahre lang ganz anders gewesen. In dieser Zeitspanne hat mein Mann in jeder Hinsicht ein sehr starkes Vertrauensverhältnis zu mir aufgebaut. Meine Aufgabe ist es nun, dieses Vertrauen wieder abzubauen.

Einmal wöchentlich werde ich mich nun mit Freunden treffen, um gemeinsam mit ihnen etwas zu unternehmen. In den beiden vergangenen Wochen habe ich dies bereits getan. Mein Mann verbrachte die Abende alleine zu Hause, was mich sehr überraschte. Ging ich früher alleine weg, war mein Mann nie da, wenn ich zurückkam.

Auch wenn sich nun einiges zum Guten gewendet hat, glaube ich, daß mir mein Mann diese „heile Welt“ nur vorspielt. Jetzt, wo ich in seinen finanziellen Bereich keinen Einblick habe, ist dies auch sehr einfach. Ich möchte gerade jetzt sehr stark sein und unbeirrt meine Ziele verfolgen.

Mit den besten Grüßen verbleibe ich

Beate Schönberg

***

Brief vom 3. August

Sehr geehrter Herr Dr. Simon,
wie ich bereits letzte Woche schon vermutet habe, spielt mein Mann wieder. Vor etwa 14 Tagen fand ich durch Zufall beim Aufräumen DM 2000, die er im Bücherregal versteckt hatte. Ich ließ dieses Geld dort liegen.

Am Dienstag der vergangenen Woche erklärte mir mein Mann dann, daß er ab Mittwoch für einige Tage geschäftlich unterwegs sein wird und erst am Freitag zurückkommt. Als ich dann am Mittwoch nach Hause kam, war das Geld weg.

Auch unser Kfz-Brief ist nicht mehr da, der nun ganz bestimmt bei einer Bank als Sicherheit für ein neues Darlehen hinterlegt wurde.

Nach all diesen Enttäuschungen wollte ich an dem Abend nicht wie gewohnt treu und brav den Telefonanruf meines Mannes abwarten. Ich nahm meine Badesachen, ging schwimmen und kam gegen 23 Uhr zurück. Bis ca. 1 Uhr läutete das Telefon fast ununterbrochen. Ich wollte mich nicht melden, um mir irgendwelche Lügen anzuhören. Auch den Anruf am nächsten Tag nahm ich nicht entgegen. Als mein Mann mich dann endlich erreichte, war er völlig aufgebracht, da er glaubte, ich sei die ganze Nacht nicht zu Hause gewesen. Ich ließ ihn in dem Glauben und war bestrebt, dieses Gespräch rasch zu beenden.

Am Freitag kam mein Mann dann zurück. Nun wollte er unbedingt wissen, wo ich in der Nacht vom Mittwoch auf Donnerstag gewesen sei. Ich sagte ihm dann nur, daß er sich in Zukunft wohl an meine Abwesenheit gewöhnen muß, wenn er nicht bereit ist, sich zu ändern. Gegen 19 Uhr verließ ich dann das Haus, da ich mit einer Freundin verabredet war. Auch mein Mann ging weg und kam erst sehr spät und in betrunkenem Zustand zurück. Ich wollte mich darüber nicht aufregen, sondern hatte bereits geplant, in dieser Woche wieder sehr viele Dinge alleine zu unternehmen. Gleich am Montag (1.8.) verließ ich um 19 Uhr das Haus und kam gegen 23 Uhr zurück.

Mein Mann wußte an diesem Abend nicht, mit wem ich weg war oder wohin ich ging. Weil ich nun absolut nicht bereit war, seine Fragen zu beantworten, kam es dann zum Streit. Seine Vorstellung, ich sei in der vergangenen Woche in der Nacht vom Mittwoch auf Donnerstag nicht zu Hause gewesen, verstärkte sich dadurch. Seit zwei Tagen spricht mein Mann nicht mehr mit mir, um nun so vielleicht zu erfahren, wo ich war. Jetzt jedoch werde ich weiterhin strikt meine Ziele verfolgen und verbleibe

mit besten Grüßen

Beate Schönberg

***

Brief vom 24. August

Sehr geehrter Herr Dr. Simon,
zunächst möchte ich mich dafür entschuldigen, daß Sie nun seit drei Wochen keine Nachricht von mir erhalten haben.

Doch gerade in letzter Zeit muß ich oft länger arbeiten, und außerdem sitze ich nicht mehr tatenlos zu Hause. Ich gehe schwimmen, radfahren, treffe mich mit Freunden zum Essen, gehe ins Kino und bin somit ca. zwei- bis dreimal wöchentlich unterwegs. Die finanzielle Trennung halten wir immer noch strikt ein. Ich kaufe mir teure Kleider, und vor allem laufe ich meinem Mann nicht mehr hinterher, sondern versuche, diese Rolle mit ihm zu tauschen, wobei ich kleine Erfolge bereits verzeichnen konnte. Immerhin hat er bemerkt, daß ich mich nicht wie früher intensiv um ihn kümmere. Er hat sich bereits darüber beklagt, daß ich ständig weglaufe. Dabei ist dies für meinen Mann wohl am schlimmsten, wenn er nicht weiß, wo oder mit wem ich weg bin. All seine Fragen dazu bleiben unbeantwortet, was ihn doch manchmal über Tage hinweg beschäftigt.

Leider kann ich im Moment nicht beurteilen, ob mein Mann nun durch mein verändertes Verhalten weniger Geld verspielt, denn ich habe den Überblick über seine finanziellen Verhältnisse total verloren.

Wenn ich weg bin, bleibt er auch nicht immer zu Hause, sondern sitzt oft in irgendwelchen Kneipen und kommt spät und betrunken zurück. Manchmal kontrolliert er von der Kneipe aus durch Anrufe, wann ich nach Hause komme.

In der Hoffnung, nun den richtigen Weg zu gehen, verbleibe ich
mit besten Grüßen

Beate Schönberg

***

Brief vom 10. September

Sehr geehrter Herr Dr. Simon,
auch über den Verlauf der vergangenen drei Wochen gibt es wieder einiges zu berichten. Wie Sie bereits wissen, gehe ich jetzt etwa zweimal wöchentlich abends alleine weg. Außerdem habe ich mit meinem Mann eine Vereinbarung getroffen, wonach keiner von uns darüber berichten muß, wo er gewesen ist. Doch gerade das möchte er ja wissen, wenn ich weg war. Die Ungewißheit, die ihn manchmal tagelang beschäftigt, führt oft bis zur Eifersucht. Bin ich donnerstags nicht zu Hause, geht mein Mann sozusagen als Strafe für mich freitags weg. Natürlich versuche ich, dies nicht als Strafe zu empfinden, und verhalte mich dann desinteressiert. Allgemein gesehen wurde unser Verhältnis besser. Mein Mann überrascht mich oft mit kleinen Geschenken und versucht nun, alle seine Angelegenheiten selbst zu regeln. Er zeigt für viele Dinge mehr Verständnis, und zum Streit kommt es nur dann, wenn ich alleine weggehen will.

Jetzt wurde mir klar, daß ich meinen Mann nur auf diesem Wege von den Automaten wegbringen kann.

Wie vereinbart werde ich mich in den nächsten Tagen telefonisch bei Ihnen melden und verbleibe bis dahin
mit besten Grüßen

Beate Schönberg

***

In dem telefonisch vereinbarten, vier Wochen später stattfindenden Paargespräch schildern beide, sie würden sich im Moment besser als seit Jahren verstehen. Er sei zwar ziemlich beunruhigt durch das Verhalten seiner Frau, aber irgendwie könne er es doch ertragen. Sie wisse immer noch nicht, ob er nun spiele oder nicht, sie versuche aber auch nicht, es herauszufinden.

Beide stimmen überein, daß ihre sexuelle Beziehung besser sei als jemals zuvor. Insgesamt geben sie ihrer Ehe gute Noten.

Angesichts einer alles in allem optimistischen Einschätzung der gemeinsamen Zukunft diskutieren beide in den letzten vier Wochen öfter über die Frage, ob sie sich Kinder anschaffen sollten. Vor allem Herr Schönberg scheint daran interessiert. Frau Schönberg, zu deren Lebensentwurf ebenfalls Kinder gehören, zeigt sich allerdings noch sehr skeptisch, da sie ihm (noch?) nicht genug vertraue.

Der Therapeut, ausdrücklich nach seiner Meinung befragt, rät Frau Schönberg, sie solle sich nur zu Kindern entschließen, wenn sie wirklich bereit sei, die Kinder zur Not auch als alleinstehende Mutter großzuziehen.

Nach diesem Gespräch wurde kein neuer Termin ausgemacht. Es wurde aber angeboten, die beiden könnten sich jederzeit melden, wenn es ihnen sinnvoll oder nützlich erscheine.

Das geschah nach acht Jahren. Frau Schönberg meldete sich telefonisch, ihr Mann habe erneut Geld verspielt. Die Situation der beiden habe sich in der Zwischenzeit sehr verändert. Beide lebten immer noch zusammen, hätten aber inzwischen zwei Kinder. Seit die Kinder da seien, wäre es Frau Schönberg nicht mehr möglich gewesen, ihre finanzielle Abgrenzungsstrategie durchzuhalten. Sie konnte nicht mehr arbeiten gehen, ihr Mann blieb als alleiniger Verdiener. Dennoch sei es ihnen bisher finanziell gutgegangen, da ihr Mann offenbar nicht gespielt habe. Beide hätten, da es gesundheitliche Probleme mit den Kindern gab, in der vergangenen Zeit viele gemeinsame Sorgen und Aufregungen gehabt. Ihr Mann habe sich dabei als verantwortungsbewußter Familienvater gezeigt. Er sei auch im Ort respektiert, sei in einige Ehrenämter in Vereinen u. ä. gewählt worden.

Auf die Rückfragen am Telefon, was denn aus ihrer alten Strategie, ihr eigenes Leben zu leben, geworden sei, wird Frau Schönberg ziemlich still, sie sei so mit der Sorge um die Familie beschäftigt, daß ihr weder Raum noch Zeit bleibe, an sich zu denken. Es wird ein Termin, vier Wochen später, vereinbart.

Zu diesem Termin erscheint Frau Schönberg allein, sehr elegant und attraktiv gekleidet. Sie wirkt entspannt und erklärt, dieses Gespräch sei eigentlich gar nicht mehr notwendig gewesen, da sie bereits nach dem Telefonat vieles in ihrem Alltag geändert und sich wieder mehr auf sich selbst besonnen habe. Ihr Mann habe in der Zwischenzeit auch nicht mehr gespielt.

* * *

Dieses Fallbeispiel mag verdeutlichen, daß Vertrauen zum Erhalt der Qualität einer Zweierbeziehungen nicht immer nützlich ist. Unberechenbarkeit und Spannung können als Aphrodisiakum wirken, den Reiz der Partner füreinander erhöhen, Langeweile verhindern. Manchmal bringt ein Symptom diese Nichtvorhersagbarkeit in die Beziehung, manchmal schaffen es die Partner auch ohne diesen unberechenbaren „Dritten“, füreinander ein reizvolles und überraschendes Rätsel zu bleiben. Vertrauen ist sicher ein wichtiger und schöner Bestandteil einer Ehe. Es verringert die Komplexität der Welt. Wenn es sie aber so verringert, daß jeder sich verpflichtet fühlt, sich berechenbar zu zeigen, dann nimmt es die Freiheit und Möglichkeit der Entwicklung – nicht nur dem einzelnen, sondern auch der Beziehung.

Wenn das der Fall ist und die Partner sich einengen – das heißt, jeder engt sich selbst ein, um den anderen nicht zu enttäuschen oder zu überraschen –, dann sind aus therapeutischer Sicht Interventionen hilfreich, die wieder Unberechenbarkeit und Spannung in die Beziehung bringen. Alle hier skizzierten Interventionen hatten diese Zielrichtung. Auch wenn sie nicht unmittelbar zu einer Veränderung des Verhaltens führten, so kann man doch eine Langzeitwirkung vermuten. Liest man die Briefe von Frau Schönberg, so scheint es, daß sie manche der Ideen, die mehrere Sitzungen vorher gestreut wurden, aufgenommen und später umgesetzt hat. Sie macht viel für sich allein, kauft sich teure Kleider usw. Das Faszinierende ist, wie die schlichte Trennung der Kassen sich in eine Trennung der persönlichen Sphären ausgeweitet hat, in eine auf der Handlungsebene klarer vollzogene Selbst-Objekt-Abgrenzung. Geld und Kontoführung sind eben doch sehr mächtige Metaphern – wahrscheinlich nicht nur für Buchhalterinnen und Glücksspieler.

IV. ORIENTIERUNGSHILFEN – HANDWERKSZEUG

17. Der idealtypische Ablauf einer Therapiesitzung

Therapiesitzungen werden vom Therapeuten und der Familie oder dem Einzelklienten gemeinsam gestaltet. Daher ist die Macht des Therapeuten, sie zu steuern, begrenzt. Er muß sich mit seinen Gesprächspartnern darüber einigen, worüber gesprochen wird. Diese Einigung fällt im allgemeinen nicht schwer, da auch die Klienten ein Interesse daran haben, daß der Therapeut all die Informationen bekommt, die er für seine Arbeit als Experte benötigt. Daher eröffnet sich dem Therapeuten die Möglichkeit, die Sitzung zu lenken, wenn er bereit ist, direktiv vorzugehen (was nicht mit allen Psychotherapiekonzepten vereinbar ist).

Um die hier propagierte aktive Rolle übernehmen zu können, muß der Therapeut nicht nur wissen, was er wissen will, sondern auch wissen, welche Ideen er streuen oder lieber nicht streuen möchte. Nur so kann er seine Aufmerksamkeit fokussieren und in eine zielorientierte Konversation mit seinen Klienten eintreten. Es reicht aber nicht aus, zu wissen, welche Themen aus familien- und systemdynamischer Sicht wichtig sind oder sein könnten, ganz entscheidend für den Verlauf der Sitzung ist auch die zeitliche Abfolge, in der bestimmte Fragen angesprochen werden. So macht es wenig Sinn, die Frage nach dem Therapieziel am Ende der Therapie zu stellen, und wer den Überweisungskontext nicht klärt, wird – wenn er Pech hat – irgendwann später davon eingeholt, daß er stillschweigend Aufträge Dritter übernommen hat, die er sehenden Auges nicht übernommen hätte.

Der folgende Leitfaden soll zur Strukturierung einer idealtypischen Sitzung dienen. Dabei ist hinzuzufügen, daß reale Sitzungen selten idealtypisch verlaufen. Aber das ist nicht weiter schlimm, solange der Therapeut die Orientierung nicht verliert, d. h. seinen Auftrag nicht vergißt. Wo er den thematischen Schwerpunkt in der Sitzung legt und wie er seine Auswahl und Gewichtung unter den verschiedenen Fragenkomplexen vornimmt, muß jeder Therapeut letzten Endes allein von Augenblick zu Augenblick entscheiden.

Schema des Sitzungsablaufs (es empfiehlt sich, die zeitliche Reihenfolge in etwa einzuhalten):

1. Klärung des Überweisungskontextes

1.1 Wann ist die Idee zu einer/dieser Therapie entstanden? Wie war die Lebenssituation des Patienten/der Familie zu dieser Zeit? Welche inner- oder außerfamiliären Änderungen lassen sich mit dieser Idee zeitlich in Zusammenhang bringen?

1.2 Wer hat die Idee gehabt? Wie ist die Entscheidung zur Therapie zustande gekommen? Was haben die Beteiligten sich von der Therapie versprochen?

1.3 Wie ist der Therapeut ausgewählt worden? Warum gerade diese Klinik/dieser Therapeut? Welche Vorinformationen haben die Beteiligten über ihn/seine Institution/von wem?

1.4 Gab/gibt es Skeptiker gegenüber der Therapie? Was sind ihre Einwände/Bedenken/Befürchtungen?

1.5 Gibt es Vorerfahrungen mit Therapie? Wenn ja, welche Parallelen gibt es zwischen der jetzigen und der damaligen Situation? Was sollte der Therapeut auf jeden Fall genauso/ganz anders als der damalige Therapeut machen?

2. Zieldefinition konkretisieren

2.1 Wer bemerkt woran, wenn das Ziel der Therapie erreicht ist? Wird eher etwas getan, was bislang nicht getan wurde, oder wird etwas unterlassen, was bislang getan wurde?

2.2 Welche Personen sind durch diese Veränderung aktiv oder passiv betroffen?

2.3 Welche ihrer Verhaltensweisen sind dann verändert?

2.4 Für wen sind diese Änderungen positiv, für wen negativ?

2.5 Worin besteht der positive oder negative Wert der Änderung für wen? Wie sind die unterschiedlichen Kosten-Nutzen-Rechnungen für die Beteiligten?

3. Was haben die Beteiligten bislang probiert, um dieses Ziel zu erreichen?

3.1 Was hat sich am meisten/am wenigsten bewährt?

3.2 Wurde das Ziel oder ein vergleichbarer Zustand schon einmal früher erreicht?

3.2.1 Wenn ja, was waren die Bedingungen – speziell: Was haben die Beteiligten konkret getan? Was haben andere getan?

3.2.2 Wenn nein, woher wissen die Beteiligten, daß dieses Ziel überhaupt realistisch ist?

4. Wie erklären sich die Beteiligten, daß das Ziel bislang nicht allein erreicht wurde?

4.1 Welches sind die darin implizierten Vorannahmen über das Funktionieren der Welt, insbesondere der zwischenmenschlichen Interaktion und Kommunikation?

4.2 Welches sind die basalen Werte, an denen die Beteiligten sich orientieren?

5. Welche Einflußmöglichkeiten haben die Beteiligten?

5.1 Was könnte wer tun, um Veränderungen in die gewünschte Richtung zu verhindern? Oder noch verschärft: sie rückgängig zu machen, falls das Ziel erreicht sein sollte?

5.2 Wie könnte wer das Problem/die Situation verschlimmern, wenn er müßte?

5.3 Welche Maßnahmen haben sich in der Vergangenheit bewährt (was die positive wie die negative Wirkung betrifft)?

6. Welches sind die offenen oder auch heimlichen Erwartungen, Hoffnungen und Befürchtungen an den Therapeuten?

6.1 Was könnte der Therapeut tun, um das Erreichen des Ziels wahrscheinlicher zu machen?

6.2 Was könnte der Therapeut tun, um das Erreichen des Ziels eher unwahrscheinlich zu machen?

6.3 Welches ist das in diesen Wünschen implizierte Beziehungsangebot?

6.4 Ist die dem Therapeuten zugedachte Funktion auf andere Personen (Familienmitglieder, Nachbarn usw.) oder den Überweiser (z. B. ein Gericht, das eine Behandlungsauflage verhängt hat) gerichtet?

7. Hypothetische Zukunftsfragen

7.1 Wenn es keine Therapeuten gäbe, wie würde es dann weitergehen? Wer in der Familie könnte oder würde am ehesten die dem Therapeuten zugedachte Funktion übernehmen?
7.2 Wenn das Therapieziel nicht erreicht würde, wie würde es dann weitergehen?

8. Zeitperspektiven

8.1 Wie lange dauert es nach Ansicht der Beteiligten/des Überweisers voraussichtlich, bis das Ziel erreicht werden kann?
8.2 Welchen Unterschied macht es zeitlich, ob das Ziel mit oder ohne Therapeut erreicht bzw. angestrebt wird?

9. Fragen zur Neutralität

9.1 Ist der Therapeut von den verschiedenen Teilnehmern der Sitzung als neutral erlebt worden?
9.2 Wenn der Therapeut als nicht neutral erlebt wurde, in welcher Hinsicht hat er die Neutralität verloren: in bezug auf Personen, in bezug auf die Veränderung, in bezug auf bestimmte Wirklichkeitskonstruktionen?

10. Vorbereitung des Schlußkommentars

10.1 Gibt es wichtige Themen, die bislang noch nicht angesprochen wurden?
10.2 Falls sich beim Therapeuten während der Sitzung Interventionsideen für eine Hausaufgabe oder etwas Ähnliches entwickelt haben, wie würde wer auf einen solchen Vorschlag reagieren?

Der Ablauf der Folgegespräche ist im Prinzip ähnlich. Der Überweisungskontext braucht nicht mehr geklärt zu werden, aber auch bei der 10. Sitzung kann man davon ausgehen, daß die Lust, an der Sitzung teilzunehmen, bei den einzelnen Familienmitgliedern unterschiedlich ist. Auch die Ziele für die Sitzung können sich von Sitzung zu Sitzung ändern. In den Folgegesprächen ist es wichtig, immer wieder den Nutzen der Therapie zu bilanzieren, d. h. mit dem/den Klienten zu reflektieren, wie nah oder fern das Ziel noch ist, was nützlich war und was nicht, welche Rolle der Therapeut bislang gespielt hat, welche er spielen sollte ... Auf diese Weise wird die Verantwortung für die Therapie mit den Klienten geteilt – was angesichts der Tatsache, daß sie gemeinsam von allen Beteiligten gestaltet wird, theoretisch und praktisch angemessen ist. Die Verantwortung für konkrete, d. h. tatsächliche Veränderungen im alltäglichen Leben der Klienten sollte aber immer bei den Klienten bleiben.

18. Frageprinzipien und Fragetypen

Will man eine Typologie möglicher Fragen erstellen, so erscheint es am nützlichsten, allgemeine Prinzipien anzugeben, die dann jeweils mit konkreten Inhalten gefüllt werden können. Dies dürfte auch deshalb besser sein, als konkrete Fragen und Formulierungen vorzugeben, weil jede Frage dem Kontext der aktuellen Konversation an- und eingepaßt werden muß. Sie muß passen, und das tun Standardfragen eben meistens nicht. Doch mit Hilfe der in der nächsten Checkliste aufgeführten Fragetypen lassen sich vom Interviewer Fragen zu nahezu allen denkbaren Themen konstruieren.

Allgemeine Prinzipien

a) Unterschiede erfragen

Ohne Unterscheidung keine Information. Wird irgendein Begriff zur Beschreibung einer Situation oder eines Zustands (z. B. eines Problems) verwendet, so kann seine Bedeutung am ehesten dadurch geklärt werden, daß nach den beobachtbaren Merkmalen der Unterscheidung gefragt wird. Woran ist der genannte Zustand zu erkennen, an welchem Merkmal? Alternativ dazu kann auch nach der Negation, d. h. der anderen Seite der Unterscheidung gefragt werden. Welches Merkmal fehlt dann? Woran wäre ein Zustand zu erkennen, dem das genannte definierende Merkmal fehlt? Welches ist das Merkmal bzw. sind die Merkmale der Unterscheidung?

b) Die Unterscheidung zwischen Beschreiben, Erklären und Bewerten

Am sinnvollsten hat sich in der Praxis erwiesen, in seinen Fragen die möglichst deutungs- und wertfreie Beschreibung von Phänomenen von ihrer Erklärung und ihrer Bewertung zu trennen. Phänomene lassen sich im allgemeinen auf vielfältige Weise erklären. Wie sie erklärt werden, verändert ihre Bewertung, und ihre Bewertung verändert ihre Erklärung, und beides entscheidet, ob ein Phänomen überhaupt wahrgenommen wird usw.

Wenn es um Handlungkonsequenzen geht, so kommt Erklärungen und Bewertungen eine zentrale Rolle zu. Werden sie verändert, so ändern sich auch die Muster der Interaktion und Kommunikation.

c) „Verflüssigung" von Eigenschaften

1. Schritt: Übersetzen in Verhalten

Individuelle, statische „Eigenschaften" sind Zuschreibungen und Verdinglichungen, die aus individuellen, wiederholten Verhaltensmustern abgeleitet worden sind. Es gilt, sie durch die Art des Fragens wieder in die Verhaltensdimension zurückzuübersetzen.

Welche Verhaltensweisen muß z. B. der Vater zeigen, um als „Weichei" von sich selbst/anderen angesehen zu werden? Wie verhält sich die Mutter, wenn alle sie als „depressiv" beschreiben würden?

2. Schritt: Interaktionelle und zeitliche Rekontextualisierung

Verhaltensweisen wird kontextabhängig eine unterschiedliche Bedeutung zugeschrieben. Die Absolutheit vermeintlicher Eigenschaften kann dadurch in Frage gestellt werden, daß sie – bzw. das Verhalten, durch das sie sich „zeigen" – in ihren interaktionellen Kontext gestellt werden. Dazu gehören Fragen nach dem Effekt des Verhaltens.

Was geschieht, wenn ein bestimmtes (z. B. als problematisch erachtetes) Verhalten gezeigt wird? In welchen Situationen wird es wie stark gezeigt? Wer ist dabei? Wer reagiert wie? Was geschieht davor? Wie ist die zeitliche Abfolge der Interaktion? Wie sind die Interaktionsepisoden gestaltet?

d) Opfer zu Tätern: Verdeutlichung gegenseitigen Bedingens

Durch bestimmte Formen der Fragestellung wird eine zirkuläre, gegenseitige Bedingtheit des Verhaltens vorausgesetzt bzw. konkret erfragt. Jeder der Teilnehmer an der Interaktion wird als Handelnder vorausgesetzt, wodurch Täter- und Opferrollen mitsamt ihren geradlinig-kausalen Prämissen in Frage gestellt werden. Jeder ist verantwortlich für die Handlungen aller anderen.

Frage: *Wenn Sie wollten, daß Ihre Mutter genau das tut, worüber Sie sich jetzt beklagen, wie könnten Sie es erreichen?* Antwort: *Ich müßte x tun.* Frage an die Mutter: *Wenn Sie wollten, daß Ihr Sohn x tut, wie könnten Sie das schaffen?* usw.

e) Einführung einer zeitlichen Dimension

Die Relativierung von Statik und Verdinglichung durch Einführung einer zeitlichen Perspektive. Es werden Änderungen in der Vergangenheit ebenso wie mögliche Änderungen in der Zukunft abgefragt. Implikation solcher Fragen ist, daß Änderung möglich und wahrscheinlich ist.

Wann hat die Situation xy begonnen? Wie lange wird sie noch dauern?

f) Klärung individueller und familiärer Werte

Fragen zu Übereinstimmungen und Unterscheidungen hinsichtlich der basalen familiären und evtl. gesellschaftlich-kulturellen Werte.

Wem ist die Autonomie des Individuums/das Wohl der anderen am wichtigsten? Wenn es Konflikte zwischen diesen Werten gäbe, wer würde sich für was entscheiden usw.? Was ist es, was die Familie XY am meisten von den anderen abhebt?

g) Mythen, Geschichten und Theorien

Da Menschen in Geschichten denken, eröffnet der Zugang zu den Geschichten, welche die gemeinsamen Deutungsschemata der Familie bilden, die Möglichkeit, besser zu verstehen, welche Bedeutungen dem Verhalten aller Beteiligten zugeschrieben wird.

Welche Mythen und Geschichten werden in der Familie erzählt? Über die Vergangenheit, die Gegenwart, die Zukunft? Welches sind die in den Geschichten impliziten Erklärungen für die beobachtbaren Phänomene? Gibt es anerkannte/umstrittene/konkurrierende Theorien zur Erklärung der Geschehnisse? Wie glaubt man, die angestrebten Ziele am besten erreichen zu können?

Spezielle Fragetypen

a) Subsysteme und Koalitionen

Welches sind die gegenwärtigen Bündnisse und Allianzen? Wer macht was mit wem wann? Welche unterschiedlichen Spielregeln gibt es in unterschiedlichen Beziehungen? Welche Personen haben übereinstimmende/gegensätzliche Ziele, Meinungen usw.? Wie durchlässig oder verschlossen sind die Generationsgrenzen? Sind Koalitionen und Allianzen zuverlässig und berechenbar oder wechselnd? Gibt es erkennbare Kriterien des Wechsels?

b) Triaden – Einführung der Außenperspektive

Eine Person wird jeweils über die Beziehung zweier oder mehrerer anderer gefragt. *Wie sieht die Interaktion und Kommunikation von A und B aus der Perspektive von C aus? Was macht wer wann ?* usw.

c) Rangfolgen

Die Einstufung von Akteuren in einer Hierarchie, d. h. die Bildung einer Art von Hitparade. *Wer würde als erster ..., wer zuletzt ...? Wenn man eine Rangfolge in bezug auf ... erstellen wollte, wer käme an erster Stelle, zweiter Stelle ... letzter Stelle?*

d) Qualitative und quantitative Differenzierungen

Fragen nach Unterschieden in bezug auf Qualität und Quantität. *Ist es eher so oder eher so? Mehr oder weniger? Häufiger/seltener? Besser/schlechter?*

In diese Fragekategorie gehören auch Skalierungen. *Wenn Sie den augenblicklichen Zustand in einer Skala von 0 bis 10 bewerten müßten – 0 bedeutet optimal, 10 bedeutet so schlecht wie nur denkbar –, welche Zahl würden Sie angeben? Wenn Sie Schulnoten von 1–6 für ... geben sollten, welche Note hätten Sie am Anfang der Therapie gegeben, welche würden sie jetzt geben, welche soll noch erreicht werden?*

e) Übereinstimmungen und Nichtübereinstimmungen

Wer stimmt mit wem bzw. wessen Sichtweisen überein/nicht überein? Wer sieht es gerade entgegengesetzt? Wer ist unentschieden zwischen den verschiedenen Positionen?

f) Veränderungen

Welche außerfamiliären Veränderungen (Arbeit, Schule, Bekannte) lassen sich mit innerfamiliären Veränderungen zeitlich verknüpfen? Welche biologischen Veränderungen (Pubertät, Krankheiten, Unfälle, Alterserscheinungen usw.) bei einzelnen Familienmitgliedern lassen sich mit kommunikativen familiären Veränderungen in Zusammenhang bringen?

g) Anpassungsfunktionen des Status quo

Auch wenn Veränderungswünsche und -aufträge an den Therapeuten gerichtet werden, ist es wichtig, sich über die funktionellen Aspekte des Status quo klar zu werden. *Was ist gut an der Situation, wie sie gerade ist? Was sollte sich auf jeden Fall nicht ändern?*

h) Hypothetische Fragen

Gedankenexperimente sind ein gutes Verfahren, den Möglichkeitssinn zu nutzen, Optionen durchzuspielen, die Wirkung einzelner Veränderungen zu erproben. Durch hypothetische Fragen lassen sich Interviewpartner in mögliche alternative Welten führen, sei es in der Vergangenheit, sei es in der Zukunft.

Aus diesem Repertoire von Fragetypen lassen sich individuell zugeschnitten und paßgenau die Fragen zusammenschneidern, die nicht nur dem Informationsbedürfnis des Interviewers entsprechen, sondern ihm auch noch die Möglichkeit eröffnen, Ideen bei seinen Gesprächspartnern zu streuen. Denn es sollte niemals vergessen werden, daß jede Frage – auch die am harmlosesten erscheinende – einen suggestiven Gehalt hat und bestimmte Vorannahmen transportiert. Hier liegt der interventive Gehalt des Fragens.

19. Prinzipien und Formen der Intervention

Interventionen können zwei verschiedene Zielrichtungen haben: Entweder sie sollen dazu führen, daß etwas, das bislang gemacht wurde, unterlassen wird, oder sie zielen darauf ab, daß etwas, was bislang unterlassen wurde, gemacht wird. Interaktions- und Kommunikationsmuster, die mit der Entstehung und Erhaltung von Problemen oder Symptomen in Zusammenhang gebracht werden, sollen gestört werden; Interaktions- und Kommunikationsmuster, die mit der Entstehung und Erhaltung von Lösungen in Zusammenhang gebracht werden, sollen angeregt werden. Die Formulierung „in Zusammenhang gebracht" soll darauf verweisen, daß es sich hier um hypothetische Verknüpfungen handelt, die ihre therapeutische Nützlichkeit in der Praxis jeweils erst erweisen müssen. Der Prozeß der Therapie mit seinen Interventionen hat also die Merkmale von Lernprozessen, die nach der „Versuch-Irrtum-Methode", oder besser: der „Suchen-und-(Er-)Finden-Methode", ablaufen.

Das hier skizzierte Interventionsprinzip ergibt sich aus systemtheoretischen Überlegungen. Demnach sind biologische, psychische und soziale Strukturen, die dem Beobachter als statisch und unverändert erscheinen, immer das Ergebnis dynamischer Prozesse. Solche Systeme sind selbstorganisiert und erhalten ihre Grenzen und ihre Form nur dadurch, daß ihre internen Prozesse *kreisförmig* im Sinne von Feedbackschleifen organisiert sind. Sie erhalten ihre Gestalt durch ihre eigene Aktivität. Dies gilt auch für Symptome oder Probleme sowie ihre Lösung. Auf diagnostischer Ebene gilt es, diese zirkulären Prozesse zu erfassen (aus diesem Grund wird „zirkulär" gefragt), auf der therapeutischen Ebene müssen die Rückkopplungsschleifen unterbrochen werden, die das Problem über die Zeit hin am Leben erhalten, und/oder die Schleifen installiert werden, die eine Lösung dauerhaft stabilisieren.

Typen von Interventionen – Theoretische Aspekte

Prinzipiell lassen sich drei Bereiche unterscheiden, auf die Abschlußkommentare abzielen. Die drei Bereiche sind hier künstlich voneinander getrennt, in der Praxis müssen sie aber vielfach miteinander vernetzt werden.

a) Die Ebene der individuellen und kollektiven Wirklichkeitskonstruktionen

Auf dieser Ebene lassen sich die Kreisprozesse, die zur Stabilisierung der individuellen Weltsicht führen, folgendermaßen skizzieren: Der einzelne Beobachter unterscheidet Phänomene und gibt ihnen einen Namen. Wenn sie ihm vertraut sind, dann hat er sie erwartet und dann zieht er aus seinen Beobachtungen die gewohnten Schlüsse (seien sie nun logisch oder affektiv begründet). So führen Erwartungen zu Folgerungen, die Erwartungen bestätigen. Der Kreis ist geschlossen, das Weltbild konsistent, d. h. widerspruchsfrei und plausibel.

Veränderungen können nun entstehen, wenn es zu überraschenden Beobachtungen kommt. Ein Phänomen, das bislang nicht in den Fokus der Aufmerksamkeit getreten ist (weil entweder keiner hingeguckt hat oder weil es erstmalig erscheint), tritt in den Fokus der Aufmerksamkeit. Das bislang verfügbare Hypothesenrepertoire zur Erklärung der Beobachtungen reicht nicht mehr aus, es müssen neue Erklärungen gefunden oder erfunden werden. Die bisherigen Schlußverfahren der Induktion oder Deduktion liefern keine plausiblen Ergebnisse, statt der Fähigkeit zum logischen Schließen wird Kreativität benötigt. Es werden Hypothesen konstruiert, die dafür sorgen, daß aus der überraschenden Beobachtung eine erwartbare Beobachtung wird (Abduktion). Auf diese Weise wird die Berechenbarkeit der Welt wieder hergestellt.

Dasselbe Veränderungsprinzip bildet die Grundlage systemischer Interventionen (von der zirkulären Frage bis zur Hausaufgabe). Der erste Weg besteht daraus, aus erwarteten Beobachtungen überraschende Beobachtungen zu machen. Aus ihnen müssen alternative Folgerungen gezogen werden, die den Kreislauf der Selbstbestätigung der Erwartungen unterbrechen („stören"). Die Alternative dazu besteht darin, daß überraschende Folgerungen (Umdeutungen) angeboten werden, die zu überraschenden Beobachtungen führen. Auch in diesem Fall wird die Konsistenz der Wirklichkeitskonstruktion aufgelöst, es entstehen Widersprüche, die nur durch Umkonstruktion beseitigt werden können.

Interventionen, die auf eine Veränderung subjektiver Weltbilder zielen, sorgen also im optimalen Fall dafür, daß entweder aus gewohnten Erwartungen und Vorannahmen alternative und neue Folgerungen gezogen werden oder aber daß alternative und neuartige Folgerungen in Widerspruch zu den gewohnten Vorannahmen und Erwartungen geraten (siehe Abb. 6).

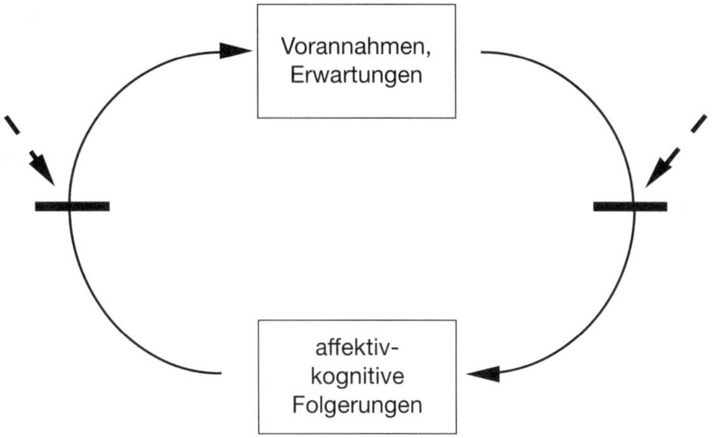

Abb. 6: Die Schließung der psychischen Dynamik und ihre Störung (Perturbation)

b) Die Verhaltens- und Interaktionsebene

Auf der Ebene individueller und kollektiver Verhaltensmuster läßt sich eine ähnliche Kreisstruktur beschreiben. Verhaltensweisen werden in regelhafter Weise aneinandergereiht: Auf A folgt B, auf B folgt C, auf C folgt D, ein Wort gibt das andere, wenn Mutter sich auf die eine Art verhält, dann verhält Vater sich auf die andere ... immer wenn ..., dann ... Konstanz und Berechenbarkeit werden im Zusammenleben von Menschen dadurch gewährleistet, daß man immer irgendwie wieder von vorne anfängt und gemeinsam dieselben Interaktions- und Kommunikationsmuster reproduziert, es scheint so etwas wie ein kollektiver „Wiederholungszwang" am Werk (siehe Abb. 7).

Interventionen können nun darauf zielen, solche sich stereotyp wiederholenden Muster direkt zu beeinflussen. Dies kann dadurch geschehen, daß die Abfolge der Verhaltensweisen variiert wird, indem auf A nicht mehr B folgt, sondern möglicherweise Z, auf das eine *bekannte* Wort nicht das *erwartete* andere Wort, sondern ein *überraschend* anderes usw. Auch auf der Ebene der Interaktion wirken Interventionen, indem sie Kreise stören, d. h. alte Rückkopplungsschleifen unterbrechen und/oder neue etablieren. Wenn sie erfolgreich sind und „passen", dann werden im optimalen Fall alte, problemerzeugende oder -erhaltende Interaktionen unterlassen und neue, zur Lösung führende, vollzogen.

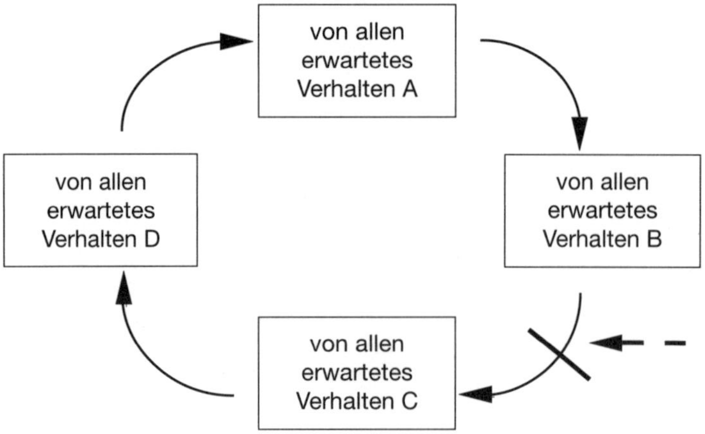

Abb. 7: Die Schließung der sozialen Dynamik und ihre Störung (Perturbation)

c) Die Verknüpfung von Verhaltens- und Bedeutungsebene

Betrachtet man Familien oder andere Gruppen mit einer gemeinsamen Geschichte, so kann man sagen, daß die von außen beobachtbaren Interaktionsmuster dadurch entstehen, daß mehrere Beobachter sich gegenseitig beim Beobachten beobachten und daraus Konsequenzen für ihr Verhalten ziehen. Im Laufe der gemeinsamen Geschichte „stören" („perturbieren") sie sich gegenseitig, was ihnen als Anregung zur individuellen Umstrukturierung dient. Wenn sich alle lange genug und gut genug kennen, regen sie sich nicht mehr nennenswert auf und an, sondern jeder bestätigt jedem sein Weltbild, d. h. seine Vorurteile. Das Interaktionsmuster erstarrt und die Wirklichkeitskonstruktion der Beteiligten auch.

Hier eröffnet sich der Zugang zur dritten Ebene, auf der Interventionen ansetzen können. Es ist die Verknüpfung von psychischen Systemen und Interaktionssystemen. Wenn es gelingt, den Kreislauf zu unterbrechen, durch den jeder die Vorurteile aller anderen bestätigt, kann erneut Neugier aufeinander entstehen, neue Erfahrungen können gemacht werden, und es kann wieder eine gemeinsame Entwicklung stattfinden.

Praktisch heißt dies, daß entweder dem gewohnten Verhalten der Beteiligten neue Bedeutungen zugeschrieben werden oder aus gewohnten Zuschreibungen von Bedeutung neue Verhaltenskonsequenzen abgeleitet werden (siehe Abb. 8).

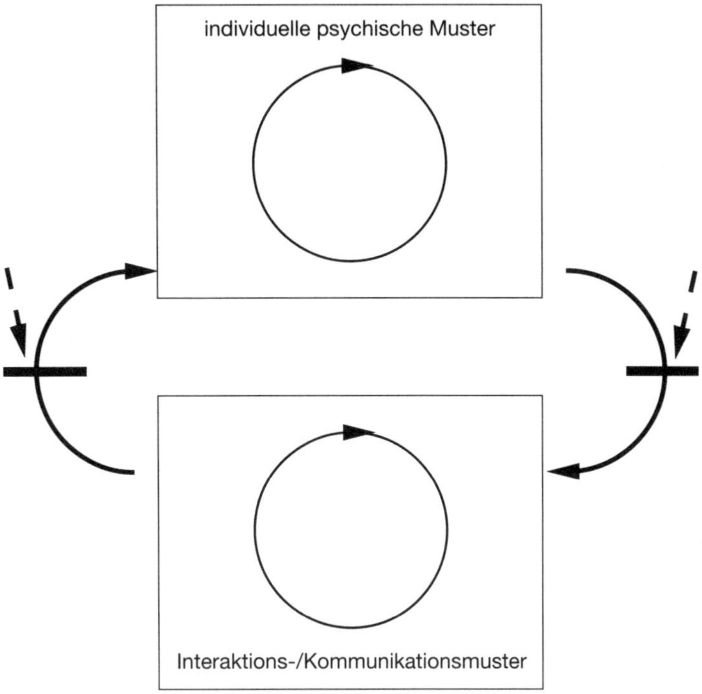

Abb. 8: Die strukturelle Kopplung zwischen psychischem und sozialem System und ihre Störung (Perturbation)

Methoden der Intervention

Der hier zusammengestellte Katalog von Methoden beansprucht keine Vollständigkeit, er kann, soll und wird (hoffentlich) weiterentwickelt. Er hat sich aus der therapeutischen Alltagspraxis entwickelt und ist ziemlich unsystematisch. Aber nach den theoretischen Vorüberlegungen über die unterschiedlichen Systemebenen der Intervention dürfte die Zuordnung nicht allzu schwerfallen. Auch hier gilt, wie bereits beim Fragenkatalog, daß die Trennung der einzelnen Typen künstlich ist und in der Praxis die verschiedenen Formen der Intervention miteinander kombiniert werden können und müssen.

a) Positiv bewertende Eröffnung

Am Beginn eines Abschlußkommentars steht oft eine positive Anerkennung des Klientensystems und ein positiver Kommentar zum Verhalten der einzelnen in der Sitzung (Engagement, emotionale Verbundenheit,

Offenheit, Kompetenz, Klarheit, Interesse an Weiterentwicklung usw.). Eine solche positive Bewertung erhöht die Wahrscheinlichkeit des Entstehens einer „Ja-Haltung“, welche die Beteiligten offener werden läßt für die nachfolgenden Interpretationen oder Verschreibungen.

b) Umdeutungen

Bei einer Umdeutung bleibt das Vorhandene, wie es ist, ihm wird jedoch eine andere Bedeutung gegeben. Verhaltensweisen, die als Ausdruck von „Schwäche“ gesehen werden, werden als Zeichen von „Stärke“ umdefiniert usw. Der Anpassungsaspekt des als „Problem“ oder „Symptom“ etikettierten Verhaltens wird betont („positive Konnotation“), vermeintlich „böse Absichten“ können als „noble Intentionen“ gedeutet werden (Fürsorge für ..., Rücksichtnahme auf ..., Sensibilität für ..., Schutz von ...). Solch ein Hervorheben der Funktionalität des beklagten Verhaltens kann als Gegenmittel gegen kritisch-abwertende Sichtweisen und Kommunikationsmuster wirken. Aus „Defiziten“ lassen sich bislang nicht gesehene und gewürdigte „Kompetenzen“ machen. Außer der positiven Umbewertung eines beobachtbaren Phänomens lassen sich aber auch alternative Erklärungen konstruieren, die dazu führen, daß ein bislang als positiv und nützlich eingeschätztes Verhalten (z. B. ein immer wiederholter Lösungsversuch, der selbst zum Problem geworden ist) nunmehr negativ bewertet wird.

c) Beobachtungsaufgaben

Beobachtung strukturiert jede soziale Interaktion und Kommunikation. Wenn man die Beobachtungsrichtung verändert, dann ändert man die sozialen Spielregeln. Solche Aufgaben lassen sich auch am Beginn eines therapeutischen Prozesses stellen, wenn die Beziehung zwischen Therapeut und Klienten noch nicht als übermäßig tragfähig eingeschätzt wird. Sie erwecken den Anschein, als ob keine Veränderung damit verbunden wäre. Wer nur beobachtet, scheint nichts zu verändern. Doch wer anders beobachtet, verändert sein Weltbild und in der Folge möglicherweise sein Verhalten, das Interaktionsmuster, die Welt ...

Beispiel: „Bis zur nächsten Sitzung beobachten Sie bitte unabhängig voneinander, wer in der Familie am ehesten lösungsorientiert argumentiert, und wer eher defizitorientiert. Über Ihre Beobachtungen teilen Sie sich gegenseitig nichts mit. Wir werden in der nächsten Sitzung darüber sprechen.“ Oder: „Wir möchten Ihnen die Aufgabe geben, in der Zwischenzeit Ihr besonderes Augenmerk auf all die Dinge zu legen, die Sie in Ihrer Partnerschaft auf alle Fälle erhalten wissen möchten.“

d) Verhaltensaufgaben
Wenn man berücksichtigt, daß alle sozialen Strukturen durch redundante Verhaltensmuster aufrechterhalten werden, liegt es nahe, alternative Verhaltensweisen zu verschreiben. Wenn nur einer neue Verhaltensweisen zeigt, warum auch immer, ist das Muster gestört.

Beispiel: „Bis zur nächsten Sitzung zeigt jeder von Ihnen einmal ein überraschend anderes Verhalten als gewohnt, wenn ... und die anderen bekommen heraus, wann er/sie das getan hat!“

e) Die Verschreibung des problematischen Musters
Eine Kombination von Verhaltensverschreibung und Umdeutung ist die Verschreibung des problematischen Verhaltens oder Verhaltensmusters. Wenn das bislang spontan entstehende Muster bewußt herbeigeführt wird, ändert es seinen Charakter und seine Bedeutung. Aus unkontrollierbaren Ereignissen („es passiert“) werden geplante Handlungen. Werden sie darüber hinaus in einen anderen Kontext versetzt, so ergeben sich weitere Möglichkeiten, das Muster zu stören („Wenn Sie sich das nächste Mal streiten – und Sie sind sich einig, daß Sie sich streiten –, dann gehen Sie ins Badezimmer, ziehen sich nackt aus, und dann streiten sie weiter!“). Solche Variationen des Kontextes können sich auf die Zeit, den Raum, die Intensität (mehr/weniger, häufiger/seltener), die Beziehungspartner (gegenüber X statt Y) beziehen. Da der Therapeut die Verantwortung für diese Veränderung übernimmt, wird gegenseitiges Beschuldigen schwerer und Experimentieren erleichtert.

f) So-tun-als-ob-Verschreibungen
Ein bestimmtes Verhalten soll nur unter bestimmten Umständen gezeigt werden, und zwar dann, wenn demjenigen gar nicht danach zumute ist („Karl soll bis zur nächsten Sitzung mindestens einmal, wenn er sich völlig gesund fühlt, sagen, er würde Stimmen aus dem Kühlschrank hören“). Solche Aufgaben sind nur dann sinnvoll, wenn andere Familienmitglieder bei der Verschreibung anwesend sind, da sie bei ihnen eine Wirkung erzielen sollen und nicht unbedingt bei dem, dem diese Aufgabe gegeben wird. Wenn bislang von den Angehörigen einem Verhalten („Ich höre Stimmen aus dem Kühlschrank“) eine bestimmte, unzweifelhafte Bedeutung zugeschrieben wurde („Karl wird wieder psychotisch“), gibt es nun Zweifel (d. h. mindestens zwei mögliche Bedeutungen: „Karl wird wieder psychotisch“ versus „Karl macht Hausaufgaben, und er fühlt sich gerade besonders gesund“), und es ist unentscheidbar geworden, welche Bedeutung die wahre ist. So-tun-als-ob-Aufgaben

müssen daher immer mit Beobachtungsaufgaben an andere verknüpft werden.

Beispiel: „Herr X, bitte zeigen Sie sich in den nächsten drei Wochen gerade dann, wenn Sie mit der Sichtweise Ihrer Frau sehr einverstanden sind, sehr ablehnend. Frau X, versuchen Sie bitte herauszufinden, wann Ihr Mann, wenn er sich ablehnend zeigt, mit Ihnen eigentlich einverstanden ist, und wann nicht."

g) Auf die Seite der Nichtveränderung gehen

Besonders wenn der Therapeut oder die Therapeuten im Gespräch mehr auf die Seite der Veränderung und Entwicklung gegangen sind, ist es günstig, im Abschlußkommentar eher die Seite der Nichtveränderung zu betonen und z. B. mit plausibler Begründung vor Veränderung zu warnen; zur Verlangsamung des Veränderungsprozesses zu raten; sich selbst als Bewahrer des Status quo zu definieren; ein Mitglied des Klientensystems zu bestimmen, das aufpassen soll, daß die Prozesse sich nicht zu sehr beschleunigen. Auch die Verschreibung von „Rückfällen" in alte Muster kann so genutzt werden. Man kann aber auch auf die Seite der Nichtveränderung gehen und trotzdem signalisieren, daß die Veränderung kommen wird, indem man eine zeitliche Perspektive einführt („Verändern Sie in den nächsten vier Wochen *noch* nichts!").

h) Splitting

Besonders wenn in Patientensystemen Spaltungen deutlich werden und es für den oder die Therapeuten schwer wird, eine neutrale Haltung zu bewahren, ist es günstig, wenn sie sich im Abschlußkommentar splitten, d. h. unterschiedliche Tendenzen (Anteile von Ambivalenzen) vertreten („Wir haben lange miteinander diskutiert, konnten uns aber auch dann nicht einigen und haben uns deshalb entschieden, Ihnen unsere unterschiedlichen Sichtweisen und Empfehlungen getrennt mitzuteilen. Einig waren wir uns in Folgendem ..., uneinig ..."). Arbeitet man allein, kann man Zwei-Seelen-in-der-Brust-Statements abgeben (einerseits ..., andererseits ...). Auf diese Weise kann man als Therapeut oder Therapeutenteam die Rolle des Anwaltes der Ambivalenz übernehmen, die Neutralität wahren und dennoch eine alternative Sichtweise vermitteln: Der einzelne Therapeut mit den zwei Seelen in seiner Brust wie das gespaltene Team spiegeln die Familie oder den Patienten, aber sie leiden nicht unter dieser Spaltung und Unentschiedenheit. Sie können damit leben und respektieren beide Seiten des Konfliktes.

i) Rituale

Bei der Verschreibung von Ritualen werden meistens bestimmte Rahmenbedingungen für zu wiederholende und stark formalisierte Verhaltensaufgaben verschrieben. Denjenigen, die es ausführen sollen, werden präzise Vorschriften auferlegt im Blick auf die Zeit (z. B. an geraden/ungeraden Tagen; jeden Montag ...), den Raum (z. B. im Schlafzimmer, in der Küche ...), die Teilnehmer (z. B. Mutter, Vater, Tante Elfriede ...).

Es wird beispielsweise vorgeschrieben, sich zu bestimmten Zeiten zu treffen; jeder gibt zu einer bestimmten Frage ein Statement ab, und anschließend darf darüber nicht gesprochen werden; es kann ritualisiert um Entscheidungen gewürfelt werden (Einführung des Zufalls in einer ganz und gar berechenbaren Situation); bestimmte Beziehungskonstellationen können zu festgeschriebenen Zeiten zum Umgang miteinander verpflichtet werden („Stellen Sie jeden Sonntagvormittag um 11 Uhr eine Uhr auf den Küchentisch, Vater und Sohn setzen sich an den Tisch, dann wird eine Münze geworfen, wer anfängt; der Gewinner sagt dem anderen genau zehn Minuten lang, was er an ihm in der letzten Woche gut fand, es darf nicht geantwortet oder kommentiert werden; dann wird gewechselt, und der andere kommt dran und spricht zehn Minuten lang ...“) Es können symbolisch aufgeladene Handlungen, wie sie auch sonst in unserer Gesellschaft üblich sind, verschrieben werden, um die entsprechenden Prozesse zu forcieren (z. B. Trauer- und Abschiedsrituale).

k) Geschichtenerzählen

Geschichten sind in einzigartiger Weise verwendbar, um komplexe Interaktions- und Beziehungsmuster sowie deren Veränderung zu beschreiben. Ihr Vorteil ist, daß sie eine zeitliche Dimension und Dramaturgie aufweisen. Sie liefern insofern Muster der Beschreibung und Umdeutung, die vielfältige Identifikationen ermöglichen. Sie sind so etwas wie selbsterfüllende Prophezeiungen, im positiven wie negativen Sinne. Wenn individuelle oder kollektive Skripts mit negativen Zukunftsperspektiven die Wirklichkeitskonstruktion der Familie bestimmen, läßt sich z. B. durch das Erzählen von isomorphen Geschichten mit einem positiven Ende eine alternative Zukunfts- oder auch eine Lösungsidee streuen. Hier lassen sich Geschichten, wie sie aus Märchen, der Literatur oder auch Hollywood-Filmen bekannt sind, ebenso verwenden wie Geschichten von anderen Familien der Patienten in der Therapie, ja, gelegentlich auch selbst erlebte Geschichten.

l) Einführung von Humor

Therapie ohne Humor ist witzlos. Lachen ist ganz generell sehr hilfreich, da es emotionale Distanzierung erlaubt. Es irritiert stets festgefahrene Sichtweisen, macht aus Tragik mit minimalem Aufwand Komik. Wer über sich und sein Schicksal lachen kann, leidet weniger. Dies zu ermöglichen ist nicht immer einfach, da es natürlich nicht Sinn der Angelegenheit sein kann, sich über Patienten lustig zu machen. Daher empfiehlt es sich, nur dann mit Humor in der Therapie zu arbeiten, wenn man welchen hat und ihn stilsicher anzuwenden weiß.

m) Reflecting Team

Ein Verfahren, das ganze Team zu nutzen und die Außenperspektive gegenüber dem therapeutischen System (inklusive Therapeuten) einzubringen und die Therapeut-Patienten-Beziehung zu reflektieren, ist das sogenannte Reflecting Team. Dabei wird idealerweise einfach die Durchsichtigkeit des Einwegspiegels umgekehrt: Familie plus Therapeut hören einem Team außenstehender Beobachter zu, wie es über den bisherigen Sitzungsverlauf, die Therapeut-Patienten-Beziehung, aber auch die geäußerten Inhalte reflektiert. Wenn kein Einwegspiegel zur Verfügung steht, kann das Team auch in den Sitzungsraum kommen. Dieses Verfahren ist gut, um vielfältige und ambivalente Sichtweisen einzubringen. Wichtig ist dabei, daß die Teilnehmer nicht abwertend der Familie gegenüber sind. Wenn einem als Therapeut nichts mehr einfällt, ist das Reflecting Team eine ganz besonders gute Methode, um Anregungen zu erhalten. Und es ist weit mehr als nur eine Supervisionsmethode, es ist eine machtvolle Intervention in das therapeutische System.

n) Drittelregel

Erfahrungsgemäß gilt für gute Abschlußkommentare, was auch für gute Vorträge gilt. Sie bieten dem Patienten/der Familie eine Kombination von einem Drittel Altem (hier findet der Gesprächspartner Anschluß an die Gedanken des Therapeuten und umgekehrt ...), einem Drittel Neuem (hier liegt der unmittelbare Gewinn für den Klienten) und einem Drittel Unverständlichem (dies sorgt dafür, daß die Autorität des Therapeuten erhalten bleibt; der Klient kann darüber grübeln, was wohl gemeint war ...).

Das letzte, unverständliche Drittel braucht im allgemeinen nicht extra erarbeitet zu werden, da auch ohne große Anstrengungen ein Teil des Kommentars unverständlich bleibt, da sich Menschen angesichts ihrer unterschiedlichen Wirklichkeitskonstruktionen gegenseitig eben nur bedingt verstehen können.

Wenn man sich als Therapeut oder Team für keine gezielte Intervention entscheiden kann, sollte man im Zweifel lieber gar keinen Kommentar abgeben, als irgend etwas zusammenzuschustern oder an den Haaren herbeizuziehen. Wenn man nach der Pause zurückkommt und erklärt, man habe nach dem erneuten Durchdenken der Sitzung nichts mehr hinzuzufügen, da alles Wesentliche bereits gesagt sei, kann auch dies eine wirkungsvolle Intervention sein. Sie betont noch einmal die Wichtigkeit des Gesprächs und enttäuscht die Hoffnung auf irgendeine geniale Wundertat des Therapeuten (was manchmal schon zur Veränderung der Erwartung an die Therapie beitragen kann).

Falls man im Team arbeitet und Beobachter hinter der Scheibe sitzen, sollte derjenige, der den Abschlußkommentar gibt, die letzte Verantwortung dafür haben, was gesagt wird. Wenn er selbst nicht von der Sinnhaftigkeit des Kommentars, des Ratschlags oder der verschriebenen Aufgabe überzeugt ist, kann er sie nicht authentisch und glaubhaft vertreten. Aus diesem Grunde sollte man als Therapeut auch nicht lügen. Man braucht zwar nicht alles zu sagen, was man denkt, aber man sollte nichts sagen, was man nicht meint.

Im allgemeinen erweist es sich als sinnvoll, den Abschlußkommentar zu modifizieren, wenn es die Rückmeldungen der Gesprächsteilnehmer nahelegen. Solche Kommentare aus dem Klientensystem nach Geben des Abschlußkommentars versucht man am besten im Sinne des Abschlußkommentars umzudeuten. Es sollte aber nie ein Machtkampf um eine eigene Sichtweise geführt werden. Wenn Widerspruch auf der Beziehungsebene zu interpretieren ist, d. h. die Autorität des Beraters in Frage gestellt wird, so ist sie am ehesten zu bewahren, wenn die Autorität des Klienten nicht in Frage gestellt wird und die Möglichkeit, daß seine Sichtweise die richtigere ist, eingeräumt wird.

Gibt man Interventionen schriftlich – etwa in Form eines Briefes –, so sollte man den Unterschied zwischen schriftlicher und mündlicher Kommunikation bedenken. Ein Brief wird niemals unter denselben Kontextbedingungen gelesen, wie er geschrieben wird. Jeder nur gehörte Text wird in der Erinnerung verändert und vom Zuhörer „passend" gemacht. Man kann sich darüber auseinandersetzen, was der Therapeut „wirklich" gesagt hat usw. Briefe hingegen haben eine andere Halbwertzeit, ihr Text ist nicht so leicht verderblich, das geschriebene Wort überdauert die Zeit, Schrift ist eine Form von Gedächtnis, die das Vergessen erschwert. Wenn man diese Effekte nutzen will, so sind Briefe ein gutes Interventionsinstrumentarium.

Daß es aber wirklich nützlich ist, die Worte eines Therapeuten so zu verewigen, darf bezweifelt werden. Seine Aussagen verlassen den intimen Rahmen des Therapieraums und werden vielleicht auch von Leuten gelesen, an die sie eigentlich nicht adressiert waren. Geschriebene Texte sind immer potentiell veröffentlichte Texte. Sie laden über den Augenblick hinaus zu Interpretationen und Analysen ein, auch wenn die Worte aus dem Augenblick – der aktuellen therapeutischen Situation – heraus formuliert waren. Das kann den Leser, der nicht an der Sitzung beteiligt war und nur das geschriebene Wort des Autors vor Augen hat – ohne die Kommentierung durch das nonverbale Verhalten aller Beteiligten, ohne die gemeinsame Geschichte der Sitzung oder Sitzungen –, zu allen möglichen und unmöglichen Deutungen führen.

Das ist ein Risiko, dessen man sich bei schriftlichen Interventionen bewußt sein sollte. Und es ist natürlich ein Risiko, das die Autoren dieses Buches (eigentlich nur einer von beiden) eingegangen sind, wenn sie den Therapieraum öffnen und Fragen und Interventionen in verschriftlichter Form veröffentlichen.

20. Nachbemerkung (Familie Schneider, Teil 2 / Familie Dietz, Teil 2 / Herr Florin, Teil 2 / Frau Bürgi, Teil 2)

Ziel dieses Buches war es, die konkrete Praxis der systemischen Therapie anschaulich zu machen. Den abstrakten theoretischen Modellen sollte das konkrete Handwerk gegenübergestellt werden. Die dargestellten Methoden sind sicher nicht die einzige Möglichkeit, praktische Konsequenzen aus systemischen Konzepten abzuleiten, und sie sind sicher zu einem guten Teil durch die persönlichen Marotten und Macken des/der Therapeuten bestimmt. Aber sie funktionieren offensichtlich, sie haben sich im Praxistest bewährt.

Der ausgesprochen handwerklichen Zielsetzung wegen wurde der Schwerpunkt der Darstellung auf Einzelsitzungen gelegt, d. h. die tatsächlich gesprochenen Sätze, ihren Wortlaut, die Feinheit oder Grobheit der Formulierungen. Die Kommentare sollten die Überlegungen und Gedanken des Therapeuten, die in jeder Sitzung von Moment zu Moment seine Entscheidung leiteten, durchschaubar machen (soweit sie ihm bewußt waren oder sind). Dieser Zugang zur Innenperspektive des Therapeuten mag deutlich gemacht haben, daß solch ein Vorgehen nicht zufällig oder beliebig ist, sondern von technischen Überlegungen geleitet wird. Hier liegt hoffentlich der handwerkliche Nutzen dieses Verfahrens für den Leser.

Doch das hat natürlich auch seine Begrenzungen. Einzelne Sitzungen sind noch keine Therapie. Auf eine Intervention hin mag eine Veränderung erfolgen, das heißt aber nicht, daß sie langfristig positiv zu bewerten oder von Dauer ist. Über die Faktoren, die für den langfristigen Verlauf verantwortlich sind, ist hier nichts oder wenig gesagt. Wie das weitere Schicksal der Patienten und ihrer Familien war, ist nur in Einzelfällen berichtet oder angedeutet. Die Erfahrung unseres Heidelberger Teams bei der Behandlung von Familien, in denen ein Mitglied als „psychotisch" diagnostiziert worden war, legt nahe, daß auch bei Anwendung systemischer Verfahren der Ausstieg aus einer Patientenkarriere an eine nicht abzukürzende Entwicklungszeit gebunden ist. Auch wenn im allgemeinen nicht mehr als zehn Sitzungen durchgeführt wurden, dauerte die gesamte Therapie doch etwa eineinhalb bis zwei Jahre. Man könnte sie daher wohl am ehesten als „lange Kurztherapie" bezeichnen. Sie dauert zeitlich lange, aber die für therapeutische Sitzungen aufgewandte Zeit ist, absolut gesehen, sehr kurz.

Diese Zeitparadoxie läßt sich dadurch erklären, daß – systemisch gesehen – die Veränderungen zwischen den Sitzungen im realen Lebenssystem der Familie stattfinden müssen und nicht im therapeutischen System. Der Therapeut „stört" Muster und „regt" die Neubildung von Mustern „an" – wie die Familie und jeder Einzelne mit diesen Störungen und Anregungen umgehen, entscheiden sie zu Hause, in ihrem Alltag.

Um die Wahrscheinlichkeit zu erhöhen, daß mit neuen Mustern nicht nur experimentiert wird, sondern sie langfristig gefestigt werden, ist der Kontakt zum Therapeuten als äußerer Fixpunkt zumindest nützlich, vielleicht sogar nötig.

Es bleibt zum guten Schluß der Vollständigkeit halber noch nachzutragen, was mit den Klienten geschah, bei denen bislang nicht über Folgesitzungen und Verlauf berichtet wurde.

Familie Schneider (Kapitel 2)

Beginnen wir, der chronologischen Reihenfolge entsprechend, bei Herrn Schneider, dem Ingenieur, und seiner Frau, der Sozialpädagogin, die sich darüber stritten, ob die depressiven Zustände von Frau Schneider ein Symptom „ehelicher Probleme" oder einer „manischen Depression" seien. Die beiden fanden im Laufe der Therapie – etwa nach der dritten Sitzung – einen Waffenstillstand im Blick auf einen wichtigen Konfliktpunkt. Sie verweigerte sich ihm bis dahin sexuell, weil er sie für „psychisch krank" erklärte, er erklärte sie für „psychisch krank", weil sie sich ihm verweigerte. Ihr „Gentlemen's Agreement" bestand in einer Art nüchterner vertraglicher Vereinbarung: Er erklärte sich bereit, nicht mehr zu behaupten, sie sei „psychisch krank", und sie erklärte sich bereit, wieder mit ihm zu schlafen.

Dieses Arrangement hielt einige Monate, in denen es beiden nach eigenem Bekunden sehr gut miteinander ging. Beendet wurde diese gute Zeit, als der Vater von Frau Schneider starb und sie darauf erneut depressiv reagierte und in die Klinik ging. In dieser Phase wurde sie von ihrem Mann wieder als „psychisch krank" bezeichnet und behandelt, und sie verweigerte sich wieder sexuell. Die Fronten verhärteten sich.

Bereits im Erstinterview hatten beide angegeben, daß sie der Kinder wegen auf jeden Fall zusammenbleiben wollten. Diesem Vorsatz blieben sie treu. Sie vollzogen eine räumliche Trennung nach Stockwerken innerhalb des Hauses. Ein Stockwerk wurde ihr exklusives Territorium, ein Stockwerk sein Bereich. Sie arbeiteten fortan in der Elternrolle zusammen, trennten sich aber als Partner. Für Außenstehende, Nachbarn zum Beispiel, lebten sie ein normales Familienleben.

Herr Schneider schaffte sich eine Freundin an, Frau Schneider stieg aus ihrer Patientenkarriere aus. Dabei half ihr ein Nervenarzt, der über ihre familiäre Situation informiert war: Er bestand nicht darauf, daß sie eine Dauermedikation einnahm, da er sich der Bedeutung, die solch einer Medikation vom Ehemann zugeschrieben worden wäre, bewußt war. Zu Klinikaufnahmen kam es nicht mehr.

Familie Dietz (Kapitel 7)

Zur Erinnerung: Es handelt sich um die Familie, in der die Mutter ihre Kinder daran hindert, erwachsen zu werden, indem sie ihnen Brote schmiert. Der Sohn war (deswegen?) heroinabhängig geworden und die Tochter mehrfach mit einer psychotischen Symptomatik hospitalisiert.

Am Ende der transkribierten Sitzung wurde der Familie eine „fürsorgliche Belagerung" der Tochter verschrieben. Die verließ daraufhin nach vier Tagen das Elternhaus, wo sie in den letzten Monaten immer bis Mittag „antriebslos" im Bett gelegen hatte. Sie kehrte an ihren Studienort zurück und nahm das unterbrochene Studium wieder auf. Drei Semester später machte sie ihr Diplom. Als sie sich in einen jungen Mann verliebte, kehrte sie vorübergehend in ihr Elternhaus zurück. Dort kam es zu massiven aggressiven Auseinandersetzungen mit den Eltern, die schließlich dazu führten, daß die Eltern erneut eine Einweisung in die Psychiatrie erwogen.

Statt dessen fand ein weiteres Familiengespräch mit den Eltern und dem Freund statt. Das Gespräch drehte sich vorwiegend um die Frage, warum die Patientin denn wohl immer wieder nach Hause komme, wenn sie selbst doch den Eindruck habe, daß ihr der Aufenthalt dort nicht gut bekommt. Die Rückkehr zu den Eltern wurde als legitimer Weg, sich nicht so sehr mit dem Freund einlassen zu müssen, umgedeutet und positiv bewertet.

Wie es nach dieser Sitzung weiterging, ist nicht bekannt.

Herr Florin (Kapitel 8)

Seit 15 Jahren lebt Herr Florin bereits in der Psychiatrie. Das Gespräch mit ihm hatte keine therapeutische Zielsetzung, es sollte im Rahmen eines Forschungsprojektes dazu dienen, Ideen über Chronifizierungsbedingungen zu entwickeln. Da es sich um einen einzelnen Kontakt handelte, liegen keine direkten Informationen über die Reaktionen des Patienten auf das Interview vor. Vom behandelnden Arzt war zu erfahren, Herr Florin habe in der Folgezeit das Gespräch nicht weiter thematisiert. Sein Verhalten im Kontakt mit den Betreuern sei nicht auffällig gewesen, weder im Positiven, noch im Negativen.

Frau Bürgi (Kapitel 9)

Seit zehn Jahren ist Frau Bürgi in Psychotherapie, jetzt kommt sie auf der Suche nach einem neuen Therapeuten, da sie ihren Meister noch nicht gefunden hat.

Am Ende der Sitzung – nach der Pause – wird die Klientin zunächst mit Komplimenten überhäuft. Sie müsse eigentlich als Kollegin behandelt werden, schließlich lerne man Therapie meist von einem Meister und durch Selbsterfahrung, und sie habe bereits zehn Jahre intensiven Trainings hinter sich. Wahrscheinlich wäre es das beste, wenn sie aus dieser Erfahrung einen Beruf machen könnte. Allerdings sei das sehr mühevoll, deswegen könne der Therapeut auch nicht zu diesem Weg raten. Statt dessen würde er ihr raten, sich einen neuen Therapeuten zu suchen – nicht weil er meine, sie brauche eine Therapie, sondern weil Therapeuten für sie die idealen Männer seien. Sie könnte den Therapeuten in ihrer Ehe nutzen, um ihren Mann eifersüchtig zu machen, und auf der anderen Seite brauche sie keine Angst vor einer sexuellen Beziehung mit ihm zu haben, da Therapeuten wegen ihrer professionellen Rolle nicht dürften ... Sie müsse sich aber natürlich einen anderen Therapeuten suchen, da FS nur Kurztherapien mache und daher nicht zur Verfügung stehe.

Amüsiert und beschwingt verließ die Patientin den Raum, zwei Verschwörer und Insider hatten sich – wie es schien – gut miteinander verstanden.

Dem Therapeuten kamen allerdings später beim Betrachten des Videobandes Bedenken, daß er vielleicht doch ein wenig zu forsch vorgegangen sein könnte. Schließlich war ihm, der eigentlich Paar- und Familiensitzungen propagiert, nicht einmal der Hauch einer Idee gekommen, Frau Bürgi und ihrem Mann eine Paarsitzung anzubieten. Hatte er nicht den typischen Fehler gemacht, daß er die „Einladung“ der Patientin, sich in ihrer Dreiecksbeziehung funktionalisieren zu lassen, zurückwies und die Beziehung abbrach? War das nicht eher aus Selbstschutz statt aus therapeutischen Überlegungen geschehen?

Unsicher in der Bewertung der eigenen Vorgehensweise, beschloß er nachzufragen. Etwa ein halbes Jahr nach dem Erstinterview fand deshalb ein Telefongespräch statt, bei dem die Patientin schilderte, wie es ihr nach der Sitzung ergangen war.

Sie sei zunächst hin- und hergerissen gewesen, halb erfreut und amüsiert, halb habe sie sich „gefilmt" und „vorgeführt" gefühlt. Einen neuen Therapeuten habe sie sich nicht gesucht. In den Wochen nach dem Gespräch sei es ihr sehr schlechtgegangen. Sie sei eigentlich zu dem Entschluß gekommen, sich von ihrem Man zu trennen. Da sie unvermutet körperlich krank geworden sei, habe sie davon zunächst Abstand genommen. Nacht für Nacht habe sie schreckliche Träume, in denen sie gelähmt im Rollstuhl sitzt und von ihrem Mann geschoben wird.

Durch Fragen des Therapeuten wird ausführlich thematisiert, wie Frau Bürgi es wahrscheinlicher machen könne, körperlich schwer krank zu werden oder zu bleiben, um sich nicht von ihrem Mann trennen zu müssen. Gibt es auch Möglichkeiten, mit ihm zusammenzubleiben, ohne deswegen krank sein zu müssen?

Nach einer Viertelstunde Telefongespräch verabschieden sich beide mit den besten Wünschen.

Etwa zwei Jahre später nimmt Frau Bürgi die Anfrage eines Kollegen, der im Rahmen einer katamnestischen Untersuchung frühere Patienten des Instituts angeschrieben hatte, zum Anlaß, um sich erneut beim Therapeuten zu melden.

Es gehe ihr gut, und sie wolle sich für seine damalige „Abfuhr" bedanken. Es sei das erste Mal gewesen, daß jemand ihr klar und eindeutig nein gesagt habe. Sie habe sich immer noch keinen neuen Therapeuten gesucht. Mit ihrem Mann lebe sie immer noch zusammen. Gesundheitliche Beschwerden erwähnt sie keine. Ihre Suche nach einem Beruf habe sie aufgegeben. Statt dessen sei sie sehr aktiv in der ehrenamtlichen kirchlichen Sozial- und Gemeindearbeit. Ihr habe in der Zwischenzeit am meisten geholfen, daß sie einen Aspekt ihrer Kindheit wiederentdeckt habe: ihre Religiosität und Gott.

Man mag sich darüber streiten, ob diese Entwicklung positiv oder negativ zu bewerten ist. Das hängt wohl von den Werten des Betrachters ab. Auf jeden Fall ist Gott ein Psychotherapeut und Meister, der nicht so leicht zu entwerten ist, zumindest verstrickt er sich nicht so leicht in Dreiecksbeziehungen.

Radikale Marktwirtschaft
Grundlagen des systemischen Managements